题材投机

③

顶级游资思维和盘口技术解读（A）

魏强斌　咏 飞　何江涛　高 山/著

经济管理出版社

ECONOMY & MANAGEMENT PUBLISHING HOUSE

图书在版编目（CIP）数据

题材投机 3：顶级游资思维和盘口技术解读（A）/魏强斌等著. —北京：经济管理出版社，2024.4
ISBN 978-7-5096-9552-4

Ⅰ. ①题… Ⅱ. ①魏… Ⅲ. ①投资经济学 Ⅳ. ①F830.59

中国国家版本馆 CIP 数据核字（2024）第 020384 号

策划编辑：勇　生
责任编辑：勇　生　王　洋
责任印制：许　艳
责任校对：张晓燕

出版发行：经济管理出版社
　　　　　（北京市海淀区北蜂窝 8 号中雅大厦 A 座 11 层　100038）
网　　　址：www. E-mp. com. cn
电　　　话：(010) 51915602
印　　　刷：唐山昊达印刷有限公司
经　　　销：新华书店
开　　　本：787mm×1092mm/16
印　　　张：30
字　　　数：566 千字
版　　　次：2024 年 5 月第 1 版　2024 年 5 月第 1 次印刷
书　　　号：ISBN 978-7-5096-9552-4
定　　　价：128.00 元

前　言

龙兴静安，解构伟大与复制卓越

大概在 1999 年的时候接触到了 NLP（Neuro-Linguistic Programming），一般翻译为"神经语言程式学"。当然，这个 NLP 不是现在人工智能领域的 NLP（ Natural Language Processing），后者是"自然语言处理"。

为什么提到神经语言程式学呢？因为这是一门非常实用的心理学，但其直到现在也没能在理论和学术心理学领域占得一席之地。一切身心行为或者能力都可以归结为一组具体的心理程序代码，少数人之所以卓越，是因为他们有一组特别有效的心理程序。解码并且复制这组卓越的心理代码就是 NLP 的使命之一。

通常认为 NLP 有四项支柱或者原则：第一，目标设定；第二，敏锐感官；第三，行为弹性；第四，亲和一致。

我们这里就谈谈敏锐感官和行为弹性这两个原则在股票交易进阶中的指导意义和实际价值。

我们要想复制卓越，就必须具有有效的解码能力。极少数优秀交易者之所以能够脱颖而出，必然是因为他们不同于绝大多数人的心理程序代码。要想达到不同的效果，就必须采用不同的方法。一方面，你想要获得超越大众的收益率，另一方面，你又采取了跟大众一样的做法，这不是南辕北辙吗？

只有彻底解构了伟大，才能成就伟大。要做到这一点，就必须具备敏锐的洞察力，这就是"敏锐感官"原则的指导意义。

我们从少数的正向偏差样本中学习，研究他们的卓越程序代码，但这是不是就可以直接复刻上手，发挥同样的作用了呢？

卓越者的成功程序代码是不可能完全被观察和复制的，同时人和人之间的"硬件基础"也是存在各种差别的。比如，"龙空龙"战法和接力战法就需要不同的性格和思维特征作为嫁接对象。

因此，当我们观察和解析到了部分卓越者的心理程序代码之后，还需要自身实

践的消化和本地化，这中间肯定会有各种具体的障碍点，如何穿越过去？如何解决这些问题？这就需要"行为弹性"原则的指导了。

目标是一定的，但是中间我们可以通过有弹性的行为绕开障碍物，这就是"行为弹性"。

变异就是一种"行为弹性"。主客观世界都是变化且多样的，格局在变化，玩家也在变化。要想达到卓越的绩效水平，就必须有效地因应这些变化，变异出有效的具体策略。如果因循守旧、刻舟求剑或者拘泥于教条，那么就会脱离格局和对手的实际，进而陷入低效甚至失败的陷阱之中，无法前进。

变异是在函数曲线上移动，以便寻找最优解。这就是解码卓越的过程，只靠观察和学习无法完成有效解码，必须通过实践来进一步验证各种变异尝试。各种战法、各种策略、各种思路，这些都是变异，但是不上手，不算真正的变异，只能是观念上的变异。

智能时代的学习算法对于我们人类的进步也有很大的启示。比如，强化学习算法（Reinforcement Learning Algorithm）需要在探索（Exploration）和利用（Exploitation）之间取得平衡。探索相当于变异，而利用相当于复制。

只是变异，只是创新，只是探索，你是无法实现具体绩效的。就像你一直在学各种题材投机的战法、各种打板的方法等，这些都是变异。虽然你也在尝试它们，但是这种尝试都是浅尝辄止，变化得太快，以至于无法得出有效的统计结论。

变异在于横向比较策略的有效性，截面比较可以将我们带向相对最好的局部最优解，甚至全局最优解。但是真正利用这样的最优解，还需要复制。

如果说变异是试探，那么复制就是利用，就是加码，将大部分筹码投入到一个实践的"头寸"中，以便获得最大的效果。

无论是变异还是复制，无论是敏锐感官还是行为弹性，最终都要在一个寂静而平稳的心理环境中得到滋养，开花结果。

因此，我们说"人中之龙兴于寂静窸安之中"，一个伟大的股票作手必然是在孤独寂静中完成其成长和蜕变的。浮华急躁是"人中之龙"和无上王者的最大忌讳，风生水起的前传必然是藏风聚气。

这是"龙兴静安"的第一层含义。

第二层含义是比较技术性的，那就是龙头个股必然诞生于寂静窸安之中。

这个"静安"是情绪周期上的冰点。

这个"静安"是主线周期上的首次分歧。

这个"静安"是指数周期上的底部。

这个"静安"是逻辑驱动的大众盲点和预期差。

这个"静安"是对手盘思维和共识中的超预期，以及筹码极端值。

这个"静安"是个股结构上的分歧转一致、弱转强以及斐波那契关键点位。

孟子有一句著名的预言："彼一时，此一时也。五百年必有王者兴，其间必有名世者。"

"孟子周期"是五百年，人中之龙在这些节点超凡而出，决然挺立于我们这凡尘之中，高居其上，称为"天命最高"。

同样，在这风云骤起的 A 股投机江湖之中，也存在各种周期，而"人中之龙"和"股中之龙"就点缀其间，"龙兴静安"就是他们和它们的规律。

让我们把握这规律，解构伟大与复制卓越吧！

目　录

一个题材的内容并不是很重要，但一个题材出现的时机很重要。当高位出现分歧，或者低位已经出现赚钱效应的时候，低位出一个新题材往往是一个非常好的介入点。如果在分歧时低位出一个新题材，大部分资金会大量地聚集到低位题材。

股市本身就是一个零和游戏，你的每一次盈利都要战胜两个交易的对手，一个是卖给你的人，另一个则是买你筹码的人。在心智上是否强于对手，这就是核心！我觉得做股票的本质就是人与人的博弈，心理的较量，所以从技术分析到市场参与者心理的揣摩很重要，事实上技术分析的背后就是投资大众心理的表现。

第三课　一年 32 倍破亿：陈小群的思维和盘口技术解读 ······· 105

第四课　一年半 150 倍："榜中榜"的思维和盘口技术解读 ······ 155

第五课　一年 16 倍："令胡冲"的思维和盘口技术解读 ┈┈┈┈┈┈ 179

　　　　区分一下，庄股的操作模式和市场人气股的操作模式完全不一样。我操作的绝大部分股都不是庄股，都是市场合力对决的结果，完全以市场为导向，不存在抱大腿跟着主力混什么的。哪些是庄股？哪些不是庄股？市场上阶段活跃的人气股，大多都不是庄股。市场在变，顽固不化固执己见的迟早被市场淘汰，哪怕之前你很成功。唯一不变的是市场本质：资金是逐利的。

第六课　9 个月 10 倍："林疯狂"的思维和盘口技术解读 ┈┈┈ 217

　　　　超短模式的关键在于对市场情绪的理解、操作节奏的把控以及失败交易的处理能力。选股的思路大都是围绕强势股来展开的，相信看过我的交易记录应该清楚这一点，买不买入都是凭盘中的氛围与感觉来决定，有时也有一定的随意性。

比较是人的一种天性，你无法忽视他人的存在。人们喜欢比较的东西，一定是这个群体大家都认可的东西。喜欢和别人比较，是喜欢获得比他人更高的社会地位，当别人某个东西比你差时，你会觉得自己高他一等，会觉得自己更有话语权。

市场再难做也有人赚钱，市场再好做也有人亏钱，这些都是源于市场的波动周期。每一种手法不可能一直赚钱，每一种手法也不可能一直亏钱，都是盈亏同源，做好盈亏比方能活下去！

我认为最受益的一句话就是"钱都是大风刮来的"。换句话说，游资赚钱都是因为有行情配合，只是在行情来的时候能把握住，没有行情的时候能控制住手，仅此而已。

其实关键还是在于节奏，能屏蔽那些垃圾机会，多做这种主要机会，在主要机会来之前更重要的是保持好的状态和心态。而大多数人，在这之前已经被垃圾机会搞崩了，然后错失主要机会，就这样反复在失落和懊悔中一天天地消磨自己。

第十课　2年半1500倍："打工人"的思维和盘口技术解读 ········· 411

我知道永远只能做自己能力范围以内的事，不敢越雷池一步，不然就是被收割的下场。我一直不敢忘记那种被当"韭菜"一样被收割的感觉，就像被人当猪狗一样按在地上的那种绝望。我只能接受小亏小赚偶尔大赚，有可能大亏的交易我坚决不会做。几年的经历真是磨炼得没有脾气，就是那只要有一点侥幸心理必死无疑，所以炒股就是一份工作、一笔生意，没有侥幸没有运气的说法。但凡有侥幸、运气的心态，那就变味了，变成赌，赌你迟早会输。

4 年 10 万元到 1 亿元："92 科比"的思维和盘口技术解读

题材的内容不是最重要的，题材出现的时机才是重点。

【人物简介·"92 科比"】

"92 科比"，生于 1992 年的新生代游资灵魂人物。2015 年进入股票市场，2019 年底参加"淘股吧"第 11 届百万杯实盘比赛，半年比赛时间收益率超过 300%，账户资金从 698 万元增长到 2610 万元。另一说是起始资金为 500 万元，至比赛结束时资金达到 2300 万元，6 个月的最终收益为 356.74%。最终获得第 3 名，但是与前两名的差距也非常小。此后，截至 2020 年底资金规模做到上亿元。"92 科比"被顶级游资"余哥"称为"A 股的脊梁"，因为他比较系统地阐述了 A 股题材投机的精髓和框架，为许多"后浪"打开了进步的阶梯。

【"92 科比"的经典语录·逻辑】

➤ 股票，本质就是讲故事，然后卖给信故事的人。小资金讲小故事，大资金讲大故事。有的周期短，有的周期长而已。本质没有多大区别。循环往复，亘古不变。

➢ **题材持续性需要不断有新闻发酵，赚钱效应不断地延伸**。你就要判断这能持续多久。能看透未来一切，这是不可能的，你能看透明天就很好了。超短是什么？超短就是做隔日的。你今天打的板就是为了赚明天的钱，明天超预期的话，你就锁一锁仓。

➢ **题材的内容不是最重要的，题材出现的时机才是重点。**

➢ 我们来说一个新题材的时机，一个题材的内容并不是很重要，但一个题材出现的时机很重要。当高位出现分歧，或者低位已经出现赚钱效应的时候，低位出一个新题材往往是一个非常好的介入点。如果在分歧时低位出一个新题材，大部分资金会大量地聚集到低位题材。

➢ **先于市场发现可发酵舆论事件，是一种很高效的赚钱模式。**

➢ 大多数人都是后知后觉的投资者。当你处于被套的时候，新的热点来了，可是你还在老题材股里面套着呢，可不就是别人的票涨，你还在被套中，要不就是呆若木鸡！

➢ 对新闻要有敏感度。要自己去关注，找完新闻，找相关个股，看该股各个方面如盘子大小等等，综合筛选。

➢ 题材这块，只要那种整理概念的小表格一出，尤其是某出货社整理的，基本上第二天走势，就是收割走势。

➢ 基本面逻辑这个东西，你不研究，就一直涨。你一研究，就是最高点。

➢ 周末吹得凶，周一要谨慎。

➢ 股市等于故事，赛道有时候就是黄泉路。

➢ 首板，首先你要做很多的功课。比如，**你对目前整个市场的新闻，要有一定的敏感度**。比如突然出来一条新闻，因为首板并没有很多人拿到筹码，也没有人去"吹票"，所以要自己去关注。**你不要等着别人告诉你，你要自己去找新闻，找完新闻之后再去找个股，找跟新闻相关的个股，然后挑流通盘不是特别大的，比如股价不是特别高的那种，图形还可以的，或者没有明显的庄家的股票**。你再做一个集合，晚上做完集合之后，加自选关注，次日看有没有异动，如果第二天有异动，你就跟随打板。做首板的选手一定要做非常多的功课。

➢ **不是纯粹的题材博弈性的炒作或题材筹码性的炒作，有一定的内在逻辑的，叫基本面投机**。它是基于股票的基本面发生的根本性的改变走出来的股票。

➢ **对题材的预判能力，影响着你做龙头的坚决程度**。对题材深度、可发掘程度

的预期，是你对龙头介入、持有和卖出的基础。

➤ 预判题材。首先你要有足够的信息管道，过滤掉大量无用的信息；然后，一步一步找到对自己有用的信息，去判断市场是否会发酵，是否有利润空间。

➤ 你看的消息都是市场反复传了很久的东西。很多先手资金已经布局拿了很多货了，等着出消息就砸盘呢。

【"92科比"的经典语录·周期】

➤ **每一轮赚钱周期、亏钱周期的转化，多总结，多回顾。**市场的选美眼光，其实变化不大的。所谓的预判，就是抓住市场可能会喜欢的去买入。

➤ 必须参与龙头股，可以小仓位参与，积累经验，没有真实经验的积累，是不行的。参与龙头需要体验一下，把感觉记录下来，下一次自己就有感觉了，不断去体验市场，不断去修正自己，**三五个周期下来的话，就知道什么时间点做龙头，什么时候做切换。**

➤ 其实，**每一轮周期你要体验下来，学会把每个周期炒作都总结一下。总结龙头是什么时候发酵，怎么发酵出来的？补涨又是什么时候？什么时机做切换？它冰点的时机又是什么？**这个东西你要不断地自己去总结，自己去发现规律。你对盘面的预判，你一张口就知道这个时机对不对，你知道这时候该做补涨还是该做龙头，还是该切换。这些都需要自己不断去理解，不断去总结，不断去寻找规律，任何事情它都有规律。

➤ **再大的一个题材，它的炒作周期也就是一个半月到两个月之间。**你如果指望它后面还有很长时间的持续，也是不切实际的。

➤ 每年都是春季、秋季行情好一点。

➤ 股票赚钱不难，可以稳定地做出来，首板出来顶一字的，你去看看关联票怎么走的，为什么有些票能顶一字，最好的老师就是市场，**做短线很讲究周期理论的，大的周期、小的周期、补涨效应。**

➤ 大道无形，理解力到位，买入即是赚钱机会。用固定的手法限制操作还是一种初级盈利的阶段。高阶玩家，还是以情绪变化周期、赚钱亏钱效应转化为基础，再辅以短线各种套利手法去运作。比如龙头战法，高送转玩法，开板次新玩法，超

跌低价，补涨龙玩法，卡位龙玩法，最近新出的科创上市低吸玩法。

> 尽量围绕主线去参与或者在主线分歧的时候切低位新题材。切换的手法通常在市场分歧的时候做。

> 每一轮赚钱周期、亏钱周期的转化，多总结，多回顾。市场的选美眼光，其实变化不大的。所谓的预判，就是抓住市场可能会喜欢的去买入。

> 杀高度的时候，博弈穿越，性价比不高。博弈个股穿越牛熊的风险回报比极低，能够穿越的票毕竟是少数。空间压制大概率是成立的，博弈穿越是小概率事件。

> 周期理论很有用的，一波大的赚钱效应周期之后，一波小的补涨周期，又一波周期，然后一个大的亏钱效应，再切，再然后一直在低位做首板试错，试错之后再来主升周期。

> 一个题材高位出现亏钱效应之后，资金就会切低位，这就是我们说的做补涨的时机点的理解。高位出现亏钱效应的时候，你可以做同题材的低位补涨，你也可以做新题材的切换，然后所有题材都死光的时候，去年就有些人去做可转债，还有人去做注册制次新股，这就是时机点。

> 情绪周期四个阶段即主升阶段，高位震荡阶段，主跌阶段，低位试错阶段。高位震荡阶段有穿越，但是大部分都是进入主跌周期了。低位试错阶段好多老师就不敢动，然后到了主升阶段仓位没打上去，打上去的时候就到了高位震荡阶段，这样你就会反复亏钱，所以一般来说试错要积极。穿越是小概率事件，穿越的意思就是这个高位震荡以后有二波、三波什么的，它克服了这个周期的亏钱效应继续往上打高度。

> 主升阶段也是从迷茫中走出来的，导致很多人在主升阶段没有上仓位，反而在高位震荡阶段把仓位推上去了，然后高位震荡阶段很多时候直接进入主跌周期，因此很多人就亏损了。主跌阶段走完，到低位试错阶段，需要不断去试错，很多人一旦做错一两次就不敢去试错，然后到主升阶段又没有上仓位，又在高位震荡阶段把仓位推上去，循环往复中亏钱，然后账户做不出来。因此，试错要积极，再牛逼的股票都是从首板走出来的，很多人的模式都是首板、二板做出来的，这一块性价比是最高的。

> **龙头断板时，赚钱的人想继续赚，而亏钱的人数并没有扩大，所以补涨有了天时地利人和的环境。**

> 一定得等到补涨都结束，想参与的人都参与了，想低吸的人都低吸之后，所有人都开始亏钱，才会进入主杀阶段。

➢ 参与高位和低位的资金都开始亏钱，那么亏钱效应会扩大。此时原来题材属性变成减分项，拥有原来属性的股票杀跌凶猛。接下来，进入切换试错期，但凡没有原来题材属性的股票和板块，都是资金愿意尝试的板块，直至试出新的资金聚焦点。

➢ 预测未来是不切实际的，通过今天的赚钱效应看明天，通过明天的赚钱效应看后天。判断赚钱效应和亏钱效应可以去看昨日涨停表现，若涨停的都没有溢价，那就是亏钱的日子，就是亏钱周期。像这种一波往上的，那就是赚钱效应周期。一般情况下，大盘没有暴涨暴跌，对周期影响不大，主要还是赚钱效应和亏钱效应的转化。

➢ 其实，**就投机炒股而言，研究真实性，不如研究题材可发酵预期**。A 股那么多题材炒作，几个真正落地的？所以，**方向不要再错了，重点是研究题材可发酵预期**。

➢ 从投机来说，基本面迭加情绪，是未来的方向。基本面、基本面、基本面，重要的事情说三遍，从留言的朋友来看，大部分人是没有研读研报的习惯的，这种情况在未来市场，很难生存的。

➢ 下跌初期，谨慎从事。

➢ 历史就是循环，不过，此轮的抱团规模更大，参与资金更复杂和多样化。但是，本质上投机资金大面积入场的情况下，最终都会有叛徒出现，时间点来自何时接盘资金枯竭。

➢ **退潮期的亏钱效应真可怕。**

➢ 从投机的角度来说，我们的主要收益还是行情给的，行情高涨，接力情绪较好，是赚钱的基础。所以，逆势强行操作，还是不可取的。

➢ 对于市场的演变周期的理解，往往可以拆分为低位震荡，主升阶段，高位震荡，然后退潮。在这四个不同的阶段，需要有不同的策略与之对应，才能控制好风险，进退自如。比如在行情主升阶段，强者恒强，拥抱主流；而在高位震荡阶段，则应随时做好退潮的准备，当天要下雨，就早点回家。

➢ **切换的本质是改变共识**，改变共识要有一个契机——存量的萎缩（老周期的资金不断亏损，不断被淘汰）和增量的加入（新周期的资金不断涌入），这里的新，一定是相对老的概念，完全不同的东西才是新。改变大众共识一定发生在存量（老周期）萎缩，受到惨痛教训之后，才能真正寻找到不同的品种。

➢ 做龙头的资金，赚了大钱，他是直接抽身离去，还是考虑在这个让他赚大钱的题材属性里继续折腾？这就是赚钱效应溢出。

➤ 除了在见顶那天接盘的资金，其他不愿意追高的资金亏损了吗？有大面积的板块资金亏损了吗？很想参与但没参与的人都还在场外，那么亏钱效应并没有大规模扩散——亏钱效应并不显现。

➤ **目前，市场最好的指针就是情绪周期和自我练就出来的大局观**，还有技术上的就是成交量和换手，和自己的盘感，其他都是扯淡。

【"92 科比"的经典语录·结构】

➤ 一个板块（题材）需要一个龙头持续地打高度，再有梯队跟风。

➤ 一个龙头应该从头到尾，它要有它的地位，市场来回换龙头，会把这个板块的高度给压死。人心很难聚齐到最后。最后资金对这整个板块是很疲惫的，很厌恶了。

➤ 一个板块要靠龙头去打高度，下面整个补涨，整个梯队才有一个持续稳定的赚钱效应。你一直换龙头不是很好的一个炒作模式。

➤ **回去复盘总结这几年的龙头股有什么特点，发动时机、图形、筹码、成交量，怎么走出来的；补涨出现在什么时机，去复盘看每一次；切换的时机在什么时候，**你要试着去理解它，即使没有参与过，这样下一个龙头出来，你才能从上次龙头走出来的特点中感觉得出来这一次龙头。过去经验中它的各个炒作的节奏，是怎么走出来的，你要去总结、体会、感悟，提倡大家多去看炒股养家的心法，对我而言收获很大。

➤ 一般的技术，什么 K 线、均线、技术图形，你见过几个大游资是靠它们分析的？

➤ 我跟你说，我本人并不信那种什么技术分析。很多人一定要说某种图形叫什么，而我从来不给它们命名的，我也听不懂的。我甚至去年的时候左侧、右侧我都搞不清楚。

➤ 量价、形态是没有固定的标准的，这些东西是靠大量的记忆形成的。

➤ 什么样的图形叫好？什么样的量价叫好？我跟你说，这种东西是没有个固定的标准的，你大量地去翻走出来的股票，大量去阅读，你把它的量，把它的走势图，反复地记下来，你就知道这个图是好的，量是可控的。这种东西需要大量的记忆，但凡是走出来的股票，都说明这个是比较好的图形，它是比较好的量价。你要说具体量价到百分之几是好、百分之几不好，没有的。是没有这种固定的说法的。很多人就企图去量化我们短线怎么做，是很难实现的。它是一个很模糊的、很动态的东西，有很多样式，但也有一些具体的。比如现在市场，一个龙头股票如果成交量超过 50 亿元就很难接。当年炒蓝筹的时候，超过 100 亿元也很难接，**它有个量的极限**。你不要执着于很多固定的模式、固定的量，这不切实际。因为每个股票都是不一样的，**筹码结构也是不一样的**，你不能套在每只股票身上，它里面的流通盘也不一样，里面的筹码也不一样。

➢ 某只股的股性可以通过回顾历史来评判。比如这只股的连板率、涨停的溢价、涨停后放的量大不大。如果某只股票它每次都能给打板的人吃肉，那下次肯定就会有很多人来打板，如果某只股票它每次涨停都能连板，那就有好多人来接力，这样就形成了股性。

➢ 尤其是缺乏换手的缩量板，还是要小心点。**换手还是重要的。缩量再缩量，风险就大于机会。**

➢ **换手出妖，分歧才是最美的。**

➢ 弱转强，我喜欢第二天小低开以后再强势往上走的，如果竞价直接高开很高，这种我会感觉做盘迹象太明显了，就不是很喜欢。再比如尾盘偷鸡板，这种也算是弱板。竞价低开之后直接就往上扫了，这种也属于弱转强。

➢ 缩量板和一字板对接力的资金是很不友好的，一般你第二天就不想接，因为里面好多获利盘，昨天是个换手烂板，今天弱转强后接力的人反而会多一点，市场更加热衷于换手。死亡换手一般是不会弱转强的，**死亡换手就是换手率超过 70%**。

➢ 很多连板股票是缩量板，第二天资金不愿意接，因为买的人很有压力，所以换手出妖股，70% 以上的死亡换手，一般第二天不容易弱转强。

➢ 弱转强不喜欢竞价高开，竞价高开属于做盘的迹象太明显了。**弱转强最好不要体现在竞价上，最好是小低开或者平开后被资金买盘买上去的那种。**

➢ **反包二板会给很多龙头造成确定性的气势**。大资金都喜欢反包后第二个板去买，因为反包第一个板，第二天走得怎么样不知道，很可能被闷杀，所以再来一个板，安全度很高，大家愿意去做。

➢ **反包第一个板，如果烂板，第二个板是加速板，一般是买点。**以前我记得欢乐海岸很长时间都喜欢打反包二板。反包二板很容易确立一个股票的二波起涨，因为很多反包首板之后，它第二天会闷杀，但是反包二板会给很多股票一个第二波走势的确定。

【"92 科比"的经典语录·对手盘思维和资金流向】

➢ **短线最核心的东西就是人气带来的流动性溢价**，仅此而已。

➢ **流动性就是人气**，人气高就是一只股票有人愿意不断地往上去推。

➢ 资本害怕没有利润或利润太少，就像自然界害怕真空一样。

➢ **股票就是筹码交换的游戏。**所谓的逻辑和基本面，就是用了骗取更多接力筹码的吹票手段。我们看透本质的唯一做法，只能是在接力的时候，**一定要看这个故事是否有更多的人来接盘。接力的核心就是人气。**

➢ 接力股关键看人气，有没有人气，人气会让它反包。

➢ 哪里赚钱去哪里，及时发现市场偏好并及时切换过去。

➢ 资金流向很简单，短线精灵一开，哪个方向的股票在拉升说明资金就流向了哪个方向，哪个方向的股票在下跌说明这个资金就流出了啊。

➢ 买股票不要太看集合竞价，因为我感觉它里面充满了套路，充满了不可把控的东西。

➢ 大妖或者说短线牛股，必然有大庄或者主力。所以，要站在主力的角度去选股，是提高胜率的关键之一。

➢ 一个大妖股，它启动的基础是一定要启动价格低，因为启动价格低，它会给人一种感觉后面有空间，会有比较大的一种预期。

➢ 低价是核心，作为一个纯题材炒作，本身并没有基本面的突发变化，低价才是一个股票生命力的持续性。除了你们，还有市场众多的中小游资、大游资都喜欢低价股，这股票就很容易走出来。

➢ 大妖股肯定来自低价股。这些股本身也没有什么基本面的基础。你去翻历史的大妖股，都是低价炒出来的。当然，基本面投机那是另一回事。纯粹筹码性博弈的，低价更能博弈上去，这就是原因。所以市场都喜欢这样的东西。

➢ 总有人提前知道底牌，和你打牌，然后公司还告诉你，他们的保密工作做得很好。

➢ 每天复盘四个小时。复盘看一下涨停，看一下昨日涨停的溢价，然后**看看这**

些涨停的票有没有什么有接力欲望的，首板客的话就去看看有没有什么新闻。

➤ 持有小票的人，开始卖出小票，买入大票，接盘大票的力量加速入场。从惯性认知来看，接盘力量枯竭以后，有短线见顶的风险。

➤ 一个逻辑很硬的股票，不仅仅是你一个人会觉得硬，市场上很多大佬也会和你有一样的观点，**股票始终是与人博弈。只要是人做出的判断，都是主观的。重要的是，自己主观的观点能不能和市场主流投机资金思路一致。**当自己能和市场主流思路一致的时候，主观的观点也就变成客观的观点了。

➤ 板块一致性太强，但是龙头不停地换，不利于市场合力。

➤ 做龙头的话可能就是复盘任务比较轻松一点。但是，首板选手是靠辛苦和努力做出来的。而**接力的核心则是人气，人气足的股票，哪怕断板它都会反包，大家懂吧，人气是最关键的。**

➤ 大家要知道一定要合力。你怎样才能赚钱？很多人认可你的参与点，要么愿意给你抬价，要么给你接力，而且人家还能赚钱。你买的股票明天有人愿意来接力，或者你买的股票当天有人愿意来接力，你才能赚钱。如果你买的股票市场不认，你只能自己套在上面。

【"92 科比"的经典语录·买卖点和操作手法】

➤ **我主要以打板为主。半路不做的原因是成交量不好确定，达不到自己要求的量就无法做预判。**

➤ 我基本上是打板，很少去低吸，半路不做而且也很难买货。

➤ 捉住涨停得有相当的技巧，不是什么涨停都得逮或是都能逮，**这要配合热点、大盘、个股是否龙头和题材共振等诸多因素！**

➤ 当市场都认为是龙头的时候，你就买就行了，龙头的命硬。

➤ 做龙头，是缩量板做还是放量板做都不重要，关键是要"脖子"硬。

➤ 欢乐海岸等大资金都喜欢反包后第二个板去买，第二天反包二板会给很多龙头造成确定性的气势。因为反包第一个板走得怎么样不知道，很可能被闷杀，所以再来一个板，安全度很高，大家愿意去做。反包二板很容易造成确定性的气势，确立一个股票的新一波起涨，证明是新的一波上涨而不是双头。

➢ 尽量围绕主线去参与，或者在主线分歧的时候，切低位或者新题材。

➢ 在其他主流题材出现亏钱效应的时候，做注册制次新股，合力会比较强。

➢ 做切换，**在没有主流板块的情况下或没有题材可炒作的情况下，才做注册制新股**。以前会炒高送转、填权，现在高送转不炒了。

➢ 大家玩创业板注册新股，操作方法一定要类似于可转债，它的炒作模式也是类似于我们一个词叫"切换"。我们说做高做低和做切换，它属于第三种方向。**做切换一定要在什么情况？在其他主流板块出现亏钱效应的情况下，资金没有地方可以去了，这时候有人去做注册制新股，它合力会很强。**

➢ 你看每一波注册制**次新股**走出来，它一定是在没有题材可炒作的时候才走得出来。

➢ 试错要积极，再妖的股也是从首板开始。毕竟，很多妖股的核心是低价。一个大妖股，启动价格必须低，给人一种发展空间，整个市场都喜欢低价股，无论游资还是小散，大妖股都从低价炒起来的。

➢ **纯筹码博弈炒作，低价是核心**，大妖股肯定是低价出来的。

➢ 高位的核按钮对低位的影响不大。高位龙头挂了，有时反而有助于低位补涨。

➢ 对于已经淘汰的题材做短线，反弹就赶紧走，一旦不及预期就赶紧割肉，后面万一涨起来，你不用去否定自己，因为超短就是做隔日，一旦不达预期就是走人，在里面干等不是合理的，更不应该套里面三四天，必须要杀伐果断。

➢ 什么时候走合适，成交量高的要看换手，成交量不高的早盘开盘一刻要赶紧走，因为有流动性。

➢ **烂板一般第二天竞价会很低，但是，开盘后买盘很凶，溢价预期很低的股票，第二天表现优异，就是弱转强**，第三天可能强转强，一般是卖点，因为很可能强转弱。弱转强第二天跌停，可能是主力出货。

➢ 弱转强卖点取决于你的预期，每个人预期不一样，卖点就不一样。

➢ 卖点真的不好讲。卖点每个人的判断都不同。有些人喜欢开盘就卖，还有些人对卖点的判断是基于对一个股票的预期是什么，你今天打了板，你每天对它的预期是什么，如果超预期你就锁，如果低于预期你就卖，这就是卖点，因为每个人的预期不一样，所以卖点也不一样。

➢ 低吸是很难去预判的，有一帮人做票是这么做的，很多票跌百分之三四十，他们去低吸锁仓，涨起来再卖。

➢ 低吸核心你要看，比如拿一个板块来说，你要预判明天的回流是什么。

➤ 短线选手做高做低做切换。要么做最高板，要么做低位首板，中位股的风险较大，性价比低，尽量避免。**中位股不容易成功，做高位或低位，要么做切换，要做新的题材要有新闻做配合，同题材的中位股亏钱效应是很高的。**

➤ **你要么做绝对高，要么做绝对低，对吧？要么就是做切换，做中位股是最不合算的。**

➤ 牛市拿核心，**牛市拿辨识度最高的标的就可以了。**

➤ **短线赚钱的三种模式：第一种是做主升龙头，第二种是做补涨，第三种是做切换。**

➤ **龙头、补涨、切换，这是一个周期，这三个阶段你去掌握一下就可以了。掌握这六个字，三种方式，你完全没有问题了。**

➤ 首板需要做很多的功课，先要收集消息，然后找个股，再看图形、流通市值（不要太大）、股价（不要太高）。如果第二天有异动，那就跟随打板。

➤ 做低有两种：一种是刚才那种见顶分歧且打出赚钱效应后出现的新题材低位，另一种是补涨。补涨模式就是当一个板块打出高度之后或者是赚钱效应比较狂热的时候，你去做一个比较好的首板，基本都会以一字板的形式给你两到三个板的溢价。

➤ 有一种模式叫补涨模式。我们知道当一个板块的高度打出来之后，很多票属性相同。一旦你介入的点在一个题材板块非常狂热的时候，你去做一个非常好的首板，一般在赚钱效应的刺激下，会以一字板的形式去补涨两到三个板。在赚钱效应比较好的情况下，你去做的首板，它会给你两到三个板的溢价。这就是我们说的做低位的另一种模式。

➤ 止损与否，和亏几个点没关系，是主观判断持股走势是否低于预期。低于预期，坚决走掉。还是那句话，不要在乎成本，成本会影响自己对个股的判断。关键还是对股票的预期是否达到。

➤ **次新股，我很少打板，低吸为主。**

➤ 卖飞是常态，不会影响情绪。

➤ 对待有妖相的股票，看好就是一路加仓。

➤ **参与妖股能够加深自己的预判能力和持股能力。**

➤ 有些人连板不买，不愿意追高，但如果龙头出现断板，甚至调整20%~30%之后，他们很愿意低吸，这就是追高买点不舒服，一定跌下来才舒服，所以我个人认为反包也是一种补涨。

➤ 如果是合力很强的"地天板"可以打板，因为有超高人气。题材持续性看赚钱效应，6个板以上的票都会出现弱转强。

➤ 如果打的板第二天不连板，就是早上冲高力度不强，基本上在半个小时内肯定会出清的，不会说"格局"的。如果股票没有溢价，在水下的环节，我个人习惯也是基本上半个小时会卖出的，不会锁太长时间。除非是像一些现阶段比较大的票，大票它可能需要换手，需要时间对吧。

【"92科比"的经典语录·风险控制和仓位管理】

➤ **小资金也要分仓，也不加杠杆**。做股票是长期活动，不能把账户压在一只票上，小资金做大需要稳定的成功率。如果像你全部重仓做一只票，你的模式是不稳定的，容易大赚大亏。淘股吧比赛冠军都是长期做出来的，不是靠运气，是靠稳定的模式，靠复利做出来的。没有自己的方法，一个亿元的资金去做也是韭菜，只有极个别能成功，比如退学炒股，但大部分人不是天才。

➤ 知道每个阶段该怎么应对了，每次回撤都可控了，自己有把握了，长期坚持下来，自己越来越自信了，亏了知道自己怎么赚回来，慢慢自己就有正回馈，只要每个月没有大起大落，每次亏损那个坑都能避开，自己越来越有把握。所以，**反对梭哈，梭哈大亏会让你心态崩了**。祝福大家能走出来，不要心急。

➤ 我专职炒股好久了，**资金小的时候就开始分仓了**。

➤ **保持曲线的稳定，分仓是基础**。小资金，三分之一一个票，资金成长了四分之一一个票，后面我准备降低到五分之一一个票。

➤ 如果你是一个在赌场里面输得比较多的人，你想着靠加杠杆梭哈再赚回来，这个概率太低了。真的，你只会越输越多，最后你无路可走。

➤ 你长期做股票，你发现收益曲线稳定了，3~6个月，关键在于稳定，做股票不要追捧梭哈一个票。如果赚得容易会让自己狂妄，买别的票你也容易梭哈。所以，**短线选手要明白赚钱是行情给予的，不要重仓去赌**，很多人一输就没有赌的资本了，所以融资选手需要做到心态很好。因此，反对梭哈，梭哈大亏会让你心态崩了。

➤ 小资金还是要分仓的。对，小资金还是要分仓的。**我从10万元的时候就开**

始分仓，基本上很久没有出现过满仓一只股票。我也不加任何杠杆，我个人是极度厌恶杠杆的。因为股市不是明天关门的，也不是下个礼拜就不炒了，它是一个长期的活动。你不能把你的账户收益率压在一个票上面，你运气好压在一个票上面，它也不能给你带来什么。**如果你想从一个小资金几万元做到几百万元、上千万元，它需要一个稳定的模式，需要一个成功率。**你要无数个股票给你赚钱。因为大家有很多股票，赚钱的抵消亏钱的，一步步往上走。如果你全部重仓加融资加杠杆，梭哈一个股票，你靠这个股票可能从 100 万元做到 1000 万元，你还是很容易从 1000 万元再亏回 100 万元的，因为你的模式是不稳定的。

➤ **每次比赛能常出现在前 10 名的选手都是靠分仓，都是靠稳定，而不是压在一个票里面做出来的。**有很多选手灵光一现，这届比赛第一、第二名，后面的比赛就不见了，就排不到名次了。这就是运气。你要克服，你不是靠运气，你是靠自己稳定的模式。所以，我个人很厌恶杠杆，因为只要你有水平，哪怕你现在只有 1 万元，你都能做出来。复利是很可怕的，你要是没水平，你有 1000 万元，你加个杠杠，你现在有 1 亿元也还是会亏完。

➤ 基本上，如果你不加杠杆，不加配资，也不至于输到山穷水尽。如果你加杠杆加配资，大多数的结局都是输到山穷水尽。甚至很多人都盲目自信，也没有太多的时间认清自己到底有几斤几两，到底是什么水平，杠杆一上就亏完了。**你都没有适应市场，就已经把本金都做亏了，你怎么翻身呢？**

➤ 昙花一现肯定不是我们来股市追求的终极目标，我们的目标是一个长期稳定的赚钱效应。

➤ 要做出自信，我对待亏损的态度就是每一笔亏损，我都有自信能赚回来，所以买卖的时候，负担很小。

➤ 炸板是不可能避免的，如果要避免炸板，你要做功课，比如你要看股票的股性、盘子、股价。去做股性好的股票，比如这只股的股性比较好，炸板比较少，炸板了也会有人封，这就可以减少炸板；比如上海的国企股都有庄，容易炸板，比如深圳老八股，还有一些潮汕的股票等这些就不适合打板。

➤ 亏了不舍得卖，那你就继续亏钱好了。

➤ 心态要平稳，分仓。

➤ 熊市中进步的人，有一种经历就是板上加仓，一把亏光。所以，个人很少有加仓的习惯。

➤ 所有的通病，基本都是频繁交易。要多看少动，仓位管理很重要，能耐心等

待，就是悟道的一个门槛，能做到基本离赚钱也就不远了！

➤ 每年甚至有的时候每个月都吃天地大面。

【"92科比"的经典语录·市场进化和修炼进阶】

➤ 不要一来股市就把自己放在很高的位置。**做短线需要不断否定自己，不断地调整，不断在打脸中修正自己，提高自己。**

➤ 赚钱之前最痛苦的经验就是亏完了，基本上剩下的钱都亏光了，就没什么钱了。

➤ 有遗憾的青春，才是真正的完整的青春。有遗憾的比赛，才是完整而又真实的一场比赛。

➤ 投机，投机，投机，永远不变的核心，只是表现形式的变化多端。迷于表象，死于本质。

➤ 亏钱不影响生活就可以职业炒股，10万元资金不适合职业炒股，容易养活不了自己，50万元也是很有挑战性的。

➤ 炒股就是一张试卷，你无论如何都不能自恃聪明，只要和市场结果不一样，就是你错了。**每天尊重盘面回馈，就是尊重这张卷子的正确答案。**

➤ 做短线需要天赋和理解力，做短线要做出来首先模式是对的，天天换模式是不行的，要不断修正调整自己，做股票好的人总能够找到规律，善于总结。做短线要建立自己的短线模式，比如龙头、补涨、切换三大主题，在此框架基础上不断细化和丰富它的内容。

➤ 股市能做大的，毕竟还是一小部分人，主要来说淘汰率还是很高的。如果做短线，我感觉还是需要一些天赋和理解力的，并不是每个人都能做出来，这是很客观的一件事情。我建议大家短线真的要做出来，一定要在模式上是对的，不能走歪路，不能没有模式。今天这种模式，明天那种模式，后天又换模式，肯定是不行的。**你要直接试错。你要看你的交割单，哪些东西能让你挣钱，哪些东西是不让你挣钱的，**你要不断去修正，去调整自己。我一直说股票做得好的人，可能就是一个总结能力很强的人，他能找到规律，能找到自己擅长的东西。

➤ **新手入场，不要用大钱参与市场，几万块学费就可以了。**起步资金越大，交

的学费就越多。这就是一个赌场，上来肯定都想着自己是天之骄子，完虐一切。但是对于新人，绝大部分人上来肯定是被完虐的。所以，对于新手，起步资金要小。没个三五年，在这个股市你很难摸索出一条出路。悲观来说，至少有一半人可能终其一生，也没找到股市的出路。

➤ 市场的本质就是对赚钱效应的模仿。做短线的本质也是如此。再往前点，那时候我还没有炒股，做短线的所有手法都是来自对赚钱手法的模仿。

➤ 无论如何，你对这个市场要有信心，对自己要有信心，这样你才有可能做出来，走出来；一旦你没了信心，只能退出市场。有信心就做下去。

➤ **没有自己的交易方法，你资金有 1 亿元也是"韭菜"。**

➤ **我自己一路走来就是养家老师的语录帮助最大**，大家也可以去多理解。"炒股养家"的心法是有用的，我一直提倡大家去看。"炒股养家"是在这个市场博弈出来的。虽然没见过养家老师，但我已经把养家老师当成自己的师傅一样。如果没有他的语录，可能很多人都走不出来。

➤ 自己在黑暗中无法独自通向光明，茫茫众人何以度日？最简单的就是参考已经成功的人，观察他们的行为，去学、去总结、去完善，这样或许会给自己找到一条通向光明的路。

➤ **市场生态在变化，市场在进化**，可能一些前辈的手法就不太适用了。

➤ **最好的老师是市场，坚持每天看盘，把每天盘面的表现回顾起来。**

➤ 我的总结，始终属于我自己，你要融会贯通，是需要自己回顾总结过往的。

➤ 大部分游资都是从散户走过来的。就算目前还是只头羊，但是也要立志成为当狼的羊。所以，散户从不是亏钱的理由。

➤ 当行情赐予你机会时，你必须要竭力去争取。人生也是如此，你要时刻准备好。改变一生的机会，也会来得那么突然，那么猝不及防。

➤ **首先你要精通一种模式**，这种模式精通后再去扩展。你不能同时研究很多，也有难度。你首先可以从打首板开始，或者你先研究 1 进 2，再研究龙头战法。你总归要擅长一个对吧？如果你擅长一种模式，它能保证你账户的稳定性，你再去开拓新的模式。因为如果你的体量大，你纯粹做首板，你的钱是花不完的。因为可能一天好的首板，你也打不到几个。模式你要从擅长一个，往擅长几个去发展比较好一点。

➤ 任何时代小资金都能做大，对，因为小资金它占了流动性的便宜，对吧？而且投机永远不会结束的。

➢ 历史的一片尘埃，降落到某一个人头上的时候，都是一座大山。

【"92 科比" 的思维架构和交易解读】

在本小节，我们将介绍几个"92 科比"的交易案例，在这些案例当中我们力图扼要呈现当时的格局和玩家背景，以及交易者本身的思维架构，以便大家能够从中获得具体交易思路和操作手法上的启发。

【"92 科比" 案例 1·宏润建设】

2020 年 3 月 2 日 "92 科比" 买入宏润建设，3 月 6 日卖出（见图 1-1）。

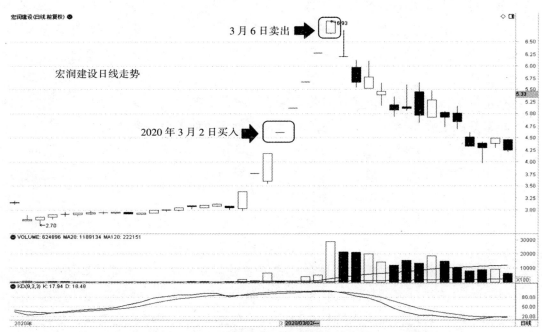

图 1-1　"92 科比" 2020 年 3 月 2 日到 6 日在宏润建设上的操作
资料来源：通达信，DINA。

为什么他选择在 3 月 2 日买入呢？我们先来看之前一个交易日，也就是 2020 年 2 月 28 日的格局。**首先是格局中的周期特征：第一，指数周期；第二，情绪周期。**
指数周期我们采纳"平均股价"这个指数，可以在通达信软件上看到（见图

1-2）。春节后第一个交易日因为新冠疫情出现了大幅向下跳空，但是很快回补缺口，上升趋势不变。到了 2020 年 2 月 28 日这个交易日出现了向下大幅跳空的阴线，这是一个典型的"情绪冰点"。

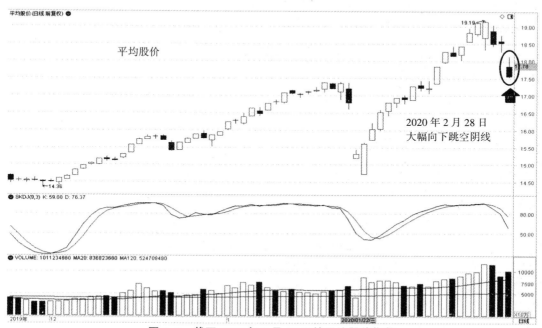

图 1-2　截至 2020 年 2 月 28 日的平均股价指数

资料来源：通达信，DINA。

从情绪周期的角度来看，2 月 28 日当日收盘时，上涨家数只有 233 家（见图 1-3），远少于通常的冰点阈值 1500 家，开盘啦 APP 上的赚钱效应综合强度也只有 28，这也是一个比较低的数值。

我们还可以从昨日涨停板的表现窥探一下情绪周期。2 月 28 日这个交易日收盘时，昨日涨停个股今日平均下跌了 3.18%，昨日连板个股今日平均下跌了 2.66%，而所有连板率也非常低（见图 1-4）。当天是情绪冰点无疑了。

2 月 28 日当天的涨停板梯队最高是六板的上海洗霸，梯队上基本以病毒防治概念为主（见图 1-5）。**最高板还是在三板以上，并未压缩到三板以下，说明情绪周期仍在主升阶段，中间出现了情绪冰点，仍旧是主线上车的机会。如果最高板压缩到三板以下，则处于题材试错期，主要思路就要变成尝试新题材。**

买入日之前所处的周期我们已经基本了解了，就是**指数和情绪上升周期中的冰点，这是主升阶段中的高胜率和高赔率买入机会。格局中最为重要的是周期，接下**

来我们解构买入的逻辑，这是格局的第二个要素。

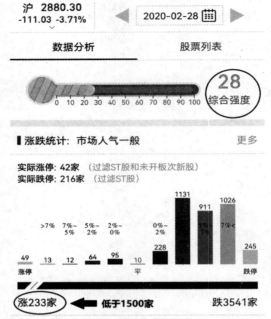

图 1-3　2020 年 2 月 28 日的上涨家数和综合强度

资料来源：开盘啦 APP，DINA。

▌**涨停表现:** 题材存在炒作机会　　　　　　更多

一板	二板	三板	高度板
32	**6**	**4**	**0**
连板率	8% 低	26% 低	0% 低

连板率普遍很低

今日涨停破板率	25.0% (中) ＞
昨日涨停今表现	-3.18% (低) ＞
昨日连板今表现	-2.66% (低) ＞
昨日破板今表现	-6.16% (低) ＞

昨日涨停和昨日连板
今日表现都很差 ➡

图 1-4　2020 年 2 月 28 日涨停板表现

资料来源：开盘啦 APP，DINA。

六板	上海洗霸 (7天6板)		
五板	道恩股份 (6天5板)		
四板	泰达股份 (5天4板)		"92科比"的目标个股 ↓
三板	克劳斯	汉钟精机	宏润建设
二板	融捷健康	尚荣医疗	世纪天鸿
一板	国恩股份	诺邦股份	嘉麟杰
反包	道恩股份 (6天5板)	搜于特 (4天3板)	泰达股份 (5天4板)

图 1-5　2020 年 2 月 28 日涨停板梯队

资料来源：开盘啦 APP，DINA。

2020 年 2 月 28 日当日，海外市场继续暴跌，A 股三大指数也是低开后没有反弹，指数分时上单边下跌。早盘竞价口罩和银行板块表现不错（见图 1-6），早盘基建有所表现，3 家涨停（见图 1-7），盘面表明了对基建刺激政策的期待，而"92

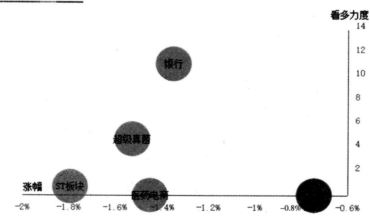

图 1-6　2020 年 2 月 28 日同花顺早盘集合竞价板块热点预测

资料来源：同花顺，DINA。

"科比"在下个交易日准备介入的宏润建设就属于这个板块。沪指跌 3.71%，创业板跌 5.7%！逻辑驱动焦点还是在新冠防疫上，主要是口罩股一家独大。不过，尾盘北向资金流入抢筹了 30 多亿元，看来是对周末出经济刺激政策有较强预期，不排除某些嗅觉灵敏的聪明资金提前知道了某些消息。

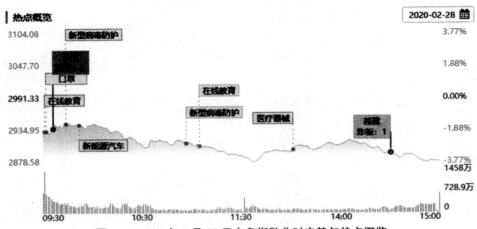

图 1-7 2020 年 2 月 28 日大盘指数分时走势与热点概览
资料来源：同花顺，DINA。

从 2 月 28 日盘面上来看，核心逻辑还是与新冠疫情有关，比如防疫方面的口罩和新型病毒防护，以及医疗器械、在线教育等。同时，还有一条逻辑线索则与对冲疫情负面影响的经济刺激政策有关，重点是基建。

宏润建设属于建筑工程板块，这个板块 2020 年 2 月 3 日也就是春节后第一个交易日暴跌了 9.67%，基本上个股全部跌停了。这个板块一次性兑现利空后，出现了趋势性上涨，也就是说这个板块的走强逻辑其实一直在。2 月 28 日这天，大盘很差，但是这个盘口是低开高走的，开盘分歧，盘中转一致（见图 1-8）。板块与逻辑总是紧密联系的，从建筑板块指数的走势可以看出底层驱动逻辑的强弱。

宏润建设在 2020 年 2 月 28 日的周期和逻辑我们已经大致了解了，接着我们来解剖格局下的结构要素。宏润建设在 2 月 28 日这天的走势是竞价涨停后滑落，开盘在水下，受到大盘和板块的负面影响，低开幅度还是不小的（见图 1-9）。但是，低开后迅速上涨，突破零轴，摆脱了大盘的不利冲击，这就是"弱转强"迹象。虽然板块指数仍旧延续分歧，但是宏润建设却在 9:37 左右迅速上板，封死涨停，这就进一步体现了其人气所在。

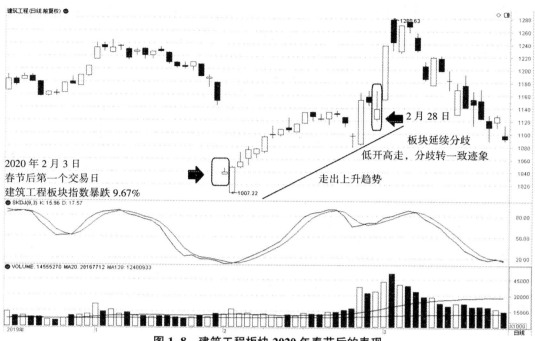

图 1-8 建筑工程板块 2020 年春节后的表现

资料来源：通达信，DINA。

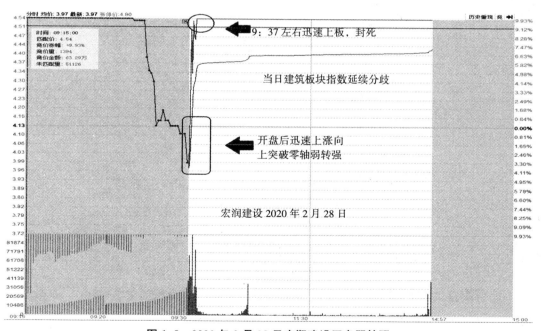

图 1-9 2020 年 2 月 28 日宏润建设开盘弱转强

资料来源：同花顺，DINA。

2 月 28 日宏润建设完成了三连板，同时 2 月 28 日这天还是反包换手涨停板，这就是基本的结构。从玩家的角度来看该股动作背后的对手盘思维和资金流向，我们可以简单地从当日龙虎榜席位略知一二。买方席位出现了知名游资"苏南帮"的两个关联席位（见图 1-10）。"苏南帮"的整体操作风格以大波段和趋势为主，在市场行情回暖的情况下，其操作的股票往往获得较为稳定的涨幅。因此，从玩家这个角度来看，2 月 28 日的宏润建设体现了大波段资金的思维。

今日价 4.54	涨幅 9.93%	📅 2020-02-28 ▼
流通市值 43.83亿元		换手率 6.71%
今日净买入 1436.97万元		关联营业部数 8

上榜理由：日振幅值达15%　　　　　　　📊 连榜统计

买入营业部		金额(万元)
关联	方正证券上海杨高南路	1044.20 / 0.91
关联	华泰证券宁波柳汀街 [苏南帮]	734.48 / 1.41
关联	天风证券福华路 [苏南帮]	703.30
关联	东兴证券上海肇嘉浜路	685.54 / 1.36
关联	浙商证券临安万马路	679.31
	买入总计 4080.92万元	

卖出营业部		金额(万元)
关联	招商证券广州天河北路	909.78 / 2.68
关联	华泰证券广州番禺万达广场	521.30 / 2.13
	兴业证券宁波分公司	426.85 / 2.92
关联	中泰证券深圳分公司	399.90 / 226.36
	招商证券深圳笋岗路	382.45
	卖出总计 2643.95万元	

图 1-10　2020 年 2 月 28 日宏润建设的龙虎榜数据
资料来源：开盘啦 APP，DINA。

我们从格局和玩家两个大视角解读了 2 月 28 日收盘后的宏润建设。下一个交易日，也就是 3 月 2 日，"92 科比"买入。3 月 2 日基建房地产板块的宏润建设大单封一字，而万科和保利地产等"中军"开盘大涨 5% 以上，基建和地产彻底爆发至收盘，板块涨停 44 家成为当日领涨板块，领涨板块最强龙头股就是宏润建设。

宏润建设直到3月6日"92科比"卖出,其间连续一字缩量加速(见图1-11)。

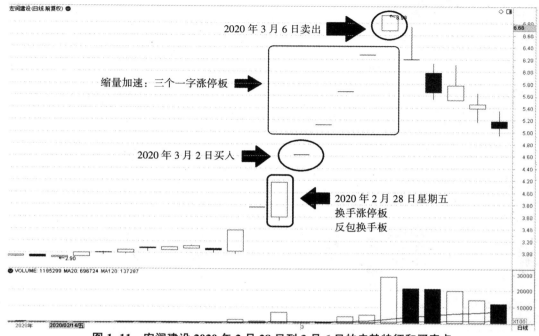

图1-11 宏润建设2020年2月28日到3月6日的走势特征和买卖点
资料来源:通达信,DINA。

连续缩量一字涨停加速后,高换手率开板往往就是"死亡换手"。3月6日这天,平均股价指数大幅低开(见图1-12),当天情绪比较弱。在这种背景下,宏润建设也开板了(见图1-13)。早盘集合竞价阶段就开了板,然后迅速上封,但是盘中多次烂板。

从周期来看卖点。平均股价指数2020年2月25日形成一个高点A之后,指数就逐步走低,到了3月5日反弹形成一个新高点B,但是B点明显低于A点。到了6日,低开反弹受制于AB形成的阻力线(见图1-14)。指数周期在走弱,步入下降阶段的概率很大。

从板块主线来看,2020年3月3日建筑板块指数就是高开低走。后面虽然宏润建设不断创出新高,但是板块指数却是高位震荡。3月4日反包不彻底,3月5日低开高走,3月6日直接低开低走(见图1-15)。

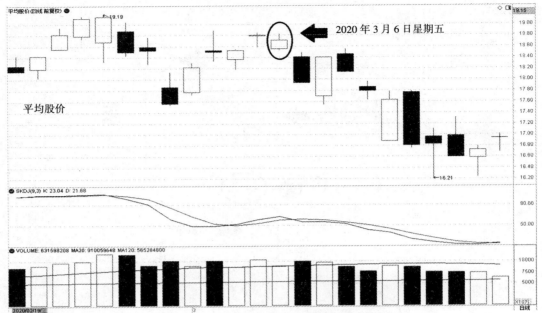

图1-12　2020年3月6日平均股价指数显著低开

资料来源：通达信，DINA。

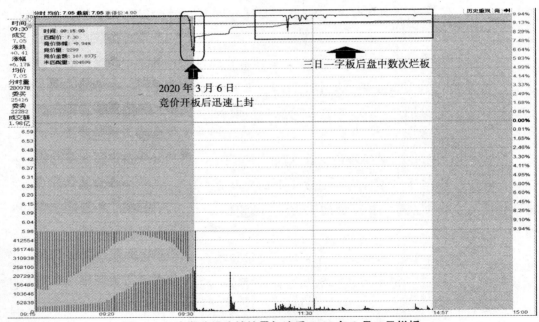

图1-13　宏润建设连续缩量加速后2020年3月6日烂板

资料来源：同花顺，DINA。

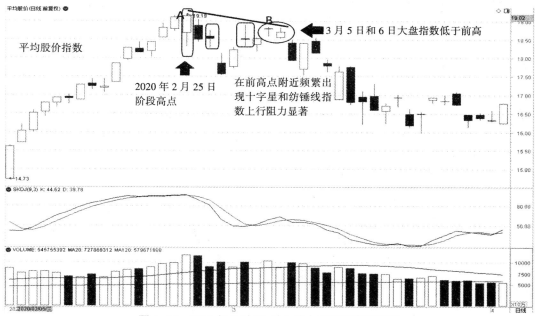

图 1-14　2020年2月25日之后大盘指数高位受阻

资料来源：通达信，DINA。

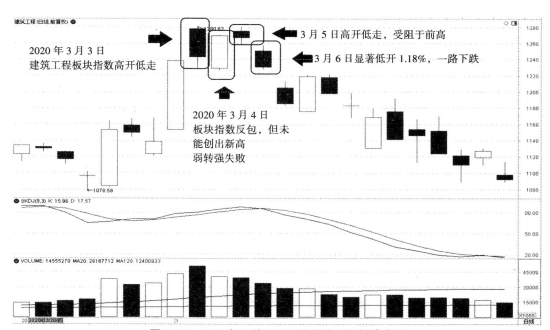

图 1-15　2020年3月3日开始建筑工程板块走弱

资料来源：通达信，DINA。

【"92 科比"案例 2·王府井】

2020 年 6 月中旬到 7 月上旬，"92 科比"两次波段操作王府井。第一次操作是 2020 年 6 月 11 日冰点买入，6 月 17 日加仓，最后在 6 月 19 日卖出（见图 1-16）。

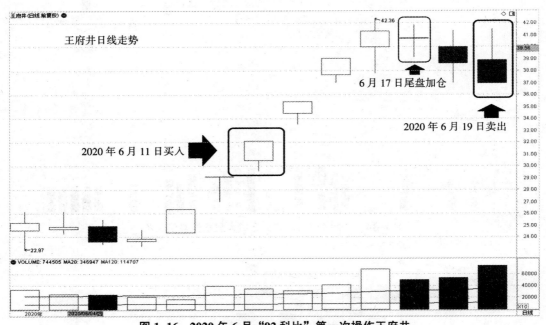

图 1-16 2020 年 6 月"92 科比"第一次操作王府井
资料来源：通达信，DINA。

我们先分析下 6 月 10 日收盘时的格局。6 月 10 日的情绪周期处在冰点，因为当天收盘后的上涨家数只有 1378 家，低于 1500 家的阈值就是冰点（见图 1-17）。6 月 10 日这天三大指数开盘涨跌不一，全天走势也是八二分化，上证指数低开全天水下震荡，深指和创业板指则是震荡走高反弹收红，创业板更是再创反弹新高，两市成交量与昨日持平，盘面个股跌多涨少。同时，开盘啦 APP 的赚钱效应综合强度读数为 36，也处于比较低的位置，佐证了当天是一个情绪冰点。

从涨停情况来看，昨日涨停和昨日连板在 6 月 10 日的表现都比较差（见图 1-18），接力情绪处于冰点。**如果处在主升阶段，则冰点是买入机会，这是"92 科比"一个主要买点。**

从涨停板梯队来看，2020 年 6 月 10 日的最高板在实达集团，高度是四板，高于混沌试错期的三板，情绪周期要么处在主升阶段，要么处在退潮阶段。具体是哪

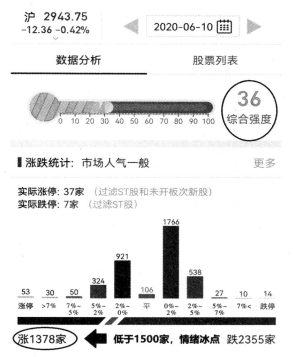

图 1-17　2020 年 6 月 10 日的上涨家数和人气综合强度
资料来源：开盘啦 APP，DINA。

图 1-18　2020 年 6 月 10 日昨日涨停和连板表现
资料来源：开盘啦 APP，DINA。

一个阶段，可以结合指数周期来分析。昨日次新油服股和顺石油止步四板，5G 股实达集团晋级 4 连板，四板依旧是当日最高板（见图 1-19）。另外，二板梯队与免税零售概念相关，与王府井是同板块。从赵老哥"二板定龙头"的法则出发，这个板块正处于起涨阶段，有望成为主线，因此不是退潮期。

四板	实达集团		
三板	荣丰控股	朗姿股份	零售免税概念 ↓
二板	百联股份	腾邦国际	杭州解百
一板	华闻集团	贵州三力	慈文传媒
反包	奥翔药业（3天2板）		

图 1-19　2020 年 6 月 10 日涨停板梯队
资料来源：开盘啦 APP，DINA。

从指数周期来看，平均股价指数在 2020 年 2 月 4 日形成低点 A，在 3 月 24 日形成低点 B，两者的连接构成一个上升趋势线。每次指数跌到这条趋势线附近都获得了支撑，上升趋势显著（见图 1-20）。

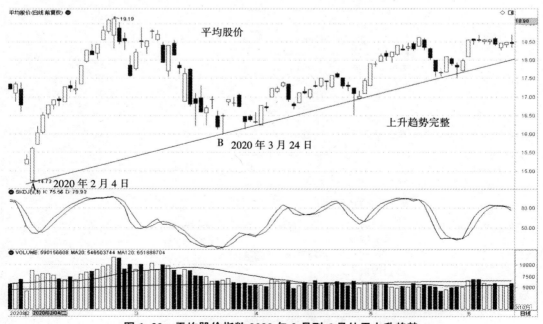

图 1-20　平均股价指数 2020 年 2 月到 6 月处于上升趋势
资料来源：通达信，DINA。

再放大来看，2020年6月2日到11日之间平均股价指数处于小实体横盘整理状态（见图1-21）。横盘整理之前，平均股价大幅上涨了两日，现在更像是上涨中继平台。

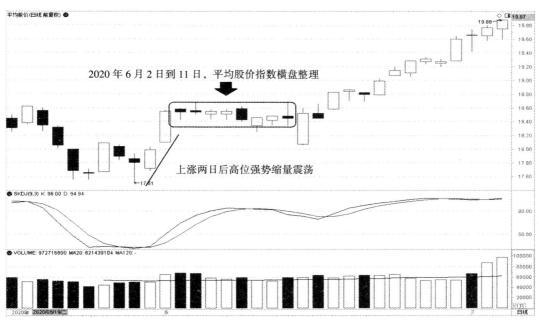

图1-21 平均股价指数2020年6月上旬处于横盘整理状态

资料来源：通达信，DINA。

在"92科比"买入王府井之前，指数周期处于主升阶段，情绪周期处于冰点，而非混沌试错期或者退潮期。**从周期阶段来看，冰点附近是买入窗口。**

我们再来看格局要素之逻辑。**2020年6月10日王府井因为获得免税经营资格，竞价一字涨停，带动免税店新零售板块活跃，昨日补涨的同板块腾邦国际、杭州解百、百联股份等基本都晋级两连板。**前一日非常强势的抖音概念板块"一日游"，6月10日板块整体杀跌。板块龙头联创股份开盘跳水临近跌停，宣亚国际封死跌停板，佳云科技更是一字跌停，昨日一字板盛通股份当日也是巨阴收盘。另外，行情不好的时候次新股和防御性板块有所表现。次新股有5家涨停，三人行开板回封，金丹科技、博杰股份等全天逆势强势。而防御性板块则整体回暖，医疗医药和农业种植早盘领涨，由于南方进入汛期，水利板块也一度拉升。当日涨停的板块分布主要还是集中在病毒防治、次新股和免税零售，以及新能源汽车产业链（见图1-22）。整体来看，次新股和防御性板块是短期避险情绪导致的，而病毒防治则与当时的疫

情有关，真正的新题材则是免税零售（见图 1-23）。这就是题材新颖度决定了逻辑驱动力的强弱。

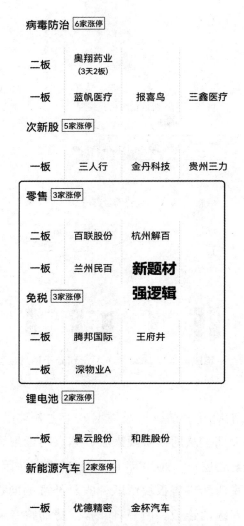

图 1-22　2020 年 6 月 10 日涨停板的板块分布
资料来源：开盘啦 APP，DINA。

　　站在 2020 年 6 月 10 日收盘这个时点上，周期和逻辑我们已经分析了，接着我们再来解析格局的第三个要素——结构。6 月 10 日王府井的结构已经体现出了显著的上涨特征。**在 6 月 10 日之前，王府井构造了一个显著的上涨 N 字结构**，股价上涨然后回调，上涨阶段成交量放大，回调阶段成交量萎缩，然后放量上涨两日（见图 1-24）。可以参考下震荡指标 KD 的金叉，这表明时序动量在加速。这里的结构

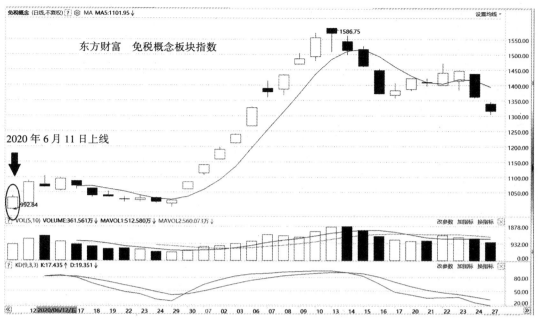

图 1-23 免税概念板块指数 2020 年 6 月 11 日在东方财富软件上线
资料来源：东方财富，DINA。

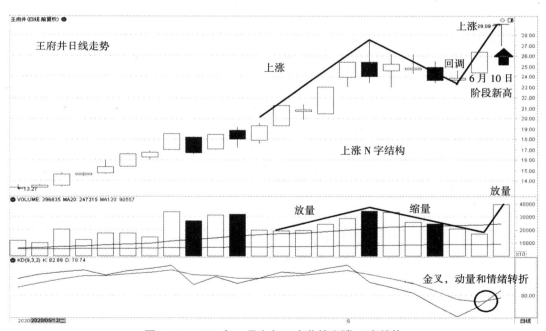

图 1-24 2020 年 6 月上旬王府井的上涨 N 字结构
资料来源：通达信，DINA。

解析采纳了《短线法宝：神奇 N 字结构盘口操作法》的相关理论，感兴趣的读者可以深入学习。当然，许多顶级游资基本宣称不看技术指标，这个就仁者见仁，智者见智了。**效果第一，怎么有效果怎么行动。**

仔细看 6 月 10 日涨停这天的分时走势（见图 1-25），开盘后有烂板，相当于换手通气了。早盘开板回封和尾盘开板回封，谁更强？烂板多妖股，因为换手提高了平均持仓成本，接力情绪要强很多，而且早盘烂板回封要比尾盘烂板回封强许多。6 月 10 日早盘烂板受到了当日整体情绪的影响，回封后一直封涨停就是个股独立强势的表现了。

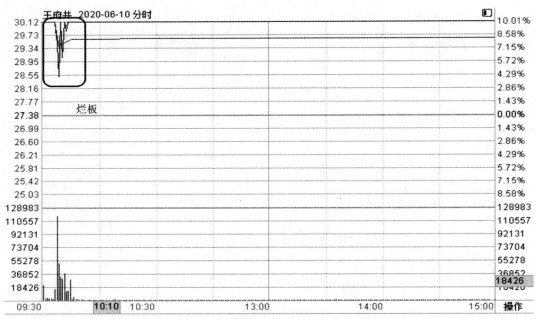

图 1-25　王府井 2020 年 6 月 10 日分时走势

资料来源：通达信，DINA。

格局的三要素：周期、逻辑和结构，我们都分析了。接着，看一下王府井在 6 月 10 日的重要玩家，从中窥探对手盘和资金流向。龙虎榜是非常好的一个玩家分析工具，就来看 2020 年 6 月 10 日的王府井龙虎榜数据（见图 1-26）。当日"章盟主""小鳄鱼"等顶级游资大举买入。在选股方面，"章盟主"偏重于消息面，对新题材把握得准确及时，拿捏到位。比如，敏锐地捕捉到了 2019 年初的"口罩概念"。"小鳄鱼"在本书后续章节有介绍。两大游资在冰点当日大举买入上涨结构鲜明的王府井，后市可期。

图1-26　2020年6月10日的王府井龙虎榜数据

资料来源：开盘啦APP，DINA。

2020年6月11日开盘，上涨家数低于1500家，冰点延续（见图1-27）。王府井竞价开盘涨4.74%，毕竟昨日早盘曾经烂板，有点竞价弱转强的意义。开盘后，跟随大盘情绪下杀，接着快速上涨，很快涨停（见图1-28）。

2020年6月17日，王府井出现这波上涨的首次分歧，"92科比"尾盘加码买入，预期次日资金回流，也就是所谓的"分歧转一致"（见图1-29）。

但此后的两个交易日都无法突破6月16日的高点（见图1-30），博弈资金回流的预期落空，王府井个股走势延续分歧。

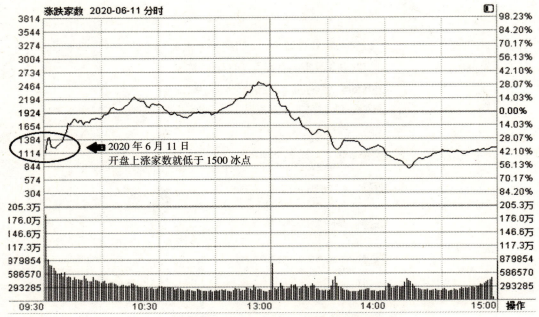

图 1-27　2020 年 6 月 11 日开盘延续冰点

资料来源：通达信，DINA。

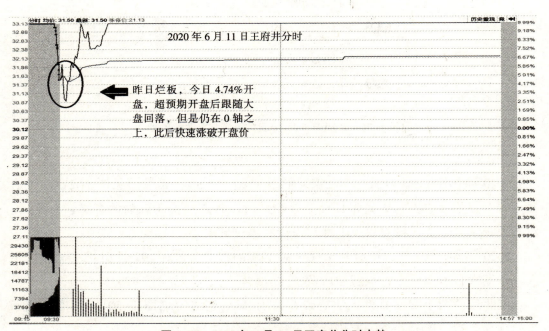

图 1-28　2020 年 6 月 11 日王府井分时走势

资料来源：同花顺，DINA。

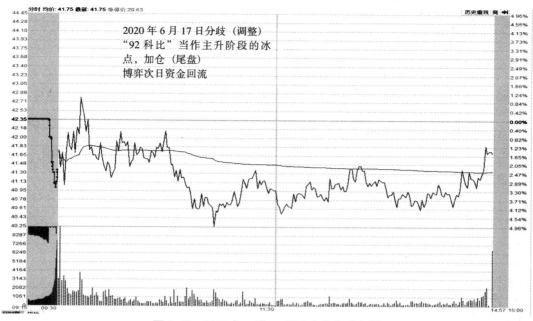

图1-29 2020年6月17日王府井分时走势

资料来源：同花顺，DINA。

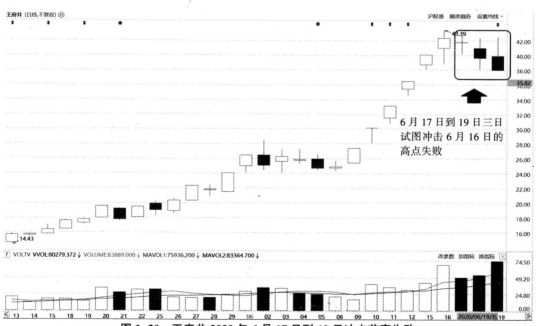

图1-30 王府井2020年6月17日到19日冲击前高失败

资料来源：东方财富，DINA。

其中，6 月 18 日王府井确实有修复上升趋势的动向。"水下"开盘后迅速上攻，这就是试图修复，但是很快失败了，此后全天基本在零轴以下运行，弱势无疑（见图 1-31）。

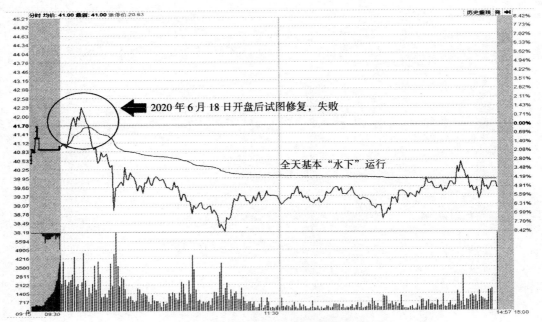

图 1-31 王府井 2020 年 6 月 18 日分时走势

资料来源：同花顺，DINA。

到了 6 月 19 日，早盘集合竞价阶段又出现了修复动作，涨停开始，但是开盘前大幅回落到零轴附近（见图 1-32），竞价弱转强失败。早盘两次上攻都失败了，延续弱势无疑。

同时，大盘周期的载体——平均股价指数却在 6 月 17 日到 19 日创出了新高（见图 1-33），而王府井所在板块却在走低（见图 1-34），王府井与免税概念板块在大盘上涨的情况下调整，可能处于主线退潮期或者分歧延长阶段，这就是"92 科比"在 6 月 19 日清仓王府井的关键理由。

6 月 19 日卖出王府井之后，"92 科比"继续关注该股和主线的修复情况。不久之后，在 6 月 29 日冰点尾盘买入，然后在 7 月 9 日卖出，进行了第二次操作（见图 1-35）。

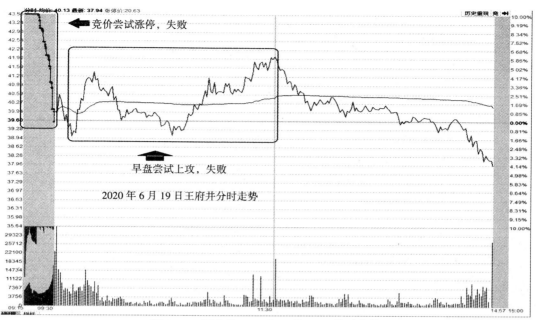

图 1-32　王府井 2020 年 6 月 19 日分时走势

资料来源：同花顺，DINA。

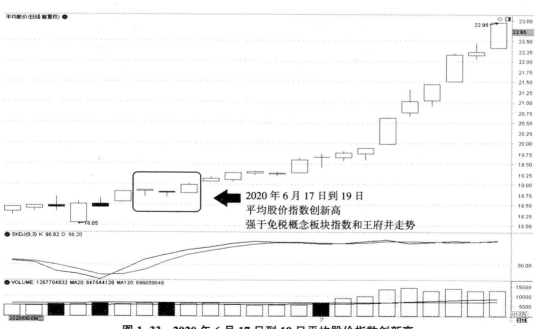

图 1-33　2020 年 6 月 17 日到 19 日平均股价指数创新高

资料来源：通达信，DINA。

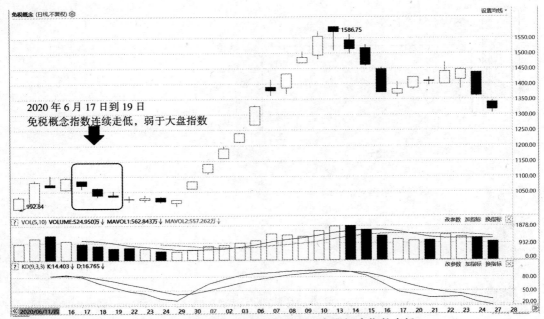

图 1-34　2020 年 6 月 17 日到 19 日免税概念指数走低

资料来源：东方财富，DINA。

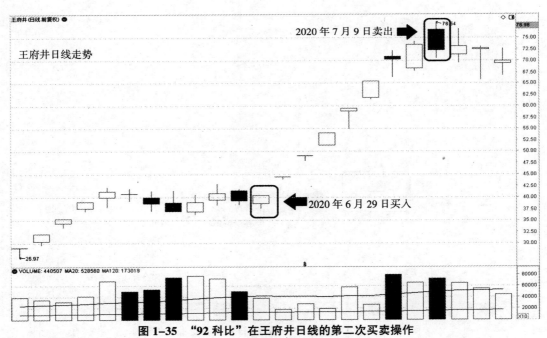

图 1-35　"92 科比"在王府井日线的第二次买卖操作

资料来源：通达信，DINA。

　　我们站在买入点前一个交易日，也就是 6 月 24 日，审视当时的格局。首先从周期角度来看，买入点前一日大盘指数日线走势呈现了上升趋势。6 月 29 日之前一个交易日是 6 月 24 日，指数处于一波上升趋势中，并未出现亢奋的大阳线，因此短期内趋势延续可能性较大（见图 1-36）。

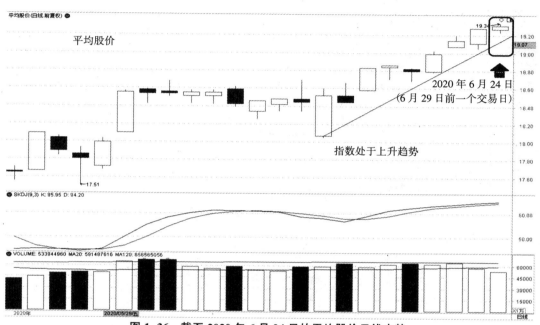

图 1-36　截至 2020 年 6 月 24 日的平均股价日线走势

资料来源：通达信，DINA。

　　仔细来看，2020 年 6 月 24 日的平均股价指数分时走势可以发现当日分时走势是探底回升的，这就是指数周期盘中"分歧转一致"（见图 1-37）。

　　从情绪周期来看，2020 年 6 月 23 日和 24 日基本都是冰点状态。其中，6 月 23 日上涨家数为 1325 家，低于 1500 家（见图 1-38），赚钱效应的综合强度为 36，比较低；6 月 24 日上涨家数为 1399 家（见图 1-39），继续低于 1500 家，赚钱效应的综合强度为 37，人气继续低迷。6 月 24 日三大指数分化震荡，沪指小幅高开后全天维持红盘窄幅震荡。创业板指数则是开盘快速创新高之后，跳水下跌，等到尾盘才翻红收十字星。整体市场的成交量再度萎靡，盘面个股跌多涨少。情绪整体偏弱，处于冰点延续中。"92 科比"认为买入机会就要来了，博弈分歧转一致，调整后修复上行趋势。

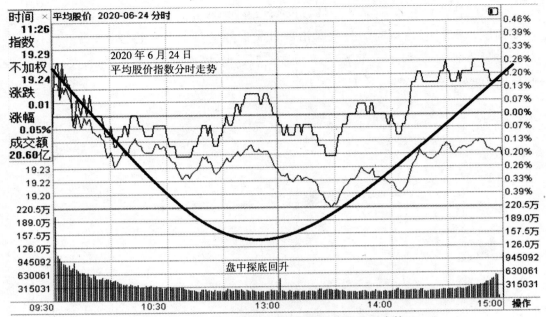

图1-37　2020年6月24日平均股价指数分时走势

资料来源：通达信，DINA。

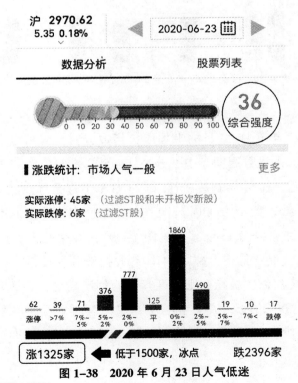

图1-38　2020年6月23日人气低迷

资料来源：开盘啦 APP，DINA。

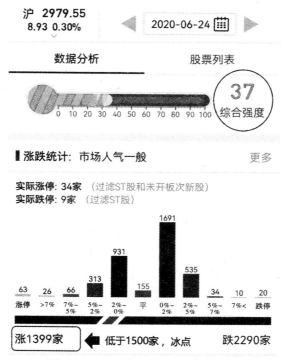

图 1-39　2020 年 6 月 24 日人气低迷

资料来源：开盘啦 APP，DINA。

　　周期分析完了，我们来看逻辑。6 月 24 日是端午节前的最后一个交易日，逻辑驱动上次新股受益于指数调整；芯片、光刻胶板块回暖，瑞芯微 3 天 2 板，蓝英装备再度涨停收 3 天 2 板；游戏板块分化，富春股份止步 2 连板，金科文化晋级 2 板，前强势股盛天网络反抽涨停；字节跳动、消费电子、华为产业链等零星活跃，字节跳动的宣亚国际 5 天 4 板逆势走出小主升；金融券商股也有分化，券商龙头光大证券早盘高开震荡后快速跳水拖累板块下行，新力金融倒是逆势 4 连扳打破短线 3 板的天花板高度，但板块效应不强；新冠病毒防治概念仍旧是持续性较长的炒作板块。6 月 24 日的涨停个股板块分布中，看不到免税概念的身影（见图 1-40）。

　　6 月 24 日，免税概念板块还处于分歧调整走势中（见图 1-41），等到端午节后第一个交易日，也就是 6 月 29 日出现了"弱转强"的走势。

　　2020 年 6 月 29 日，免税概念板块低开低走后逐渐走强（见图 1-42）。

　　6 月 29 日免税板块走强的情绪周期却处在冰点，这也反映了该板块的强势。上涨家数在 6 月 23 日、24 日和 29 日三个交易日都处在 1500 家的冰点阈值以下，整体市场情绪低迷（见图 1-43）。

次新股	5家涨停		
二板	瑞芯微 (3天2板)		
一板	新大正	浙矿股份	英杰电气
游戏	4家涨停		
三板	德力股份		
二板	金科文化		
一板	吉比特	盛天网络	
病毒防治	3家涨停		
二板	国药股份		
一板	利德曼	开能健康	
无线耳机	3家涨停		
一板	鹏辉能源	星徽精密	美格智能
芯片	2家涨停		
二板	蓝英装备 (3天2板)		
一板	XD博通集		
互联网金融	2家涨停		
四板	新力金融		
一板	爱迪尔		
IGBT	2家涨停		
一板	扬杰科技	铂科新材	

图 1-40　2020 年 6 月 24 日涨停个股的板块分布

资料来源：开盘啦 APP，DINA。

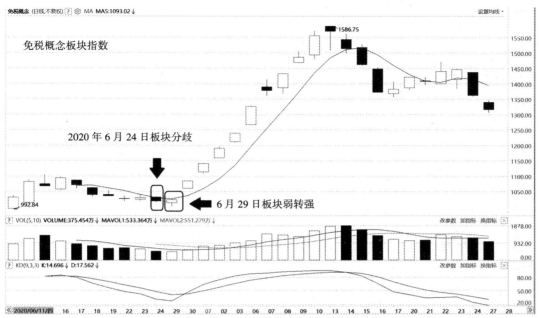

图 1-41　2020 年 6 月 24 日免税概念板块分歧与 6 月 29 日修复
资料来源：东方财富，DINA。

图 1-42　2020 年 6 月 29 日免税概念板块指数分时走势
资料来源：东方财富，DINA。

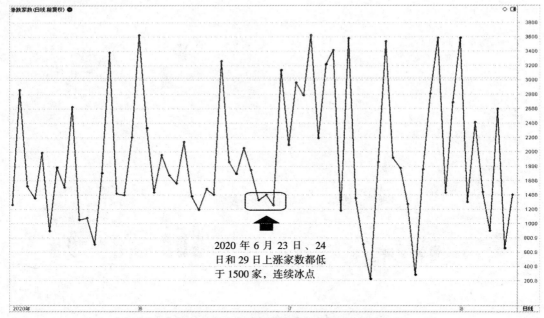

图 1-43　2020 年 6 月 23 日到 29 日情绪处于冰点
资料来源：通达信，DINA。

其中，6 月 29 日全天上涨家数都没有超过 1500 家（见图 1-44）。

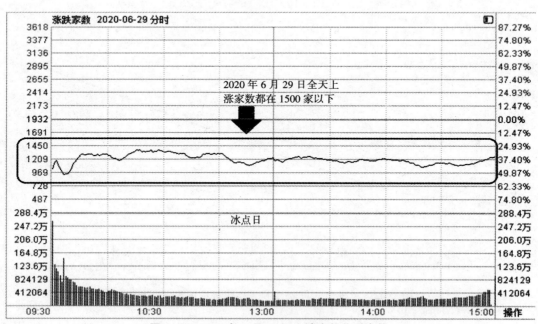

图 1-44　2020 年 6 月 29 日上涨家数分时走势
资料来源：通达信，DINA。

在这种情绪冰点下，免税概念板块却弱转强，机会来了。从结构视角来看，王府井在 6 月 29 日之前处于第二个向上 N 字结构调整结束阶段（见图 1-45）。阶段性底部在 6 月 22 日出现了放量阳线反包结构，短期筑底成功迹象明显。

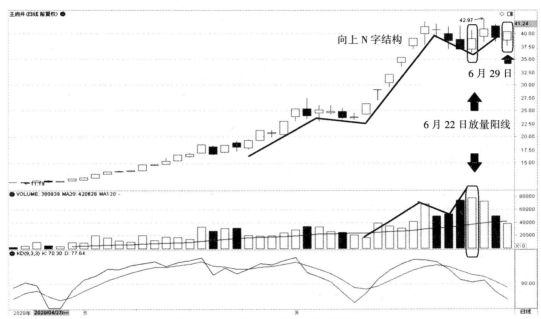

图 1-45　王府井处在向上 N 字结构中

资料来源：通达信，DINA。

2020 年 6 月 29 日当天，王府井早盘竞价跌停后快速拉起，此后与免税板块一起逐步上涨，弱转强态势明显，明显强于当日的大盘（见图 1-46）。指数向上，情绪冰点，王府井和免税板块扛着压力弱转强，这就是"92科比"的买点。

2020 年 7 月 9 日，放量大阴线当天，"92科比"卖出王府井。我们从技术结构上来看，以 AB 价格幅度为单位 1，以调整低点 C 为起点，两倍幅度落在 D 点（见图 1-47）。7 月 8 日的最高点恰好在 D 点，次日也就是 7 月 9 日冲击 D 点失败，放量大阴线意味着高位大换手，通常是主力出逃的迹象。这个 2 倍扩展点，其实是基于斐波那契点位线谱，感兴趣的交易者可以进一步阅读《高抛低吸：斐波那契四度操作法》。或许"92科比"对于斐波那契并不感兴趣，但确实这个工具能够作为短线进出场点的量化工具。**将斐波那契点位与价量形态结合起来，可以大幅提高我们的胜率和赔率，题材投机和龙头战法与斐波那契点位可以相得益彰。**

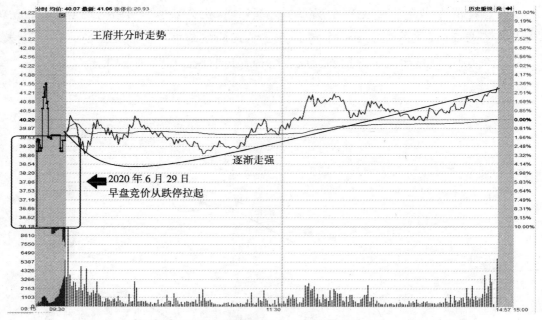

图 1-46 王府井 2020 年 6 月 29 日分时走势

资料来源：同花顺，DINA。

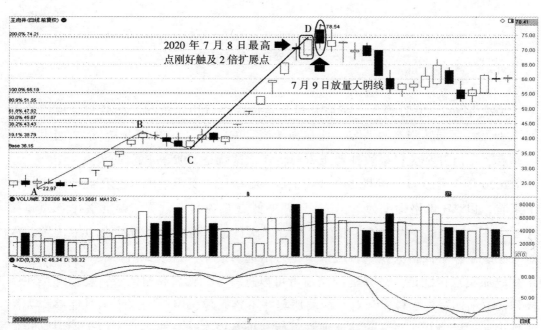

图 1-47 王府井出场点与斐波那契扩展点位

资料来源：通达信，DINA。

从分时来看，2020年7月9日王府井竞价显示涨停，接着很快就大幅下滑了。开盘后上冲到A点，到了中午再度上冲形成高点B点，B点明显低于A点，竞价大幅下跌加上盘中高点走低，弱势显露，卖点无疑（见图1-48）。

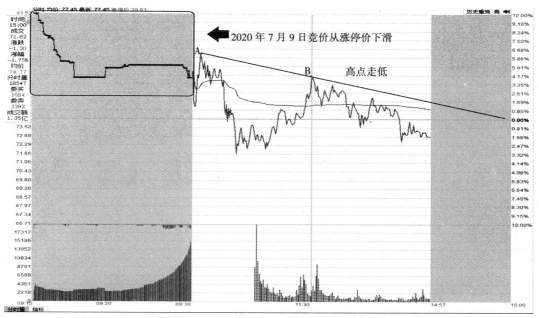

2020年7月9日竞价从涨停价下滑

高点走低

图1-48　2020年7月9日王府井分时走势

资料来源：同花顺，DINA。

【"92科比"案例3·光大证券】

"92科比"2020年7月10日买入光大证券，7月13日卖出，从光大证券日线走势图上，我们可以大致看一下他的买卖点（见图1-49）。

我们来看一下买入前一日，也就是2020年7月9日的格局。周期是我们最需要关注的格局要素。买入点前一日的平均股价指数日线是一根大阳线（见图1-50），也就是说**7月9日整个市场是一个短期高潮点**。7月9日三大指数再创新高，创业板涨幅逼近4%，两市成交量放大，盘面个股再度普涨，下跌家数低于400家。

指数周期上行阶段的延续概率较大，但是情绪周期短期要调整。从情绪周期来看，7月9日当天上涨家数3408家，并不算太多，但是赚钱效应综合强度触及100，这是最高值了，市场情绪极端亢奋无疑（见图1-51），短线一致转分歧的概率显著很高，短线交易的赔率和胜率都比较差了。

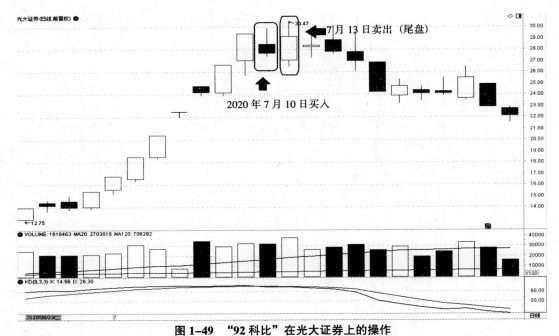

图 1-49 "92 科比"在光大证券上的操作

资料来源：通达信，DINA。

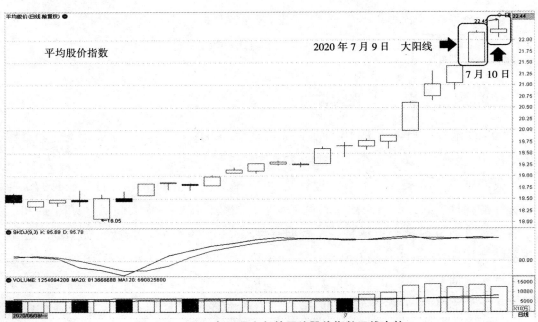

图 1-50 2020 年 7 月上旬的平均股价指数日线走势

资料来源：通达信，DINA。

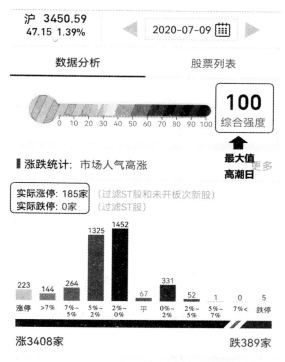

图1-51 2020年7月9日情绪高潮日

资料来源：开盘啦 APP，DINA。

从情绪高度来看，2020年7月9日当天的空间板非常高，有两只妖股星徽精密和凯撒旅业，市场情绪确实非常高（见图1-52）。

从当时的主线周期来看，代表主线的证券板块高位震荡，7月9日和10日都是纺锤线，按照"92科比"思路这是"高低切"的机会，主要是做证券板块内的补涨个股（见图1-53）。证券板块指数当时已经处于高位超卖状态，且情绪周期处于沸点，接下来大幅调整的概率很高，所以"92科比"7月10日买入光大证券只考虑了板块高位横盘提供了补涨机会，但是并未考虑情绪沸点的风险。

就周期而言，指数周期延续看涨，但是情绪周期明显有风险，而主线周期可能存在补涨机会，整体而言次日并非短线介入良机。

我们再来看逻辑。7月9日当期最强题材免税店继续冲关，凯撒旅业、百联股份继续连板分别8板和6板，板块效应和热度很强，虽然王府井和中国中免逆势调整，但也有绿地控股、海汽集团、腾邦国际这些反包涨停股，继续带起相关的新零售板块活跃。前一个交易日比较强势的券商板块内出现了分化，除了板块龙头浙商证券连续7连板保持强势以外，板块后排强势个股仅存第一创业和小商品城5板和

打开高度	星徽精密		
妖股	星徽精密	凯撒旅业	
七板	浙商证券		
六板	沈阳化工	百联股份	紫光国微 （7天6板）
五板	第一创业	华宝股份 （6天5板）	光大证券 （6天5板）
四板	中航沈飞	振德医疗	彤程新材
三板	广东甘化 （4天3板）	杭州解百	雷赛智能
二板	中国卫通	中国软件	蓝英装备
一板	安达维尔	海量数据	益民集团
反包	广百股份 （3天2板）	紫光国微 （7天6板）	海汽集团 （7天6板）

图 1-52　2020 年 7 月 9 日涨停个股梯队

资料来源：开盘啦 APP，DINA。

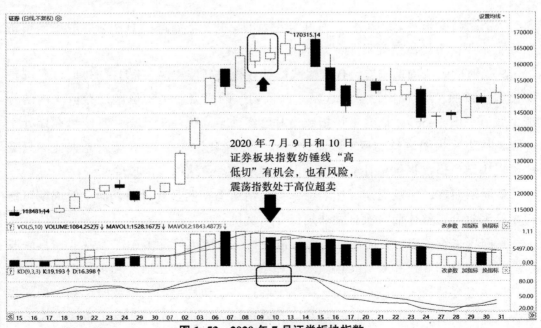

图 1-53　2020 年 7 月证券板块指数

资料来源：东方财富，DINA。

第一课 4 年 10 万元到 1 亿元："92 科比"的思维和盘口技术解读

4 板高位连板。病毒防治板块前排龙头振德医疗、正川股份、理邦仪器 4 连板带动板块反抽，誉衡医药、仁和医药等个股陆续上板。从逻辑驱动来看，券商板块已经步入分歧调整了，这还是在大盘情绪高潮的情况下出现的，表明券商板块其实比较弱势。

买入前光大证券的周期、逻辑我们都分析了，接着看一下 7 月 9 日光大证券的龙虎榜资料，从中窥测下对手盘和资金流向，看看重量级玩家的动向（见图 1-54）。当日买卖前五席位是大幅净卖出的，"章盟主"和"赵老哥"同时出现在买入前五和卖出前五，"赵老哥"的席位明显是净卖出的，对于后市两位顶级游资似乎并不确定。

图 1-54　2020 年 7 月 9 日光大证券龙虎榜数据

资料来源：开盘啦 APP，DINA。

2020 年 7 月 10 日早盘集合竞价，同花顺竞价板块热点预测 9:25 出最终资料，热点当中免税概念继续占据龙头，而券商并未在竞价阶段有弱转强表现（见图 1–55）。

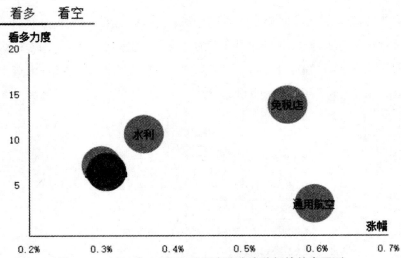

图 1–55　2020 年 7 月 10 日早盘集合竞价板块热点预测

资料来源：同花顺，DINA。

7 月 10 日开盘后不久参股券商概念有四家涨停（见图 1–56），那么光大证券开盘后表现如何呢？

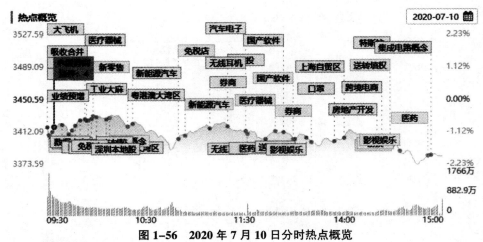

图 1–56　2020 年 7 月 10 日分时热点概览

资料来源：同花顺，DINA。

　　我们来看一下 7 月 10 日光大证券的走势结构。虽然开盘后券商有涨停，但是光大证券开盘后的最高涨幅却低于 2%（见图 1-57），显然当日在板块内也算非常弱。"92 科比"尾盘低吸了光大证券。当时证券板块处于高位震荡，光大证券 7 月 9 日已经 5 板了，并不符合高低切标的要求。7 月 9 日情绪沸点，7 月 10 日分歧冰点（见图 1-58），分歧尾盘买，从周期来看并无问题，博弈次日修复。但如果板块退潮，或者情绪分歧延续，又或者个股地位下降无法弱转强，则后续的胜率和赔率就会大打折扣。

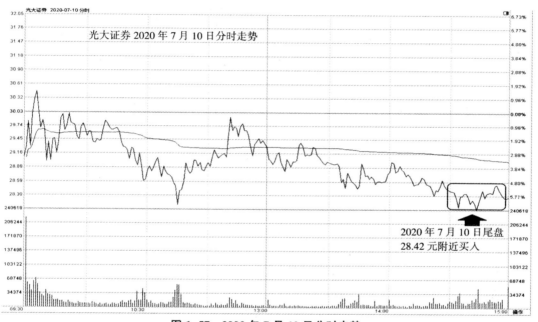

图 1-57　2020 年 7 月 10 日分时走势

资料来源：通达信，DINA。

　　7 月 10 日是星期五，下一个交易日也就是星期一的 7 月 13 日，光大证券确实出现了回流修复，但却是弱修复，盘中创新高失败（见图 1-59）。

　　从当日分时来看，光大证券早盘低开"水下"，走出弱转强。但是下午才上板，尾盘炸板（见图 1-60）。整体一个弱修复走势，如果说早盘是弱转强，那么午盘就是强转弱。"92 科比"一直熬到尾盘才离场。

　　"92 科比"也贴出来了自己的思路和交易情况，可以与上述分析对照。2020 年 7 月 10 日星期五分歧尾盘买入是预判了 7 月 13 日星期一回流（见图 1-61），而 7 月 13 日该股的走势强度却低于预期，最终小赚离场（见图 1-62）。

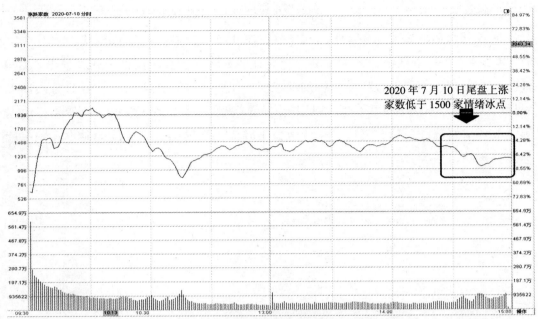

图 1-58 2020 年 7 月 10 日上涨家数分时走势

资料来源：通达信，DINA。

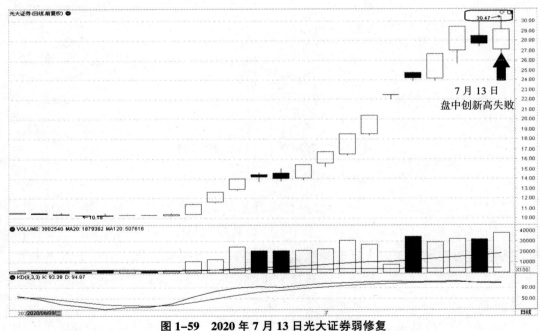

图 1-59 2020 年 7 月 13 日光大证券弱修复

资料来源：通达信，DINA。

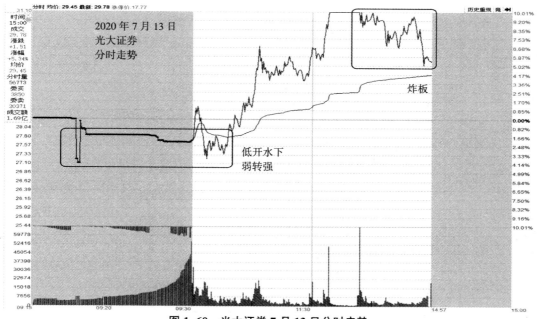

图 1-60　光大证券 7 月 13 日分时走势

资料来源：同花顺，DINA。

92 科比：2020-07-10 15:10

明细	证券代码	证券名称	盈亏比例(%)	浮动盈亏	持仓数量	可用数量	最新市值	参考成本价	当前价	冻结数量	当
	601788	光大证券	-0.61	-59797.660	346200	0	9780150.000	28.423	28.250	0	-
	600095	哈高科	9.08	807711.870	660400	660400	9701276.000	13.467	14.690	0	8
	002626	金达威	-0.01	-947.350	295400	0	9473478.000	32.073	32.070	0	
	600517	国网英大	-0.87	-77040.480	1029000	0	8777370.000	8.605	8.530	0	
	787981	中芯申购	0.00	27460.000	1000	1000	27460.000	0.000	27.460	0	
	000659	珠海中富	-100.00	69634.840	0	0	0.000	0.000	2.690	0	
	000698	沈阳化工	-100.00	1805072.860	0	0	0.000	0.000	6.010	0	9

尾盘预测周一回流，买了光大证券。哈高科锁仓不动，基于目前证券高低切的逻辑，盘中买了国网英大。金达威，NMN 的长生药，感觉周末能发酵，早上打板买入……图片是收盘竞价的时候的截图，可能与收盘价有细微差距，避免误会。

图 1-61　2020 年 7 月 10 日收盘后持仓情况和思路自白

资料来源："92 科比"，淘股吧。

92科比: 2020-07-13 15:10

资金余额	3245.64	可取金额	3245.64	持仓盈亏	3188177.79	
东结金额	0.00	股票市值	21121236.00	当日盈亏	2543096.59	
可用金额	19159995.01	总 资 产	40261231.01	当日盈亏比	6.74%	

账户清仓

明细	证券代码	证券名称	盈亏比例(%)	浮动盈亏	▼ 最新市值	可用数量	冻结数量	持
	600095	哈高科	20.00	1778499.870	10672064.000	660400	0	
	002626	金达威	10.00	947286.650	10421712.000	295400	0	
	787981	中芯申购	0.00	0.000	27460.000	1000	0	
	600517	国网英大	-100.00	4049.930	0.000	0	0	
	601788	光大证券	-100.00	458341.340	0.000	0	0	

15:00:00	601788	光大证券	证券卖出	60144	29.780	1791088.320	34807
15:00:00	601788	光大证券	证券卖出	151900	29.780	4523582.000	34807
15:00:00	601788	光大证券	证券卖出	134156	29.780	3995165.680	34807

光大证券真的是盈亏同源，熬到了尾盘，才走的。今天没有买入操作。锁仓哈高科、金达威。

图 1-62　2020 年 7 月 13 日收盘后持仓情况和思路自白

资料来源："92 科比"，淘股吧。

【"92 科比"案例 4·金达威】

我们来看"92 科比"第四个操作案例——金达威。他在 2020 年 7 月 10 日买入金达威，7 月 16 日卖出。这段操作的买卖点标注在了日线走势图上（见图 1-63），买卖点之间是连续一字涨停板。

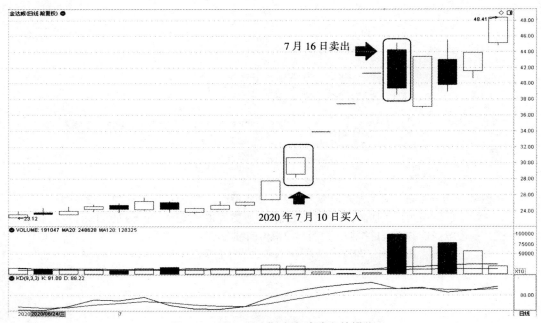

图 1-63　"92 科比"在金达威上的操作

资料来源：通达信，DINA。

买入之前的指数和情绪周期以及热点轮动情况请参考此前光大证券的分析部分，也就是2020年7月9日收盘后的周期分析。金达威当时代表了新概念长寿药NMN，这个板块属于全新题材的逻辑，直到7月16日板块指数才在同花顺（见图1-64）、东方财富（见图1-65）和通达信（见图1-66）三大行情软件上线，这意味着题材逻辑发酵时间比较长。

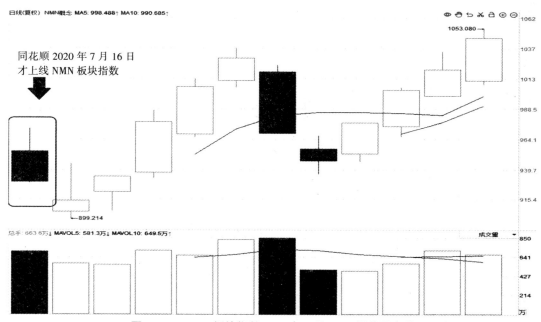

图1-64 NMN板块指数2020年7月16日同花顺上线

资料来源：同花顺，DINA。

前面提到2020年7月10日是个情绪冰点，券商板块出现了滞涨，这个时候应该高低切换，**一个是老题材补涨，另一个是新题材试错**。金达威就属于新题材试错。翻看前面的语录部分，找到这句话"**当高位出现分歧，或者低位已经打出赚钱效应的时候，低位出现一个新题材往往是一个非常好的介入点。如果在分歧时低位出现一个题材，大部分资金会大量地去聚集到低位题材**"。与这里的例子结合起来理解。光大证券接力不尽如人意，但是金达威却是不错的机会。这就是主线周期的思路，也是"92科比"奉为圭臬的法则之一，可以结合前面的语录部分思考和消化。

我们来看结构，金达威在买入前就已经呈现了一个完整的上涨N字结构（见图1-67）。上涨放量，回调缩量，然后再度放量上涨，2020年7月9日放量突破前高A点。

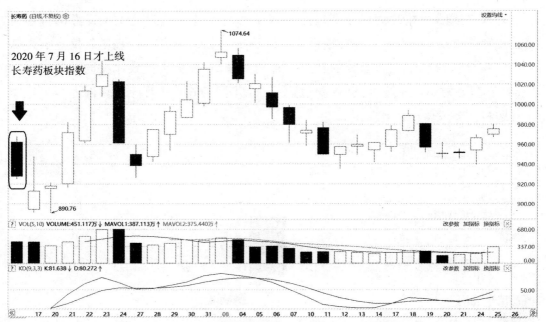

图1-65 长寿药板块指数2020年7月16日东方财富上线

资料来源：东方财富，DINA。

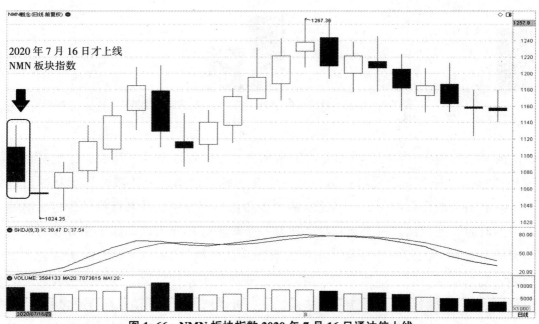

图1-66 NMN板块指数2020年7月16日通达信上线

资料来源：通达信，DINA。

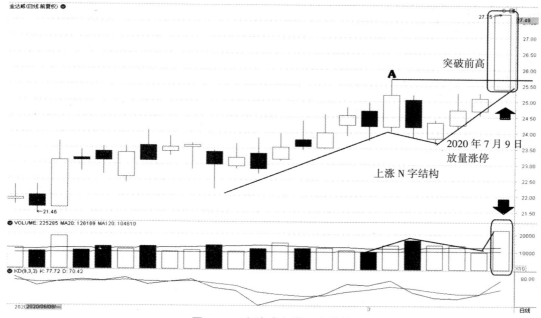

图 1-67　金达威上涨 N 字结构

资料来源：通达信，DINA。

深入 7 月 9 日涨停板内部，我们来看当日的分时结构（见图 1-68），当日上板时间不算早，此后在 A 区域和 B 区域频繁开板，这就是换手了，烂板特征明显，

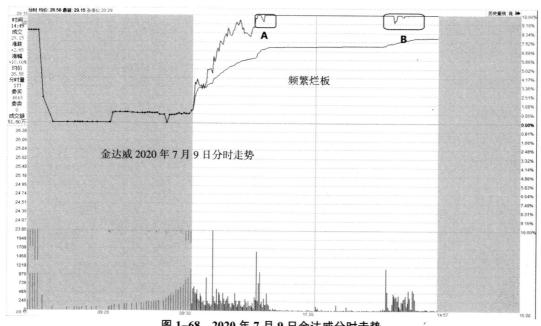

图 1-68　2020 年 7 月 9 日金达威分时走势

资料来源：同花顺，DINA。

一般是弱势，但是次日弱转强就容易出妖股或者龙头。

次日零轴上开盘，快要涨停时"92 科比"扫板买入（见图 1-69），成本价在 32.07 元附近。为什么要扫板，而不是低吸或者半路呢？这就是对确定性的追求，开盘后上板才体现了真正的"弱转强"。正如"92 科比"自己所言："我主要以打板为主。半路不做的原因是成交量不好确定，达不到自己要求的量就无法做预判……我基本上是打板。很少去低吸或半路，也很难买货。"

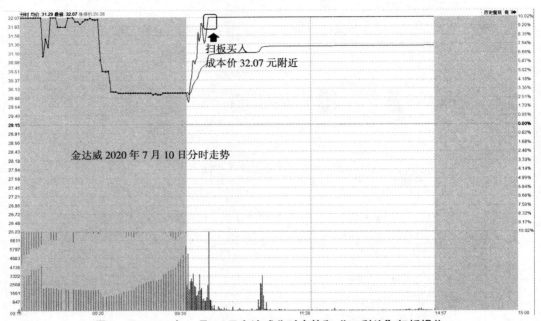

图 1-69　2020 年 7 月 10 日金达威分时走势和"92 科比"扫板操作
资料来源：同花顺，DINA。

为什么"92 科比"选择在 7 月 16 日卖出金达威呢？首先，长寿药 NMN 板块指数当日大幅低开（见图 1-70），这就是非常弱的表现。低开之后低走，进一步确认逻辑主线退潮了。

从金达威的结构来看，2020 年 7 月 16 日竞价涨停，这天恰好是板块指数在各大行情软件上线的日子，有点"见光死"的感觉。但是临近开盘却大幅下滑，这就是竞价强转弱了，说明受到了板块低开的拖累（见图 1-71），盘中反弹幅度越来越低，走成三角形，最终跌破下边缘。

从日线走势来看，当日金达威**天量阴线**，高位大换手（见图 1-72）。天量阴线能够在短期内被反包，则是机会，当然这是后话，当日大换手对于持仓的短线选手而言最好回避。

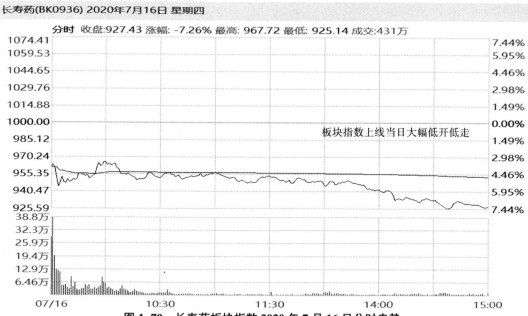

图1-70　长寿药板块指数2020年7月16日分时走势

资料来源：东方财富，DINA。

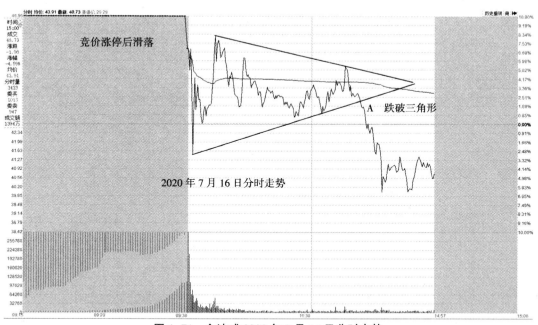

图1-71　金达威2020年7月16日分时走势

资料来源：同花顺，DINA。

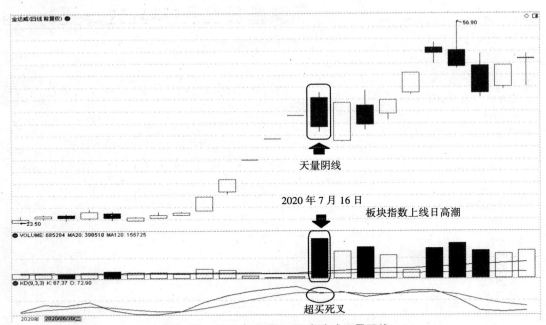

图1-72　2020年7月16日金达威天量阴线

资料来源：通达信，DINA。

8000 元到 10 亿元："小鳄鱼"的思维和盘口技术解读

股市本身就是一个零和游戏，你的每一次盈利都要战胜两个交易的对手，一个是卖给你的人，另一个则是买你筹码的人。

【人物简介·"小鳄鱼"】

"小鳄鱼"本名冯伟强，江苏南京人。2011 年 3 月以 8000 元资本入市，从 2012 年 4 月至 2013 年底资金从 14 万元做到了 1800 万元，增长了差不多 128 倍，平均每三个月翻一倍。2014 年前 9 个月翻一倍，后 3 个月翻一倍，2014 年资金体量达 7000 万元。2015 年牛市资产过亿元。只用了 4 年时间，就从不到 1 万元做到了上亿元资产。最近几年，资产已经达到了 10 亿元级别。据说在成长过程中，他得到了顶级游资"佛山无影脚"廖国沛指点。

【"小鳄鱼"的经典语录·逻辑】

➤ 股市操作的核心是紧跟市场热点题材，行情好的时候满仓做，追龙头。

➤ 还有就是炒作的逻辑，为什么今天拉这个股票，公司基本面的拐点？还是有

什么题材？还是整个板块的异动还是个股行为？这个需要积累，而且必须第一时间买进，不可追太高。除非市场情绪很好，龙头可追，因为很多股票市场是不怎么认可的，会冲高回落，那么就难了。

➢ 还是那句话，只做热点，只做主流，其他的个股上面基本赚不到钱，宁愿不做。

➢ 关于理解力，**节奏很重要，买入主流热点**，其他的小利放弃；势，共振，选股还要更加严格，该出手的时候做主流。

【"小鳄鱼"的经典语录·周期】

➢ 行情不好的时候不追高，以低吸或空仓为主。

➢ 熊市中空仓都是正确的，实在手痒要做的话只能做一做超跌标的，也就是板块下跌一段时间后，再次大幅下挫的情况。

➢ 核心还是主要依赖市场的热点题材股票，行情好的时候满仓做，追龙头。

➢ 炒股就一个字——"等"。

➢ 目前的市场，板块轮动特征明显，对于大涨且放大量的个股，除板块领头羊外，一般都可以不再做关注。反而应该在思维上先人一步，提前介入有启动迹象但还没大幅拉升的板块。否则，操作节奏上始终就要比市场慢半拍，资金运作自然不能运转如意。

➢ 在一轮经典的下跌过后，市场面临转势，但我们不知道谁会先涨，资金量大的操作必然会提前布局，而我们需要的就是睁大眼睛，等待最强的那只股票出现，然后闭着眼睛进入就可以了。

【"小鳄鱼"的经典语录·结构】

➢ 技术分析主要用的是 K 线，成交量，均线和分时图的走势，其他的都不看。

➢ **个股的选择一定要考虑符合当下的炒作热点**。相对低位的第一根放量大阳线。或者说二次探底后的再次启动，必须是放量大阳线，出现这种阳线，都是超短线的好品种。

➤ 炒股基本靠势，有时候搞不懂为什么这么烂的题材和个股都能封住，有时候也搞不懂为什么自己搞了个这么好的板也被闷杀，把握好了这个势，共振上涨，共振下跌。交易的大部分我觉得基本就能解决了。每个阶段都有每个阶段的感悟，我也是"菜鸟"，"90后"新股民。

【"小鳄鱼"的经典语录·对手盘思维和资金流向】

➤ 有人说做超短（基本就是隔日最多两三天）就是自取灭亡，因为要求非常高，当然做得好的会有很多利润。所以这种模式有点像葵花宝典之类的，不容易。**我觉得做股票的本质就是人与人的博弈**，心理的较量，所以从技术分析到市场参与者心理的揣摩很重要，事实上技术分析的背后就是投资大众心理的表现。

➤ 成交回报好的名曰"买盘积极"，成交回报差的名曰"**市场合力**"。

➤ 以前觉得游资是市场的老大，是神，原来游资也就那样。学做蓝筹其实还是挺重要的，而且现在市场蓝筹的属性有所改变，融资融券账户多起来，银行券商拉板不再突兀，操作上简单纯粹固然好，但是资金量变大以后，还是会有比较明显的缺陷的，炒股并不是只会打板。记得刚来淘股吧，当时非常有名的一句话就是只跟随，不预判，其实现在预判越来越多。

➤ **股市本身就是一个零和游戏，你的每一次盈利都要战胜两个交易的对手，一个是卖给你的人，另一个则是买你筹码的人。在心智上是否强于对手，这就是核心！**

➤ **股票的交易的本质是人与人的博弈，从技术分析到背后交易心理的揣摩是核心，为什么会在这个节点发动这个题材？** 这个题材本身的持续性如何？这个股票涨停之后，还能值多少个涨停？这个题材的延展，会有哪些机会等，这就是最经典的"揣摩"。

➤ **超短的核心思维在于连板、主线、超人气龙头主线及重磅消息个股，顺势而为**。从各大游资的操盘上，都可以看出这些共性。

➤ 炒股一定要借力打力，四两拨千斤，硬干是不行的，顺势最关键。一定要做市场高度认同的票，要不独角戏可不好唱。

【"小鳄鱼"的经典语录·买卖点和操作手法】

➤ 首先我的交易模式，基本是隔日交易，持股 1 到 2 天，行情好的时候可能适当延长持股时间。**我的交易框架里，对不同的行情有不同的手法，**主要分为追板、分时点火、低吸潜伏、强势超跌反弹、波段博主升、空仓。当天怎么操作，一般要看具体的盘面。

➤ 大局观、看指数、看热点、看主流、看个股、看盘口、节奏感、心态、买点的舒适感、通过仓位和交易策略来保持交易的主动性。

➤ 只做自己的模式，简化交易，减少分仓，行情不好降低频率。

➤ 沉住气，选择什么时候该买股票，选对该买的股票。

➤ 赚钱的根本还是对题材、对环境、对市场、对个股的理解。打板是为了介入龙头，打板跟风就是傻瓜。

【"小鳄鱼"的经典语录·风险控制和仓位管理】

➤ 随着资金量的变大，我从进攻犀利变成了防守悍将，回撤基本 3 个点以内，这一点我还是很欣慰的。虽然挣钱比较慢，但还是可以接受的。理解力肯定有所提高，高频交易一年肯定有进步吧。基本上热点我跟随得还是很及时的，需要靠一些交易习惯。当然很多时候也是买跟风。然后控制力，基本靠市场感觉和交易经验，感觉市场不行的时候，我就基本不操作了，买的话也买得非常少，股票全部空仓，操作还是比较果断的，不太喜欢拖泥带水。

➤ **我们要承认，真正赚大钱的时候很少，真正非常好的个股很少，不要被短线频繁的交易蒙蔽了。**

➤ 在努力之前，我们必须保证自己的方向是对的。**在正确的道路上坚持就是胜利，在错误的道路上停下来就是胜利。**

➤ 关于控制力，纪律是第一位，不做不会亏，休息才是最好的；投机氛围不好

少做，轻仓做，连续亏两笔就休息，一笔交易结束了再去考虑下一笔。

➤ 短线交易模型是一套必须具备过滤风险，同时具备吸金的交易模型，每个游资都有一套自己的模型，但每种交易模式不是天天都符合条件。所以，必须要有足够的耐心去等待机会的到来，没有机会是风险最大的时候，四处出击，胡乱交易，这就是产生亏损的根本原因。因此，短线交易，耐心等待是必须具备之道。

【"小鳄鱼"的经典语录·市场进化和修炼进阶】

➤ 据我所知，在这个市场上有所成就的那些人，从几万元做到上千万元和上亿元的那些人，都在这个市场上摸爬滚打了10年以上。除非你是天才，或者运气好，一进入股市就是大牛市，迅速完成了积累，不然你也必须经过这一过程。有的人比较背，一进去就是熊市，迅速被市场消灭。如果你真的要在投资领域混下去，必须要坚持下去。

➤ 能在这么短的时间内跨越一个又一个的门槛迅速做大做强，**除了努力加天赋外，还必须有方法**。

➤ 自己做股票的成绩也不敢苟同，但是起码认认真真地经历了股票的跌涨，做股票经验很重要。很羡慕那些驰骋在二级市场的大佬们，各路游资，每天花上千万元去做一只股票，一夜就可以赚到很多人一年来都赚不到钱。

➤ 每个进入市场的"韭菜们"都幻想自己可以有一天可以在股市里有一番作为。可是这个市场是残酷的。7赔2平1赚的市场规律不会改变，所以要想在这个市场上有所作为，努力、努力、再努力。然而我看到有很多人的回报和努力不成比例，可是除了努力之外你还能做什么呢？

➤ 在努力之前，我们必须保证自己的方向是对的，正确的道路上坚持下去就是胜利，可是错误的道路上停下来就是胜利。我一开始做短线但是亏得快，后来做长线，发现我的性格太急躁做不来，再改到短线，然后坚持到现在。

➤ 关于交易，体会只有这4个字：简单纯粹。简单的可以避免陷阱，纯粹的可以减少错误。

➤ 炒股不要跟别人比，淘股吧都是几十倍收益的大神，我们一个月能有十个点的收益，就可以了。

➤ 有时候我在想股市里哪有天赋这么一说，可是确实大家差距很大，最近体会比较深，有些人的一些特质在股市里确实注定就难以有所作为，这应该就是关键吧，比如有些人很喜欢贪小便宜，有些人太主观，有些人太喜欢预测来证明自己，有些人太犹豫，有些人控制力太差，有些人盘感确实太差。我是属于过于理智不太偏执，所以也趋于平庸。

➤ 花的时间多，平时痛苦感越强，日后就会取得更大的成就，花的时间少，生活开心一点，股票上的成就就会一般，看个人选择了。交易上也是一样，有些人平时不赚钱，但是能抓住几次大机会，有些人平时小赚，日复一日，因人而异，格局上自然前者大一些，但是自然更难做到。

【"小鳄鱼"的思维架构和交易解读】

小鳄鱼最主要的手法是连板，其次是人气股反包战法。其中效果最好的为连板战法。从连板接力的整体高度上看，小鳄鱼操作的标的大都相对偏低位一些，也就是打二板比较多，比如下面提到的第一个实操案例——中国出版。

反包有强势股首阴反包和趋势股阴线反包等具体手法，但是只有主流在时才会有较高的胜率和赔率。此外，他偶尔会参与新股一字开板接力以及机构席位溢价。在本小节，我们将介绍几个"小鳄鱼"的交易案例，在这些案例当中我们力图扼要呈现当时的格局和玩家背景，以及交易者本身的思维架构，以便大家能够从中获得具体交易思路和操作手法上的启发。

【"小鳄鱼"案例 1·中国出版】

2019 年 4 月 16 日，"小鳄鱼"在第二个涨停板上买入了 3477.40 万元，次日（4 月 17 日）卖出了 3831.81 万元（见图 2-1），赚了几百万元。

站在 2019 年 4 月 15 日收盘之后的格局来看，当时的周期阶段是怎样的呢？"小鳄鱼"又是在怎样的背景下决定次日买入中国出版的？

从指数周期来看，2019 年 4 月 15 日平均股价指数回调到了上升趋势线附近（见图 2-2），这就是一个趋势买入窗口。当日平均股价分时走势开盘上冲失败后拐头向下，持续下跌，典型的指数强转弱（见图 2-3）。

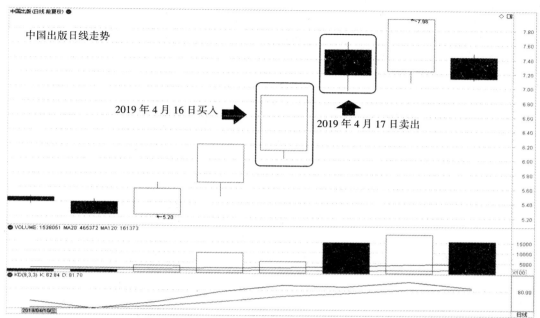

图 2-1　中国出版日线走势和"小鳄鱼"买卖点

资料来源：通达信，DINA。

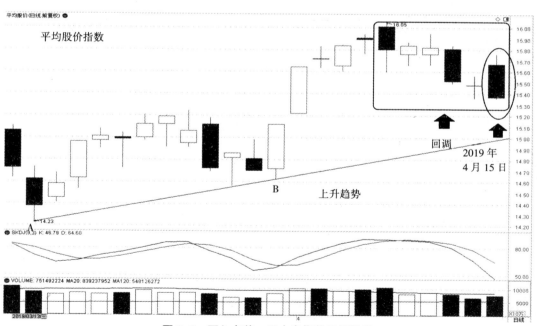

图 2-2　买入点前一日大盘指数日线格局

资料来源：通达信，DINA。

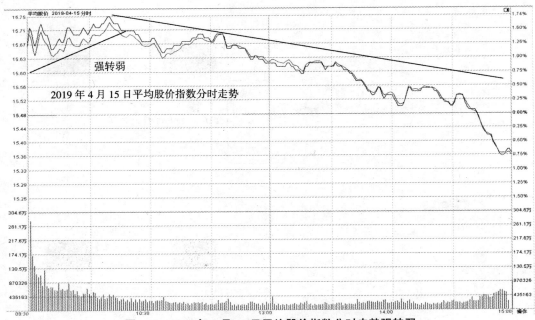

图 2-3　2019 年 4 月 15 日平均股价指数分时走势强转弱
资料来源：通达信，DINA。

但是，在"小鳄鱼"扫板介入中国出版的 4 月 16 日，早盘平均股价指数出现了分时弱转强走势（见图 2-4）。

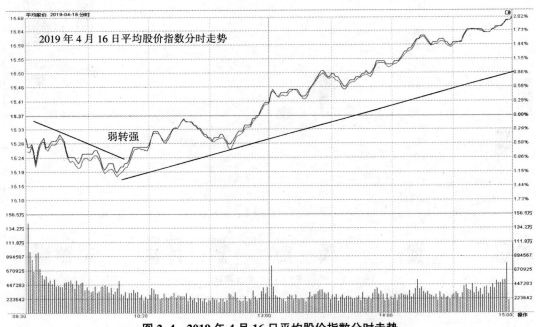

图 2-4　2019 年 4 月 16 日平均股价指数分时走势
资料来源：通达信，DINA。

接着，我们看一下市场情绪周期。在买入的前一个交易日（2019 年 4 月 15 日）收盘时的上涨家数为 949 家，低于 1500 家，属于情绪冰点。开盘啦 APP 的赚钱效应综合强度为 36，属于低值范围（见图 2-5）。主升阶段的情绪冰点尾盘或者次日开盘是买入窗口。

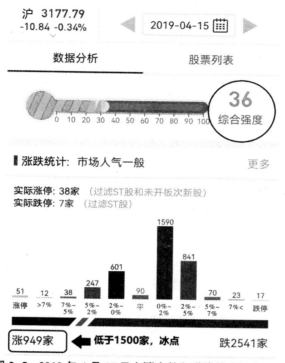

图 2-5　2019 年 4 月 15 日上涨家数和赚钱效应综合强度

资料来源：开盘啦 APP，DINA。

次日（2019 年 4 月 16 日），开盘上涨家数进一步下跌到了 500 家不远处，开盘延续昨日情绪低迷情况（见图 2-6）。"龙兴于冰点"，这个时候能够逆市走强上板的个股就是打板客的首选。

不久之后，上涨家数开始增加，到 4 月 16 日收盘时，上涨家数增加到了 3096 家（见图 2-7），赚钱效应综合强度回升到了 63，大幅高于 4 月 15 日的 36，很好地体现了冰点之后赚钱效应的回升幅度。"小鳄鱼"就在这种转变节点上抓住了赚钱效应回升带来的溢价，我称之为"情绪冰点溢价"。

解析了买入之前和买入当时的指数周期和情绪周期，再来看买入点前一日相应板块指数日线，这部分代表着主线周期。中国出版属于当时处于主升阶段的知识产

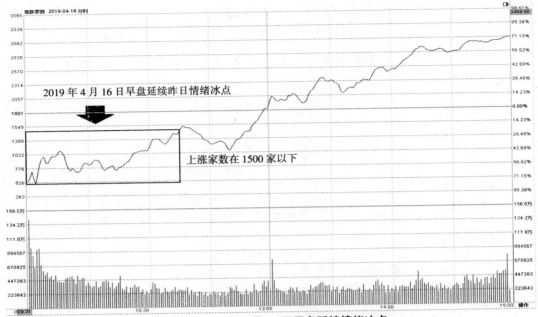

图 2-6　2019 年 4 月 16 日开盘延续情绪冰点

资料来源：通达信，DINA。

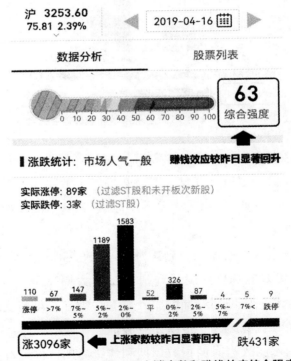

图 2-7　2019 年 4 月 16 日上涨家数和赚钱效应综合强度

资料来源：开盘啦 APP，DINA。

权板块，2019年第一季度该板块处于上升状态，低点 A 和 B 构成了上升趋势线。
2019年4月15日，该板块指数回调到了上升趋势线附近，与大盘指数跌到上升趋
势线基本同步（见图2-8）。次日，知识产权指数低开高走，确认上升趋势线支撑
有效，这就为4月16日介入板块强势个股提供了支持。

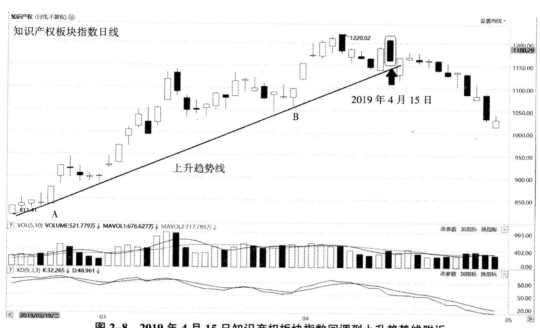

图2-8 2019年4月15日知识产权板块指数回调到上升趋势线附近
资料来源：东方财富，DINA。

中国出版所处的周期格局我们基本了解了，关键在于大盘和板块指数跌到了上
升趋势线以及情绪冰点提供了机会窗口。现在看下逻辑驱动力。2019年4月15日
是星期一，之前周末的时候出了许多利好消息，指数高开低走，明显是短期利多兑
现走势，强转弱，三大指数全天大幅回落后变绿，创业板指领跌两市，成交量缩
小。成交量萎靡，赚钱效应就差，所以我们做短线一定要非常注重积累大盘成交量
的预判和解读经验。

4月15日的热点逻辑变化可以从同花顺的"热点概览"中直观了解（见图2-9），
前一周的强势逻辑"长三角"概念、华为汽车、央企改革等逻辑退潮。市场资金选
择前期逻辑热点和妖股，工业大麻、5G、燃料电池再度被推上涨停，大麻股福安药
业带领大麻股修复，飞马国际反抽新高，尾盘出现炸板后回封。周末发酵的知识产
权概念由于共识预期一致看多，高开低走，板块内中国出版首板封死，拓尔思炸板。

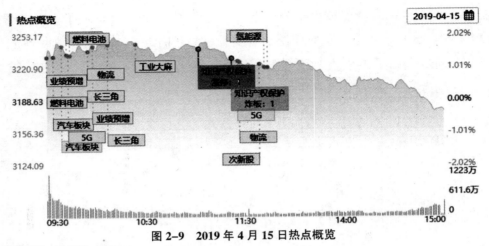

图 2-9　2019 年 4 月 15 日热点概览

资料来源：同花顺，DINA。

4 月 15 日，中国出版首板，次日 4 月 16 日尾盘知识产权板块三只股票涨停，中国出版"一进二"，拓尔思和引力传媒首板（见图 2-10）。"小鳄鱼"就是在指数和情绪弱转强的节点，在潜在龙头上根据"二板接力"和"二板定龙"的规律扫板进了中国出版，博弈后面的溢价。

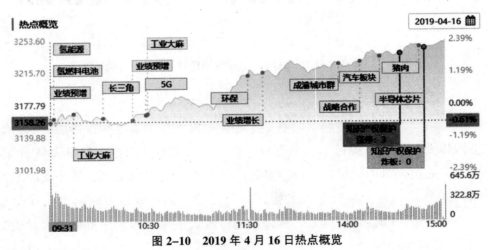

图 2-10　2019 年 4 月 16 日热点概览

资料来源：同花顺，DINA。

4 月 16 日早盘集合竞价的时候，可以对市场资金的偏好以及逻辑选择进行再次确认。当日竞价阶段，知识产权概念并未出现在看多范畴内（见图 2-11），也就是早盘这个逻辑并未被市场资金关注和选择。

早盘竞价的时候也应该关注下情绪周期，4 月 16 日早盘竞价的时候，指数一路

走低，下跌家数逐步上升，开盘延续情绪冰点的特征（见图 2-12）。但是，冰点往往是强势股的买入窗口，这个时候应该关注逆市走强或者弱转强与指数共振的板块和个股。知识产权板块逻辑是否受到市场资金的偏好呢？从热点概览（见图 2-10）可以看到，开盘后指数转强与知识产权板块指数产生了共振，这就是确认市场偏好。

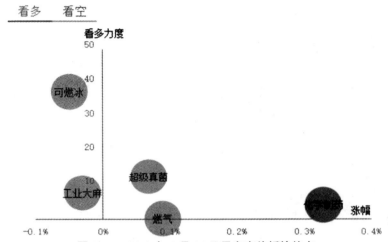

图 2-11　2019 年 4 月 16 日早盘竞价板块热点

资料来源：同花顺，DINA。

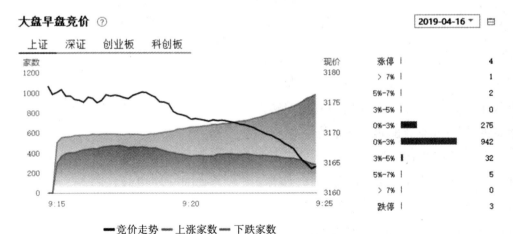

图 2-12　2019 年 4 月 16 日早盘竞价指数和涨跌家数走势

资料来源：同花顺，DINA。

周期和逻辑上的解构有助于我们透彻理解和复制"小鳄鱼"的卓越思维，但是真正落实在操作上还需要关注个股为主的走势结构。2019 年 4 月 15 日，中国出版放量涨停突破 3 月 21 日高点，从技术上打开了上涨空间。这个突破也是向上 N 字价量结构的一部分（见图 2-13）。N 字结构其实经常与"双响炮"一起出现，这些都是结构方面比较有效的形态类型，可以结合实例和实践去深入了解。

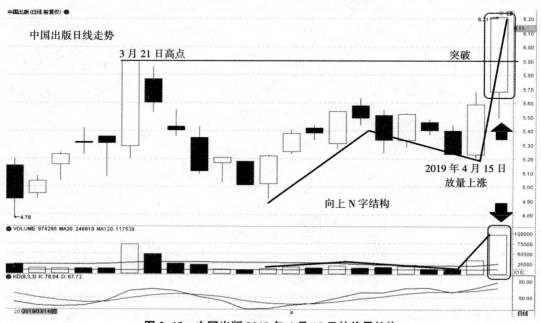

图 2-13　中国出版 2019 年 4 月 15 日的价量结构

资料来源：通达信，DINA。

4 月 15 日中国出版形成了向上 N 字结构，次日（4 月 16 日）开盘在"水下"，但是迅速弱转强，很快封板，个股强于指数（见图 2-14）。指数冰点的时候，个股上板了，"小鳄鱼"就是在这种开盘弱转强的分时结构下扫板买入了，博弈一个"二板定龙头"的溢价预期。这是他经常采用的"二板接力战法"。

次日是按照预期持股，还是不及预期卖出，短线高手往往会从具体实际出发，预判加上相机决策。正如他强调的那样："首先我的交易模式，基本是隔日交易，持股 1 到 2 天，行情好的时候可能适当延长持股时间。我的交易框架里，对不同的行情有不同的手法，主要分为追板、分时点火、低吸潜伏、强势超跌反弹、波段搏主升、空仓。**当天怎么操作，一般要看具体的盘面**。"

知识产权板块指数次日（2019 年 4 月 17 日）低开"水下"，上涨幅度始终受制于 1%（见图 2-15），板块效应不及预期。

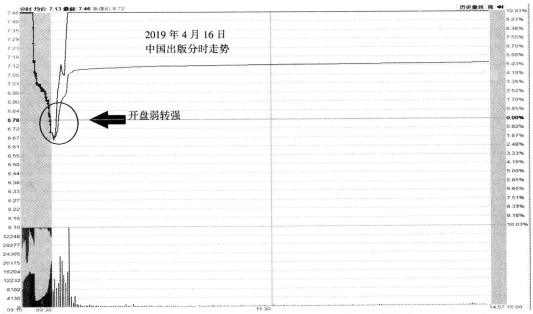

图2-14　中国出版2019年4月16日分时走势和两板定龙

资料来源：同花顺，DINA。

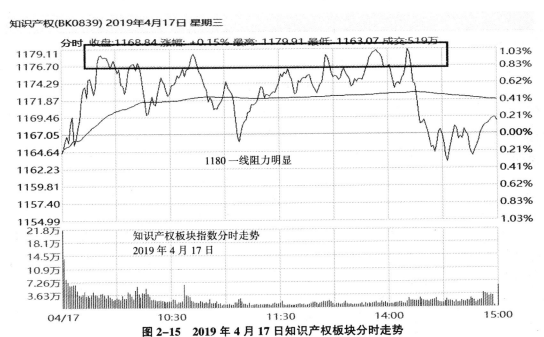

图2-15　2019年4月17日知识产权板块分时走势

资料来源：东方财富，DINA。

知识产权板块指数在日在线明显是逐渐走低的，4月17日的实体部分很短，上影线显著（见图 2-16）。

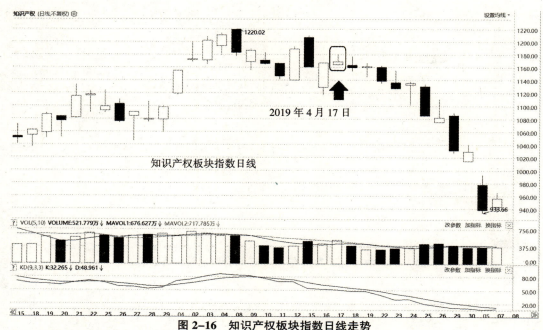

图 2-16　知识产权板块指数日线走势

资料来源：东方财富，DINA。

板块的情况只有在收盘的时候才能完全确定，但是指数分时走势与个股分时走势对比起来有助于我们判断情绪氛围和强弱转换。开盘后十来分钟，板块指数还处在上涨状态，但是中国出版已经"烂板"了，这就是个股走弱了。等到尾盘时，板块指数下跌，中国出版也跟随炸板，这些都是显著的"强转弱"或者说"不及预期"的卖点（见图 2-17）。"小鳄鱼"基本上就是选择"不及预期"作为卖点的。

从斐波那契扩展点位来看，4月17日中国出版已经触及了 1 倍扩展点位。以 A 点和 B 点之间的价格幅度为单位 1，以 C 点为起点投射斐波那契扩展线谱，4月17日的 K 线刚好触及 1 倍扩展点位处（见图 2-18）。这是比较强的阻力位置，结合价量形态、动量指标、分时和情绪逻辑可以更有效地运用它。

【"小鳄鱼"案例 2·双塔食品】

中国出版这个例子展示了"小鳄鱼"的"二板接力"操作思路，"强势股反包"则是"小鳄鱼"操作较多的第二种战法。强势股要么是题材龙头，要么是机构趋势

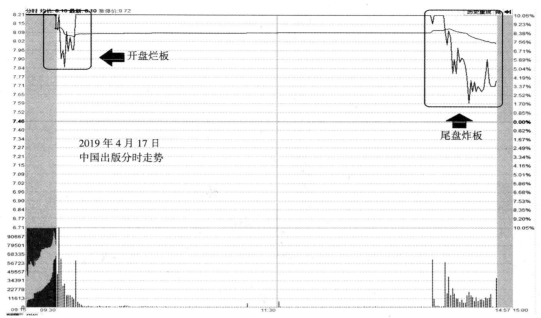

图 2-17　中国出版 2019 年 4 月 17 日分时走势

资料来源：同花顺，DINA。

图 2-18　中国出版 4 月 17 日附近见顶与斐波那契 1 倍扩展点位

资料来源：东方财富，DINA。

股。题材投机是本系列讲义的主旨，因此我们这里只讲题材龙头的反包战法。这里以"小鳄鱼"2019年上半年操作的双塔食品为例，该股是当时"人造肉"概念的龙头个股。

"小鳄鱼"2019年6月17日星期一买入2481.11万元，次日6月18日卖出（见图2-19）。

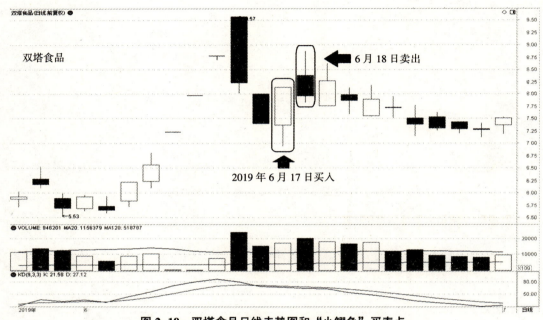

图 2-19　双塔食品日线走势图和"小鳄鱼"买卖点
资料来源：东方财富，DINA。

先从格局入手"解剖"他在中国双塔食品上的操作思路。从指数周期来看，平均股价指数处于下降趋势后的转势阶段（见图2-20）。平均股价指数在下降走势中形成了两个比较显著的高点A和B，依次构筑下降趋势线。在2019年6月11日，指数放量向上突破了该下降趋势线。6月14日星期五重新回撤此趋势线，并未跌破。

"小鳄鱼"是在6月17日介入的，当日平均股价指数是地量调整，继续在下降趋势线之上，表明指数周期转势向上的信号还是有效的。**指数长期大幅下跌后出现价格转势信号，同时迭加地量，这是非常好的见底信号。**

"小鳄鱼"选择了在指数周期转势向上的节点"扣动扳机"，与情绪周期冰点有异曲同工之妙，如果两者能够迭加则容易出现大牛股或者妖股。

从主线周期来看，"人造肉"板块指数也与大盘指数一样处于下跌趋势中，与大盘共振在 2019 年 6 月 11 日向上跳空突破（见图 2-21）。**缺口是比较奇妙的信号，可以看作情绪节点。**6 月 11 日板块指数向上突破下降趋势线之后，6 月 14 日

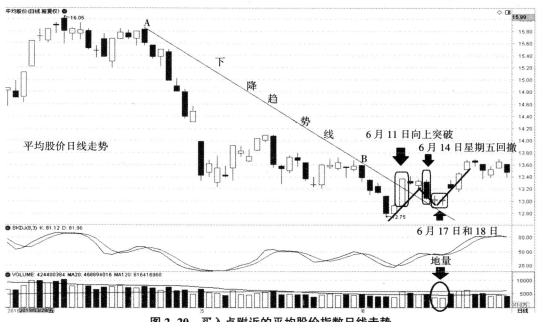

图 2-20　买入点附近的平均股价指数日线走势

资料来源：通达信，DINA。

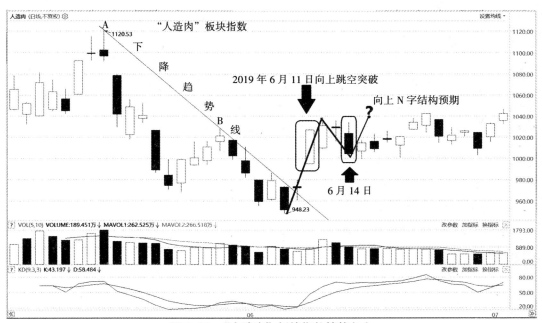

图 2-21　"人造肉"板块指数转势向上

资料来源：东方财富，DINA。

出现了调整，这个时候可能就有向上 N 字结构的预期了。

说到情绪节点，我们主要还是从情绪周期入手，以上涨家数为主要指针考察情绪周期。2019 年 6 月 14 日星期五，上涨家数全天在 1500 家以下（见图 2-22），情绪周期处于冰点。**情绪冰点迭加大盘底部，机会窗口出现了。**

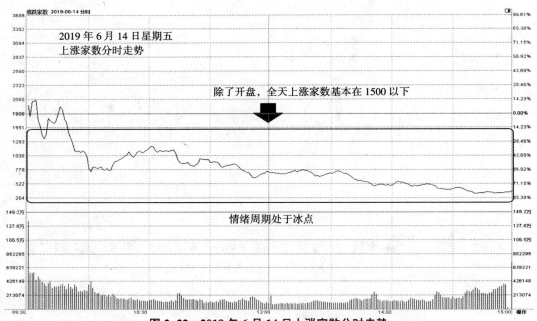

图 2-22　2019 年 6 月 14 日上涨家数分时走势
资料来源：通达信，DINA。

当天收盘，上涨家数只有 389 家，毫无疑问是个情绪大冰点。赚钱效应综合强度值只有 26（见图 2-23）。高手这个时候在干什么呢？寻找最强标的！**"冰火两重"是题材投机的奥妙，在最寒冷的节点寻找最强势的个股。**

情绪周期还可以从涨停和连板情况分析，6 月 14 日昨日涨停指数和昨日连板指数当天表现都很差（见图 2-24），进一步印证了情绪冰点。

这种情绪低迷节点延续到了下一个交易日，也就是 6 月 17 日星期一。当天，上涨家数频繁跌破 1500 家的冰点阈值（见图 2-25）。6 月 17 日也是"小鳄鱼"出击双塔食品的交易日。

沪 2881.97
-28.77 -0.99%
2019-06-14
数据分析
股票列表
0 10 20 30 40 50 60 70 80 90 100
26
综合强度
涨跌统计：市场人气低迷
赚钱效应处于低值
实际涨停：21家 （过滤ST股和未开板次新股）
实际跌停：21家 （过滤ST股）
26 8 9 101 245 41 1160 1717 208 55 27
涨停 >7% 7%~5% 5%~2% 2%~0% 平 0%~2% 2%~5% 5%~7% 7%< 跌停
涨389家
情绪大冰点
跌3167家

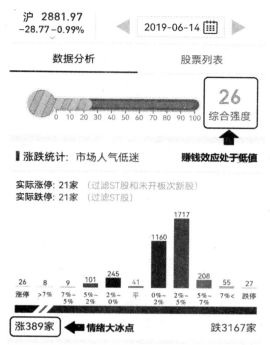

图 2-23 2019 年 6 月 14 日

资料来源：开盘啦 APP，DINA。

沪 2881.97
-28.77 -0.99%
2019-06-14
数据分析
股票列表
涨停表现：题材存在炒作机会
更多
一板 二板 三板 高度板
0 0 0 0
连板率 0% 低 0% 低 0% 低
今日涨停破板率 60.0% (高)
昨日涨停今表现 -2.3555% (低)
昨日连板今表现 0.0% (低)
昨日破板今表现 0.0% (中)

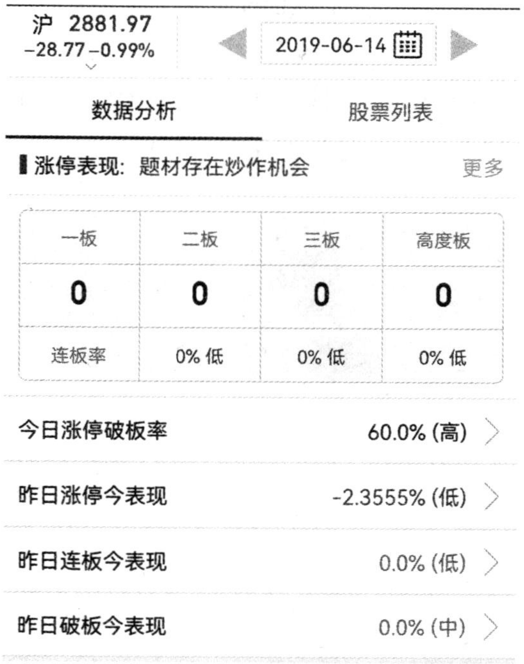

图 2-24 2019 年 6 月 14 日昨日涨停和连板表现较差

资料来源：开盘啦 APP，DINA。

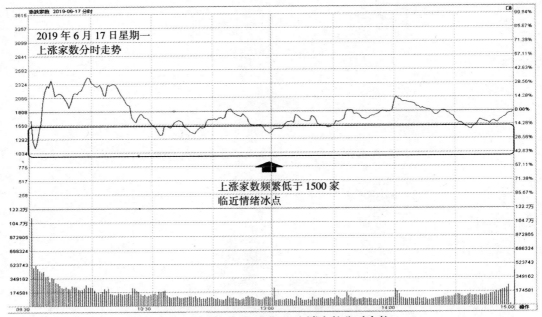

图 2-25　2019 年 6 月 17 日上涨家数分时走势
资料来源：通达信，DINA。

"小鳄鱼"狙击双塔食品时所处的指数和情绪周期，我们已经搞清楚了。**大盘见底叠加情绪大冰点，这就是狙击时机上的关键抉择。**

接下来，分析下当时的逻辑。2019 年 6 月 14 日星期五，**热点中表现最好的是黄金板块，避险逻辑主导市场，前期热点板块普遍大跌**（见图 2-26）。但是，细心的投机者会发现农业其实在早盘是有些表现的，这与"人造肉"板块关系比较密切。

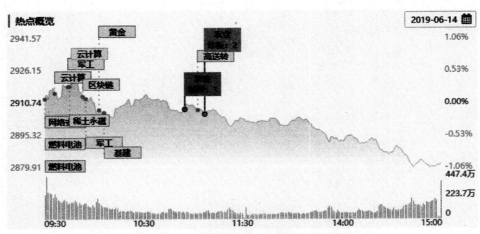

图 2-26　2019 年 6 月 14 日星期五热点概览
资料来源：同花顺，DINA。

6月17日星期一早盘集合竞价，农产品加工板块出现在看多范畴，双塔食品在该板块竞价涨幅第一（见图2-27）。这就是市场在竞价阶段确认了"小鳄鱼"看好该股的判断。

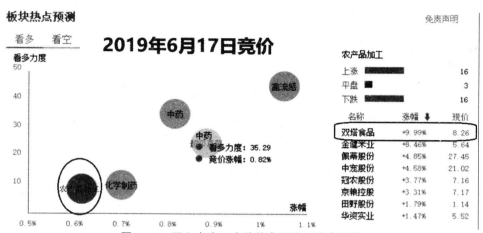

图2-27 买入点当日竞价热点和当日热点概览

资料来源：同花顺，DINA。

格局三要素，我们已经看了两个——周期和逻辑，接着我们来剖析结构，主要是个股的价量结构。双塔食品6月13日和14日大跌，此前有一波强劲的上涨态势，从低点A点上涨到高点B，然后从B点回落。

以AB段的价格幅度为单位1，以B为回撤起点，绘制斐波那契回撤线谱，6月14日跌到了0.5到0.618的"核心区域"。6月17日，最低点触及0.618之后快速拉升（见图2-28）。

将双塔食品的日线走势图缩小，采取一个更大的视角。可以发现6月14日收盘和6月17日开盘，股价正处于DA构成的上升趋势线附近（见图2-29）。

从2019年6月17日双塔食品的分时走势来看，单日盘中最低价恰好受到了日在线0.618回撤点位以及上升趋势线的支持，这是一个很好的低吸买点（见图2-30）。"小鳄鱼"大致就是在这个附近低吸了双塔食品。

不过，开盘后的热点走势中，"人造肉"似乎缺乏板块效应，并未出现在热点概览的分时走势中（见图2-31），因此"小鳄鱼"次日竞价不及预期离场的概率较高。

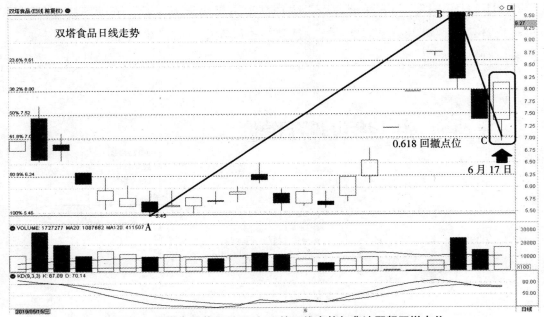

图 2-28　双塔食品截至 6 月 17 日的日线走势与斐波那契回撤点位

资料来源：通达信，DINA。

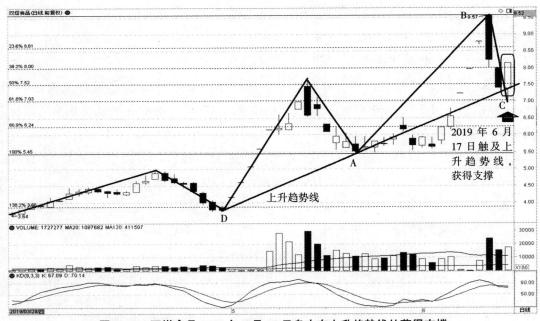

图 2-29　双塔食品 2019 年 6 月 17 日盘中在上升趋势线处获得支撑

资料来源：通达信，DINA。

触及日线上的 0.618 回撤点位和上升趋势线

图 2-30　2019 年 6 月 17 日双塔食品分时走势

资料来源：同花顺，DINA。

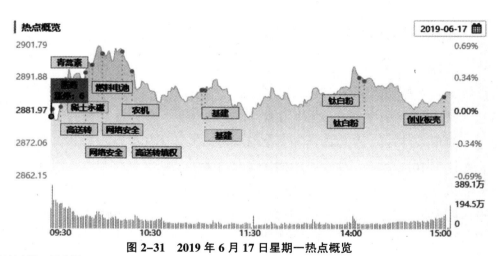

图 2-31　2019 年 6 月 17 日星期一热点概览

资料来源：同花顺，DINA。

次日（6 月 18 日），双塔食品早盘集合竞价触及涨停后立即大幅回落，明显的竞价强转弱，与此前一日板块效应缺乏符合，这个时候"小鳄鱼"大概率已经决定卖出了（见图 2-32）。

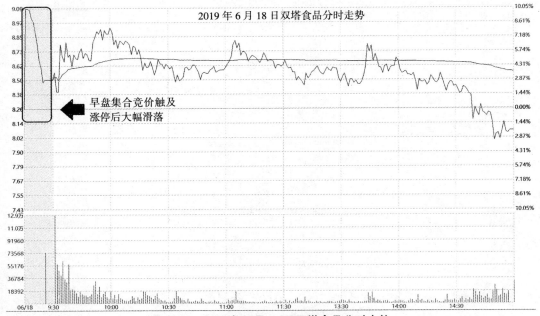

2019 年 6 月 18 日双塔食品分时走势

早盘集合竞价触及
涨停后大幅滑落

图 2-32　2019 年 6 月 18 日双塔食品分时走势

资料来源：东方财富，DINA。

【"小鳄鱼"案例 3·宋都股份】

"小鳄鱼"除了隔日卖之外，在龙妖上"吃大肉"也毫不含糊。比如 2022 年 3 月 2 日买入宋都股份 1500 万元，次日加码买入 2000 万元，连续吃了两个涨停。然后在 3 月 14 日进行了减仓，卖掉了 1031 万元，最后 3 月 22 日卖掉了剩下的 2521 万元。简单来讲，就是 2022 年 3 月 2 日买入，3 月 3 日加码，3 月 14 日进行了减仓，卖掉了 1031 万元，最后 3 月 22 日卖在了最高点，大赚一倍（见图 2-33）。

宋都股份是当时的一只大妖股，在指数周期向下的时候利用阶段性企稳和反弹的窗口期大幅上涨。从指数周期来看买入前，平均股价指数刚好反弹到下降趋势线下方（见图 2-34），甚至出现了高位死叉，因此导致 3 月 3 日出现了一次指数大跌（见图 2-35）。而 3 月 2 日和 3 月 3 日，宋都股份却成了逆势上涨的强势个股，特别是 3 月 3 日，因此当天"小鳄鱼"决定加码，**该弱不弱，超预期，应该加码吧**！

指数周期比较弱，而且恰好是阶段性高点，只有妖股才能这么"逆天"，特立独行。再从情绪周期来看，2022 年 3 月 1 日收盘上涨家数为 3166 家，赚钱效应综合强度为 53，中等偏上水平，肯定不是冰点（见图 2-36）。

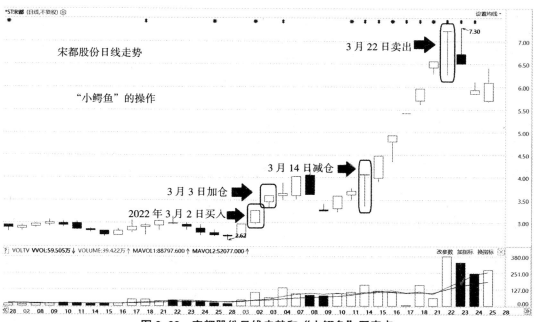

图 2-33 宋都股份日线走势和"小鳄鱼"买卖点

资料来源：东方财富，DINA。

图 2-34 截至 2022 年 3 月 2 日平均股价走势

资料来源：通达信，DINA。

平均股价指数走势

2022 年 3 月 3 日

超买死叉

图 2-35　截至 2022 年 3 月 3 日平均股价走势

资料来源：通达信，DINA。

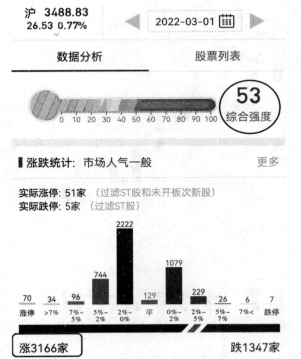

沪　**3488.83**
26.53 0.77%

| 数据分析 | 股票列表 |

0 10 20 30 40 50 60 70 80 90 100

53 综合强度

■ **涨跌统计：市场人气一般**　　　更多

实际涨停：**51家**（过滤ST股和未开板次新股）
实际跌停：**5家**（过滤ST股）

70	34	96	744	2222	129	1079	229	26	6	7
涨停	>7%	7%~5%	5%~2%	2%~0%	平	0%~2%	2%~5%	5%~7%	7%<	跌停

涨3166家　　　　　　　　跌1347家

图 2-36　2022 年 3 月 1 日的上涨家数和赚钱效应综合强度得分
资料来源：开盘啦 APP，DINA。

3月1日当时市场最高板在四板（见图2-37），3月2日市场最高板在五板，而且以能源和港口航运为主（见图2-38），宋都股份是房地产企业，基本上不沾边，这就是**独立成妖**，毫无板块效应可言。

四板	准油股份	宁波能源	
三板	锦州港	天顺股份	
二板	新晨科技	拓新药业	人人乐
一板	佳力图	金新农	天奥电子
反包	瑞和股份 （3天2板）	宁波富邦 （3天2板）	江泉实业 （3天2板）

图2-37　2022年3月1日涨停板梯队

资料来源：开盘啦APP，DINA。

五板	准油股份	宁波能源	
四板	天顺股份	锦州港	
三板	浙江东日 （4天3板）	海联金汇	瑞和股份 （4天3板）
二板	如通股份	真视通	海鸥股份
一板	长久物流	两面针	通源石油
反包	浙江东日 （4天3板）	仁智股份 （5天4板）	宁波海运 （3天2板）

图2-38　2022年3月2日涨停板梯队

资料来源：开盘啦APP，DINA。

3月2日，开盘上涨家数低于1500家，开盘阶段是个情绪冰点，这是比较好的短线介入时机窗口（见图2-39），"小鳄鱼"应该是非常看重这一点的，与"92科比"一样的思路。情绪冰点买入强势股，这就是几乎所有A股投机高手的共同点。价值投资高手则是在情绪大冰点买入显著低估的优秀公司。不知情绪冰点，不可谓资本高手！

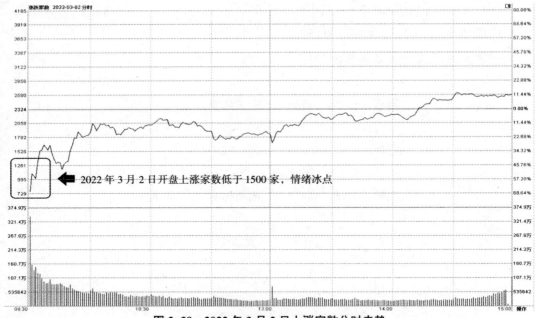

图 2-39　2022 年 3 月 2 日上涨家数分时走势

资料来源：通达信，DINA。

　　3 月 2 日所处的指数周期和情绪周期我们已经透彻了解了，那么逻辑呢？3 月 1 日和 3 月 2 日，盘面上的逻辑热点还是以俄乌冲突为主。3 月 1 日，锦州港、天顺股份 3 连板，准油股份午后回封 4 连板，军工板块宝鼎科技、台海核电、湖南天雁等相继涨停。受消息刺激，猪肉板块午后全线走强，消费板块集体活跃，啤酒板块走强，预制菜龙头人人乐再度涨停 2 连板，东数西算逻辑下的佳力图、真视通、广西广电涨停，中富通 20% 涨停。3 月 2 日俄乌冲突逻辑延续，中俄贸易的天顺股份、锦州港晋级 4 连板，宁水集团、中成股份、长久物流等多股涨停，午后浙江东日、宁波海运反包。国际油价大涨驱动油气股开盘强势，准油股份 5 连板一字板，仁智股份反包 5 天 4 板，贝肯能源、茂化实华、通源石油等多股涨停。医药、东数西算、光伏、农业、养老、煤炭等快速轮动，明显是短线指数见顶的迹象。这些热点逻辑与宋都股份毫无瓜葛，妖股属性跃然纸上。

　　妖股是"情绪博弈票"，指数不佳的时候往往成为游资抱团取暖的情绪宣泄风口。指数不佳，情绪冰点，妖股就容易出现了。所以，就妖股而言，情绪周期比指数周期和逻辑更为重要。同时，妖股自己的筹码和价量价格也非常重要，便宜是非常重要的一点，低于 10 元是典型妖股的标配。

　　我们来看"小鳄鱼"买入宋都股份时的结构情况。2022 年 2 月 28 日，宋都股份刚好跌到了 C 点为起点，AB 价格幅度为单位 1 的斐波那契 0.382 扩展点位处。2
月 28 日的低点标注为 E 点，E 点低于 B 点，但是相应的震荡指标 KD 低点 E′却高
于 B′。BEB′E′构成了典型的底背离（见图 2-40），下跌动量衰竭了。3 月 1 日的放
量涨停则进一步确认了宋都股份股价转势了（见图 2-41）。

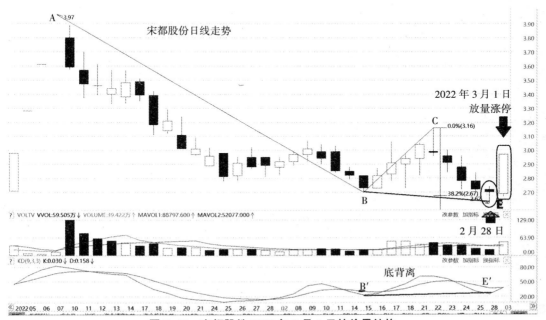

图 2-40　宋都股份 2022 年 3 月 1 日的价量结构

资料来源：东方财富，DINA。

　　仔细分析宋都股份 3 月 1 日的分时走势可以发现，早盘该股缓慢爬升，午后开
盘上板（见图 2-41），而相应的大盘指数午后却是大跌的（见图 2-42）。宋都股份
午盘强于大盘指数，这就是截面上的强势。

　　3 月 1 日宋都股份强于自身、强于大盘的"双强模式"吸引了包括"小鳄鱼"
在内的许多市场聪明投机资金的注意。次日（3 月 2 日），早盘集合竞价宋都股份
触及涨停，但是很快回落，有点弱（见图 2-43）。不过，昨日是午盘上板，现在开
在 0 轴之上，还不算太弱。此后，震荡上行触板，但是大幅回落，直到尾盘竞价才
上板。当天早盘，在大盘情绪冰点的情况下，宋都股份拉升触板，"小鳄鱼"大概
率在这附近买入了，此后的表现比较弱，有点不及预期。不过，整体上还是在情绪
冰点买入了当时的强势个股。

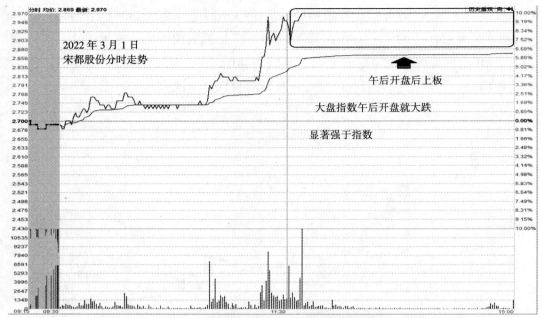

图 2-41　2022 年 3 月 1 日宋都股份分时走势

资料来源：同花顺，DINA。

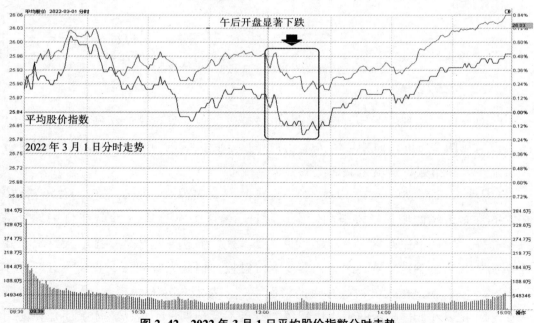

图 2-42　2022 年 3 月 1 日平均股价指数分时走势

资料来源：通达信，DINA。

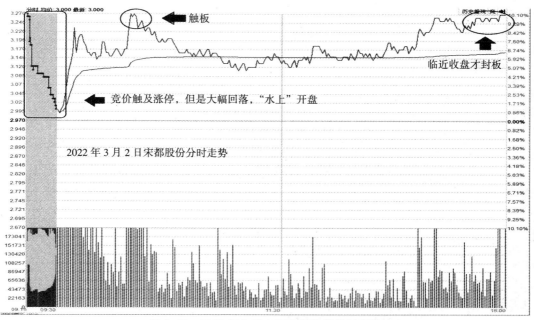

图 2-43　2022 年 3 月 2 日宋都股份分时走势

资料来源：同花顺，DINA。

但是 3 月 3 日的表现就超预期了，开盘就快速上板，强势超预期了（见图 2-44），而且当天大盘开盘就持续走低（见图 2-45），因此宋都股份的"妖性"展露无遗。

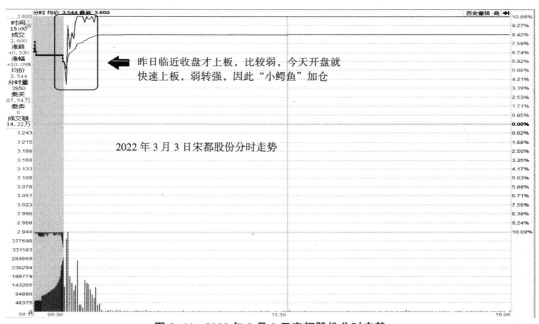

图 2-44　2022 年 3 月 3 日宋都股份分时走势

资料来源：同花顺，DINA。

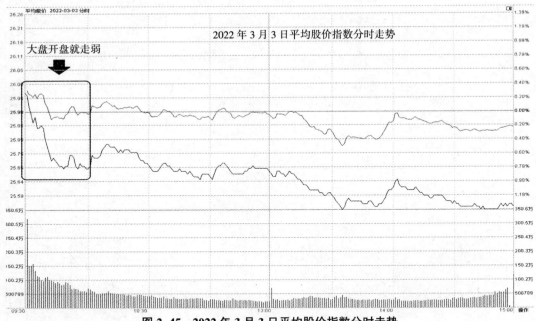

图 2-45　2022 年 3 月 3 日平均股价指数分时走势

资料来源：通达信，DINA。

如果说两板定龙，那么三板成妖。因此，"小鳄鱼"在 3 月 3 日这天加了仓。宋都股份在指数阶段性高点连续三板，奠定了此后的飙升格局。

那为什么"小鳄鱼"在 3 月 14 日星期一选择了减仓呢？我们先看之前一个交易日（3 月 11 日星期五）的格局是怎样的。

2022 年 3 月 11 日收盘上涨家数为 2895 家，赚钱效应综合强度为 60，中等偏上水平（见图 2-46）。

2022 年 3 月 11 日这天还是受到俄乌冲突和疫情影响，北向资金净卖出 50.42 亿元。盘面上受疫情暴发影响，防疫板块再度大涨，新冠检测分支掀涨停潮，板块涨停十余家。虽然三大指数全线低开，但是午后在券商股的拉升下指数探底回升，三大指数集体翻红，收盘时沪指涨 0.41%，创业板涨 1.15%，两市总成交额 10499 亿元。

3 月 13 日，宋都股份公告，拟垫资 16 亿元投资锂矿，随后宋都股份走出的 12 个涨停板据说受到此项逻辑的驱动。

到了 3 月 14 日星期一这天，上涨家数全天处在 1500 家以下，情绪冰点特征明显（见图 2-47）。当天收盘只有 431 家上涨，赚钱效应综合强度为 32，也比较低（见图 2-48），可以算得上是一个大冰点。按照我们一直以来强调的节奏，这是买

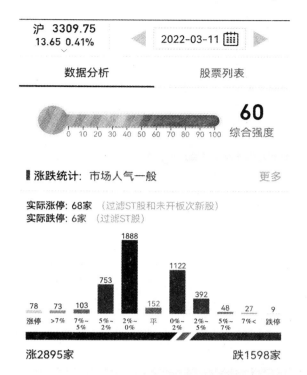

图 2-46　2022 年 3 月 11 日上涨家数和赚钱效应综合强度
资料来源：开盘啦 APP，DINA。

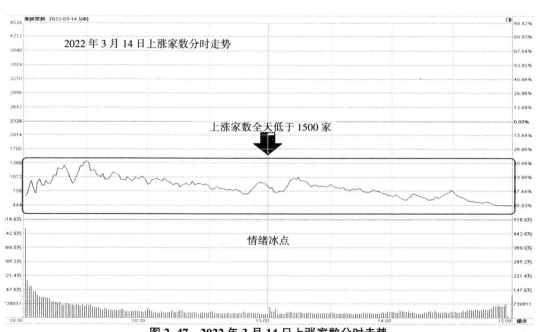

图 2-47　2022 年 3 月 14 日上涨家数分时走势
资料来源：通达信，DINA。

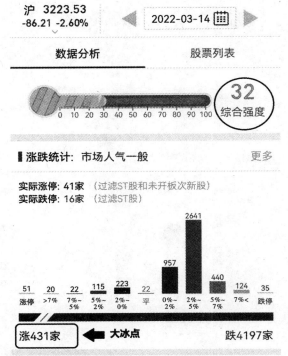

图 2-48　2022 年 3 月 14 日上涨家数和赚钱效应综合强度
资料来源：开盘啦 APP，DINA。

股还是卖股的窗口？

　　但是，在当时的情绪恐慌情况下，即便是最顶尖的游资心态难免也有变化，而且 3 月 13 日宋都股份拟垫资 16 亿元投资锂矿的公告是否有利好配合内部人兑现的嫌疑呢？风险暴露在客观上也有减仓需求。因此，"小鳄鱼"可能在竞价或者开盘的时候选择了减仓。

　　2022 年 3 月 14 日这天平均股价指数大跌（见图 2-49），重回下跌行情，向下反包了 3 月 11 日的阳线，指数一日游态势明显。

　　3 月 14 日开盘宋都股份从涨停附近跳水，有人"核按钮"了（见图 2-50）。大盘指数低开不少，开盘上涨家数很少引发恐慌。但此后，大幅震荡后，该股在大盘震荡下跌的时段（见图 2-51）竟然拉升封板了，这就是妖股力压千钧的气势，横刀立马藐视一切。宋都股份在竞价开盘阶段完成了强转弱和转分歧一致，又在盘中完成了弱转强和分歧转一致。妖股在冰点日完成了大换手，为此后的大涨奠定了基础。因此，从策略来讲，大冰点当日低吸妖股"大长腿"才是最符合题材投机原则的操作。但是，**妖股也是在动态过程中**，基于贝叶斯推理逐步确认的，任何事情都

有不确定性，完美的操作永远都是事后的。

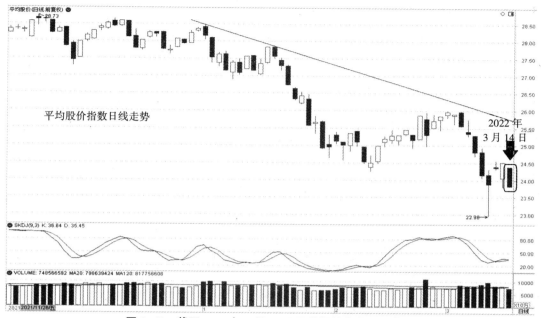

图2-49　截至2022年3月14日平均股价指数日线走势

资料来源：通达信，DINA。

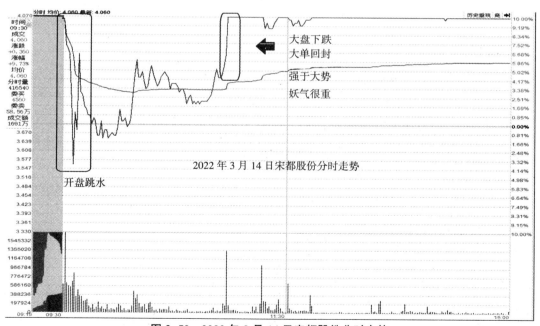

图2-50　2022年3月14日宋都股份分时走势

资料来源：同花顺，DINA。

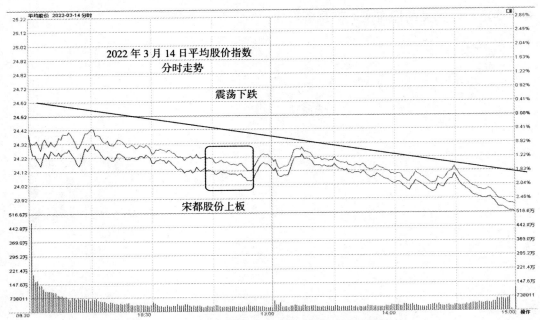

图2-51　2022年3月14日平均股价指数分时走势

资料来源：通达信，DINA。

　　当日，宋都股份走出大长腿的反包走势，进入涨停板梯队（见图2-52），当天最高板也只有一个四板的了。但是"小鳄鱼"在本应该低吸加仓的位置减仓了，但是并未清仓，这就是瑕不掩瑜了。

四板	北大医药		
三板	中国医药		
二板	千红制药	南威软件	庄园牧场
一板	奥锐特	广博股份	成飞集成
反包	宋都股份 （3天2板）		

图2-52　2022年3月14日涨停板梯队

资料来源：开盘啦APP，DINA。

　　那么，为什么"小鳄鱼"选择在3月22日卖出宋都股份呢？先从周期来看，2022年3月1日到16日，平均股价指数有一波大跌，高点A在3月1日，低点B

100

在3月16日。此后，从B点开始反弹。以AB价格幅度为单位1，以B点为起点绘制斐波那契回撤线谱，3月21日指数就来到了关键回撤点位0.5和0.618之间（见图2-53）。在下跌反弹中，这是强阻力区域。

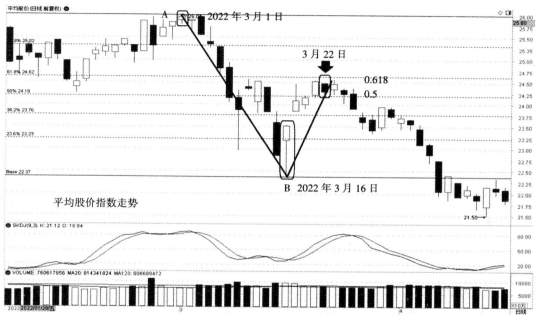

图2-53　2022年上半年平均股价指数日线走势与斐波那契点位
资料来源：通达信，DINA。

3月21日宋都股份开盘秒板（见图2-54），但是3月22日开盘就"大烂板"，午盘也是"大烂板"（见图2-55），强转弱迹象明显。对于"小鳄鱼"而言，弱于预期就是卖点了。

从斐波那契扩展点位来分析，以上涨波段AB为单位1，以C点为起点绘制斐波那契扩展线谱。3月22日涨停价刚好触及2.618这个重要点位（见图2-56），所以3月22日的涨停价就是一个"同位出场点"。此后，3月23日再度上攻失败，放量流星线则是另一个稍差一些的理论出场点。

2022年3月23日，中交地产涨停，引领了当年3月到4月的地产板块主线行情，下一章将要介绍的陈小群介入其中，作为一代游资新星冉冉升起。

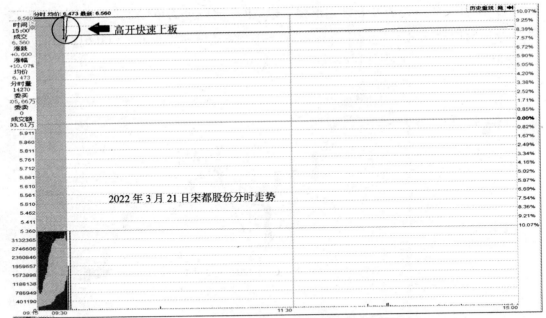

图 2-54　2022 年 3 月 21 日宋都股份分时走势

资料来源：同花顺，DINA。

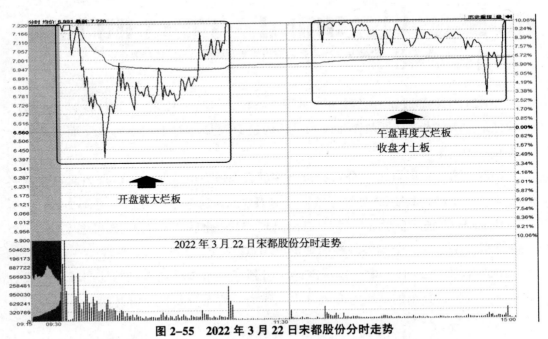

图 2-55　2022 年 3 月 22 日宋都股份分时走势

资料来源：同花顺，DINA。

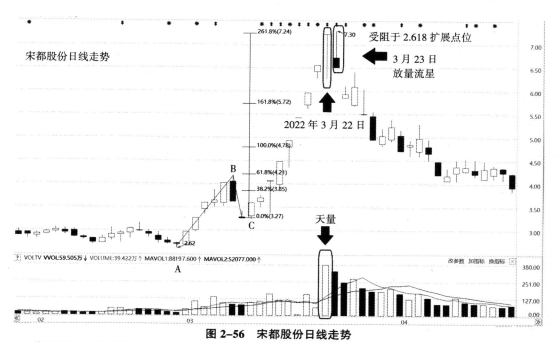

图 2-56 宋都股份日线走势

资料来源：东方财富，DINA。

一年 32 倍破亿：陈小群的思维和盘口技术解读

聚焦主线，聚焦龙头。

【人物简介·陈小群】

陈小群又名陈晏群，1995 年出生于北京。2012 年接触股市，跟随舅舅学炒股一段时间。2015~2017 年，陈小群潜心研究股票操作手法。2018 年以 30 万元资本正式入市，逐步稳定盈利。2019 年资本达到百万元。2021 年，账户跃上几千万元级别。2022 年成为亿元级游资，同年 6 月达到 2 亿元。2021 年到 2022 年创下一年 32 倍战绩。2022 年龙虎榜上榜 60 余次。

【陈小群的经典语录·逻辑】

➢ 做投资最大的收获永远不是账户上上涨的数字，而是你的逻辑得到了资本市场的认可。

➢ 股票最重要的：做主线、研究情绪、研究内在逻辑。

➢ 聚焦主线，聚焦龙头。

➢ 逻辑硬、盘子小、深市，更容易成龙。

➢ 如果连当年国家政策的主基调都不了解，如何做一个聪明的投资者？

➢ 好的股票、好的公司、好的逻辑，一定会有资金买的。

➢ 市场喜欢有逻辑的票。

➢ 我其实都跟你们说了，让你们去做主线，为什么老做不是主线的股票呢？

➢ 晚上美国那边的消息，肯定会影响我们开盘。之后怎么走，再看。

【陈小群的经典语录·周期】

➢ **市场一旦确定退潮，就不买。退潮买入果断止损，**顺势而为。

➢ 总龙首阴后反包，市场接着奏乐接着舞，总龙首阴后被按，市场将有一波大调整。

➢ 总龙熄火，新龙坚挺走出，二话不说，就是干。

➢ 做新龙，做阻力最小的方向，过气龙头不如狗。

➢ 龙头能带动板块才叫龙头，一个龙头上板，一定要能带来跟风的赚钱效应才对。

➢ 做超短最重要的是跟随情绪和主线。

➢ 市场情绪盯好焦点股。

➢ 我很少看大盘，因为我不太懂指数这方面，指数我一般是不看的，我看不太懂。

➢ 情绪继续退潮，个股普跌，又到了之前那种无序轮动和骂人的节奏。潜伏能不能成不好说，但追高必定挨打。不过，话虽这么说，但总有人不死心。自救也好，寻找穿越品种也好，一直有人试错。

➢ 没量之前，只适合做 T，都不会有大行情。

➢ **指数弱，不代表情绪弱。**

➢ **缩量行情，只能轮动。**守好一个地方高抛低吸，不轻易追高，不然容易两头挨打。

➢ **市场好不好，全看量。**

➢ **没有增量之前，整体环境不会有大的反转。**但现在也基本属于地量，随时可能反弹，那时候再观察能否温和持续增量。低吸核心，别追高。

➢ 地量见地价，是市场共识。连续冰点，稍微刺激下情绪就会被引爆。

【陈小群的经典语录·结构】

> 龙头首阴大概率反包，但也要看市场。

> 大单卖出，封单却增大，说明市场合力大，要加速。

> 下跌却量小，资金看好，锁仓。

> 涨速我一般就看异动 2%。

> 分时走势能判断第二天，但是有的时候它这个是能骗人的。

【陈小群的经典语录·对手盘思维和资金流向】

> 需要研究市场合力，散户最大的思想误区在于：散户觉得游资抱团，有钱就为所欲为。其实并不是这样，**散户永远不懂合力的重要性，这也就是散户无法进步的主要原因，没资金合力，游资自己硬做只能亏得更多。**

> 从量化交易模式来说，他们就是短庄，日内利用资金优势，连续交易拉抬股价，打到涨停后，又瞬间撤单！最近经常看到板上大封单瞬间不见了，被量化撤单！这种操作就很偏向于操纵股，虽然不是绝对，但这样对股市交易的公平性来说也确实不妥。但如若取消个股涨幅的高度限制就会好很多，因为真正能打开市场赚钱效应的方式就是个股的空间高度，这样才能激起市场的交易欲望。

> **游资之间都是对手盘**，除非是最亲密的战友。有些游资有时会抱团在一起去硬做一个票，大部分游资还是要跟随市场去做的。因为**跟随市场，相对而言是花钱最少的。**

> 对市场各种硬性规则了然于胸。

> 预期差越大，走得越好。

> 真龙有减持就趁机洗盘。

> 双龙夺珠，一龙封死跌停，可撬另一龙助攻其上位。

> 该弱不弱视为强，该强不强视为弱。

➤ 主力吸筹会用很小的拆单吸筹，盘中多注意观察。

➤ 因为这种是赌消息的票，我这么说吧，我比较喜欢做市场合力的票，因此它走出来了，是有散户基础的这些票。纯粹博弈消息的股票，我说实话就不太好博弈，你博弈对了，那是真的牛，你博弈错了，不就亏成傻狗了。

➤ 压单托单看十档盘口不就行了，而且现在很多人有很多误区，什么坐庄股票，你知不知道坐庄需要有多少钱呀，控盘一只股票，至少得准备 7 亿~10 亿元的资金，我感觉才能控制得住盘吧，更何况那种成交额二三十亿元的股票，怎么可能去控盘，庄会把自己给玩死的。

➤ 没法提前判断，我提前判断不出来，我都是来跟，就是它只有走出来我才去，它走不出来你没有办法，或者说你真的特别看好，但也有就是你真的觉得这个东西太符合政策上的预期，但是你只是判断，你具体还得看市场它能否真的是能走出来，这叫符合你的判断。就是你可以判断，但是你不要盲目相信自己的判断，你必须要去相信市场认不认你这个预判，你明白吗?

【陈小群的经典语录·买卖点和操作手法】

➤ 我跟你们说啊，就是不用太拘泥于模式，就是在不同的环境下采用不同的模式。你比如说去年就是这种趋势，去年上半年趋势比较好，那你就要选择符合目前市场，就是最适合目前市场的那种模式。投机的情绪好，你就去做投机，趋势这种有逻辑的大票强，你就去做趋势，知道吧。

➤ 不爱做短线价差，看准就坚定持有到巅峰，只有明显见顶或预计停牌才走。

➤ 之前做板块龙头趋势股，例如雅本化学；现在要么做市场总龙，例如浙江建投，要么打造市场总龙。

➤ 看好的票，低吸半路打板都买买买，还要维护。

➤ 只喜欢做龙头或者潜在龙头，没地位就不想做。

➤ 总龙被关，出来前两三天，找低位补涨。

➤ 资金到达一定体量后、不可能去跟随、一定会去预判，尊重市场、市场就会给出答案。

➤ 看好就买入，不看好就卖出，炒股本身就很简单，难的是如何克服心中的恐惧。

➢ 从小资金到大资金的模式肯定会有改变的，因为你其实上了一个体量之后你必须要适应你这个体量的模式。我给你举个例子，就比如说你有 1000 万元的时候和有 1 亿元的时候，那模式肯定不一样对吧。原来你可以梭哈，但现在你试试"梭哈"小的流动性的票，其实是做不起来的。

➢ 没啥错不错的，你只要赚钱卖出的就不会有错的。你不要指望自己永远卖在最高点，不可能的，没有人能那么神的。

➢ 地量地价，世人皆知。之前教过一个小买点，就是**过最低成交量当天的高点，可以试错搏个反弹。**至于能走多远，不能保证。

【陈小群的经典语录·风险控制和仓位管理】

➢ 一般分仓，可控制回撤。

➢ 控制仓位，不干"杂毛"，更注重内在逻辑的股票，永远尊重市场。

➢ 看好就是看好。看错了就跌停板割肉、割不出去就第二天割肉，盈亏同源、可以让利润奔跑。

➢ 是否下重仓是跟你个人风格有关系，有的人就喜欢分仓，有的人就喜欢重仓，得看你自己的风险承担能力对吧。

➢ 怎么控制回撤？**行情不好的时候不要出手，行情好的时候重仓核心就行了。**

【陈小群的经典语录·市场进化和修炼进阶】

➢ 我跟你们说，就是小资金的时候，不要有过多的交流，没有用，真的没有用。我给你举个很简单的例子啊，就是那个圈层这个东西，你如果遇到跟你一样菜的，就是你还是散户的时候，你跟你一样菜的人去交流是交流不了什么的。你希望与比你强的人、比你厉害的人、体量比你大的人交流，人家也是不愿意跟你交流的。谁没事跟你交流啊，这个还是多自己想想，多靠自己。如果你自己能从这个小资金做大，那你以后就会发现其实很多的交流是没有用的，顶多就是盘中比如说大

家说什么消息呀、什么板块异动了呀，大家喊一嗓子觉得怎么样啊，大家看一看，也就这样了。

➤ **股市里能做大的散户，都是纪律性特别强的人。**

➤ 当股票涨跌，市场走势和自己的想法不一致，题材或个股判断错误时、不在自己判断之内时，应深入研究思考原因。我有时会为了一个问题，在家想一整天，直至想清楚明白，弄懂为止。

➤ 炒股本就孤独的，每个人有每个人自己的模式，做好自己，天助自助者。

➤ 人的一生很长，人生数十载，浪费几年又何妨。只要有心，永远不怕晚。

➤ 市场没有错，错的是自己的预判。

➤ 不看书，不看研报，努力看盘，把握盘中小细节，锻炼超强看盘能力。

➤ 炒股无快捷方式，道要靠自己悟出来，每个人都有自己的道。

➤ 腰斩不可怕，反而是成长的机会。

➤ 对股票充满了好奇，热爱大于赚钱。

➤ **做股票，立场就要鲜明，错了就总结自己的错误，不要怕被打脸，怎么能让自己进步才是关键。**

➤ 只要不开盘，其他时间对我来说都是煎熬。盘中的交易时间才是最好的学习机会。盘面瞬息万变，你盘后再努力终究要实际操作。就好比纸上谈兵是没用的，你需要克服恐惧，克服交易障碍。

➤ 模式没有固定的，不同的环境需用不同的模式。

➤ 与其去埋怨他人，不如多问问自己，我为什么做错了，为什么会亏损。一个连市场都不尊重的人，又凭什么在市场里赚钱。永远尊重市场才是你最应该做的事情。

➤ 我不复盘，不要问我怎么复盘。**我复盘就大概看一下连板的股票**，因为很多东西其实盘中都知道，反正我收盘基本上就知道第二天大概想买什么，盘中我都会过一遍，捋一遍的，除非盘后有什么消息面的东西。

➤ **怎么提高对龙头的认知？你在龙头身上多赚几次钱，你的认知就提高了，真的。**

➤ 每个人炒股方式不同，我只相信自己。现在我基本上是不对外交流的，你们看到的一些东西，可能都不一定是我。因为我觉得靠别人没有什么意义，很多时候真的是要靠自己。

➤ 你们有的时候进步不了是什么原因，自己多动动脑子想一想。我刚开始操作的时候我一个问题我能在那想一天，想不明白就硬想，如果硬想也想不明白，那就退出股市，真的，领悟力太低的话也不太适合进入市场，我跟你说你们别怪我说话

难听，但我说的这个东西就很客观、很现实。我跟你们客观地说，没有人能无私地跟你们分享什么东西。

【陈小群的思维架构和交易解读】

在本小节，我们将介绍陈小群的几个交易案例，在这些案例当中我们力图扼要呈现当时的格局和玩家背景，以及交易者本身的思维架构，以便大家能够从中获得具体交易思路和操作手法上的启发。

【陈小群案例 1·浙江建投】

2022 年是陈小群的爆发之年，浙江建投是他跃升之战，此后他一发不可收，成为"龙空龙战法"的最佳代言人之一。他在浙江建投上的操作主要有三波，我们这里只介绍和剖析比较精彩的前两波。

第一波操作是在 2022 年 2 月 9 日买入，在 2 月 21 日卖出。2 月 21 日也是他第一次登上龙虎榜，当时他在最高点卖出了 3298 万元（见图 3-1）。

图 3-1 浙江建投日线第一波走势图和陈小群的买卖点

资料来源：通达信，DINA。

期间有价差交易，我们就省略了，比如 2 月 9 日他买入之后，次日（2 月 10日）"卖飞"后又在高位买回，然后一直到 2 月 21 日大举卖出。

下面，我们就来深入解析陈小群在 2 月 9 日买入时所面临的格局背景。周期是格局中最为重要的因素，所有的题材投机高手都信奉"周期主义"哲学，将其贯穿到操作的全过程中。

首先，从指数周期来看，2022 年 2 月 8 日，平均股价指数已经处于地量状态，K 线以小实体为主，当天的 K 线是下影线较长，表明短线可能反弹，甚至反转，至少大概率企稳（见图 3-2）。关于地量，陈小群有过精辟的论述——**地量见地价，是市场共识。**

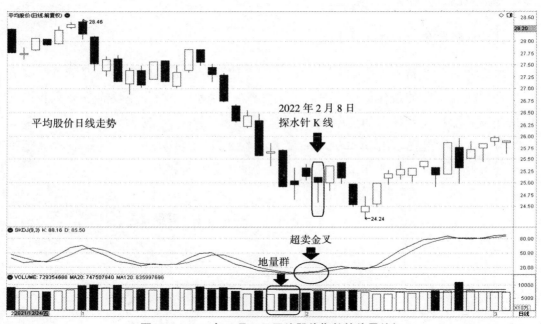

图 3-2　2022 年 2 月 8 日平均股价指数的价量特征
资料来源：通达信，DINA。

再从当时所处的斐波那契点位结构来看，以 2022 年 1 月 4 日高点 A 到 1 月 10日低点 B 的价格幅度为单位 1，以 1 月 17 日高点 C 为起点绘制斐波那契扩展点位线谱，2 月 8 日恰好处在 2 倍斐波那契扩展点位附近（见图 3-3）。

2022 年 2 月 8 日这天的分时盘口最低点正好在日线的 2 倍斐波那契点位处获得强大支撑（见图 3-4）。进一步讲，在陈小群买入前一日大盘指数恰好处在了短线

弱转强走势阶段，这就是指数周期所处的阶段，短期提供了一个较好的大盘向上或者企稳环境。

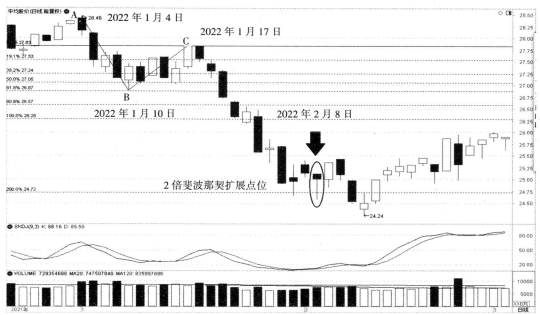

图 3-3　2022 年 2 月 8 日平均股价指数的斐波那契点位结构
资料来源：通达信，DINA。

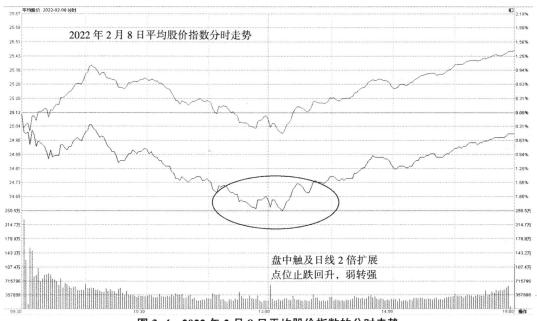

图 3-4　2022 年 2 月 8 日平均股价指数的分时走势
资料来源：通达信，DINA。

接着，我们来看 2 月 8 日所处的主线周期。此前的主线是新冠药，当时处在主线退潮期，而基建或者工程建设作为试错新主线出现，浙江建投是潜在龙头，后面迭加了浙江共同富裕的概念技能。有一部分先知先觉的资金其实是提前知道消息了，在大盘下跌和经济受影响下行的大背景下，浙江建投所在的板块就成了低位试错阶段绕不开的逻辑了。新冠药老题材退潮，而主流资金"高低切"试错基建就是这段主线周期的特征。**如果能够切换成功，那么主线周期仍旧处在"恒纪元"；如果切换失败，那就可能处在"乱纪元"了，题材轮动就会快速轮动，缺乏清晰的主线和可持续性。**

浙江建投所在的板块是工程建设，站在 2 月 8 日收盘来解构。最近的一波大幅上涨是从 2021 年 11 月 8 日开始的，涨到了 2022 年 1 月 11 日，然后下跌到了 2022 年 1 月 28 日。2021 年 11 月 8 日低点 A 到 2022 年 1 月 11 日高点 B 设定为单位 1，以 B 点为起点绘制斐波那契回撤点位线谱。B 点开始下跌，到了 1 月 28 日恰好处在 0.5 倍回撤处（见图 3-5）。1 月 28 日是纺锤线，而且缩量，对应的震荡指标 KD 也处在超卖金叉状态，因此从点位、K 线形态、成交量和震荡指标四个维度都表明此处工程建设板块指数反转或者反弹的可能性很大。

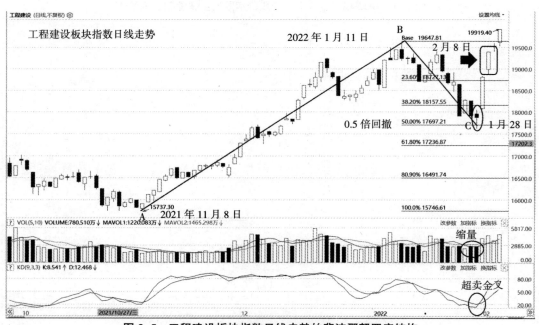

图 3-5　工程建设板块指数日线走势的斐波那契四度结构
资料来源：东方财富，DINA。

2022 年 1 月 28 日工程建设板块的分时走势在早盘的时候触及了日线的 0.5 倍回撤点，然后弱转强（见图 3-6）。斐波那契回撤点位有许多，但是我们化繁为简只关注 0.382 到 0.618 这个核心区域，0.5 也在这个区域中。简而言之，我们只关注 0.382、0.5 和 0.618 三个回撤点位。在 《高抛低吸：斐波那契四度操作法》和《斐波那契高级交易法：外汇交易中的波浪理论和实践》两本专著中我们对此有深入的探讨。想要全面掌握斐波那契点位在股票和外汇短线交易中的运用可以将这两本书借来看看，绝大多数图书馆都收藏和提供这两本书。在题材投机系列讲义中，你会发现许多顶级游资的操作其实暗合了斐波那契点位体系，但是大家都并未明言，背后的逻辑大家自己去体会吧。

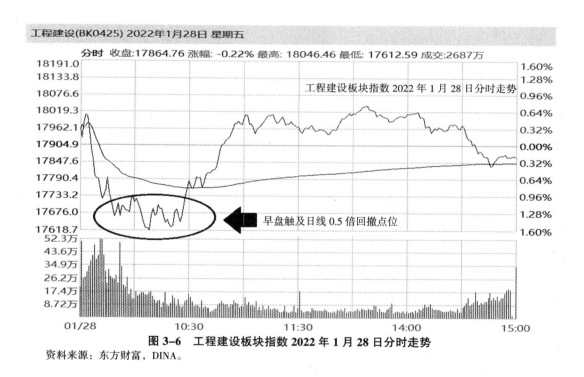

图 3-6 工程建设板块指数 2022 年 1 月 28 日分时走势

资料来源：东方财富，DINA。

指数周期和情绪周期，我们都解析了，还有一个情绪周期。找短线操作中，市场情绪应该放在所有周期的首位，这是题材投机高手的共识。正如陈小群强调的那样："**指数弱，不代表情绪弱。**"

2022 年 2 月 8 日这天开盘的上涨家数是低于 1500 家的，这是一个情绪冰点，然后快速弱转强（见图 3-7）。当天收盘的时候，上涨家数增加到了 3630 家（见图 3-8）。由此看来，2 月 8 日处在情绪弱转强的节点附近。

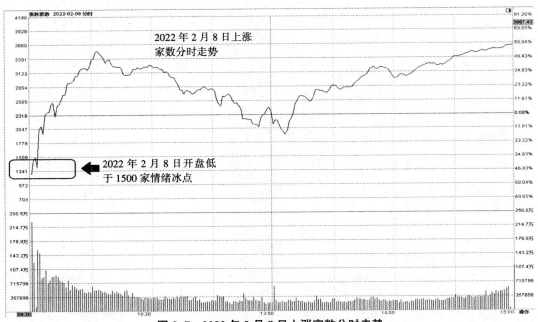

2022 年 2 月 8 日上涨家数分时走势

2022 年 2 月 8 日开盘低于 1500 家情绪冰点

图 3-7　2022 年 2 月 8 日上涨家数分时走势

资料来源：通达信，DINA。

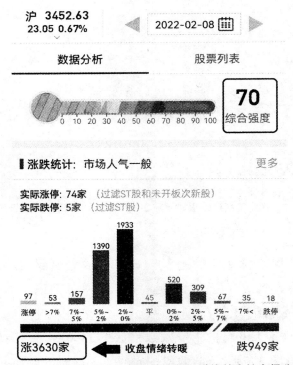

沪 **3452.63**
23.05 0.67%

2022-02-08

数据分析　　　　　　股票列表

70 综合强度

0　10　20　30　40　50　60　70　80　90　100

▮**涨跌统计**：市场人气一般　　　　　　更多

实际涨停: 74家　（过滤ST股和未开板次新股）
实际跌停: 5家　（过滤ST股）

涨停	>7%	7%-5%	5%-2%	2%-0%	平	0%-2%	2%-5%	5%-7%	7%<	跌停
97	53	157	1390	1933	45	520	309	67	35	18

涨3630家　←　收盘情绪转暖　　　　　跌949家

图 3-8　2022 年 2 月 8 日上涨家数和赚钱效应综合得分

资料来源：开盘啦 APP，DINA。

　　2022 年 2 月 8 日在情绪转变节点附近，当时的空间板是保利联合的五板，并未低于三板，这表明当日收盘时的情绪还是处在中间水平，从侧面印证了主线周期不属于"乱纪元"，情绪周期处在良性状态（见图 3-9）。

五板	保利联合		
四板	冀东装备 （5天4板）	恒宝股份 （5天4板）	翠微股份 （5天4板）
三板	岭南控股		
二板	中国海诚	泰禾集团	贝肯能源
一板	顾地科技	金财互联	曲江文旅
反包	九华旅游 （3天2板）	横店影视 （3天2板）	九安医疗 （3天2板）

图 3-9　2022 年 2 月 8 日涨停梯队

资料来源：开盘啦 APP，DINA。

　　我们再进一步看下陈小群首次买入浙江建投当日的情绪周期。2022 年 2 月 9 日开盘时上涨家数是低于 1500 家的（见图 3-10），然后快速增加，当天开盘是个冰点，与前一天的冰点结合起来对于短线交易者而言是很好的买入窗口。这点陈小群是非常看重的——**"连续冰点，稍微刺激下情绪就会被引爆。"** 所以，他在 2022 年 2 月 9 日这天买入新主线龙头浙江建投也是极其符合其操作原则的。

　　三大周期我们都解剖了：**指数周期至少暂时企稳；情绪周期处在冰点附近；主线周期是高低切换新题材阶段。** 接着，我们看看当时的逻辑和题材驱动情况。

　　2022 年 2 月 7 日，浙江建投所在的基建板块全天爆发走强，则意味着次日我们需要关注该板块的分化情况和前排的力度。

　　2 月 8 日早盘，基建板块竞价，保利联合 16 亿元顶死，前排冀东装备、汇通集团等多家竞价一字涨停。基建板块开盘情绪亢奋，冲高后便回落。但是，开盘后整体板块梯队完整，浙江建投、宏润建设等秒板二连，后排也不乏资金接力，前期强势股顾地科技反抽，创业板华蓝集团卡位设研院换手二连。同花顺热点概览显示开盘后，工程施工板块有四个个股涨停（见图 3-11），分别是汇通集团 2 连板、浙江

建投 2 连板、宏润建设 2 连板以及重庆建工 2 连板。基建的逻辑在 2 月 8 日明显受到了主流资金的青睐。

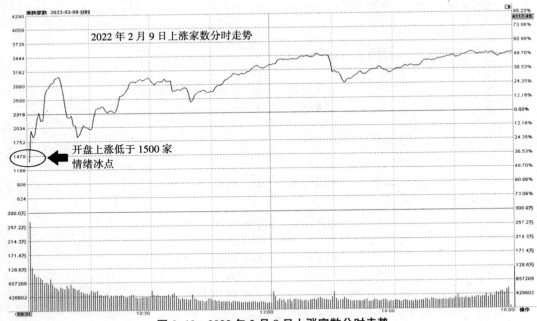

图 3-10　2022 年 2 月 9 日上涨家数分时走势

资料来源：通达信，DINA。

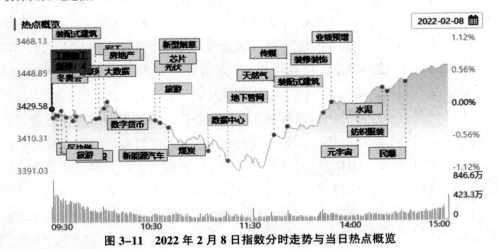

图 3-11　2022 年 2 月 8 日指数分时走势与当日热点概览

资料来源：同花顺，DINA。

　　而以锂电池、CRO、芯片为代表的赛道股早盘却集体大跌：宁德时代和斯达半导、新洁能都跌超 9%。盘中，券商保险板块国联证券带头逆市拉升（见图 3-12），与上证指数共振（见图 3-13），同时早上上板的兰州银行也封死，带动指数翻红，

全线飘红。这里说一句题外话，**与指数共振反转的标的也是短线炒家们重点关注的潜在机会**，称为指数共振买点。

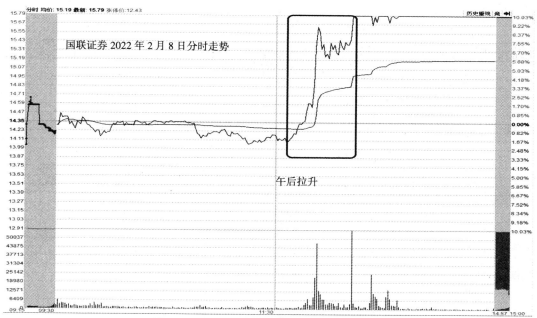

图 3-12　2022 年 2 月 8 日国联证券分时走势

资料来源：同花顺，DINA。

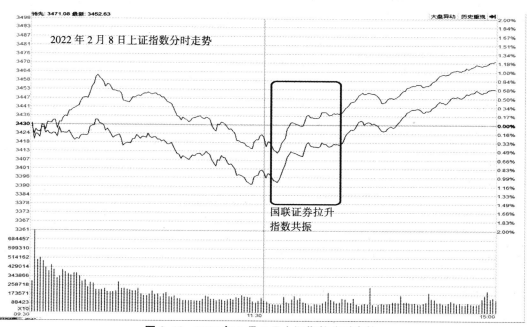

图 3-13　2022 年 2 月 8 日上证指数分时走势

资料来源：同花顺，DINA。

午后随着指数反抽又再度回暖，保利联合、冀东装备、汇通集团、中岩大地等继续连板涨停，华蓝集团 20% 2 连板，顾地科技、东易日盛、宁波富达首板涨停，整个基建板块有十多家涨停。

2022 年 2 月 9 日，在昨天探底回暖后，延续了反弹态势，三大指数开盘小幅震荡回踩后开始集体上涨。隔夜消息助攻下的数字经济，率先走强。基建虽也有消息助攻但表现并不亮眼，继续分化，仅存前排龙头继续连板。重庆建工一字顶死三板，中国海城、浙江建投晋级三板，而大票中国交建、电建早盘还出现跳水走势，横盘震荡表现并不积极。总体来看，市场继续回暖的一天，数字经济、基建方向的逻辑还在延续走强。

在上述周期和逻辑格局下，陈小群选择在 2022 年 2 月 9 日买入浙江建投。结构是我们注重的第三个格局要素，我们看下当时的浙江建投的走势结构。

2022 年 2 月 7 日浙江建投 10:18 上板（见图 3-14），2 月 8 日提前到 9:31 上板（见图 3-15），2 月 9 月则在竞价阶段就上板了（见图 3-16），当然开盘还是瞬间"通气"，给了上车机会。

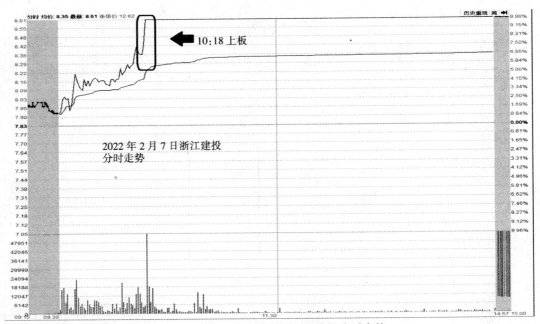

图 3-14 2022 年 2 月 7 日浙江建投分时走势

资料来源：同花顺，DINA。

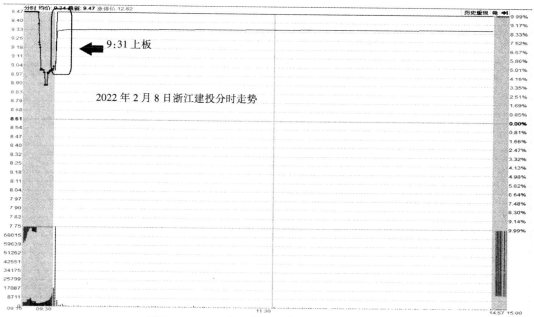

图 3-15　2022 年 2 月 8 日浙江建投分时走势

资料来源：同花顺，DINA。

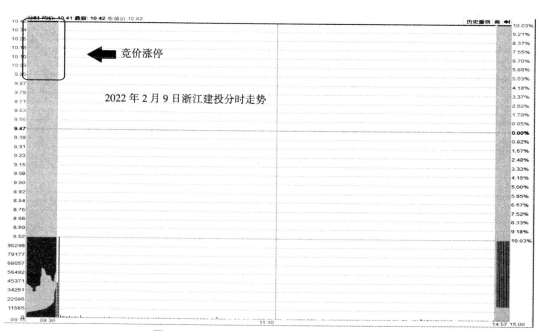

图 3-16　2022 年 2 月 9 日浙江建投分时走势

资料来源：同花顺，DINA。

上板的时间越来越早，K线实体越来越短，同时成交量也越来越大，而非缩量加速（见图3-17），这是上涨力道越来越强的表现，陈小群肯定是观察到了这一结构特征，所以在2月9日当天竞价和开盘的时候就选择了出击。

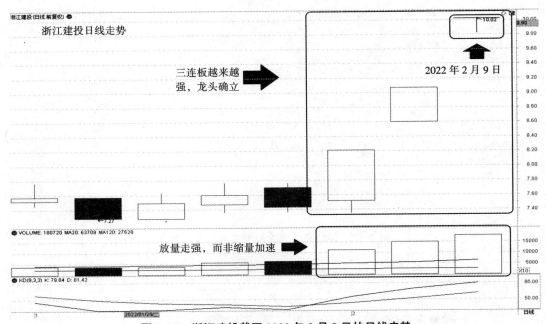

图3-17　浙江建投截至2022年2月9日的日线走势
资料来源：通达信，DINA。

2月9日买入后，中间有做价差交易，俗称"做T"。直到2月21日清仓卖出，客观上当天涨停会遭到停牌，同时格局和玩家上也存在一些促使他当天卖出的因素。

先来看当时所处的指数周期，以当时平均股价指数日线的高点A到低点B点的价格幅度为单位1，以B点为起点绘制斐波那契回撤线谱。2022年2月21日的K线并未触及0.382到0.618核心阻力区（见图3-18），由此来看指数短期上涨阻力并不大。

点位上指数并未受到显著阻力，再从趋势角度来看（见图3-19）。以平均股价下降走势的最近显著高点A和B绘制下降趋势线，2022年2月21日的指数位置距离下降趋势线还存在较大的空间，且震荡指标并未处于超买死叉状态，因此阻力并不显著。

整体而言，无论是从点位，还是从趋势的角度解析当时的指数，恢复下跌的概率都不大，因此当时浙江建投的卖出与指数周期关系不大。指数周期整体上还是处

图 3-18　平均股价指数日线走势的斐波那契点位结构

资料来源：通达信，DINA。

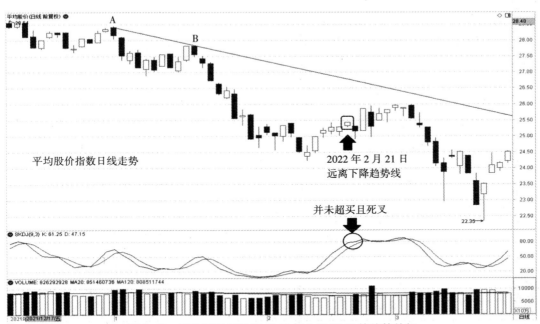

图 3-19　平均股价指数在 2022 年 2 月 21 日的趋势特征

资料来源：通达信，DINA。

在上行阶段的。

接着，我们来看当时的情绪周期。2022 年 2 月 21 日，转债市场疯狂，领涨的佳丽转债最高盘中涨幅为 70%，另一只人气转债的宁建转债也有高达 37% 的盘中最高收益。昨日涨停指数和昨日连板指数在 2 月 21 日都处于较高的水平（见图 3-20），由此可见情绪周期处于高潮状态，股市赚钱效应爆棚。那么，次日预期就是大幅分化，高开低走是大概率，短线投机客应该考虑"分化转一致"后再出手。当时，陈小群大概也是这样的思路。

图 3-20 2022 年 2 月 21 日昨日涨停和连板表现高亢

资料来源：开盘啦 APP，DINA。

指数周期延续上涨，情绪周期处于沸点，次日分化概率很高。那么，当时的主线周期如何呢？浙江建投在东方财富行情软件上属于工程建设板块，该板块指数在 2022 年 2 月 21 日恰好处在关键点位上。我们以此前的上涨波段 AB 为单位 1，回撤低点 C 为起点绘制斐波那契扩展点位。2022 年 2 月 21 日这天恰好处在斐波那契 1 倍扩展点位处（见图 3-21），阻力是比较大的。**在 A 股日线系统上，比较有效的斐波那契扩展点位有 1 倍、1.618 倍和 2.618 倍等，但龙头股涨到这些点位之后要特别关注盘面是不是强转弱的结构特征。**

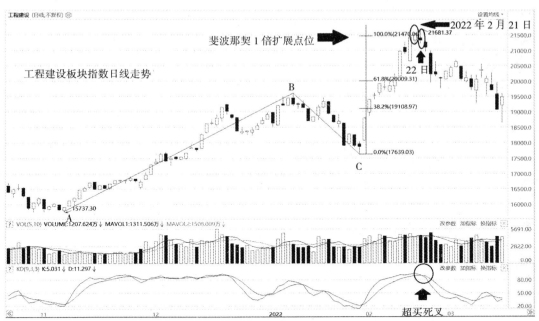

图 3-21 工程建设板块指数日线走势中的斐波那契扩展点位结构
资料来源：东方财富，DINA。

当工程建设板块指数上涨到斐波那契 1 倍扩展点位的时候，板块个股上板特征也有些耐人寻味了。浙江建投开板后最后回封的时间是 13：54，在板块内其实比宁波建工、诚邦股份和重庆建工还要晚，其作为龙头的强度明显减弱了（见图 3-22），浙江建投的情绪博弈溢价下降了。

板块当日涨停个股			保存至板块
代码	名称	最后涨停时间	最高/最后封单金额
601789	宁波建工	09：25	44.6亿/10.3亿
603316	诚邦股份	09：30	1.67亿/1.27亿
600939	重庆建工	10：41	1.97亿/4540万
002761	浙江建投	13：54	1.93亿/6584万
600248	陕建股份	14：43	9935万/3817万
603388	元成股份	14：55	7060万/278万

图 3-22 2 月 21 日板块个股最后上板时间
资料来源：东方财富，DINA。

玩家方面，我们来看 2022 年 2 月 18 日星期五浙江建投的龙虎榜（见图 3-23），"拉萨天团"高位大举上榜，金田路卖出。"拉萨天团"其实是在东方财富开户的散

户们所在的营业部，一共四个席位分别是拉萨团结路第一和第二、拉萨东环路第一和第二。这些营业部上榜体现了市场乐观共识已经高度一致了，通常而言，"拉萨天团"进场的票，不管有多妖，次日大概率会回调，甚至步入下降趋势。特别是当四个席位同时上榜时，次日大概率跌停。当然，这也不是百分之百的情况，需要具体问题具体分析。对于短线投机客而言，对手盘和资金流向是必要的风险机会分析功课，龙虎榜是重要的一环。

今日价 19.28	涨幅 9.98%	🗓 2022-02-18 ▾

流通市值 46.92亿元	换手率 41.58%
今日净买入 -8284.05万元	关联营业部数 6

上榜理由：日涨幅偏离值达7%　　📈连榜统计

上榜理由：日换手率达20%

买入营业部	金额(万元)
机构专用	4696.74 / 725.26
机构专用	3117.67 / 0.55
东方财富证券拉萨东环路第一	2278.48 / 1642.07
东方财富证券拉萨东环路第二	1884.40 / 1464.40
关联 国泰君安证券昆明人民中路	1850.91 / 577.76

买入总计 16784.80 万元

卖出营业部	金额(万元)
关联 华泰证券上海牡丹江路 昨买1	6389.84 / 545.29
关联 光大证券深圳金田路 顶级游资 金田路 昨买5	5273.55 / 1.67
关联 光大证券昆明人民中路 昨买2	3653.37 / 1789.72
关联 华鑫证券上海分公司 量化打板 昨买4	2929.40 / 554.54
关联 东方证券深圳海德三道	2412.66 / 65.39

卖出总计 25068.85 万元

图 3-23　2022 年 2 月 18 日浙江建投龙虎榜数据

资料来源：开盘啦 APP，DINA。

2月18日星期五，接下来的交易日是2月21日。站在2月21日这个交易日，面对上述格局和玩家背景，陈小群需要在浙江建投上减仓或者清仓吗？答案不言而喻。

格局和玩家两个大的方面，我们已经分析了。接下来，我们来看结构因素。2022年2月21日，竞价涨停后打开，5%幅度开盘，但是盘中放量烂板，多次烂板表明有许多比较大的资金在离场（见图3-24），陈小群不可能没有看到这些，所以他也"和光同尘"出场了，这些脉冲开板量当中肯定也有他的资金。

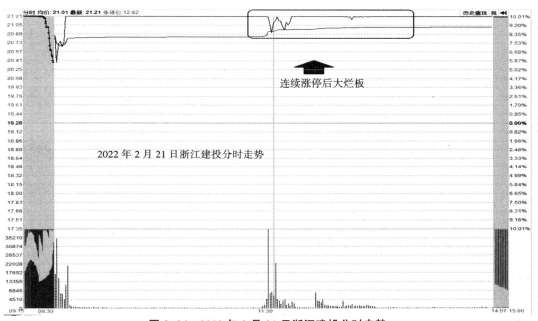

图3-24　2022年2月21日浙江建投分时走势

资料来源：同花顺，DINA。

第二波是2022年3月8日买入，3月23日卖出，大赚了5000多万元（见图3-25）。期间也有价差交易，我们就省略了，主要看第二波的首次买入以及最终清仓思路。毕竟，陈小群自己也说："不爱做短线价差，看准就坚定持有到巅峰，只有明显见顶或预计停牌才走。"

我们先来看陈小群再次买入浙江建投之前的格局。就指数周期而言，2022年3月7日平均股价指数处于下跌趋势中（见图3-26），在这种情况下只有显著高标或者龙妖才能获得抱团机会。当然，**如果大盘跌到超卖状态，则可能孕育新一波的主线**。但是，3月7日这个当口，大盘并未跌到超卖状态。

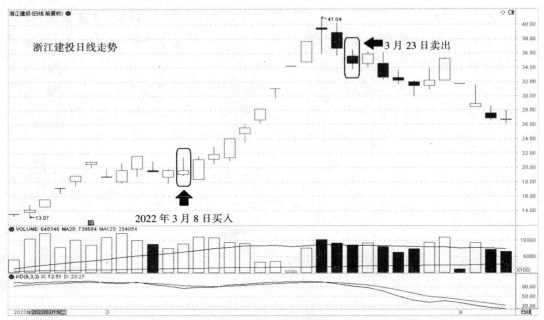

图 3-25 浙江建投日线第二波走势图和陈小群的买卖点
资料来源：通达信，DINA。

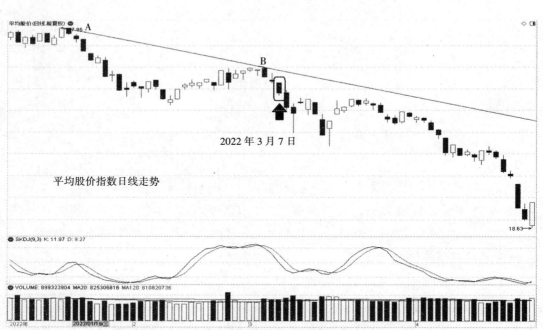

图 3-26 2022 年 3 月 7 日所处的平均股价指数日线走势
资料来源：通达信，DINA。

再从主线周期来看，工程建设板块指数从低点 A 上涨到高点 B，接着下跌。我们以 AB 段的价格幅度为单位 1，以 B 点为起点，假定这是一波回调，那么回调的终点会在哪里呢？斐波那契回撤点位线谱是高效的预判工具。2022 年 3 月 7 日这天，板块指数已经进入 0.382 到 0.618 的核心支撑区域（见图 3-27）。次日，也就是 3 月 8 日陈小群买入浙江建投当日，板块指数最低点接近 0.5，再后来的 3 月 9 日则是开盘在 0.618 附近，收盘确认 0.618 支撑有效。当然，站在陈小群的角度，他进场前只看到了 3 月 7 日收盘和 3 月 8 日盘中部分情况。站在那个时点，板块大概率有修复需求。

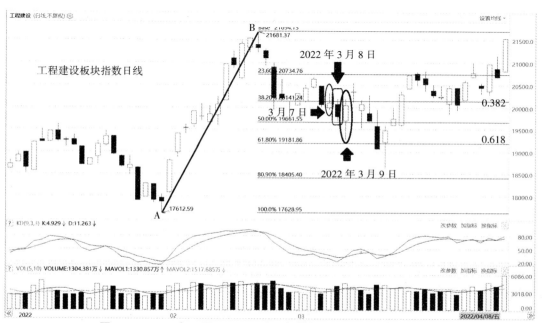

图 3-27　2022 年 3 月 7 日工程建设板块指数的斐波那契点位结构

资料来源：东方财富，DINA。

指数周期支持高标股，主线周期表明工程建设板块有修复需要。那么，情绪周期处在什么阶段呢？记不记得陈小群的一句经典语录："**连续冰点，稍微刺激下情绪就会被引爆**。"3 月 8 日就处在这样的临界引爆点。2022 年 3 月 4 日、7 日和 8 日连续三日上涨家数都在 1500 家以下，连续冰点啊，堪称一个大冰期啊（见图 3-28）。"寻龙点穴"的高手，这个"穴"往往就在冰点本身或者附近。

2022 年 3 月 8 日这天是陈小群再度买入浙江建投的日子。当天的情绪是高开低走的，上涨家数持续走低，午盘一直处在 1500 家以下的情绪冰点状态（见图 3-29）。陈小群选择了一个冰点日进场买入当时的市场主线高标。

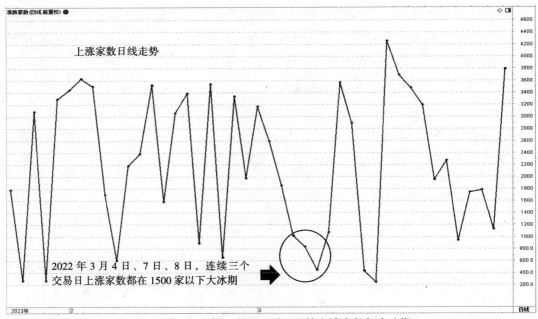

图 3-28　2022 年 3 月 4 日到 8 日的上涨家数与大冰期
资料来源：通达信，DINA。

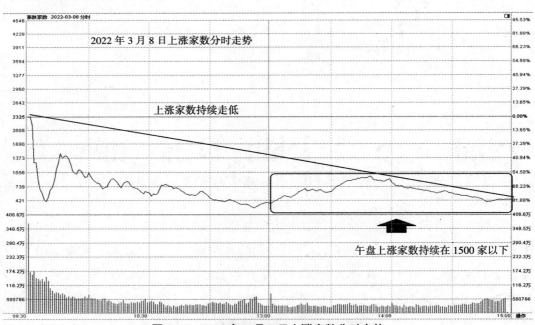

图 3-29　2022 年 3 月 8 日上涨家数分时走势
资料来源：通达信，DINA。

　　3 月 8 日的情绪除了从上涨家数及时确定，还能从当日收盘时的涨停和连板情况确定。当日的昨日涨停和昨日连板指数表现都比较差（见图 3-30）。

图 3-30　2022 年 3 月 8 日昨日涨停和连板表现较差

资料来源：开盘啦 APP，DINA。

从 2022 年 3 月 4 日到 10 日的情绪周期还可以从最高板的变化来洞察。3 月 4 日，最高板是七板准油股份，缺个五板，梯队基本完整（见图 3-31）。下一个交易日，3 月 7 日，最高板是七板天顺股份（见图 3-32），六板完全没了，情绪更差了。

图 3-31　2022 年 3 月 4 日涨停梯队

资料来源：开盘啦 APP，DINA。

3月8日，最高板是六板河化股份，四板和五板完全没了，情绪低到了极致（见图3-33），当天也是陈小群选择买入浙江建投的临界点。

七板	天顺股份	← 2022年3月7日最高板	
五板	河化股份		
四板	悦心健康	中国医药	粤海饲料
三板	宁波联合		
二板	长江健康	美吉姆 （3天2板）	达嘉维康
一板	金发拉比	时代出版	尖峰集团
反包	宋都股份 （5天4板）	美吉姆 （3天2板）	南纺股份 （3天2板）

图 3-32　2022 年 3 月 7 日涨停梯队

资料来源：开盘啦 APP，DINA。

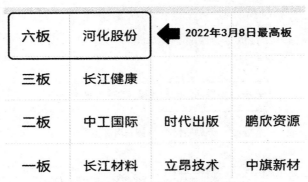

六板	河化股份	← 2022年3月8日最高板	
三板	长江健康		
二板	中工国际	时代出版	鹏欣资源
一板	长江材料	立昂技术	中旗新材

图 3-33　2022 年 3 月 8 日涨停梯队

资料来源：开盘啦 APP，DINA。

　　结合后面的情绪变化来看，陈小群却是买在了连续冰点期的情绪最冰点。2022年 3 月 9 日，最高板虽然只有五板，但是梯队完整，一板到五板之间是连续的，没有断层（见图 3-34）。

　　再往后一个交易日，2022 年 3 月 10 日。最高板到了七板，涨停梯队也完整（见图 3-35）。3 月 10 日上涨家数也到了 3000 家以上。所以，陈小群恰好买在了一个情绪最低点，这就是高手的最核心能力之一。**寻龙点穴，龙是个股，穴是时空节点。**

五板	大理药业 （6天5板）		
四板	长江健康		
三板	时代出版	云南能投	中路股份
二板	城地香江	北方国际	文一科技
一板	美利云	银龙股份	依米康
反包	黑牡丹 （3天2板）	大理药业 （6天5板）	金发拉比 （3天2板）

（五板行：2022年3月9日最高板）

图 3-34　2022 年 3 月 9 日涨停梯队

资料来源：开盘啦 APP，DINA。

七板	河化股份 （8天7板）		
六板	大理药业 （7天6板）		
五板	长江健康		
四板	云南能投	中路股份	
三板	美诺华	北方国际	城地香江
二板	北大医药	绿康生化	瑞和股份
一板	中国医药	天药股份	多氟多
反包	河化股份 （8天7板）		

（七板行：2022年3月10日最高板）

图 3-35　2022 年 3 月 10 日涨停梯队

资料来源：开盘啦 APP，DINA。

　　当然，陈小群 3 月 8 日买入后，3 月 9 日的上涨家数是冲高回落（见图 3-36），但收盘上涨家数比 3 月 8 日强，当天延续了冰点，但是情绪整体开始走强。这点信息可以帮助陈小群进行贝叶斯推理，因为进一步确认了 3 月 8 日买入是正确的。

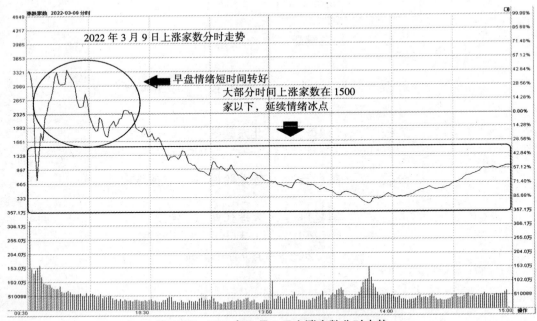

图 3-36　2022 年 3 月 9 日上涨家数分时走势

资料来源：通达信，DINA。

　　指数周期、主线周期和情绪周期在 3 月 8 日都站在了浙江建投上涨这边，那么当时的逻辑驱动力呢？

　　2022 年 3 月 7 日，三大指数低开低走，宁德跳空低开单边下行，各种行业板块价值龙头全部下跌，贵州茅台、中国中免、美的集团、歌尔股份等纷纷下跌破位，权重带动指数下行。逆势走强的板块与三胎产业、医药股、俄乌冲突等概念逻辑有关，托育服务、辅助生殖、幼儿教育等分支集体大涨，如和晶科技、嘉益股份、孩子王 20% 涨停，美吉姆涨停反包创新高，辅助生殖悦心健康 4 连板一字板加速成市场最新人气妖股，长江健康、达嘉维康等跟风连板。浙江建投一度大跌，直到三胎养老不断加强，氛围才慢慢起来，才拉起浙江建投、锦州港和美丽云等前期人气个股，这些个股的尾盘抢筹博弈次日溢价，预示着浙江建投所在的基建逻辑可能再度活跃。

　　周期和逻辑都搞清楚了，再来看结构。浙江建投高位整理到了 2022 年 3 月 7 日这天，当日成交量是 10 个交易日来最低的（见图 3-37）。正如陈小群指出的一个关键结构："**地量地价，世人皆知。之前教过一个小买点，就是过最低成交量当**

天的高点，可以试错搏个反弹。至于能走多远，不能保证。"所以，次日 3 月 8 日这天陈小群买入浙江建投也就不足为奇了。毕竟，3 月 7 日这天的窒息量很可能开启新一波上涨。

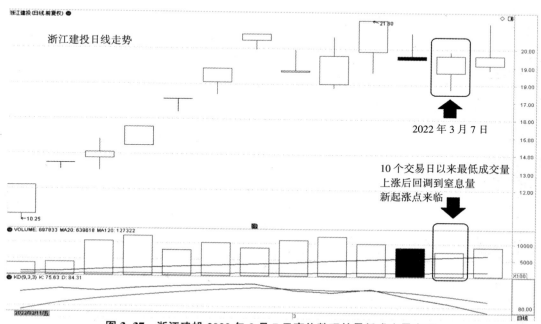

图 3-37 浙江建投 2022 年 3 月 7 日高位整理的最低成交量出现
资料来源：通达信，DINA。

在周期、逻辑和结构都有利的情况下，陈小群在 2022 年 3 月 8 日再度买入了浙江建投（见图 3-38），其实当天的分时走势只能说在开盘后有弱转强特征。所以，真正的买入决定应该在 3 月 7 日收盘后所处的格局、周期、逻辑、日线成交量结构上。

陈小群操作浙江建投的第二波卖点在 2022 年 3 月 23 日，当时的背景是什么呢？2022 年 3 月 22 日，开盘就是大分歧，一些加速的跟风中位股，比如鞍重股份、云南能投直线跳水，竞价一字涨停的苏州高新、天保基建等炸板，空间板宋都股份大跌到"水下"。不久，浙江建投、中国医药杀出新低，一度跌到-7%。此后，阳光城弱转强四板，天保基建、苏州高新回封，特发服务反包涨停，宋都股份回封七板。**主线逻辑下的中位股普跌是退潮期将要来临的风险信号。**

从主线周期来看，工程建设板块当时处在强阻力区域当中（见图 3-39）。以 AB 段的价格幅度为单位 1，以 B 为起点，向上绘制斐波那契回撤点位线谱，3 月

22 日和 23 日，该板块指数都处在 0.618 附近，有分歧回调的倾向。

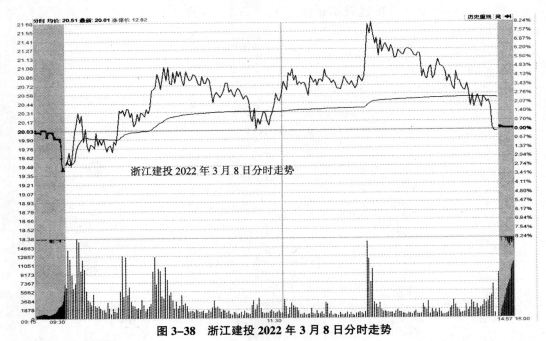

图 3-38　浙江建投 2022 年 3 月 8 日分时走势

资料来源：同花顺，DINA。

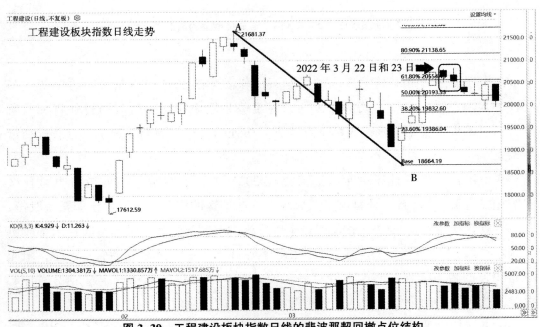

图 3-39　工程建设板块指数日线的斐波那契回撤点位结构

资料来源：东方财富，DINA。

从指数周期来看（见图 3-40）还在反弹走势中，距离下降趋势线还有一些空间。

单从斐波那契点位来看，指数形势不容乐观（见图 3-41）。设定 2022 年 3 月 1

图 3-40　2022 年 3 月 22 日平均股价指数所处趋势

资料来源：通达信，DINA。

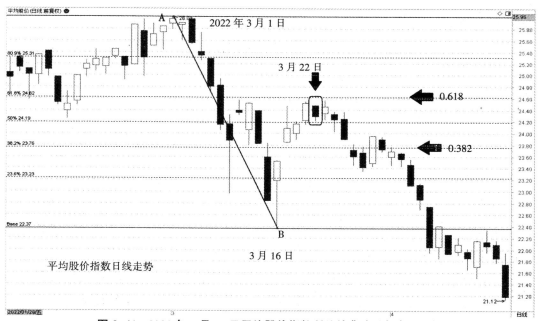

图 3-41　2022 年 3 月 22 日平均股价指数所处的斐波那契点位结构

资料来源：通达信，DINA。

日所在的波段高点 A 到 3 月 16 日所在的波段低点 B 的价格幅度为单位 1，以 B 点为起点，向上绘制斐波那契回撤点位线谱。3 月 22 日在 0.5 到 0.618 回撤点位之间，也就是位于 0.382 到 0.618 强阻力区域中，指数短期有回调需求。

周期整体看跌，这就是陈小群站在 2022 年 3 月 22 日面临的大背景。再来看浙江建投本身的结构特征，以第一波上涨 AB 段的价格幅度为单位 1，以第二波的起涨点 C 点为起点，向上投射斐波那契扩展点位线谱（见图 3-42）。2022 年 3 月 21 日最高点恰好触及 1.618 倍扩展点位 D。

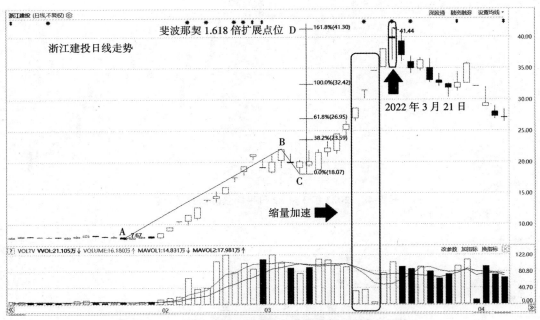

图 3-42　浙江建投日线走势中斐波那契扩展点位结构
资料来源：东方财富，DINA。

再从价量形态来看，价格 AB 段不仅与成交量 A′B′ 段背离，也与震荡指标 KD 的 A″B″ 段背离。具体来讲，B 点高于 A 点，但是 B′ 点低于 A′ 点，而 B″ 点低于 A″ 点。顶背离出现了，什么意思呢？上涨量能衰竭了。对于背离有深入研究兴趣的读者可以参考宁建一的专著《背离交易系统：从入门到精通》，当然这本书主要是针对外汇交易的，但是其中蕴含的思想可以用到股票分析和交易中。

在 B 点附近，黄昏之星出现了，3 月 18 日、21 日和 22 日三根 K 线构成了看跌反转的黄昏之星形态。在此之前，浙江建投出现了连续三日的缩量加速走势，这是赶顶的征兆。当 3 月 22 日收盘的时候，陈小群已经看到了价量上的这些见顶特征，

那么在 3 月 23 日清仓浙江建投也是必然的选择了（见图 3-43）。

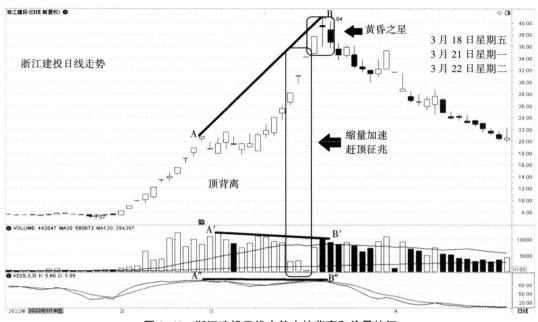

图 3-43 浙江建投日线走势中的背离和价量特征

资料来源：通达信，DINA。

【陈小群案例 2·中交地产】

陈小群 2022 年在中交地产上的两波操作也是其成名战系列中比较有代表性的。首次买入是在 2022 年 3 月 29 日，最后卖出是在 4 月 18 日，横跨了 21 交易日，大赚了 6145 万元。

先来看他中交地产上的第一波操作，2022 年 3 月 29 日买入中交地产，4 月 12 日卖出（见图 3-44）。

陈小群当时在 3 月 29 日买入中交地产所处的格局是怎样的呢？从指数周期来看，平均股价指数 2022 年 3 月 28 日处于下降趋势中，而且相应的震荡正处在超买死叉状态（见图 3-45）。

接着来看主线周期和板块情况，中交地产所属的房地产开发板块指数 2022 年 3 月 23 日向上突破震荡箱体，之后回测两日都收盘在箱体上边缘，确认突破有效。而 3 月 28 日则与前面三个交易日构成了向上 N 字结构，板块继续上涨的趋势明显，当时的板块龙头是天保基建（见图 3-46）。

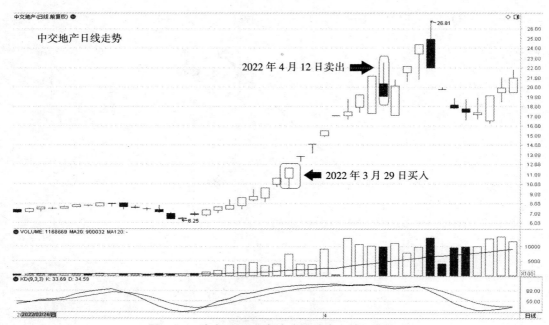

中交地产日线走势

2022 年 4 月 12 日卖出

2022 年 3 月 29 日买入

图 3-44　陈小群 2022 年在中交地产上第一波操作

资料来源：通达信，DINA。

平均股价指数日线走势

2022 年 3 月 28 日

超买死叉

图 3-45　平均股价指数 2022 年 3 月 28 日所处趋势

资料来源：通达信，DINA。

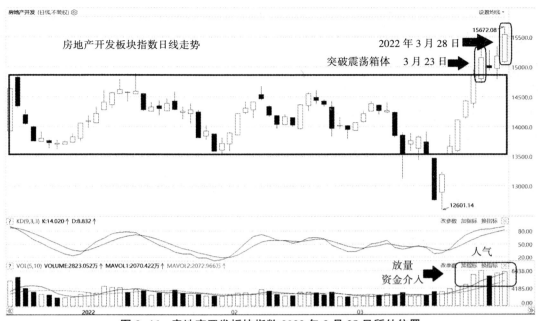

图 3-46 房地产开发板块指数 2022 年 3 月 28 日所处位置

资料来源：东方财富，DINA。

　　指数周期下行，主线周期向上，那么情绪周期呢？从 2022 年 3 月 28 日的上涨家数看当时的市场情绪（见图 3-47），开盘和尾盘上涨家数都曾有一段时间在 1500

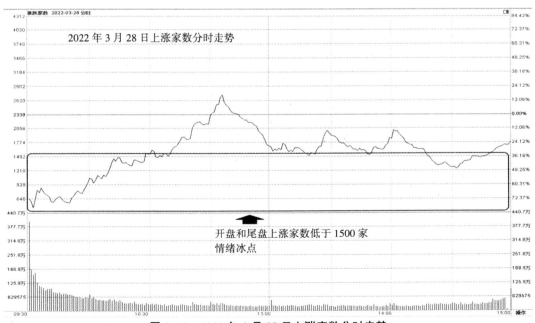

图 3-47 2022 年 3 月 28 日上涨家数分时走势

资料来源：通达信，DINA。

家以下，表明当日在情绪冰点附近，这也是高手上车强势龙头股的常见时机。

再从涨停梯队来观察下当时的情绪周期（见图 3-48），2022 年 3 月 28 日天保基建已经达到了九板，打开了新高度。从情绪周期来看，3 月 28 日上涨个股并不多，盘中触及情绪冰点，但是房地产开发板块作为主线却高歌猛进，这就是指数周期下行，但是情绪标的抱团显著。

打开高度	天保基建	盘龙药业	
妖股	天保基建	盘龙药业	
七板	阳光城 (8天7板)		
五板	京粮控股 (6天5板)		
四板	信达地产 (5天4板)	武汉凡谷	
三板	海泰发展	华升股份	
二板	华夏幸福	湖北广电	莱茵生物
一板	亚通股份	创新医疗	常山北明
反包	信达地产 (5天4板)	阳光城 (8天7板)	亚钾国际 (3天2板)

图 3-48　2022 年 3 月 28 日涨停板梯队

资料来源：开盘啦 APP，DINA。

到了 2022 年 3 月 29 日，开盘不久之后上涨家数跌到了 1500 家以下，正式进入情绪冰点（见图 3-49）。当时主线是房地产，龙头是天保基建，3 月 29 日天保基建分歧调整，中交地产作为补涨龙出现。

当时的周期背景，我们已经搞清楚了。接着，我们分析下当时的逻辑和题材催化剂。2022 年 3 月 28 日沪指微涨 0.07%，创业板指跌 1.66%，两市总成交额 8701亿元，盘面个股跌多涨少，北向资金逆市净买入 50.30 亿元，指数后市向上修复概率大。盘面逻辑和热点上，房地产板块再度掀起板块涨停潮，主线特征明显，龙头天保基建 9 连板，后排中位股连板存在断层，海泰发展弱转强 3 连板，信达地产秒板反包，中国国贸、华夏幸福、中交地产反包后再收 2 连板，亚通股份、天房发展、渝开发等十余股涨停。此前强势的医药板块继续分化，新冠药全线高开低走，妖股盘龙药业 9 连板涨停。

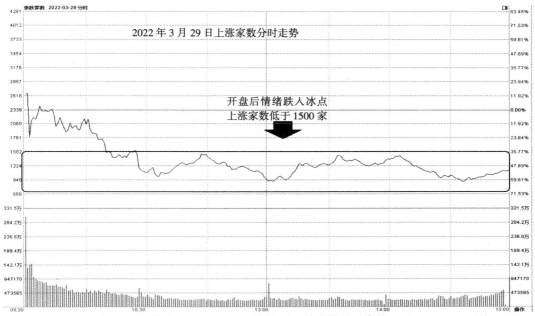

图 3-49 2022 年 3 月 29 日上涨家数分时走势

资料来源：通达信，DINA。

虽然 2022 年 3 月 28 日天保基建涨停了，晋级了 9 连板（见图 3-50），但是尾盘却显著烂板了（见图 3-51），板块中位股也塌了，这些都是板块将要出现分歧调

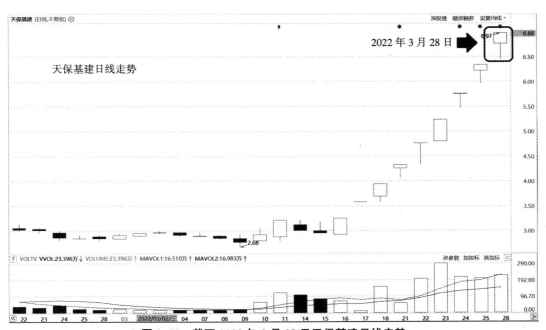

图 3-50 截至 2022 年 3 月 28 日天保基建日线走势

资料来源：东方财富，DINA。

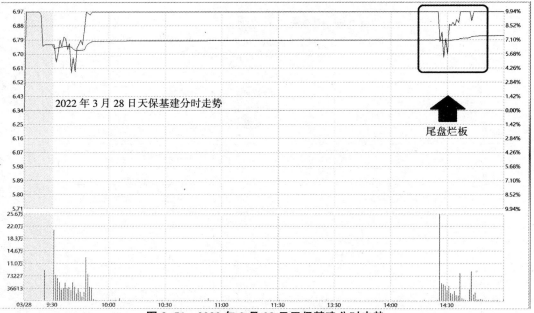

图 3-51　2022 年 3 月 28 日天保基建分时走势

资料来源：东方财富，DINA。

整的迹象，而这是"卡位龙"或者"补涨龙"出现的时机。**次日，情绪出现冰点，而板块分歧，这就是很好的上车时机。**

3 月 29 日开盘后不久房地产开发板块个股世荣兆业和渝开发带头涨停，冲高后又炸板，板块日内强转弱出现了（见图 3-52）。

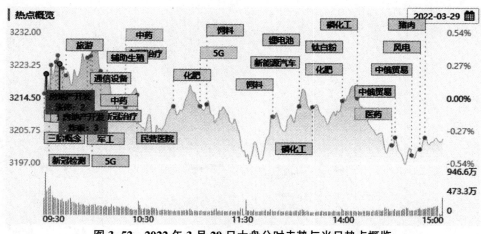

图 3-52　2022 年 3 月 29 日大盘分时走势与当日热点概览

资料来源：同花顺，DINA。

作为龙头股的天保基建在 3 月 29 日这天跟随板块调整，这就是俗称的"龙头首阴"（见图 3-53）。正如陈小群指出的那样："龙头首阴大概率反包，但也要看市场。"次日，天保基建确实反包了，继续上涨，但他选择了在板块分歧和情绪冰点的 3 月 29 日，买入补涨龙中交地产（见图 3-54），这就是高低切的一种形式。

在分歧日和冰点日，买入当日三板的主线板块强势股似乎是许多高手的共同操作。这个强势股可能是新题材试错期的龙头，也可能是高位震荡期的低位"补涨龙"。陈小群曾经坦言自己在 2022 年创造 30 倍奇迹之前，徘徊了一年时间才找到市场中最赚钱的模式。这种模式可以称为"龙空龙"，"龙"指的是主线龙头或者补涨龙头，而"空"则是指在没有龙头个股时选择空仓，后面要介绍的顶级游资"冰蛙"则是"龙空龙"风格最鲜明的玩家。

"补涨龙"给陈小群带来了最丰厚的利润，因为它的胜率和赔率都比较高。主线总龙头没有走出空间高度之前，你对于这个逻辑和题材的驱动力是不确定的。等到总龙头走出来之后，这只股票的高度已经很高了，这个时候去追高，你不知道后面的空间还有多大。对于补涨龙而言，总龙头作为标杆已经给出了大致潜在利润空间。每次总龙头分歧后转一致或者弱转强的节点，都是产生补涨龙的窗口。

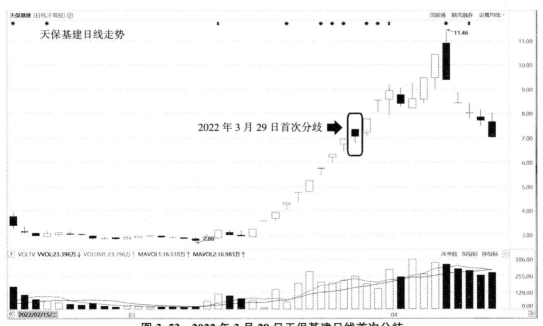

图 3-53　2022 年 3 月 29 日天保基建日线首次分歧

资料来源：东方财富，DINA。

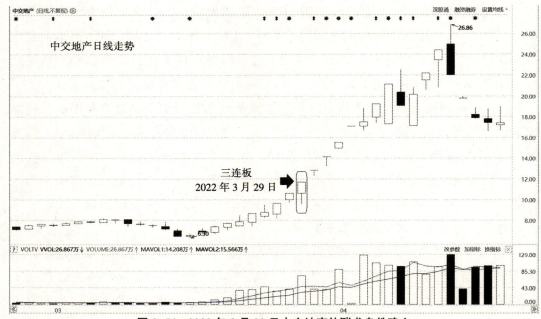

图 3-54　2022 年 3 月 29 日中交地产补涨龙身份确立
资料来源：东方财富，DINA。

　　主线总龙头翻倍后，就要密切关注后排补涨，窗口就是总龙分歧的时候。什么是总龙头？一个量化的标准是热门板块当中空间最高板，且在五板以上。现在比较出名的少壮派游资，比如 2023 年资产在 10 亿元左右的陈小群、"余哥"和"杰哥"都喜欢做补涨龙，现在许多题材投机客都是靠做"补涨龙"快速完成资本原始积累的。

　　3 月 29 日情绪周期在冰点，主线周期在分歧，陈小群选择了当日逆市上板的中交地产（见图 3-55），虽然当日是烂板，但在板块中还是强势，这就是截面比较。次日，走了一个弱转强，这就是时序比较，进一步确认了 3 月 29 日买入决策是正确的，可以加码。

　　房地产开发板块指数到了 2022 年 4 月 7 日开始走弱，超买死叉出现，意味着上涨动量衰竭了。天量出现了，这些都不是好兆头。到了 2022 年 4 月 12 日，板块已经走弱了几天了（见图 3-56）。

　　2022 年 4 月 11 日中交地产跌停后"撬板"成功，收盘才上板，走出弱转强的"地天板"（见图 3-57）。

　　但是，次日 4 月 12 日中交地产竞价层级触及涨停，然后"水下"低开，这就是开盘强转弱了，前一日地天板，今天大幅低开显著弱于预期。此后冲高后逐渐走

低，颓势已现（见图 3-58）。陈小群选择在当日卖出中交地产。

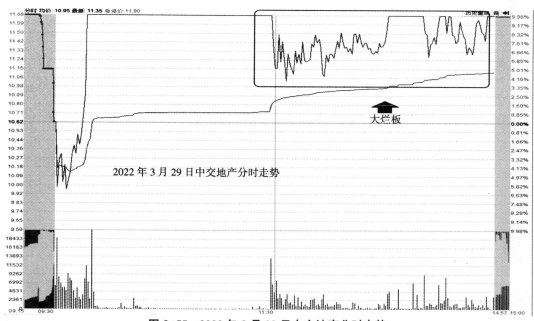

图 3-55　2022 年 3 月 29 日中交地产分时走势

资料来源：同花顺，DINA。

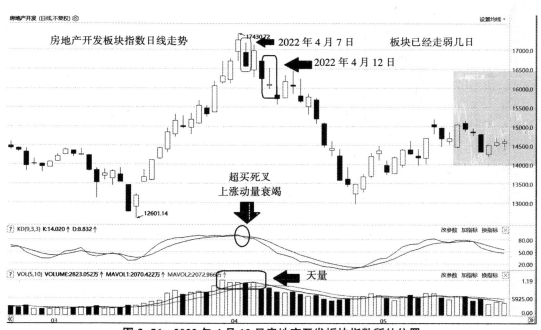

图 3-56　2022 年 4 月 12 日房地产开发板块指数所处位置

资料来源：东方财富，DINA。

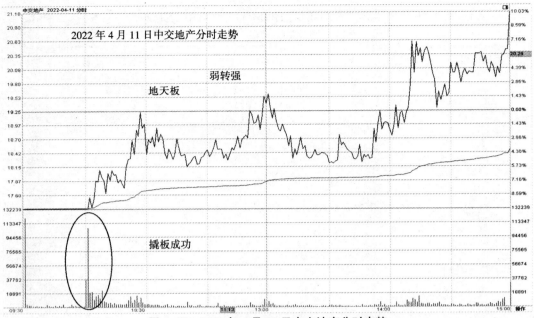

图 3-57　2022 年 4 月 11 日中交地产分时走势

资料来源：通达信，DINA。

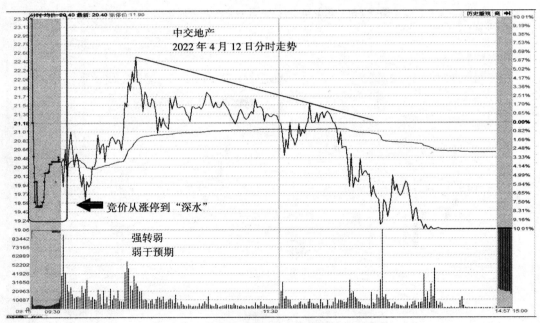

图 3-58　2022 年 4 月 12 日中交地产分时走势

资料来源：同花顺，DINA。

陈小群在中交地产上的第二波操作是 2022 年 4 月 13 日"反核"买入 8604 万元，持有三天大赚 40% 左右后，4 月 18 日卖出（见图 3-59）。

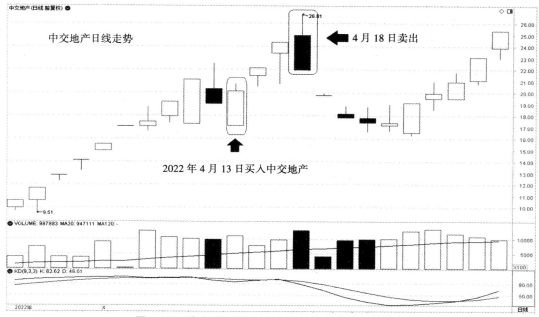

图 3-59 陈小群 2022 年在中交地产上的第二波操作
资料来源：通达信，DINA。

从周期角度来看，平均股价指数 2022 年 4 月 13 日处在下降趋势中，但是震荡指针处在超卖区域几天了，下跌动量有钝化，短期有企稳迹象（见图 3-60），指数

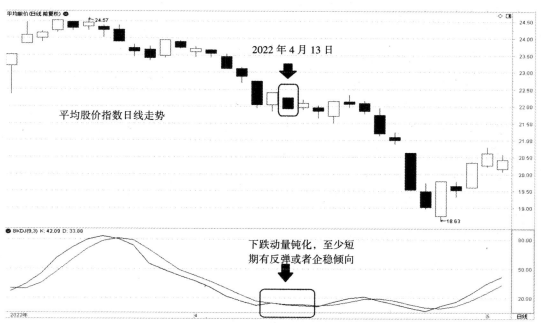

图 3-60 平均股价指数 2022 年 4 月 13 日所处位置
资料来源：通达信，DINA。

周期短期内不会步入主跌阶段，这就是短线良机。

2022 年 4 月 13 日上涨家数全天低于 1500 家，处于情绪冰点，又是高手进场的时机了（见图 3-61）。

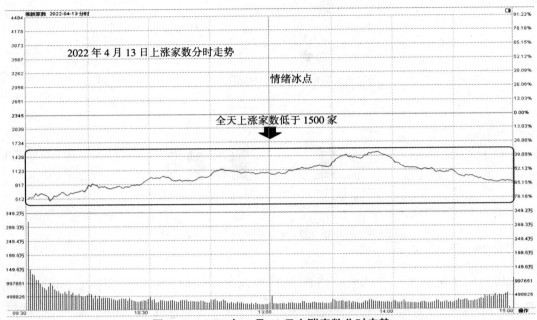

图 3-61　2022 年 4 月 13 日上涨家数分时走势

资料来源：通达信，DINA。

从中交地产的日线结构来看，作为补涨龙或者新龙头，在 2022 年 4 月 12 日出现了"龙头首阴"（见图 3-62）。陈小群怎么说的？"**龙头首阴大概率反包，但也要看市场。**"

于是，陈小群在"龙头首阴"次日，也就是 4 月 13 日，当时情绪冰点，在中交地产开盘跌停的时候买入（见图 3-63）。

为什么他又会选择在 4 月 18 日卖出中交地产呢？当日中交地产早盘就炸板了，然后一路下跌（见图 3-64）。与大盘比较起来，也明显更弱（见图 3-65）。房地产开发板块指数也处于显著弱势（见图 3-66 和图 3-67）。

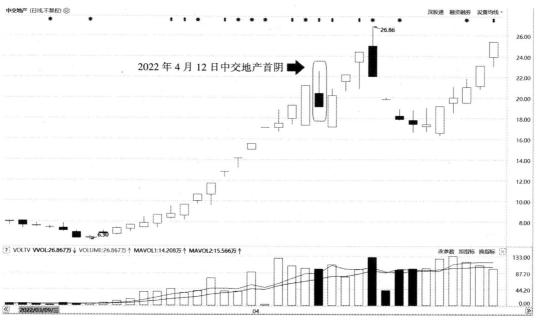

图 3-62　中交地产 2022 年 4 月 12 日"龙头首阴"

资料来源：东方财富，DINA。

图 3-63　2022 年 4 月 13 日中交地产分时走势

资料来源：同花顺，DINA。

图 3-64　2022 年 4 月 18 日中交地产分时走势
资料来源：同花顺，DINA。

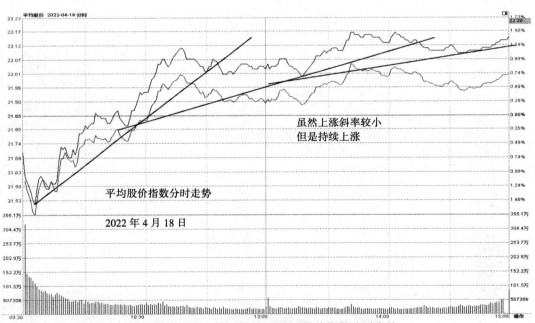

图 3-65　2022 年 4 月 18 日平均股价指数分时走势
资料来源：通达信，DINA。

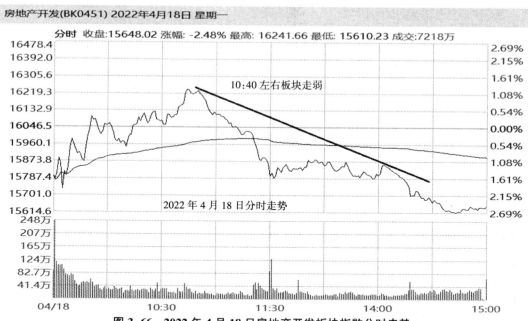

图 3-66　2022 年 4 月 18 日房地产开发板块指数分时走势

资料来源：东方财富，DINA。

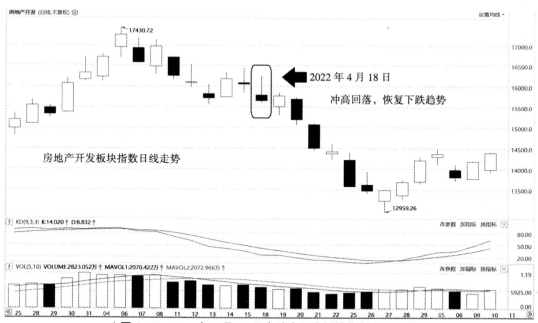

图 3-67　2022 年 4 月 18 日房地产开发板块指数所处位置

资料来源：东方财富，DINA。

第四课

一年半150倍："榜中榜"的思维和盘口技术解读

题材是第一生产力。

【人物简介·"榜中榜"】

"榜中榜"，80后，浙江宁波人。2010年，拿着仅有的1万元去证券公司开了户，开始了他的职业炒股生涯。屡战屡败，参加炒股比赛经常都垫底。此后，发愤图强，专心致志，除了吃饭和休息，每天的全部时间都用来研究股票，一天至少10小时。经过2012年和2013年两年的刻苦研究，终于在2014年初完善出一个可以盈利的基本交易系统。此后，他的账户持续增长，从2014年1月的10万元，只花了18个月就做到1000万元以上，加上期间零散取出的资金，实际复利近150倍。

【"榜中榜"的经典语录·逻辑】

➤ 选热点中的热点，紧跟热点，财富离你不远！

➤ 在中国，成长为一路游资最快最有用的方法是牢牢地搞定全新题材和超级题材，啥也别说。哪怕是错了，只要止损就行。如果对了，你就发大财。

➤ 题材面永远大于技术面，技术面更多的只是辅助作用！

➢ 股票真正的大核心还是理解力。理解力透彻了无须打板。

➢ 股票上涨的时候，也要分辨题材是不是有真材实料。

➢ **选股需要强大的信息面，复盘、盘前、盘中，每天那是必需的。** 选股正确了，那也就成功了一半。功力到了水到渠成。若还不成功，那还需要更加努力继续深入市场理解领悟。学习实践，不断地重复。任何人都没有不二法则，除了学习和深入。

➢ 题材是第一生产力。喜新厌旧，是人的原始本性。题材、形态、人气、小盘、低价，属性种类越多，积累起来的威力越大。牛股和妖股都具备以上这些性质或者更强的稀缺属性。

➢ 理解力、领悟力、心法，才是真正的境界。

【"榜中榜"的经典语录·周期】

➢ 牛市任何利空都是利好，熊市任何利好都是利空。

➢ **看重市场情绪！技术为辅！**

➢ 最近大亏的朋友，其实是对市场不够敬畏，市场早已经走坏，这个大家心里都有数，尤其是强行去做高位空间板的朋友，错了就是-15%起步，对了可能小肉，盈亏完全不成正比。但是，很多人就会抱有侥幸心理，期待自己做的那个是所谓的穿越龙。但是，你怎么知道你就是那个幸运儿呢？侥幸心理，趋利避害，是大多数人的弱点，想要成功必须克服！

➢ **行情好时多做，行情不好少做，做就做大众情人。其实这句话已经囊括了炒股真谛，或者说是大家苦苦寻找的圣杯！** 有心人多多理解这句话，必有帮助！

【"榜中榜"的经典语录·结构】

➢ 高开就死掉，低开下探则是机会。高开的话，大家拼命地抢，结果主力就顺势出货了。你不给别人上车的机会，别人就会放弃，高位的就会套。只有换手才能

走出来。

➤ 一字板后面 80% 的个股都是下跌, 我有统计过。一字的重组, 手法如同新股模式。所以, 不是任何个股都有胜的概率。一字板开板后 80% 是要亏损的, 只有 20% 才赚。

➤ 我基本用分时是看承接力度! 5 分钟基本是不会去看! 看接单和抛单大致能了解 5 分钟的状态!

➤ 好的买不到, 差的不想买, 那基本上就是一波流。

【"榜中榜" 的经典语录·对手盘思维和资金流向】

➤ **炒股炒的是人性, 赚的是多数人的恐惧。**
➤ 人人看好的, 就要小心高开低走。
➤ 盘子大、基金多, 是硬伤。

【"榜中榜" 的经典语录·买卖点和操作手法】

➤ 打涨停无非是为了更加确定。达到一定的境界之后已经没有固定的模式了。
➤ 按性格属性和时间精力来决定自己的模式。
➤ 多选题不如单选题! 一击命中, 强于多点开花! 狙击手的杀伤力和安全性永远都是最强的! **多选会造就你优柔寡断, 甚至判断和执行力的弱化和退化! 对自己的升级和进化没好处!**
➤ 每天盘前选 1 到 10 只, 开盘选 1 到 10 只, 总数最好不超过 30 只。然后再近些选择优选淘汰删除, 最后 1 到 5 个标。**选的票要贴近市场口味, 要揣测民众的心理, 股票经过技术面、题材面和心理面的快速分析, 最后就是快速决定是上还是不上。** 时间节奏上要加快频率, 别慢吞吞地思考。"买了再思考", 很多时候我就是这个状态, 容不得你思考, 那时候完全靠感觉。看运气和人品。能不能开花结果只能让市场去判断了。

【"榜中榜"的经典语录·风险控制和仓位管理】

➤ 你可以打板可以低吸也可以追涨。当然，方向错了，止损就是生命线，看你割不割。

➤ 融资是把双刃剑！遇牛御风而飞！遇熊血本无归！心态平和，无须贪婪，是你的终究是你的。不要把融资搞成一种习惯，一种贪婪的习惯。

➤ 如果没有高的成功率，超短就是绞肉机。

➤ 小资金要满要狠，快速复利不二法则！全仓的风险，不是割肉止损，唯一的风险就是停牌被关！

➤ 小资金的成长不是分仓和资金管理能左右的！资金管理是出于大资金的考虑，要考虑进出的单票容纳率。

➤ 稳定不是分仓能解决的！稳定的另一层含义是暴利的复利，而且是恐怖系数的代名词。把稳定用在分仓和资金管理上，显然是太委屈"稳定"这个词了。

➤ 迅速调整心态，输钱不输节奏，回撤就是操作中一个小浪花。

➤ 平和心态无须贪婪，是你的终究是你的。不追求一时暴利，只希望永恒稳定。

➤ 不要有任何赌博的心态，特别是借钱，自己有能力一样可以复利，心态好才是最重要。你每次都融资借钱，赚了还好，亏了呢？股市永远不可能一帆风顺的。万一遇到熊市你就爆仓的份，还钱都不够。你为什么非要融资借款无形中再给自己压力，炒股养家最初的时候就是从 10 多万元做起变成后来的千万元级别超级大户。

【"榜中榜"的经典语录·市场进化和修炼进阶】

➤ 炒手不是天生神力的，都是后天打磨而成，即使你在比赛中是最后一名，要坚信穷小子可以逆袭！丑小鸭也能变成白天鹅！

➤ 如果你没有强大的能力，建议不要全职业。对于职业人，首先你要判断自己真的有能力持续不断地复利。牛市也赚，熊市也赚。必须要保证有持续能力，这是

根本。而且大牛大熊都要经历过，必须要经历惨痛的教训，首先从小资金开始训练，如果像 2011 年和 2012 年这样的弱势，你也要能做到至少 1 年 5 倍的收益。

➤ **短线理念不复杂，就是在强势股里找机会**。先理解，再印证。小资金短期翻倍就是一次很好的印证，有了成功的经历和经验。剩下的就是不断地复制。看似偶然运气里面，总结出必然。

➤ 拿住牛股需要一颗强大的心。

➤ 研究过众多前辈的帖子，但最终让爆发的，还是靠自己长期的积累。

➤ 你要成为强者！必须自立自强！学会独立思考！学会综合审视！自己强才是真的强！

➤ 依附！原本就是炒股大忌！你不能改变它的属性！它必将会改变你！是你越来越弱！越来越没信心！恶性循环！

➤ 弱肉强食！任何高手大神绝对不会把核心机密举手供上！也别想着淘股吧能改变你的一生！

➤ **自己不改变，谁都改变不了你**！只能靠自己，别人帮不了你！

➤ 我是个小兵，修炼、升级、打怪兽。未来之路很漫长，无德无能。

➤ 适合生存的就留下来，不适合趁早脱离这苦海。用尽了 12 分的努力，你尽力了，已经没有遗憾了。天意不可违。

➤ 境界的提升！是永远不给自己后路！逼迫！强势逼迫！发展自己更大的潜能！

➤ 重复、重复、再重复，循环，境界就高了，一招鲜吃遍天。

➤ 如果在游戏中的角色，我更属于皮糙肉厚、充满战斗力的狂战士之流。如果换练级，我属于每日每夜升级的修行者！

➤ 任何人，包括我，都不能帮到你，记住，无论是大师、高手、Boss 都是虚幻，自己才能帮自己，自己才能解救自己。

➤ 高手大佬的话很多都不要太入心，好坏是非自己要过滤。

➤ 能力代表一切，熊市人家亏你至少要赚，牛市人家赚你至少要比别人赚得更多。如果你有这样的能力你就职业。不要偶尔地暴赚了一票就觉得自己非常有能力。

➤ 月均 20%，4 年内如果本金 10 万元你就可以达到 1 亿元以上。

【"榜中榜"的思维架构和交易解读】

在本小节，我们将介绍"榜中榜"的几个真实交易案例，在这些案例当中我们力图扼要呈现当时的格局和玩家背景，以及交易者本身的思维架构，以便大家能够从中获得具体交易思路和操作手法上的启发。"榜中榜"对于操作的具体手法谈得不多。虽然他也看了不少游资前辈的心得体会与语录，但是他认为真正的东西还是要靠自己去体悟和总结，靠自己去用心打磨。所以，我们只能从他的具体操作中找到一些线索。

【"榜中榜"案例 1·上海电气】

我们来看"榜中榜"的第一个操作案例，2015 年 4 月的上海电气（见图 4–1）。他在 2015 年 4 月 22 日买入上海电气，在 4 月 23 日卖出上海电气。

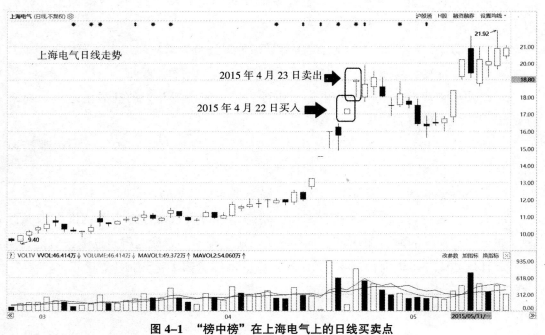

图 4-1 "榜中榜"在上海电气上的日线买卖点

资料来源：东方财富，DINA。

那么，他在当时介入上海电气的周期背景是什么呢？从指数周期来看（见图4-2），以平均股价指数日线走势为基准衡量，2015年4月22日之前正处在上升趋势的一个阶段性调整结束后。具体来讲，以2015年2月10日的低点A和3月9日的低点B绘制上升趋势线，指数仍旧在此趋势线之上，且刚完成一个小调整后出现上涨修复。

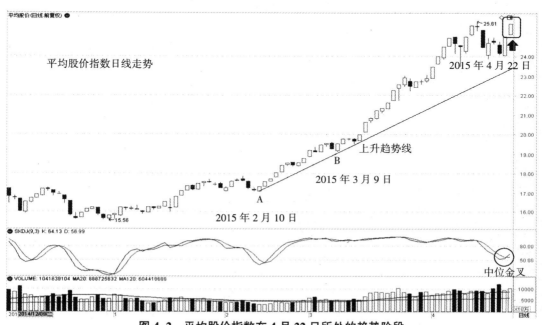

图4-2 平均股价指数在4月22日所处的趋势阶段
资料来源：通达信，DINA。

在买入当日，指数仍旧延续前一日的涨势（见图4-3）。因此，从指数周期来看，上涨趋势仍旧有效。**至少要求没有处于主跌阶段，这是最基本的短线风险控制要求。**

接着来看当时的市场情绪，也就是情绪周期所处的阶段。2015年4月21日上涨2217家，下跌只有109家，市场情绪明显有点亢奋了（见图4-4）。次日，也就是"榜中榜"买入上海电气的当日，4月22日，上涨家数为2214家，下跌家数114家，但是没有跌停，市场延续亢奋（见图4-5）。再往后一天，也就是4月23日，上涨家数下降到了1334家，但是下跌陡增到了989家（见图4-6）。从情绪周期上来看，"榜中榜"在情绪高点附近的4月22日买入，在情绪低点附近的4月23日卖出，这笔交易在情绪节奏上还是差了一些，否则赔率应该更高。

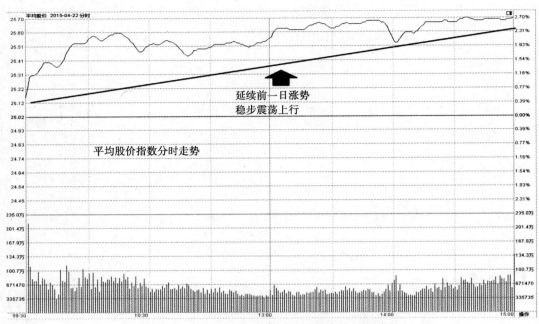

图 4–3　2015 年 4 月 22 日平均股价指数分时走势

资料来源：通达信，DINA。

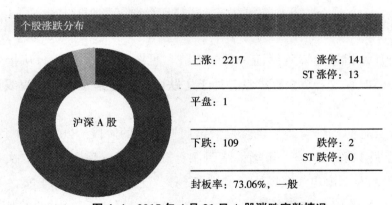

个股涨跌分布		
上涨：2217	涨停：141	
	ST 涨停：13	
平盘：1		
下跌：109	跌停：2	
	ST 跌停：0	

沪深 A 股

封板率：73.06%，一般

图 4–4　2015 年 4 月 21 日 A 股涨跌家数情况

资料来源：TGB 湖南人。

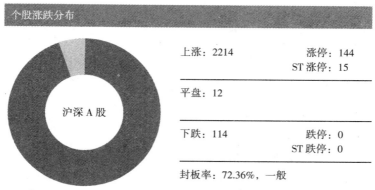

个股涨跌分布

上涨：2214	涨停：144
	ST 涨停：15
平盘：12	
下跌：114	跌停：0
	ST 跌停：0

封板率：72.36%，一般

图 4-5　2015 年 4 月 22 日 A 股涨跌家数情况

资料来源：TGB 湖南人。

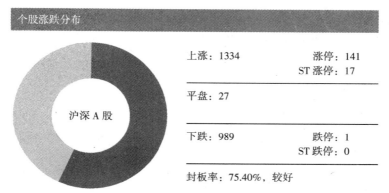

个股涨跌分布

上涨：1334	涨停：141
	ST 涨停：17
平盘：27	
下跌：989	跌停：1
	ST 跌停：0

封板率：75.40%，较好

图 4-6　2015 年 4 月 23 日 A 股涨跌家数情况

资料来源：TGB 湖南人。

那么，当时买入上海电气的逻辑是什么呢？2015 年 4 月 16 日巴基斯坦外交部发言人阿莎姆对媒体表示，中国国家主席习近平应巴基斯坦总统和总理的邀请，将于 4 月 20 日至 21 日对该国进行国事访问。其间，**中巴预计将签署涉及能源和基建领域的总价值 460 亿美元的协议。陪同到访的还有一个中国高层代表团。在访问期间，中巴两国还会就能源、基建设施、人员交流及促进彼此外交和文化交流等领域签署一系列的协议和备忘录。习近平主席出访是 A 股一条焦点投资线索，新年首个重头戏即是将要展开访巴之行。**其间，两国领导预计将为"中巴经济走廊"、瓜达尔港等项目共同揭幕。作为"一带一路"倡议的重要项目，中巴走廊含有不少短期就计划完工的早收项目。上海电气明显将受益于中巴核电合作，因为此前就为卡拉奇项目二期提供相关的核岛主设备，另外巴基斯坦 Engro 煤炭开采公司有意与上海电气成立合资公司。巴基斯坦 1100MW 恰希玛核电五期项目（C5 项目）是此次中

巴将签署的合约之一。因此，这条逻辑其实在 4 月 15 日就开始发酵了，等到"榜中榜"买入上海电气的时候，**在逻辑发酵进程上已经属于兑现后期了。**这单有点情绪和技术博弈的味道，胜率和赔率有待商榷。

指数周期支持买入，情绪周期上节奏没踩准，逻辑上追得有点晚。那么技术结构上如何呢？2015 年 4 月 16 日逻辑开始发酵，当日上海电气涨停，这是第一个涨停板。接下来的 4 月 17 日星期五和 4 月 20 日星期一，接连涨停。这就是三个连板了。整个国事访问是从 4 月 20 日持续到 21 日，21 日上海电气收阴线，利好阶段性兑现的意味非常明显（见图 4-7）。因此，从情绪周期和逻辑发酵来看，次日 4 月 22 日买入的胜率和赔率都不会高。**只是从纯技术的角度来看，"三板后首阴"是比较好的买入窗口。**为什么呢？三板往往被视为一个龙头的特征之一，而此之后的首次分歧则是比较好的上车时机，后面会有较大的涨幅。但是，这是纯结构的观点，比较机械和死板，如果没有周期和逻辑的迭加支持，那么溢价不会太高，后面的表现确实如此。

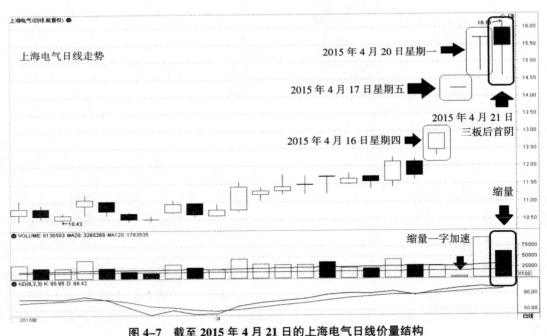

图 4-7　截至 2015 年 4 月 21 日的上海电气日线价量结构
资料来源：通达信，DINA。

4 月 21 日这天上海电气的分时走势，跌到前日最低点附近后有较强的承接，那就是底部放量（见图 4-8）。这点"榜中榜"也比较重视，他强调过："我基本用分

时是看承接力度！"从上海电气这个例子来看，首次分歧时下方承接比较有力，这就是提升了次日买入后的胜率。

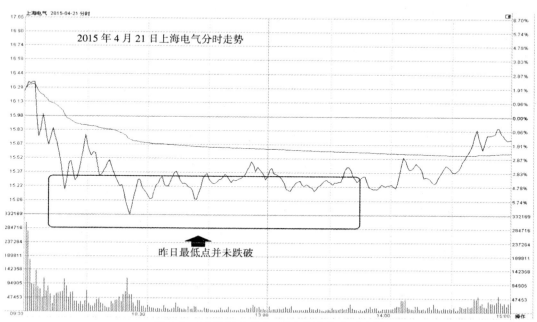

图4-8　2015年4月21日上海电气分时走势

资料来源：通达信，DINA。

　　2015年4月22日竞价高开，这就是竞价弱转强。毕竟前一日还是下跌的，今天高开8.21%，强势人气股竞价弱转强，这应该就是"榜中榜"当日买入上海电气的关键理由之一（见图4-9）。

　　从日在线来看，2015年4月22日当天大幅跳空高开，这就是超越了（见图4-10），当然这仅仅是结构，只靠结构如果有效的话，也不用考虑情绪和逻辑了。但事实上，"榜中榜"自己也强调**"看重市场情绪！技术为辅！"**技术是情绪的载体，技术本身不能决定成败！

　　买入后次日，也就是2015年4月23日，上海电气竞价高开后回落，放量上冲后却没有封板，此后就是无力地围绕分时均线波动（见图4-11）。

　　从日线价量结构来看，2015年4月17日是第一次缩量加速，而4月22日是第二次缩量加速。从**概率来讲，第二次缩量加速之后，风险就比较高了**。从分歧和一致转换的角度来看，4月17日星期五到4月20日星期一是"一致转分歧"；4月21日到22日是"分歧转一致"，这是短线上车点；4月22~23日是"一致转分歧"，

165

这是**第二次分歧**了，所以是短线下车点（见图 4-12）。因此，"榜中榜"在当日选择了卖出。当然，也有反复多次分歧后延续上涨的，为什么这波上海电气上涨不能

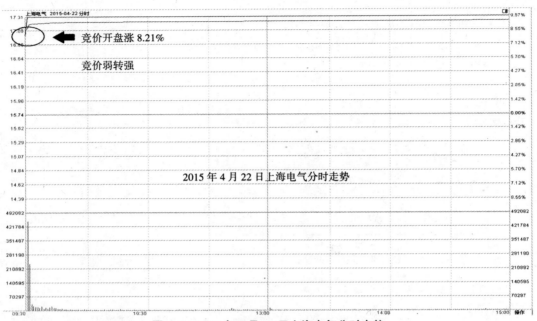

竞价开盘涨 8.21%

竞价弱转强

2015 年 4 月 22 日上海电气分时走势

图 4-9　2015 年 4 月 22 日上海电气分时走势

资料来源：通达信，DINA。

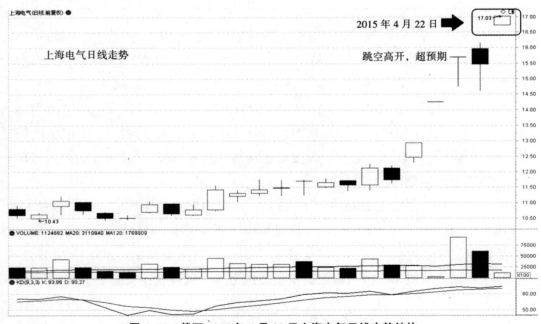

上海电气日线走势

2015 年 4 月 22 日

跳空高开，超预期

图 4-10　截至 2015 年 4 月 22 日上海电气日线走势结构

资料来源：通达信，DINA。

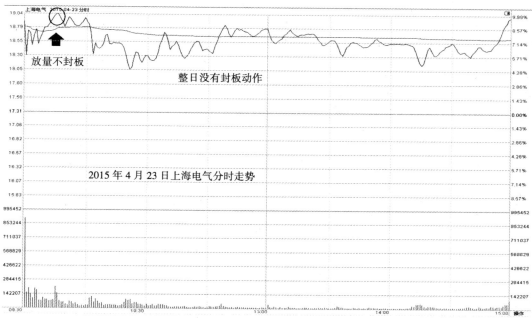

图 4-11 2015 年 4 月 23 日上海电气分时走势
资料来源：通达信，DINA。

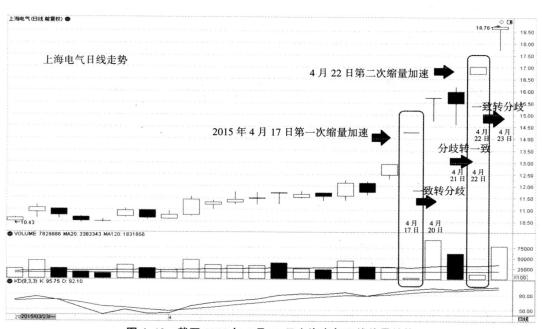

图 4-12 截至 2015 年 4 月 23 日上海电气日线价量结构
资料来源：通达信，DINA。

延续呢？根子还是在前面的情绪和逻辑上。

【"榜中榜" 案例 2·沈阳机床】

我们来看"榜中榜"的第二个操作案例——沈阳机床。他在 2015 年 4 月 28 日买入沈阳机床，在 4 月 29 日卖出（见图 4-13）。

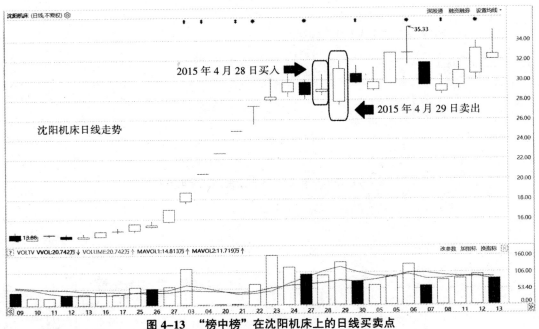

图 4-13 "榜中榜"在沈阳机床上的日线买卖点

资料来源：东方财富，DINA。

我们先从周期的角度看买入点前一日大盘指数日线所处的阶段和位置。我们还是以平均股价指数作为观察指数周期的常用工具，当然你也可以利用上证指数或者沪深 300 指数，等等。

它们之间有些区别，因此需要根据你操作的风格来选择恰当的指数周期载体。以 2015 年 2 月 10 日低点 A 和 3 月 9 日低点 B 绘制上升趋势线，2015 年 4 月 27 日的平均股价 K 线仍旧在上升趋势线之上不太远处。4 月 28 日"榜中榜"入场当天，大盘显著下跌，结合后面的情绪周期来看，是一个情绪冰点或者说大众恐慌日（见图 4-14）。

沈阳机床属于高端装备板块，这个板块当时持续上涨，是主线之一（见图 4-15）。在"榜中榜"介入当中出现了大跌。在上升趋势中，出现大阴线，则博弈次

日资金回流和修复是比较常见的短线策略。

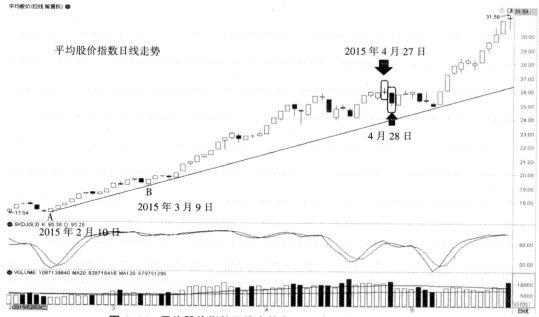

图 4-14 平均股价指数日线走势在 2015 年 4 月 27 日所处阶段

资料来源：通达信，DINA。

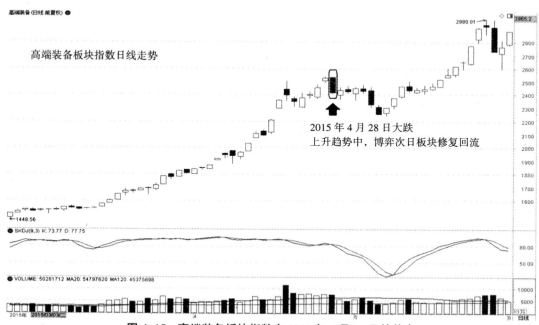

图 4-15 高端装备板块指数在 2015 年 4 月 28 日的状态

资料来源：通达信，DINA。

从指数周期和主线周期来看，2015 年 4 月 26 日上涨家数 969 家，下跌家数 1379 家，涨停 127 家，没有跌停个股（见图 4-16），情绪表现一般，中间水平稍差。

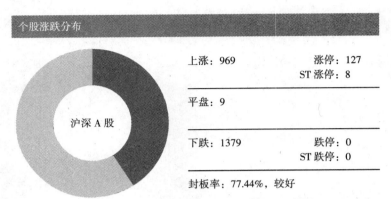

个股涨跌分布		
上涨：969	涨停：127	
	ST 涨停：8	
平盘：9		
下跌：1379	跌停：0	
	ST 跌停：0	
封板率：77.44%，较好		

沪深 A 股

图 4-16　2015 年 4 月 26 日 A 股涨跌家数情况

资料来源：TGB 湖南人。

2015 年 4 月 27 日上涨家数增加到了 1405 家，下跌家数减少到了 925 家（见图 4-17），中间水平稍好。

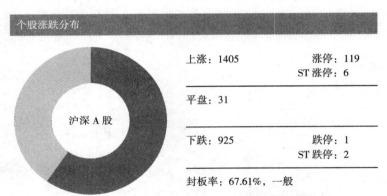

个股涨跌分布		
上涨：1405	涨停：119	
	ST 涨停：6	
平盘：31		
下跌：925	跌停：1	
	ST 跌停：2	
封板率：67.61%，一般		

沪深 A 股

图 4-17　2015 年 4 月 27 日 A 股涨跌家数情况

资料来源：TGB 湖南人。

到了 4 月 28 日，上涨家数只有 391 家，下跌家数高达 1970 家，但是人气股应该表现不错，因为还是有 97 家涨停（见图 4-18）。"榜中榜"有一句精辟的话——**"炒股炒的是人性，赚的是多数人的恐惧。"**如何确定多数人恐惧了呢？"榜中榜"没有明确地说，我们来告诉大家吧，**"情绪冰点"就是多数人恐惧的最灵敏风向标。**而 4 月 28 日这天就是情绪冰点，当然也是买入点，这就是多数人给少数人赚钱机会的节点了。"榜中榜"就在冰点日 4 月 28 日买入了当时的人气股沈阳机床。

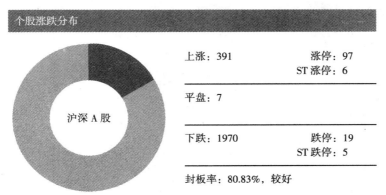

个股涨跌分布

| 上涨：391 | 涨停：97 |
| | ST 涨停：6 |

平盘：7

| 下跌：1970 | 跌停：19 |
| | ST 跌停：5 |

封板率：80.83%，较好

图 4-18　2015 年 4 月 28 日 A 股涨跌家数情况

资料来源：TGB 湖南人。

从指数周期、主线周期和情绪周期来看，4 月 28 日是一个比较不错的短线买股窗口。那么，当时的逻辑格局如何呢？2015 年 4 月 27 日知情人士向《经济参考报》记者透露，由四部委联合起草的《中国制造 2025》已于近期上报国务院，有望于近期正式公布。《中国制造 2025》提出了 9 大任务、10 大重点发展领域和 5 项重点工程。其中，10 大重点发展领域包括新一代信息通信技术产业、**高档数控机床**和机器人、生物医药等；5 项重点工程则包括此前被外界寄予厚望的智能制造。这个逻辑从 4 月 27 日开始发酵，而且是多部委层级的，比较高，与国家大战略相契合，因此效力还是有保证的。

周期和逻辑都分析了，那么结构呢？当时沈阳机床已经一波流上涨了一段时间了，而 4 月 27 日是首次分歧，或者说调整（见图 4-19）。发现"榜中榜"操作的大部分买点规律没有？一波行情的首根阴 K 线出现后买入，这就是"榜中榜"习惯的策略，后面的次新首开板也是同样的原理。**人气强势股首次分歧后买入，修复后卖出**，这就是"榜中榜"的一招鲜，他自己强调："重复、重复、再重复，循环，境界就高了，一招鲜吃遍天。"

分歧次日，也就是 4 月 28 日，"榜中榜"进场买入沈阳机床，早盘有一波冲高，失败后步入弱势震荡（见图 4-20），给人的第一个感觉就是分歧转一致的力度不及预期。这就给次日离场提供了一些理由。

次日，虽然上板反包了前两次 K 线，但是炸板后长时间未能回封直到尾盘（见图 4-21），"榜中榜"卖出沈阳机床。

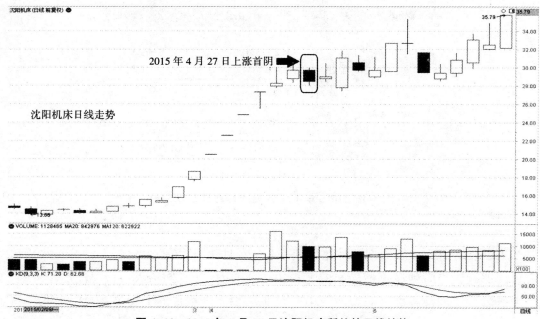

图 4-19　2015 年 4 月 27 日沈阳机床所处的日线结构

资料来源：通达信，DINA。

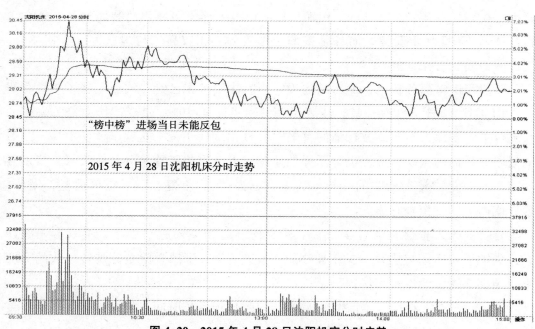

图 4-20　2015 年 4 月 28 日沈阳机床分时走势

资料来源：通达信，DINA。

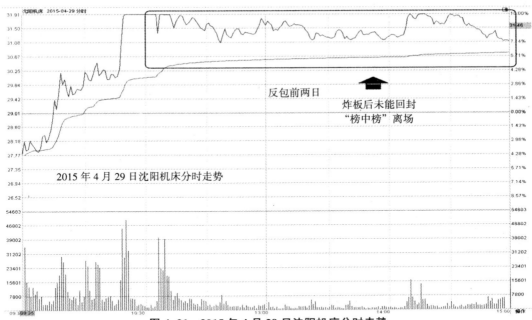

图4-21 2015年4月29日沈阳机床分时走势

资料来源：通达信，DINA。

【"榜中榜"案例3·歌力思】

此后在歌力思上的操作要更加精彩一些，因为其赔率显著高了很，赚了20多个点。"榜中榜"于2015年4月29日买入了歌力思，然后在5月4日卖出（见图4-22）。

我们先来看当时的周期背景。平均股价指数在2015年3月13日形成低点A，在4月21日形成低点B，以A点和B点绘制上升趋势线。4月28日指数大跌，最低点临近上升趋势线，意味着支撑有效，上个案例已经提到了4月28日当日是情绪冰点（见图4-18）。次日，也就是"榜中榜"介入歌力思的4月29日，平均股价指数开盘再次验证支撑有效（见图4-23）。

再来看买入点前一日的次新股板块指数日线所处位置（见图4-24），2015年3月开始，次新股板块处于稳步上涨状态，间或有一日或者两日调整，都是买入机会。2015年4月28日出现了显著调整，那么博弈次日修复是胜率较高的动作。

从技术结构来看，2015年4月29日的歌力思是上市后首次分歧或者说开板（见图4-25）。"榜中榜"并不是无脑地上连续一字板后的开板个股，他强调："一字板后面80%的个股都是下跌，我有统计过……所以，不是任何个股都有胜的概率。

一字板开板后 80% 是要亏损的，只有 20% 才赚。"那段时间，出现了首次开板后又涨了十几个板的次新股，所以那样的氛围下，一字开板次新股的胜率和赔率都是比

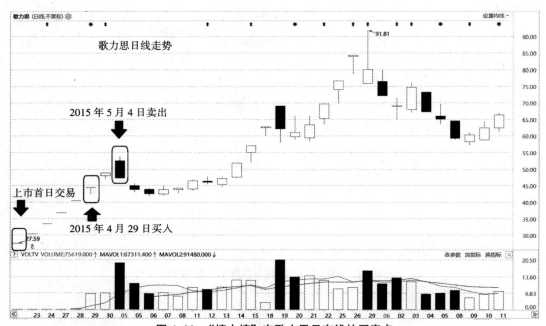

图 4-22　"榜中榜"在歌力思日在线的买卖点
资料来源：东方财富，DINA。

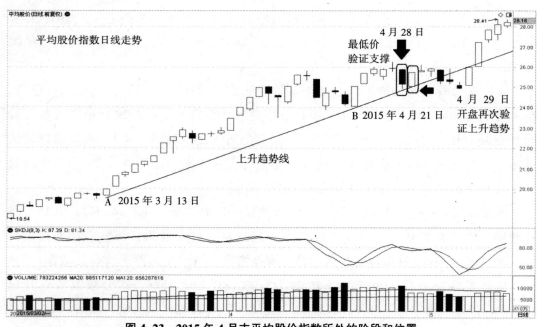

图 4-23　2015 年 4 月末平均股价指数所处的阶段和位置
资料来源：通达信，DINA。

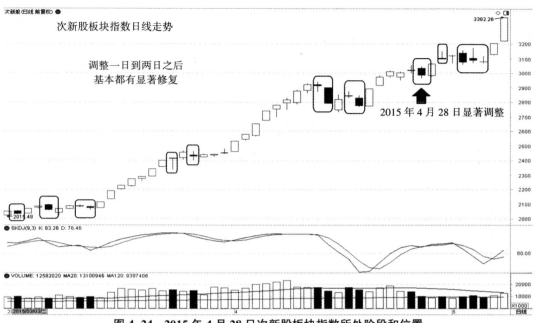

次新股板块指数日线走势

调整一日到两日之后
基本都有显著修复

2015 年 4 月 28 日显著调整

图 4-24　2015 年 4 月 28 日次新股板块指数所处阶段和位置

资料来源：通达信，DINA。

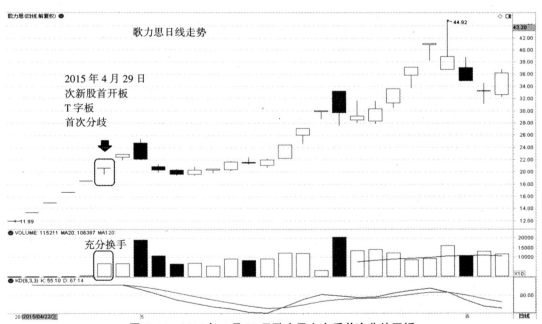

歌力思日线走势

2015 年 4 月 29 日
次新股首开板
T 字板
首次分歧

充分换手

图 4-25　2015 年 4 月 29 日歌力思上市后首次分歧开板

资料来源：通达信，DINA。

较高的。

4 月 29 日首次开板是在开盘后，"榜中榜"当时肯定也是手快买入了（见图 4-26）。

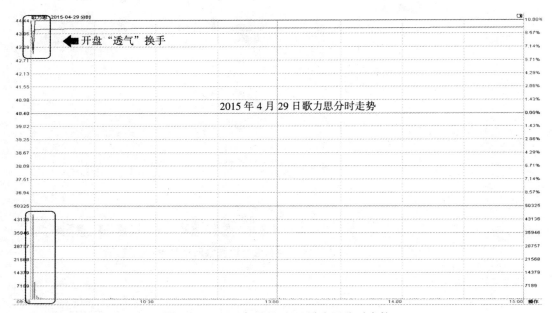

图 4-26 2015 年 4 月 29 日歌力思分时走势

资料来源：通达信，DINA。

5 月 4 日，开盘后冲高回落到分时均线以下，毫无承接力，加上换手率高，所以"榜中榜"选择了卖出（见图 4-27）。从日在线来看，当日的自由流通股换手率超过了 60%，典型的死亡换手率（见图 4-28）。

"榜中榜"的操作主要以"**强势股首次分歧接力**"为主，这是大家最需要去揣摩的手法之一。"92 科比"在主升阶段，也会基于分歧买入，但还是比较接近"龙空龙"哲学，接力一般都是隔日离场，通常不会持有太长时间。

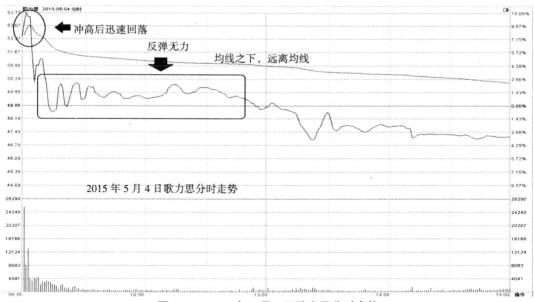

图4-27 2015年5月4日歌力思分时走势

资料来源：通达信，DINA。

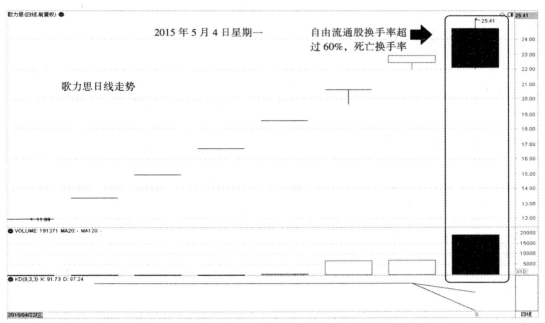

图4-28 2015年5月4日歌力思的死亡换手率与阶段见顶

资料来源：通达信，DINA。

一年 16 倍："令胡冲"的思维和盘口技术解读

市场整体氛围为最重，板块整体攻击强度判断次之，K 线为辅助判断。

【人物简介·"令胡冲"】

"令胡冲"，杭州人，"80 后"，大学工科类专业，其间接触股市。大学毕业后干过两年销售，受前辈龙飞虎影响，很快开始专职炒股，平时喜欢反复翻阅浏览《股票大作手回忆录》。2015 年初到 2016 年初参加公开实盘比赛操作。在 2015 年夏天的暴跌中回撤近 100 万元，历经磨炼终于在 8 月取得"悟道"，收益率大幅度跑赢大盘，50 万元本金增长到了 800 多万元，资金翻了 16 倍，成为 A 股投机江湖中的顶级短线高手，也成了 2015 年网友最感谢的十大"桃县"（淘股吧）大神之一。此后，主要从事天使投资和公益慈善事业。

【"令胡冲"的经典语录·逻辑】

➤ 我是通过市场内部的驱动因素来判断指数的，这就是我平常的那些判断方式，基本天天都在说的。

➤ 看盘是训练你的情绪控制，对贪念和恐惧的控制力，这是上层建筑。而复盘

是考验你的勤奋度，累积对市场的熟悉度，对市场整体有个感知，是基础。两者都重要，你在看盘的时候，很多股票拉升你都不知道炒啥的，这就是复盘不到位了，连基础都没有，上层建筑再好也是白搭。而且盘感的训练，是看盘和复盘同时作用的结果，缺一不可。简洁点说，就是对市场 2000 多只个股基本面了如指掌，我对市场大概 2000 只左右的股票都非常熟悉，看名字就知道代码和基本面情况，无须去到处翻。然后每天坚持复盘看看哪类个股最近赚钱效应好，也就是走势最强最连贯，这些个股就是目标。当然，现在的市场资金如狼似虎，你得有超前的反应，超前很多是大赚，超前一步也能赚，后知后觉就买单，这涉及长期看盘复盘培养出的盘感，这种东西没什么具体理论可以说明，就是一种潜意识里的感觉，甚至是条件反射。我自选股里是各大板块指数和近期活跃板块龙头股，人气股，这就是盘前选的个股，不一定买，但一定得关注动向。

➤ 讲究个股题材热点，都是追打强势股，有时候是半路扫板。

➤ 突发消息只能改变市场很短的走势，最终市场还是回归到自己本该有的运行路线。

➤ 我说的基本面是指板块题材，股性等综合因素，你对个股的熟悉度增加时，操作起来自然更灵便。

【"令胡冲"的经典语录·周期】

➤ 市场整体氛围为最重，板块整体攻击强度判断次之，K 线为辅助判断。对于个股，我只看日 K 线。对于指数，偶尔会翻一下小周期大周期的 K 线，昨日涨停板的赚钱效应。如果昨天涨停今天闷杀，说明大盘赚钱效应太差，应束手待变。

➤ 首先，得明白，不是为了打板而打板，如果看到板的股就去打，牛市还可能维持收益，熊市是彻底的爆亏。那什么情况下打板，对我个人而言，按照重要程度排序是这样的：第一，市场氛围。这是重中之重，如果跌幅榜上躺着众多跌停或者大跌 5% 以上的个股，意味着市场氛围很差，大环境不好，这时候要小心，不轻易出手，尽量等尾盘。而且，得站队正确，要对明日的炒作方向有个初步预期，是主板还是小盘？我也经常站错队，不断地自我优化吧。第二，个股的人气，股性。也就是近期经常有过涨停，第二天还能不闷杀的股，这类股有人气聚集，市场氛围不差时大幅启动，都可以考虑。第三，趋势。有时候尾盘没什么人气板打了，还有资金，则可以考虑冷门个股趋势板，这类股最好有极其连贯的趋势，若有特殊的基本面亮点更佳。打板的时机，完全凭感觉，一般是直接往涨停上去扫，有时候是个股开板了或者快要开板了我直接挂涨停去买。有时候因为反应慢，尾盘才判断出市场无碍，而且对明日早盘的预期是好的，就去尾盘买几个烂板，勉强封住的那种。

➢ 市场每个阶段的第一次暴利行情，都没参与到，但是第二次机会再来时，一定会有我。股灾第一波我也吃到大半跌幅，而后面的第二波股灾和千股跌停，我都躲过了大半。积极向市场现学的，**每个阶段的行情深度和手法都会有差异，不变的是炒作方式**。在阶段行情里，深刻理解后简单地复制就是极好的操作模式。大盘超跌，看赚钱效应，做相关个股；日常操作，选最强板块做强股。

➢ 捕捉龙头很复杂，把握一个本质，人气龙头的涨升幅度很关键，这决定了对补涨股的刺激程度。会存在抢龙头的情况，但人气龙头最终还是最能折腾的。除非是市场非常强，板块深度志在高远，会出现换龙头阶段轮流强攻，像曾经的稀土行情，这两年的互联网金融行情都是如此。在弱势中，人气龙头倒下后，补涨龙头通常幅度也没多少了。

➢ 市场氛围不好，冷门板挂掉的概率很大。市场氛围好的时候可能会封住，所以尽量不打冷门板。

➢ 当日的涨停都放到一个板块中，次日观察其赚钱效应，也挑选主要备选股票，每个交易日更换一次。如果一定要买股，对我来说首选是这种最强的。至于明天如何，让市场来判定吧，我既然买入当然是看多，就看市场是否认同了。自己挑出来区分近期活跃的板块中的活跃个股，不定期地更换，以当前市场为准。

➢ **我复盘主要是看昨天的涨停板今天的赚钱效应**，哪一类涨停股次日有肉，哪一类股持续有肉，今天买进的人明天能出，明天买进的人后天可以出，这就是持续的赚钱效应，这类股中最强的那个板块是人气板块。反之，今天涨停的明日闷杀，或者跑路的时间不多，机会很少，那么你就得小心这类股了。这就是盘感，自己长期复盘和市场天天对话的结果，而不是看别人帖子的结果。

➢ 你得重视"趋势"二字，当趋势转折时，别去接飞刀，别幻想什么回调来第二波，宁愿第二波趋势起来时再去追。

➢ 希望大家主动地去问市场要答案，今天这个板块热，问我明天怎么看，我不知道的，但是明天市场肯定会给你答案。或许你赚不到这次的钱，但对于下次下下次你就有经验了。当天大热板块次日的走法有很多种，什么市场氛围下是怎么样都是有区别的。强势市场中相对判断成功率高，弱势市场中判断的成功率就低很多了。

➤ **龙头股补跌之后大盘才可能见底。**这个逻辑内在本质是市场的两个基本规律：强者恒强与物极必反。**一波行情的最强者总是最后倒下的，而当最强者倒下时，说明市场已经烂到了毫无生气的地步，也就说明市场接近物极必反的临界了。**

➤ **人气龙头的涨升幅度很关键，这决定了对补涨股的刺激程度。**会存在抢龙头的情况，但人气龙头最终还是最能折腾的。除非是市场非常强，板块深度志在高远，会出现换龙头阶段轮流强攻，像曾经的稀土行情，这两年的互联网金融行情都是如此。在弱势中，人气龙头倒下后，补涨龙头通常涨幅也没多少了。

➤ 做短线交易那么操心大盘指数做什么，你看整个大环境就行了，做你该做的。

【"令胡冲"的经典语录·结构】

➤ 短期哪种形态赚钱、走势连贯、强势，就去打这类形态。别只看自己手上的股，去看全场最牛的那部分股，再看看自己手上的股是否符合此类，学会变通。

➤ 技术指标方面我除了看 K 线和成交量，其余都不看的，什么分时突破、日线突破不突破这些我都不在意，**我在意的是启动时机和启动时跟风盘如何，回落时承接盘力道。**

➤ 什么是龙头的股性？就是经常涨停，次日极少闷杀的股。

➤ 个股的技术指标分析大多都是滞后的，甚至马后炮的成分居多，也就是事后看起来无比正确，但事前没发生时你还是看不出下一步怎么走。而个股形态上的技术分析意义更大，记住一些经典个股的 K 线形态会有帮助，这是技术分析中的一个本质：历史是会不断重演的。看到一段走势，然后对后面在不同的市况下会发展成哪几种走势了然于胸，这些才是最高级别的技术分析。那些单单刨出一个指标来说怎样怎样的，全是扯淡的，市场好的时候都是神，市场烂了，全都失效，失效后，技术指标又可以让你事后分析觉得太对了。对于个股，指标始终是慢一步的。但对于指数的判断，技术分析还是很有必要也很重要的，这方面波浪理论应该是准确率比较高的一种，也是最难学的一种，我没有研究过，也不会。

➤ 如果做不到对市场内在的东西理解很深，那么就尝试熟记 N 个从前龙头股的主升走势和下跌走势。

➢ K 线图的重要性远大于分时，最近的宽幅震荡行情，分时图分析基本无效。

➢ 如果能做到对很多经典 K 线图形的记忆滚瓜烂熟，单凭这一项技能，再加上稳定的心态和风控，足以在市场立足。

【"令胡冲"的经典语录·对手盘思维和资金流向】

➢ 确定性是指市场确定强势或者某个板块确定强势，且能延续到明天。本质上，涨停不涨停其实无所谓的，只要你能正确判断出延续性，而在涨停制度下，这是显眼的聚集人气的方式。那些表面上的东西，真的不是必要的。

➢ 核心只有一句话：资金是逐利的。换到市场中通俗地说，就是向着最有赚钱效应的地方去。

➢ 资金是逐利的本质永远不变，不断地去理解这句话。术的变更都是细枝末节的，到时候再适应就行了，管那么远做什么。

➢ 区分一下，庄股的操作模式和市场人气股的操作模式完全不一样，**我操作的绝大部分股都不是庄股，都是市场合力对决的结果**，完全以市场为导向，不存在抱大腿跟着主力混什么的。哪些是庄股？哪些不是庄股？**市场上阶段活跃的人气股，大多都不是庄股。**市场在变，顽固不化固执己见的迟早被市场淘汰，哪怕之前你很成功。唯一不变的是市场本质：资金是逐利的。

➢ 前期热门强势股更容易再次走强。这种经验在几个月内都是有效的，人气聚集的板块、曾经有大幅赚钱效应的板块，在一定时间内，人们都不会忘记它的好。

➢ 市场每个时间段热点层出不穷，你得把握住市场最强的最有人气的最核心的那个。

➢ 对于很多涨停股，今天的主力多头或许就是明日的主力空头，因为大部分游资都是做超短的，有了这个前提后，还谈什么拉高？出货？自救？这些词是没有任何逻辑可言的，现在不是庄股时代了，不排除有坐庄的个股，但大部分市场合力股都不是庄股。如果自己对市场的理解方式无数次被市场证明是错误的，你还坚持这个错误的理念的话，得醒醒了。我前面专门有个龙虎榜分析说的就是这个，很多朋友的问题充满了阴谋论，什么拉高出货，什么打压吸筹，我是极度讨厌这种词的，自救实际上是市场救了你，要拉高也是市场拉高符合你的预期，什么乱七八糟的主

力拉高出货。要知道，在市场中生存，你做对了，市场奖励你，做错了，市场惩罚你，全都取决于你对市场预期的提前一步预判。当然，若你有足够粗的大腿，自己去抱吧，我也不反对，我对大腿没兴趣，相信自己，热爱市场的不确定性带来的乐趣。

➢ 龙虎榜显示净买额那么大，为什么还是没有封住涨停板？龙虎榜已然是完整显示，主要是市场不认同，买再多也无用。你可以经常发现买的比卖的多很多却封不住或者买的比卖的少很多却封住了，这两种情况都是正常的。

➢ 很多新手都是主观臆测，脱离市场，没有严格推理逻辑，还总认为自己判断的就是对的，被市场教训无数次还坚持那些没道理的猜测，这样炒股能盈利就怪了。大部分股民的通病，走不出自己，不知道认真地体会一下外面的世界，看盘的时候只看自己的股，复盘的时候还是只看自己的或者自己想买的股，主观。这不是你们的错，这是人性使然。在生活中，也只有少数人可以做到站在别人的角度，**试图站在对方个性的背景下，来为对方思考问题**。

【“令胡冲”的经典语录·买卖点和操作手法】

➢ 盘前选好的不一定会买，大部分都是盘中决定买卖。但前一天的复盘会对第二天的操作造成很大影响。如何在盘中及时发现好的个股呢？就是盘中经常看 5 分钟涨幅榜，总涨幅榜里找股。看盘，要看涨幅榜，跌幅榜，快速涨幅排名，近期活跃板块（这个要自己归类，别用软件自带的）主要个股的整体走势，上证，创小板，银行券商等板块指数，成交量情况。

➢ 我刚开始学打板时，暴亏居多，特别是熊市中，乱打板简直是毁灭性的。幸运的是，我这个人可以被打倒无数次，却始终能渐渐地站起来。于是我不断地总结，纠错，优化，成功率上来时，就理解了：打板虽然错过了大部分利润，**但也过滤掉了自己主观意识上对市场预判错误的风险，完全尊重市场，上板的那一刻是市场合力对其最后确认的那一刻**。

➢ 打板怎么能被理解为表演，竟然会有这种想法。如果能跌的时候买入，最终涨停，不是表演得更精彩吗？为什么打板，我之前说过了。

➢ 超短线操作最长持股不超过 5 天。

➤ 如果可以，尽量打人气板，人气板一般是盘中出现的，每个阶段都有几个人气股。题材，形态这些都没有人气重要。

➤ 不是为了打板而打板，什么大单吃货不吃货，我根本不在乎，现在不是庄股市场，今天的多头或许就是明天的空头。把握大的时候看到点火的就确定了，不等冲板；把握适中的时候就等冲到板的时候观察合力情况，决定上不上，把握小的时候，等涨停刚封时下单去排队，观察市场认同情况，随时准备撤单或者不撤单。

➤ 半路板尽量少打是对的，等到冲板时再上是个过滤风险的过程。半路板我也是偶尔打一个，难度系数极高，特别是对于冷门股，一旦失败就是大亏。如果一定要打半路板，可以考虑在市场龙头股的滚动操作，这一方面我做得不是很好，后续也要改进。

➤ 低开，烂板，这些都不是主要考虑的问题。有时候我哪怕知道很可能是烂板，知道是低开，我也会打。这些是取决于对明天的预期，预期乐观时，主动去打一些烂板又何妨。

➤ 打板的时机，完全凭感觉，一般是直接往涨停上去扫，有时候是个股开板了或者快要开板了我直接挂涨停去买。有时候因为反应慢，尾盘才判断出市场无碍，而且对明日早盘的预期是好的，就去尾盘买几个烂板，勉强封住的那种。我打板的时候，没有八成以上把握我是不会出手的，出手后剩下的交给市场来判定，只有六七成把握的，哪怕涨停了我也不觉得可惜，说到底还是个心态的控制。**一般我关注某个股时，在其5~7个点或许我就已经打好涨停价的委托单子了，就等市场确认的那一刻点确认上板**，至于成交价是多少，无所谓了，你也可以注意到我买股的数字总是有点特别，是因为有时候上板慢了排队时，数字特别的话我就可以知道我的单子排在哪儿。弱势行情打二板，风险极大，强势行情的话，二板、三板、N板，都会去打。你如果看我全部的操作，你会发现，我极少搞半路，只有在我赌市场转折点的时候，我才会去大搞半路。大部分时候，我都是打涨停的。希望大家不要以偏概全，断章取义，我没有想象中那么神。也希望大家看到，我割肉的时候很多，犯错的时候也很多。真正让我稳定盈利的决定性因素是对贪婪和恐惧的控制，有收有放才行。如果要打早盘的板，需要对全天的行情做个细致的预判。有时候早盘半小时内我肯定不会出手，因为没有非常好的准备没有做大致预期，大多大肉的板轮不到我，只能捡后面还可以的板了。

➤ 在我的交易中，早盘的板大多为预判，预判当天的行情没问题。盘中的板跟随居多。当天市场氛围不好时重仓出手也为预判，预判明日会不错。

➤ 早上开盘出现某个热点时，值不值得追，我判断不了，既然判断不了，那么这个板块早盘的龙头钱就不是属于我的，错过也不可惜。好了，这个心态有了，接下来就等市场慢慢走确认时，如果市场的确加强了，很强的那种，盘中一定会有个人气股出现，我的目标就是它，也许抓不到，抓不到的话继续等下个确定性的目标，也不懊恼。这就是整个看盘的心态过程，不主观，不沮丧，不放弃，保持专注。

➤ 盈利符合二八定律，就是二成个股贡献八成利润，八成个股小亏小赢。

➤ 我经常干三个点卖掉涨停追回来，或者涨停卖掉涨停买回来的事。

➤ 冲高不是卖出理由，破均价线也不是卖出理由。卖出理由是，这个板块当时整体由强转弱。

➤ 对我来说没有止损止盈，只有买入和卖出。不稳定的市场，短时间的市场不认同，就选择出局。而转折附近或者强势市场，可选择多持有一阵子。

➤ 从来不事先挂单，要出手时直接买。买股时挂高价格，卖股时挂低价格，确保买入卖出。

➤ 我对卖出是没有任何心理价位的，决定卖出的唯一标准是发现市场不认同了，可能是当日不认同了，也可能是实时不认同大幅走弱了。你如果有这种纠结的话，还有一个解决办法就是分仓。

➤ 一般是直接挂高几毛钱去买，追涨停时是提前挂好涨停价，等市场确认的时候点确定就行了。

➤ **妖股都是接力上去的**，预期不到极限的，极少有人吃全，大多数都是中间参与了一棒，没成妖之前谁也不知道这是妖，都是事后说的了。妖股不是每个你都得去参与，全能赶上，那一年就百倍了，赶上一半也能几十倍了。妖股的走势是市场的榜样，是学习的最佳范本。我在这方面理解还不够，也是在学习总结，两点建议：第一，永远保持要捉到下一个妖股的心。第二，如果没抓到，也不沮丧，做好自己的交易，然后参见第一条。

➤ 弱势市场中，还去追跟风的，一般是基于两个预判：第一，这是市场唯一一个人气热点，但预判市场并不至于差到很烂的程度，这个板块还可持续。第二，预期市场将在今天见到近期下跌的转折点，而这个很可能是转折的热点。

➤ 超短卖点问题不是几句话几个月就能解决的，是无数次交易后的交易直觉，哪怕每次都总结得很好，也不能做到尽善尽美，这方面本就是不完美的事。**卖股实际上凭感觉的情况居多，一定要找逻辑大概就是市场情绪以及板块强度等因素，千**万不要认为我是用什么指标来分析的，什么 MACD，KDJ 我压根就不知道是用来干什么的。

➢ **预判错误就割肉呗，愿赌服输。**

➢ 市场是有随机性的，哪怕是"大众情人"类的股票也是有一定随机性，只不过这类股的随机性相对偏小。而冷门股的随机性相对要大很多。追高是一种过滤部分随机性的方式，低吸也尽量在市场合力参与的强势股中来回。

➢ 打板并不是看到板住了再去下单排，确定封死的是基本排不到的，除非砸开或者即将砸开才轮到你。你看我下单的时间和成交价格，基本都是冲板的那一刻直接去往涨停买的，大多数情况下单时，上面还有好多卖单没有被吃。

➢ 做交易，卖早了跟家常便饭差不多。碰到这种事，顶多嘴里一喷而过。然后就啥事儿也没了，对情绪几乎没任何影响。

【"令胡冲"的经典语录·风险控制和仓位管理】

➢ 打第一板的风险明显大于打第二、第三板，打前期有妖性股的风险明显小于打别的普通类型。

➢ 目前我的策略是减少早盘赌博的次数，做盘中最确定的那个，这是下跌趋势中风控的手段。弱势行情当然等下午，是过滤风险的过程。

➢ 出手就是全仓，大多数时间都在市场参与，只有大盘极端恶劣的情况下休息。

➢ 大多数是买3~4只股票，第二天有利就跑，被套也跑，只有连续封板的留下。

➢ 如果买入被套不"割肉"，做T、加仓等一般很少能扳回亏损，不如亏损后一刀砍下。

➢ 都能坚持自己的模式，很少模式外的操作，如低吸，波段都没有。

➢ 游资大佬也经常"割肉"。不要取笑今天"割肉"的游资，恰恰是他们这种完全以市场为导向的果决，才能做到今天这么大的成就。想成为顶级的游资，这种素质是标配。

➢ 一般风险来临前，盘面都会给我展示一阵一阵的恶心、浮躁、乱，打板收益极其不稳定，烂板次日大跌得很多，热点没有持续性，市场不时地躺着跌停和大跌的股一大批。简单地总结一句就是，**市场赚钱效应极差，但指数走势却好像很完整，一般是风险来临的前兆。**

➤ 对于超短，回落、下跌从来都不是补仓的理由，我的操作中极少有补仓这个词。

➤ 20%的交易贡献了80%的利润，80%的交易只贡献那20%的利润，而中间的两个核心是抗风险能力和大局观的锻炼。

【"令胡冲"的经典语录·市场进化和修炼进阶】

➤ 毕业后开始炒股，中间有两年销售工作。主要成长都是自己和市场不断对话的过程中完成，自省，自我再教育，就是个修心的过程。

➤ 很多事情说穿了之后都是挺没意思的，别说世界经济这么大的命题，就简单到我们日常的生活，人与人的相处，时不时地会让人倍感无奈。于是有的人选择了消极，大环境这样，随波逐流吧。有的人选择了毁灭，天地万物杀一空。而另一部分人选择看破一切之后，依然热爱这个世界，用包容的态度和拥抱的动作。

➤ 我从来不把钱看得最重要，我不认为成功就是挣许多钱，去买个别墅，买个跑车，时不时地出去路上晃一下。在我眼中，我一直觉得自己很成功，不论有钱没钱，我对成功的定义是，能坚持从小就认同的一些基本价值观，诚实守信善良，一直坚持下来，还能过得不错，以自己的方式，快快乐乐，就是成功了。

➤ 有智慧的人用概率论来指导人生，而不是用单日随机事件来指导。

➤ 投篮训练第一步，你自己拿起球就会往篮筐投，投篮姿势千奇百怪，可能进，可能不进，总体命中率不高，虽然你总是试图投进。第二步，你看到电视中球星的投篮，又帅命中率又高，这时候你会去模仿，可是，这跟身体条件和个人习惯有关系。你会发现，可能你的身体力量或者平衡性方面不足以支撑那个姿势的投篮。这时，你选择继续你之前的投篮方式或者强行模仿其招式，如果你是后一种，同时你足够刻苦，一直坚持练习，并懂得思考，则可到下一步。第三步，**通过这样反复迭代，你会发现其中细微的感觉差异，如获至宝**。结合自身的条件和训练中的感悟，提升力量，纠正手形，最终找到适合自己的投篮方式。这时候，命中率也不错了，但是缺乏稳定性。第四步，练习、练习、练习、练习、练习。模拟到股票中，第一步大家都会，大多数人停留在第二步，永远。极少数人可以到第三步，最终做到第四步的凤毛麟角。

➤ 那么问题来了，板住砸开怎么办？市场确认后又不认同了怎么办？这就是要优化的地方，你打板不仅是基于对当天市场的判断，而是通过当日看到的行情，对次日市场作预判，判断次日这个板块题材是否可以延续。如何判断？每天都有主攻题材，不同的市场氛围，总有相似的啊，华尔街没有新鲜事，学习的过程争取做每日复盘笔记，越细致越好，以后看盘时产生似曾相识的感觉，可以回看之前的笔记。这个样子反复操练几百次，还是不能成，那我只能说，你不适合了。不过我觉得，能实盘反复操练几百次，且坚持几年如一日地复盘，打无数烂板还能坚强不屈的人基本都能学会。

➤ 实际上，有些人想学打板，打了几个板后，亏得无法接受，无法果断地割肉纠错，在反复自救中浪费时间精力，也没法坚持每天细致复盘。所以打板这个模式毕竟是小众的，如果不适合，可以换其他适合自己的模式。我从来不觉得我这种模式是最好的，只是希望能给可能适合的人带来一点帮助。

➤ 心态极其顽强，在单只个股亏损最大为 33%，但依然谈笑风生，第二天继续买股。

➤ 当一波疯狂行情自己没参与到时，别着急，保持好心态，因为这类股的赚钱效应深入人心，还会有下次机会到来的（我指的不一定是这些股起第二波，而是下一批与此同类的股），在下一次风起时，保持专注，别让机会再次溜走。当然，这依然需要你日积月累练就的盘感。

➤ 打板总是恐惧畏高怎么办，有两种原因：第一种是在市场的历练还欠缺，看到的都没有绝对把握，没有足够的逻辑说服自己就是这样。我打板的时候，没有八成以上把握我是不会出手的，出手后剩下的交给市场来判定，只有六七成把握的，哪怕涨停了我也不觉得可惜，说到底还是个心态的控制。第二种就比较严重了，这是人性中的东西，我改变不了，也是大多数股民都存在的问题，真的是无能为力。**知识方面的积累可以通过时间和努力来办到，性格底色中的东西必须得重大事件的影响或者下定决心壮士断腕的勇气才能改变。**我觉得大部分都是第二种原因，很少人可以客观地审视自己性格中的问题。

➤ **一个人个性价值观形成起来慢，改变起来也难**，我的理解范围内目前大致有两种情况：第一种是发生某个重大事情让自己的思维模式彻彻底底地颠覆，第二种是你对自己的某种状态讨厌到了极点，已经到了再也不能忍的地步，痛下决心去改变。以上两种情况都是超低概率事件，能不能过全看个人造化了。

➤ 如果决意要做超短，心脏这一关必须得过，贪婪和恐惧必须能自己控制。如

果过不了，要么离开这个市场，要么换操作模式。

➢ 看你自己心理承受力和交易成熟度了，精力够，想多练手的情况下，分 10 多个股票都行，要是交易足够成熟，只买一两个又何妨。

➢ 对我来说，学习的前三年交易日看盘 4 小时，复盘可能要花 4~8 小时，复盘的时间比看盘时间要多得多。周末有时候会用傻办法，把 2000 多只股票按顺序翻一遍，培养对市场的整体感知力。后来逐渐减少了，看盘 3~4 小时，平常大致复盘 1 小时就可以搞定了，偶尔仔细复盘，还是要 2~3 小时，周末不看股票，彻底休息。

➢ 1 万小时天才定律：人们眼中的天才之所以卓越非凡，并非天资超人一等，而是付出了持续不断的努力。1 万小时的锤炼是任何人从平凡变成世界级大师的必要条件。**三年的时间就达到 1 万小时了，这段日子里大部分时间都是亏损的，量变到质变的过程，必须跨过这个坎**。1 万小时定律，不管是天才还是平凡，都无法例外的吧。

➢ **专注于一种，将一种做到极致时，你会发现，这种周边的招数你全都会了，再到后来，你根本就不区分什么招数了，随意挥洒**。自己都不知道是什么招，别人问起来才知道，原来我是这么出剑的啊，这就是传说中的无招胜有招。感觉股票确实像武侠小说里的练武，或者像战场上的行军打仗。

➢ 以后的事情不去想，只争朝夕。经过一次牛市后，对市场格局方面的理解会不同了，对泡沫的理解也加深了，**市场一直在变，模式也会有差异，本质还是老样子，变不了的：资金是逐利的，沿着赚钱效应最好的方向操作**。

➢ 我不认为我的操作就是打板模式，只是打板在我的操作中占比偏高，如果我绝对自信判断某股收盘会涨停，我也希望在 1 个点时就能买到。我的操作更偏向于自由模式，我个性上不喜欢被束缚，不喜欢条条框框的规矩，很多人可能也不喜欢这些，区别的是有的人愿意为了摆脱这些条条框框而持之以恒地做出努力，而有的人只停留在想或者初步尝试觉得好像很难就放弃了。换作武侠中，我这种偏向于游走江湖的混混，没有门派，所学颇杂，出招混乱或者说是根本就没什么固定招式。还有一种个性的人，可以做出适合自己的非常细致的系统，一切按照绝对精确的模式来套，止损止盈都有严格的目标，纪律严明，这种模式在江湖中就是名门正派，有组织有计划，为下一步做好打算，也是非常厉害的。

➢ 在你没有稳定的盈利能力之前，在家里做股票，除非你的父母亲戚是相当开明包容的，否则你会遭遇各种不理解。在市场打击和自身环境的双重压力下，这种不理解更是被无限放大，内心是很容易崩溃的。而在外做股票，起码能有相对清静

的环境和自己的空间，被市场打击这个过程是无法规避的，这时候你希望有人理解你的付出，这是需要足够幸运才能碰到这么一人的。假如暂时没碰到这么个人，那么你就得独自承受，谁让你选择的这条路呢？

➤ 是否称为天赋我不知道，主要是人的个性中要有某样东西，不同性格可以对应不同操作模式，无论哪种个性想做成，坚持和勤奋是必需，但同时要走出自己。见自己，见天地，见众生。这个是需要悟性的。

➤ **找到属于自己的操作模式得你自己去试，市场告诉你是错的，就找错在哪儿，认错改正，市场告诉你是对的就复制并优化**，还要知道变通，因为市场的炒作模式一直在变。

➤ 做超短，哪怕判断对了，中途一个乱七八糟的情绪波动，就会造成操作天差地别。

➤ 很多股民希望得到武林秘籍，希望学到绝招后一劳永逸，这是不现实的。市场一直在变，操作模式一直在变，被市场淘汰的资金数不胜数。很多游资比大家想象中刻苦很多，像老徐、龙飞虎、赵老哥等，他们付出的努力不是间断的，而是持续的，多少年如一日地坚持贴近这个市场，不在幻想意淫中浪费时间，而**不停地在尝试与市场对话**。

➤ 2010 年下半年入市，到 2012 年底都是从大亏到小亏的学费期和学习期，中间多苦只有自知，我那时候彻底明白了何谓凤凰涅槃，何谓今天很残酷，明天更残酷，后天很美好，但绝对大多数人死在明天晚上，不亲身挺过来的人绝不会明白。2013 年才开始稳定盈利，之后的每一次阶段大幅下跌都会突破一次大瓶颈，见过1849 点那次，也见过股灾这次，都让我的风控突破大瓶颈。还是那句话，**跌倒并不可怕，重要的是能不能吸取教训，更加帅气地爬起来再战**。

【"令胡冲"的思维架构和交易解读】

在本小节，我们将介绍"令胡冲"的几个真实交易案例，在这些案例当中我们力图扼要呈现当时的格局和玩家背景，以及交易者本身的思维架构，以便大家能够从中获得具体交易思路和操作手法上的启发。

【"令胡冲"案例 1·动力源】

我们先来看"令胡冲"实际操作的第一个案例——动力源，他在 2015 年 11 月 9 日买入，次日 11 月 10 日就卖出了（见图 5-1）。非常符合他的风格——"大多数是买 3~4 只股票，第二天有利就跑，被套也跑，只有连续封板的留下"。

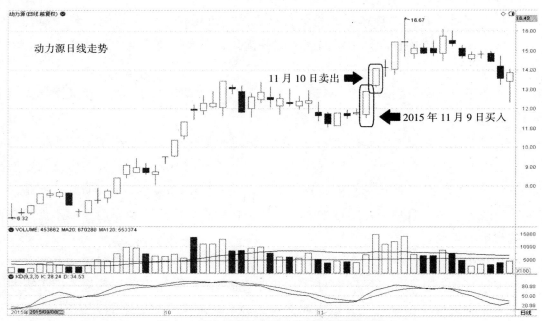

图 5-1　"令胡冲"在动力源日在线的买卖点
资料来源：通达信，DINA。

我们来解析一下"令胡冲"在 2015 年 11 月 9 日买入动力源时所面临的格局与背景。"令胡冲"本人是非常重视大盘和格局的："市场整体氛围为最重，板块整体攻击强度判断次之，K 线为辅助判断。对于个股，我只看日 K。对于指数，偶尔会翻一下小周期大周期的 K 线，昨日涨停板的赚钱效应。如果昨天涨停今天闷杀，说明大盘赚钱效应太差，应束手待变……大多数时间都在市场参与，只有大盘极端恶劣的情况下休息。"

既然如此，我们首先来看各种周期。从指数周期维度来看，买入点前一个交易日（2015 年 11 月 6 日）平均股价指数处在上升趋势中。以 2015 年 9 月 30 日的低点 A 和 10 月 22 日的低点 B 绘制上升趋势线，指数曾经在此趋势线获得显著支撑，具体来讲就是其中有三个交易日曾经触及这条上升趋势线，并且获得了有效支撑。

当指数从这条趋势线弹起修复之后，直到 11 月 6 日都处在趋势线之上不远处。11月 9 日星期一，当"令胡冲"进场时，指数延续升势（见图 5-2）。

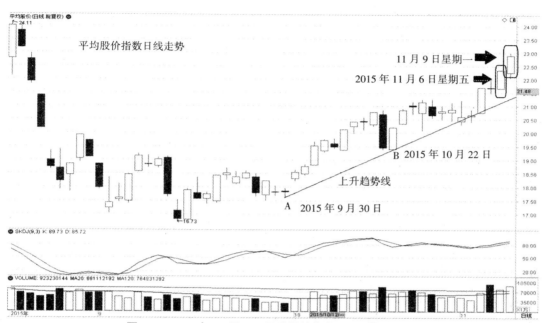

图 5-2 2015 年 11 月 6 日平均股价指数所处周期和阶段
资料来源：通达信，DINA。

我们接着来分析当时的主线周期，当时以锂电池为代表的燃料电池板块是市场的主线之一。在买入点前一日，也就是 2015 年 11 月 6 日，燃料电池板块指数也处在上升趋势中，与大盘共振（见图 5-3）。具体来看，以燃料电池板块指数 2015 年9 月 28 日低点 A 和 11 月 3 日低点 B 为基准绘制上升趋势线，11 月 6 日，该板块指数仍旧处在该趋势线之上不远处。为什么要强调"不远处"呢？因为距离趋势线或者均线的乖离率太高时，容易买在高潮日，对于短线而言的赔率和胜率都非常低了。此后，当"令胡冲"在 11 月 9 日进场买入动力源时，该指数从开盘起就在上升趋势线上方运行。

指数周期和主线周期都支持 11 月 9 日的短线买入操作，那么情绪周期呢？2015 年 11 月 6 日星期五沪深 A 股上涨家数为 2324 家，下跌家数只有 53 家，涨停137 家，跌停 0 家，显然这是一个情绪沸点或者说短线高潮日（见图 5-4）。**题材投机等股票短线交易最忌讳的就是在沸点或者高潮日重仓甚至融资买入。**2015 年 11月 9 日星期一，上涨家数有 1723 家，下跌家数为 641 家，情绪向下调整了一些，

风险下降了，次日溢价就高了（见图 5-5）。

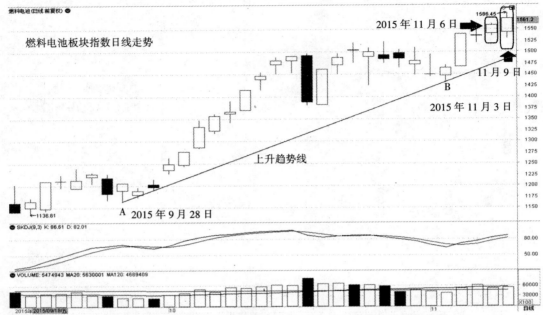

图 5-3　燃料电池板块指数在 2015 年 11 月 6 日所处的阶段和位置
资料来源：通达信，DINA。

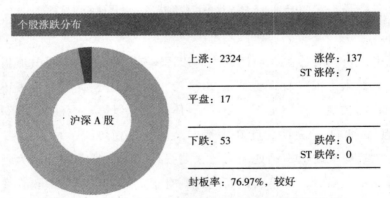

个股涨跌分布		
上涨：2324	涨停：137	
	ST 涨停：7	
平盘：17		
下跌：53	跌停：0	
	ST 跌停：0	

封板率：76.97%，较好

图 5-4　2015 年 11 月 6 日星期五沪深 A 股涨跌家数
资料来源：同花顺，TGB 湖南人。

接下来的 2015 年 11 月 10 日，上涨家数继续下降到 1260 家，下跌家数则增加到了 1107 家（见图 5-6）。"令胡冲"是在 11 月 9 日买入的动力源，在 11 月 10 日卖出的，正好处在情绪短周期下降阶段完成了隔日套利。**对于短线交易而言，最差的时机是买在沸点，卖在冰点；最好的时机是买在冰点，卖在沸点。**如果能够选择情绪上升阶段买卖则溢价应该会更高。因此，"令胡冲"这笔交易虽然没有买在沸

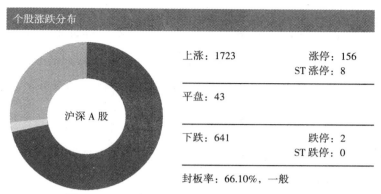

图 5–5　2015 年 11 月 9 日星期一沪深 A 股涨跌家数
资料来源：同花顺，TGB 湖南人。

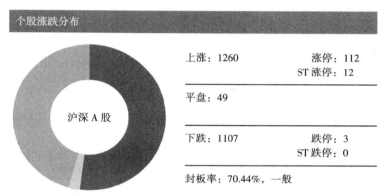

图 5–6　2015 年 11 月 10 日星期二沪深 A 股涨跌家数
资料来源：同花顺，TGB 湖南人。

点，避免了最差的情况，但是也没能买在冰点，追求最好的情况。

　　周期来讲，2015 年 11 月 9 日买入动力源整体还是不错的，指数周期和主线周期支持，情绪周期不算太差。那么，逻辑驱动如何呢？

　　2015 年 11 月 6 日星期五受全球集成电路并购潮消息以及同方国芯 800 亿元天量定增影响，集成电路板块指数大涨超 6%，超过 10 只个股涨停，板块内同方国芯、长电科技、太极实业、上海新阳、中颖电子 5 股均一字板开盘。证券板块连续第三日大涨，西部证券再度成为"领头羊"，太平洋、光大证券、东新洲区等强势涨停。

　　从盘面来看，**券商板块接近全线涨停**，谷歌眼镜、高校系、LED 等题材也涨幅居前。23 家上市券商周四晚间发布 10 月财务数据简报显示，23 家券商母公司 10 月净利润环比 9 月大幅增长 82.69%。**业内人士表示，10 月市场回暖触发券商经纪、**

自营业务反弹，券商 10 月业绩反弹幅度整体略超预期。**业绩超预期其实是一个非常强的催化剂，当然技术结构上的弱转强也是超预期的一种常见形式。**11 月 6 日，燃料电池并不突出，但是 2015 年国庆节之后以锂电为代表的燃料电池有一波上涨，龙头是赣锋锂业，等到 11 月 9 日燃料电池第二波启动，而动力源首板就在这天。逻辑上，燃料电池是第二波驱动。

周期和逻辑我们都解读了，那么结构方面如何呢？在"令胡冲"买入之前，动力源就以 N 字结构上行一段时间了。在这波的起点是一个 N 字底部，第一个底部低点 D1 形成于 2015 年 9 月 2 日，第二个底部低点 D2 形成于 2015 年 9 月 15 日。价格的 N 字底部与成交量是相互配合的，注意观察（见图 5-7）。

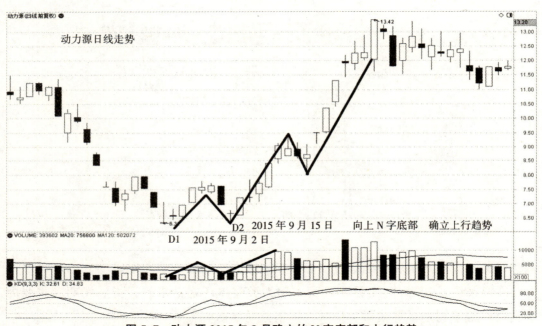

图 5-7　动力源 2015 年 9 月确立的 N 字底部和上行趋势
资料来源：通达信，DINA。

站在 2015 年 11 月 6 日星期五收盘这天查看动力源所处的结构，可以发现以此前一波显著上涨起点 A，也就是 2015 年 9 月 25 日最低点到 10 月 19 日高点 B 的价格幅度为单位 1，以 B 点为起点，绘制斐波那契回撤点位线谱（见图 5-8），11 月 4 日和前一日恰好落在 0.382 到 0.5 之间的区域。

此前，我们就强调了 0.382 到 0.618 是核心支撑阻力区。在本例中，动力源股价跌到 0.382 到 0.5 之间区域就出现了反包，具体来讲就是 11 月 4 日这根阳 K 线反

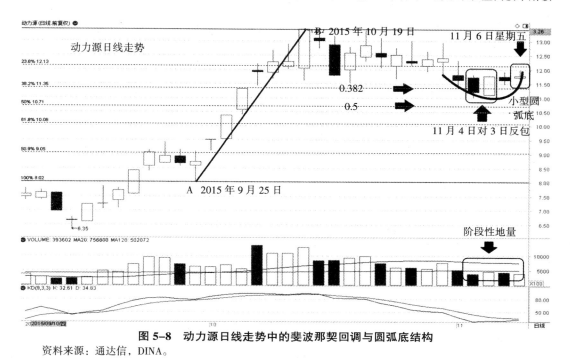

图 5-8 动力源日线走势中的斐波那契回调与圆弧底结构

资料来源：通达信，DINA。

包了 11 月 3 日的阴线。此后，到了 11 月 6 日星期五形成了一个小型圆弧底。注意，这波调整伴随的成交量是阶段性地量，显著萎缩，表明下跌是缩量，但是缩量不能与暴跌伴随。

接着，我们来看分时结构的细节。在 2015 年 11 月 6 日动力源分时走势是比较疲弱的（见图 5-9）。我们回过头去查看图 5-4，2015 年 11 月 6 日星期五沪深 A 股上涨家数为 2324，下跌家数只有 53 家，涨停 137 家，跌停 0 家，当日是一个情绪沸点或者说短线高潮日，但是动力源却走得不强，这就是弱了。

到了下一个交易日，也就是 2015 年 11 月 9 日星期一，早盘收盘前却出现了巨量拉升走势，这就是弱转强了，燃料电池第二波启动了，于是"令胡冲"扫板买入（见图 5-10）。

为什么不低吸或者"半路"呢？"令胡冲"肯定会这样回答你："半路板尽量少打是对的，**等到冲板时再上是个过滤风险的过程。打板虽然错过了大部分利润，但也过滤掉了自己主观意识上对市场预判错误的风险，完全尊重市场，上板的那一刻是市场合力对其最后确认的那一刻。**

打板的时机，完全凭感觉，一般是直接往涨停上去扫，有时候是个股开板了或者快要开板了我直接挂涨停去买。一般我关注某个股时，在其 5~7 个点或许我就已经打好涨停价的委托单子了，就等市场确认的那一刻点确认上板，一般是直接挂高几毛钱去买，追涨停时是提前挂好涨停价，等市场确认的时候点确定就行了。

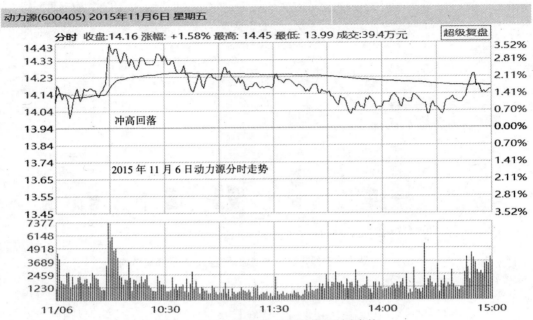

图 5-9　2015 年 11 月 6 日动力源分时走势

资料来源：东方财富，DINA。

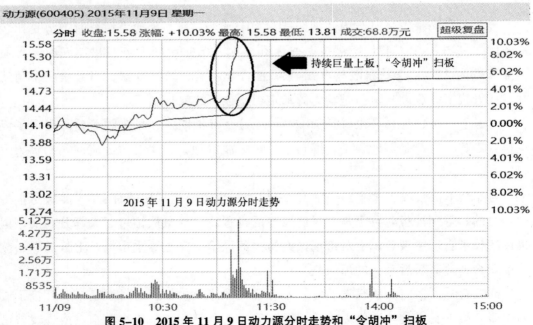

图 5-10　2015 年 11 月 9 日动力源分时走势和"令胡冲"扫板

资料来源：东方财富，DINA。

次日，2015 年 11 月 10 日，动力源反复烂板，而且当日情绪继续走弱（见图 5-11），于是"令胡冲"选择了卖出。关于卖点，他并没有明确的标准："我对卖出是没有任何心理价位的，决定卖出的唯一标准是发现市场不认同了，可能是当日不认同了，也可能是实时不认同大幅走弱了。**卖股实际上凭感觉的情况居多，一定要找逻辑大概就是市场情绪以及板块强度等因素**"。

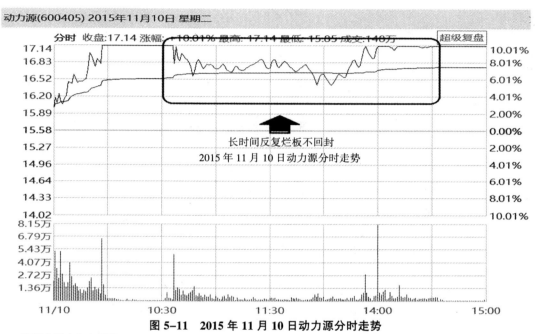

图 5-11 2015 年 11 月 10 日动力源分时走势

资料来源：东方财富，DINA。

实际上，这波动力源的上涨直到 11 月 13 日才见顶，而且这个顶部是可以通过斐波那契扩展点位锁定的。以 2015 年 9 月 25 日低点 A 到 10 月 19 日高点 B 之间的价格幅度为单位 1，以 2015 年 11 月 3 日低点 C 为起点，向上绘制斐波那契扩展点位线谱，11 月 13 日盘中触及 1 倍扩展点位后出现了大十字星（见图 5-12），这就是点位和形态的结合有效确认了卖点。当然，正如"令胡冲"自己明言的那样——**"超短线操作最长持股不超过 5 天"**。这就是他控制风险和捕捉机会的方式。但作为研习者，我们必须想一下是否还存在其他更好的可能性。

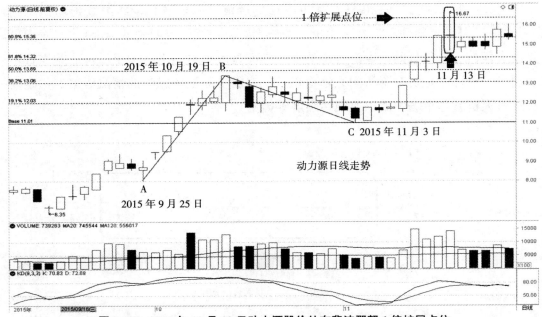

图 5-12　2015 年 11 月 13 日动力源股价处在斐波那契 1 倍扩展点位
资料来源：通达信，DINA。

【"令胡冲"案例 2·小崧股份（金莱特）】

我们来看第二个"令胡冲"的实操案例——小崧股份，曾用名"金莱特"。他在 2015 年 11 月 9 日买入小崧股份，在第三个交易日 11 月 12 日卖出（见图 5-13）。"令胡冲"是典型的连板接力玩家，所以与"龙空龙"还是存在显著区别的。当你认真消化完这套讲义之后，就应该比较清晰地知道什么是"龙空龙"原则下的龙头战法，什么是连板接力战法。

要理解"令胡冲"2015 年在小崧股份上的短线操作，就必须先搞清楚当时的周期和逻辑。他是在 2015 年 11 月 9 日买入的小崧股份，那么买入点前一日大盘指数日线处在什么样的周期阶段呢？以平均股价指数为背景，11 月 6 日星期五收盘这天指数仍旧处在上升趋势延续的位置。以距离 11 月 6 日最近的两个显著低点 A 和 B 绘制向上趋势线，其中 A 点为 2015 年 9 月 30 日最低价，而 B 点为 2015 年 10 月 22 日最低价。当"令胡冲"准备买入小崧股份的时候，指数仍处在上涨阶段（见图 5-14）。

我们接着来看一下当时情绪周期所处的阶段和状态。2015 年 11 月 3 日星期二沪深 A 股上涨家数为 1192 家，下跌家数为 1157 家，属于平衡市（见图 5-15），既

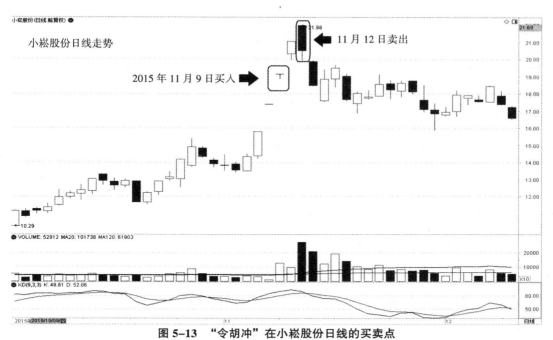

图 5-13 "令胡冲"在小崧股份日线的买卖点

资料来源：通达信，DINA。

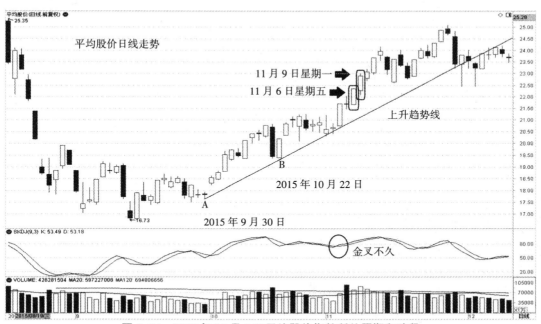

图 5-14 2015 年 11 月 6 日平均股价指数所处周期和阶段

资料来源：通达信，DINA。

非冰点也非沸点。2015 年 11 月 4 日星期三沪深 A 股上涨家数飙升到了 2389 家，下跌家数只有 4 家，这是一个典型的情绪沸点或者说高潮日（见图 5-16）。2015 年 11 月 5 日星期四延续亢奋情绪，上涨家数 2390 家，下跌家数还是只有 4 家（见图 5-17）。2015 年 11 月 6 日星期五沪深 A 股上涨家数为 2324 家，下跌家数增加到了 53 家，涨停 137 家，跌停 0 家，但显然这仍旧是一个情绪沸点或者说短线高潮日（见图 5-4）。2015 年 11 月 9 日星期一，上涨家数下降到了 1723 家，下跌家数则增加到了 641 家（见图 5-5），情绪向下调整了一些，风险整体下降了，那么次日溢价就提高了。而"令胡冲"选择在 2015 年 11 月 9 日买入小崧股份其实也规避了一些风险，只是当天并非冰点日，这是一点小瑕疵。

接下来的 2015 年 11 月 10 日，上涨家数继续下降到了 1260 家，下跌家数则增加到了 1107 家（见图 5-6）。因此，11 月 10 日其实是一个相对情绪差一些的节点。

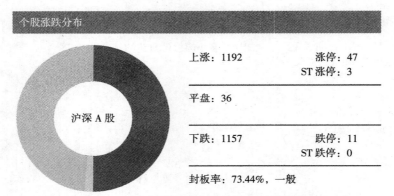

图 5-15　2015 年 11 月 3 日星期二沪深 A 股涨跌家数
资料来源：同花顺，TGB 湖南人。

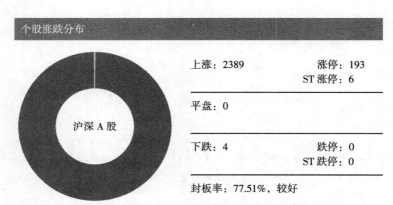

图 5-16　2015 年 11 月 4 日星期三沪深 A 股涨跌家数
资料来源：同花顺，TGB 湖南人。

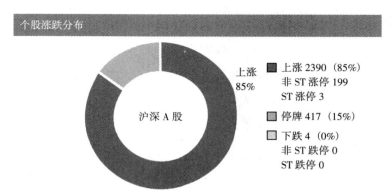

图 5-17　2015 年 11 月 5 日星期四沪深 A 股涨跌家数

资料来源:同花顺,TGB 湖南人。

11 月 11 日,上涨家数增加到了 1843,而下跌家数减少到了 534 家(见图 5-18)。11 月 12 日,上涨家数 1123 家,下跌家数 1285 家,情绪走低(见图 5-19),这也是促使小崧股份 11 月 12 日高开低走的情绪周期因素。

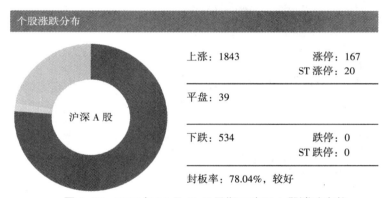

图 5-18　2015 年 11 月 11 日星期三沪深 A 股涨跌家数

资料来源:同花顺,TGB 湖南人。

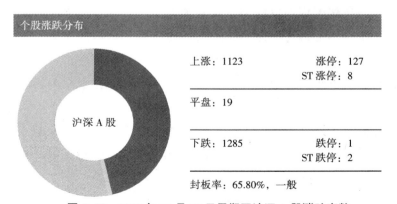

图 5-19　2015 年 11 月 12 日星期四沪深 A 股涨跌家数

资料来源:同花顺,TGB 湖南人。

那么，"令胡冲"当时介入小崧股份的逻辑是什么呢？主要逻辑是公司出了重大利好或者说可供炒作的题材——"拟投资设立深圳市安备无绳电器有限公司的公告"。逻辑与股价之间相互促进和影响，2015 年 10 月 30 日拟设立子公司的公告和三季报出来以后，股价开始上涨，等到子公司正式成立，利好就兑现了，加上董事长去世，这就是短期股价见顶了（见图 5-20）。

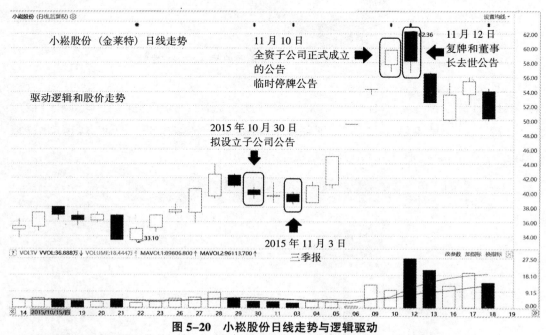

图 5-20　小崧股份日线走势与逻辑驱动

资料来源：东方财富，DINA。

周期和逻辑我们都了解了，那么小崧股份的上涨结构是什么呢？短线炒家必须掌握分歧和一致的转换原理，分歧与放量有关，一致与缩量有关。许多语境下，分歧等于调整，一致等于上涨。但是，我们更倾向于前者，以成交量，而非价格变化作为分歧与一致的划分标准。分歧和一致是一个非常底层的逻辑，也是一个可以用来具体分析和判断股价短期走势强弱的具体公式，我们将在本系列讲义的其他专著中详述其中的奥义。

以小崧股份为例，2015 年 11 月 5 日到 11 月 6 日是"分歧转一致"；11 月 6 日到 11 月 9 日是"一致转分歧"；11 月 9 日到 11 月 10 日是"分歧转一致"，11 月 10日到 11 月 12 日是"一致转分歧"（见图 5-21）。

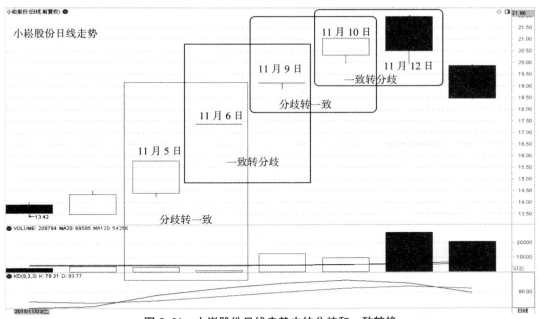

图 5-21　小崧股份日线走势中的分歧和一致转换

资料来源：通达信，DINA。

那么，"令胡冲"的买卖点是怎么分布的呢？他在 2015 年 11 月 9 日买入小崧股份，在第三个交易日 11 月 12 日卖出。11 月 9 日是分歧点，而 11 月 12 日也是分歧点。他买在了分歧转一致的节点上，卖在了一致转分歧的节点上。通常，会简短地说成买在分歧（转一致的节点上），卖在一致（转分歧的节点上），而括号里面的部分会被省略掉。

我们再仔细地去看下这些日线底下的分时结构特征。2015 年 11 月 5 日小崧股份放量上板封死（见图 5-22），当天其实受到了情绪氛围的影响。2015 年 11 月 5 日星期四延续前一日的亢奋情绪，上涨家数 2390 家，下跌家数只有 4 家。

2015 年 11 月 6 日星期五沪深 A 股上涨家数为 2324 家，下跌家数增加到了 53 家，涨停 137 家，跌停 0 家，当天情绪仍旧比较高亢，小崧股份也是直接一字板加速，分歧转一致（见图 5-23）。

2015 年 11 月 9 日星期一，上涨家数下降到了 1723 家，下跌家数则增加到了 641 家，情绪调整，但是风险整体下降了，那么次日溢价就提高了，而"令胡冲"在当天利用早盘顺势开板的机会买入了小崧股份（见图 5-24）。

接下来的 2015 年 11 月 10 日，上涨家数继续下降到 1260 家，下跌家数则增加到了 1107 家，当天其实是一个相对情绪差一些的节点。但是，小崧股份高开之后迅速上板封死（见图 5-25），这就是强于大盘的表现，继续持仓似乎是合理的决策。

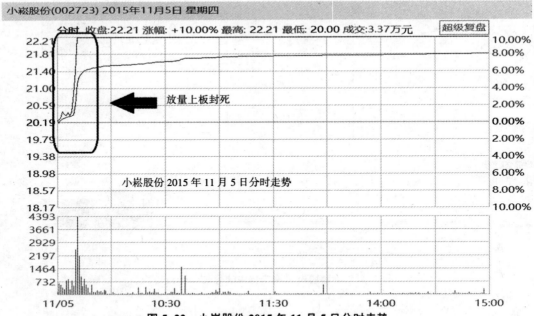

图 5-22　小崧股份 2015 年 11 月 5 日分时走势

资料来源：东方财富，DINA。

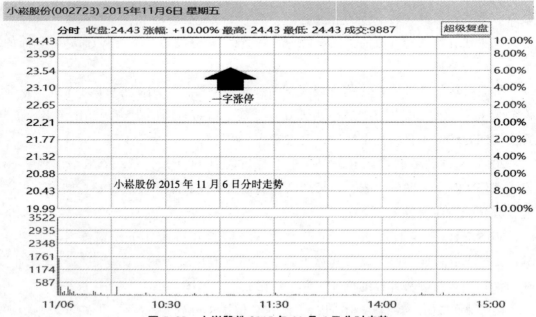

图 5-23　小崧股份 2015 年 11 月 6 日分时走势

资料来源：东方财富，DINA。

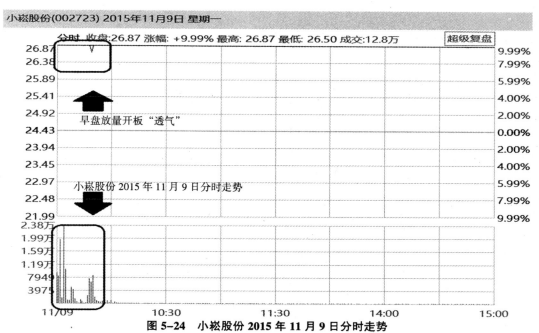

图 5-24 小崧股份 2015 年 11 月 9 日分时走势

资料来源：东方财富，DINA。

图 5-25 小崧股份 2015 年 11 月 10 日分时走势

资料来源：东方财富，DINA。

11 月 11 日，上涨家数增加到了 1843 家，而下跌家数减少到了 534 家。次日，也就是 11 月 12 日，上涨家数 1123 家，下跌家数 1285 家，上涨家数显著下降了，这促使小崧股份高开低走（见图 5-26），而逻辑上也兑现利好了，于是"令胡冲"选择卖出。

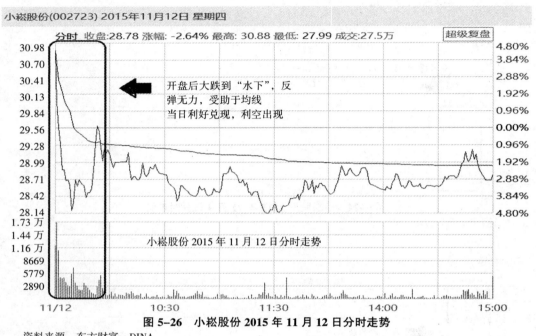

图 5-26 小崧股份 2015 年 11 月 12 日分时走势

资料来源：东方财富，DINA。

其实，相比较分时而言，他更注重日 K 线的分析价值和意义，正如他所说："K 线图的重要性远大于分时。如果能做到对很多经典 K 线图形的记忆滚瓜烂熟，单凭这一项技能，再加上稳定的心态和风控，足以在市场立足。"

因此，从日 K 线结构来看，以 2015 年 10 月 22 日低点 A 到 10 月 28 日高点 B 的价格幅度为单位 1，以 2015 年 11 月 3 日低点 C 为起点向上绘制斐波那契扩展点位线谱，11 月 12 日恰好在 2 倍扩展点位处受阻形成天量阴线，而从逻辑的角度来看，当日利好兑现，同时利空出现（见图 5-27）。

题材是逻辑和催化剂，而斐波那契点位提供了很好的结构，两者是可以很好地结合起来的。所以，我们在题材投机系列讲义中学到的逻辑催化剂和周期等工具，是可以有机高效地与斐波那契点位分析结合起来运用于实战的。

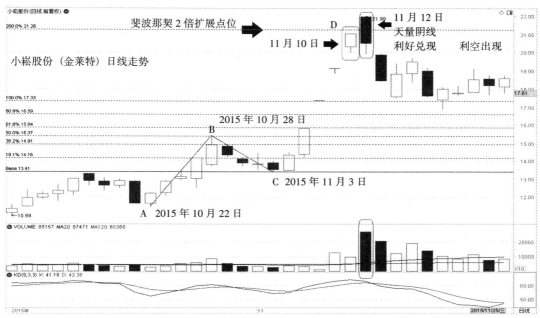

图 5-27 小崧股份在 2015 年 11 月 12 日所处的斐波那契点位结构
资料来源：通达信，DINA。

【"令胡冲"案例 3·光华科技】

我们最后来看"令胡冲"的第三个实操案例——光华科技。2015 年 11 月 17 日买入光华科技，11 月 19 日卖出（见图 5-28），中间做过价差交易，我们就忽略了，着重分析他在 17 日买入和 19 日卖出的底层逻辑。

先来看当时的周期格局。平均股价指数在当时处于上升趋势，以 2015 年 10 月 22 日低点 A 和 11 月 3 日低点 B 绘制上升趋势线，11 月 17 日和 18 日都进行了调整，**在趋势调整尾部阶段就是买入机会**（见图 5-29）。

我们再来看主线周期，光华科技属于当时的主线板块"充电桩"。充电桩板块指数在 2015 年 11 月 17 日也处在上升趋势中（见图 5-30），调整一两日之后往往都是短线的低点，所以**主线上升趋势中短线调整尾声也是极好的买入窗口期。调整时，在临近收盘买入是一个比较有效的买点，可以博取次日回流和修复的短线溢价。**

指数周期和主线周期都比较有利，我们再来看当时的情绪周期变化。2015 年 11 月 16 日星期一沪深 A 股上涨家数为 2042 家，下跌家数为 365 家，情绪偏好（见图 5-31）。

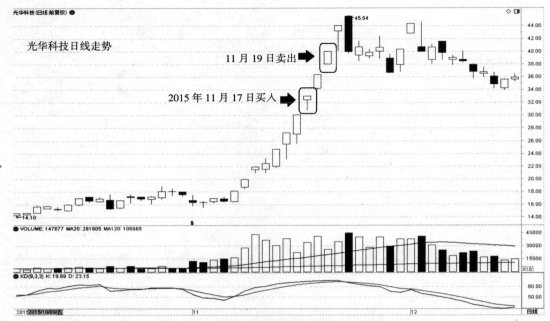

图 5-28 "令胡冲"在光华科技日线的买卖点

资料来源：通达信，DINA。

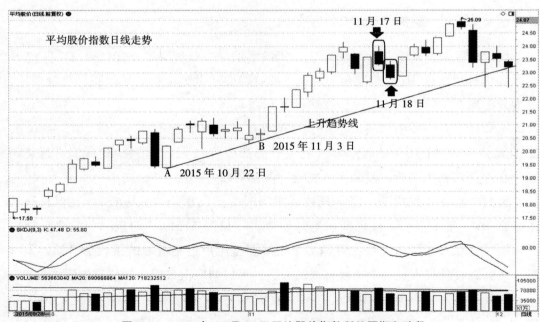

图 5-29 2015 年 11 月 17 日平均股价指数所处周期和阶段

资料来源：通达信，DINA。

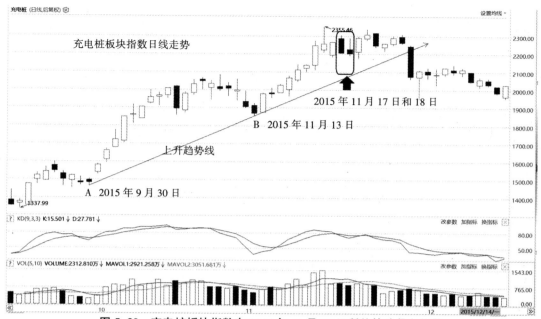

图 5-30 充电桩板块指数在 2015 年 11 月 17 日所处的阶段和位置

资料来源:东方财富,DINA。

图 5-31 2015 年 11 月 16 日星期一沪深 A 股涨跌家数

资料来源:同花顺,TGB 湖南人。

2015 年 11 月 17 日星期二沪深 A 股上涨家数跌到了 771 家,下跌家数增加到了 1624 家,情绪滑向冰点了(见图 5-32)。情绪低迷的时候买入强势人气标的,"令胡冲"当日尾盘买入了光华科技。

想一想,为什么在尾盘买入?"令胡冲"对此曾经有所解释:"目前我的策略是减少早盘赌博的次数,做盘中最确定的那个,这是下跌趋势中风控的手段。弱势行情当然等下午,是过滤风险的过程。"

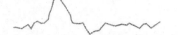
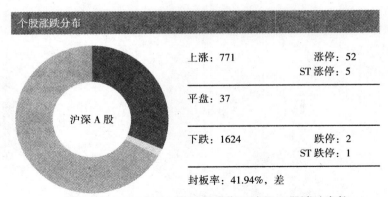

图 5-32　2015 年 11 月 17 日星期二沪深 A 股涨跌家数
资料来源：同花顺，TGB 湖南人。

2015 年 11 月 18 日星期三沪深 A 股上涨家数进一步减少到了 474 家，下跌家数增加到了 1946 家（见图 5-33），当日是个冰点，但是光华科技却特立独行。光华科技早盘也不强，尾盘弱转强，强于自己，尾盘上板，强于大盘，没有随波逐流，所以"令胡冲"当日做了价差交易，高抛低吸。

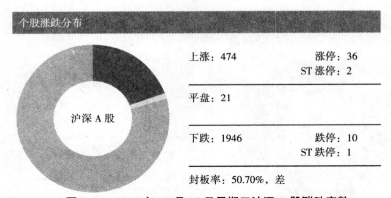

图 5-33　2015 年 11 月 18 日星期三沪深 A 股涨跌家数
资料来源：同花顺，TGB 湖南人。

2015 年 11 月 19 日星期四沪深 A 股上涨家数 2338 家，下跌家数 93 家，情绪很高（见图 5-34）。但是，光华科技早盘就弱于大盘，不停烂板（见图 5-37），所以"令胡冲"就卖出了。

下面，我们来解析光华科技当日的技术结构。2015 年 11 月 16 日分时两波上涨，属于比较稳健的换手上涨，接力溢价要高些（见图 5-35），当日大盘情绪比较好，所以看不出所以然。

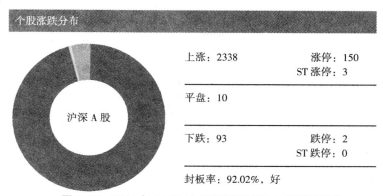

个股涨跌分布

上涨：2338		涨停：150
		ST 涨停：3
平盘：10		
下跌：93		跌停：2
		ST 跌停：0

沪深 A 股

封板率：92.02%，好

图 5-34　2015 年 11 月 19 日星期四沪深 A 股涨跌家数

资料来源：同花顺，TGB 湖南人。

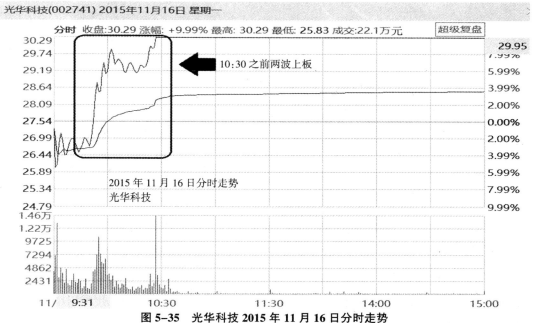

光华科技(002741) 2015年11月16日 星期一

分时 收盘:30.29 涨幅：+9.99% 最高：30.29 最低：25.83 成交:22.1万元　　超级复盘

10:30 之前两波上板

2015 年 11 月 16 日分时走势
光华科技

图 5-35　光华科技 2015 年 11 月 16 日分时走势

资料来源：东方财富，DINA。

2015 年 11 月 17 日星期二沪深 A 股上涨家数大幅减少到了 771 家，下跌家数则增加到了 1624 家。从后续来看，光华科技是当时卡位上来的充电桩新龙头，俗称"卡位龙"。

当天，光华科技开盘就上板，但是尾盘炸板，当天情绪比较差，这是高手买入强势人气股的最佳窗口期。"令胡冲"是尾盘炸板的时候买入（见图 5-36），其中的思路可以参考他的一段语录："低开，烂板，这些都不是主要考虑的问题。有时候

我哪怕知道很可能是烂板，知道是低开，我也会打。这些是取决于对明天的预期，预期乐观时，主动去打一些烂板又何妨"。

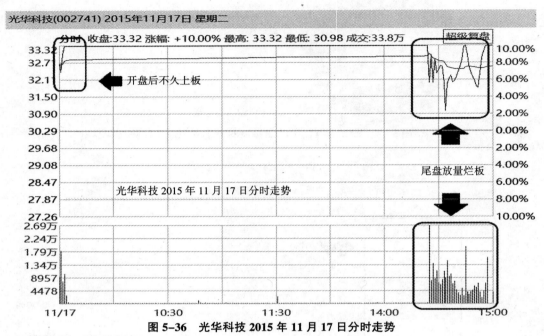

图 5-36 光华科技 2015 年 11 月 17 日分时走势

资料来源：东方财富，DINA。

2015 年 11 月 18 日，情绪氛围更差，但是光华科技维持在了"水上"。昨日大烂板且当日情绪冰点，但是开盘幅度还是比较高，属于弱转强。盘中走弱后，尾盘涨停，算得上尾盘再度弱转强（见图 5-37）。因此，"令胡冲"并没有清仓，而是做 T，也就是做了日内滚动价差交易。

2015 年 11 月 19 日早盘就烂板（见图 5-38），"令胡冲"本来持仓就比较短，因此选择卖出了。弱于自己，弱于大盘，当然卖了。

此后，该股还是继续涨停了一日，直到 11 月 23 日才出现穿头破脚的大阴线，转而下跌。本系列讲义学完后，你会发现 1 倍、1.628 倍、2 倍和 2.618 倍斐波那契扩展点位在预判龙妖股涨幅上非常有用。

比如，光华科技的这波行情。以 2015 年 4 月 9 日低点 A 到 5 月 28 日高点 B 的价格幅度为单位 1，以 2015 年 9 月 2 日低点 C 为起点，向上绘制斐波那契扩展点位，则第二波上涨的最高点就在 2 倍斐波那契扩展点位附近。11 月 20 日和 23 日的两根 K 线构成了看跌吞没形态，出现在 2 倍扩展点位附近（见图 5-39）。

光华科技(002741) 2015年11月18日 星期三

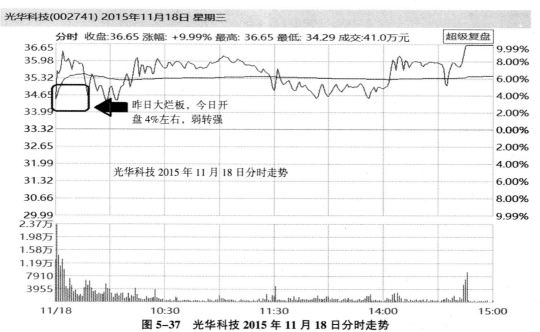

分时 收盘:36.65 涨幅: +9.99% 最高: 36.65 最低: 34.29 成交:41.0万元 | 超级复盘 |

昨日大烂板，今日开
盘4%左右，弱转强

光华科技 2015 年 11 月 18 日分时走势

图 5-37 光华科技 2015 年 11 月 18 日分时走势

资料来源：东方财富，DINA。

光华科技(002741) 2015年11月19日 星期四

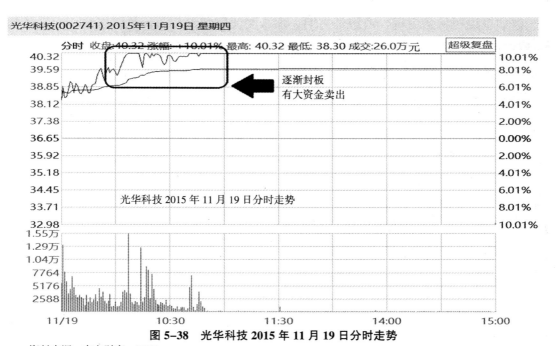

分时 收盘:40.32 涨幅: +10.01% 最高: 40.32 最低: 38.30 成交:26.0万元 | 超级复盘 |

逐渐封板
有大资金卖出

光华科技 2015 年 11 月 19 日分时走势

图 5-38 光华科技 2015 年 11 月 19 日分时走势

资料来源：东方财富，DINA。

215

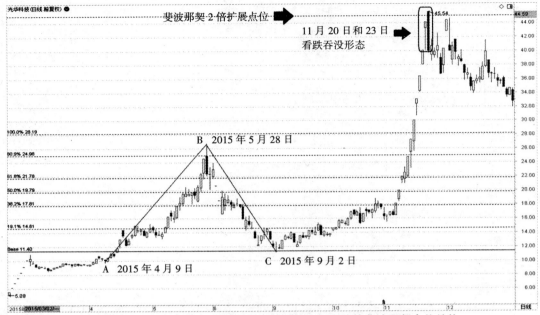

图 5-39　光华科技 2015 年 11 月 20 日和 23 日所处的斐波那契点位结构

资料来源：通达信，DINA。

　　如果说题材是逻辑，情绪是周期，那么斐波那契点位与价量形态结合起来就是结构的基础。所以，建议大家可以将题材逻辑、情绪周期与技术结构结合起来，打磨出自己的题材投机系统。大家可以参考附录一《斐波那契点位有效的前置条件》提供的思路，在斐波那契点位的基础上构建自己的股票短线投机系统。

第六课

9个月10倍："林疯狂"的思维和盘口技术解读

强势做核心龙头机会，弱势做强势股拉回低吸机会。

【人物简介·"林疯狂"】

"林疯狂"，网名"Linsanity016"，2007年高中辍学，当年"5·30"前夕入市。2008年以13万元本金开始专门做超短，亏剩下本金两三万元。2012年到2013年期间，参与了几个大牛股之后才"开窍"。钻研股市操作期间，自称受到"炒股养家"的影响最大。2014年底逐步盈利，迈上职业炒股之路。2015年资金增长到了130多万元。2016年连续参加三次炒股大赛，资金从40万元做到400万元，取到10倍收益，两度获得冠军。2017年资金一度冲到1500万元以上，但2018年初一个大回撤40%，直到2019年9月一个季度小账户翻了四倍，大账户也重回到峰值。在2020年初的一波大行情中，资金更上一层楼。

【"林疯狂"的经典语录·逻辑】

➤ 操作主要还是专注于题材个股交易性机会，把握节奏做相对强势品种。

➤ "少无脑跟风，**多思考预判**"，顺应于市场，执行于计划，自然而成。

➤ 现在市场做的不是要求你题材有多正宗，重要的是股价够低就好，无论 5G 还是创投、股权，当中低价个股表现尤为出彩。今天盘面涨停的 80% 以上是低价股，一直没侧重这点。昨夜复盘一度不知道今天能做些啥，连着打开好几遍行情软件才稍有感觉，也特意翻了下低价股，今天几个低价 5G 一板昨天也关注到了，正好验证了当下行情的主要脉络，后期操作应更多围绕"低价+题材"，尊重市场，顺势而为。

➤ 没有题材时，打板次新套利。

【"林疯狂"的经典语录·周期】

➤ 在大盘震荡中寻找机会，很多买卖都会出现在逆大盘而动的票身上，**买点也是时常契合大盘相对弱到底时个股又率先起身的那个点。前提要判断大盘是否恰好处在转折或是相对安全的位置**，这样的情况通常会出现在下午，自认为也是最佳的，所以说下午涨停的还是有不少机会的。不要一味地认为上午的板就比下午好。当然最后决定自己操作的还要取决于对买入标的足够熟悉与认知，尽最大可能减少随意性买卖大盘涨跌其实与其操作并没有必要的关系。**只要不出现连续暴跌的系统性风险，市场还是有操作的机会的**，去年股灾至今也鲜有空仓的。

➤ 什么样的环境氛围决定什么样的操作方式。低吸打板开弓没有回头箭，珍惜手中筹码，市场的主流品种，资金追逐的对象，大热的时候就偏谨慎一点。

➤ 选股的思路大都是围绕强势股来展开的，相信看过我的交易记录的应该清楚这一点，买不买入都是凭盘中的氛围与感觉来决定，有时也有一定的随意性。

➤ （超短模式的关键在于）**对市场情绪的理解、操作节奏的把控以及失败交易的处理能力。**

➤ **行情向好的时候的确要敢于追涨**，低吸的话也要偏向于牛回头或牛打盹的票！主要是针对个股，绝大多数牛股都有适合低吸半路打板的时候，就看我们在不同的时机怎么利用好它们了。

➤ 市场整体情况不佳，耐心等待市场迎来转机，坚持吧，春天就快到了。

➤ 大盘震荡走低，板块全线下跌，个股上昨日涨停开盘普遍没有溢价，**接力追涨情绪低迷，市场氛围近冰点**，全天十余只个股涨停，反过来看，短线会不会迎来情绪反转，走出个别独立牛股。

➢ 后市展望，**市场整体氛围不佳，更多还是去关注一些个股机会，看看次新板块能否在寒冬添一把火**，另外可以找找类似于八菱科技上涨初期那种小阳不断上攻的图形，现在打板接力不易，稍微耐心留意此类偏庄股也是一个方向！

➢ 指数搭台，做多情绪回暖，昨日指出关注连板机会今日也全涨停，短线跟随市场最热即好！

➢ 强势做核心龙头机会，弱势做强势股拉回低吸机会。

【"林疯狂"的经典语录·结构】

➢ 很少去碰跳空高开的股票，大部分都是低开或者平开逐步拉升的股票。高开很多的一般都很难把握，特别是初期吃不准会吃过不少苦头，自然推动的耐力要更足一点！

➢ 量能并不太关注，比较关注势，冲高回落找不到持有的理由第二天就"无脑割"。

➢ 只根据盘面来，不做主观判断，这应该就是大神的跟随了吧。

➢ 今日操作有感，长征本可自然冲击三板，一则利好推向一字预期，竞价仅小幅高开2个点大幅弱于市场预期，开盘后顺势卖出。总结来看，开盘卖出看风险，半路买回看机会。

➢ 经过今日下跌分化，弱势之下更能看清那些好的，重点可关注今日逆势走出品种。

➢ 直接竞价顶上，略显猴急，一旦不能封板抛盘就会急速涌现。如果不做竞价，盘中靠合力推上去结果会好得多。

➢ 德新交运最近算是全场最佳了，每天开盘都给"水下"机会，然后一路震荡上行尾盘去板，打板的不一定看得上，打了又未必能锁住，不是很出众却很耐看。类似于去年的建科院，哪天加速就要小心了。这个属于自己的菜，这波错过着实可惜……**这类趋势牛股是最应该去学习和总结的，有助于培养盘感**。

【"林疯狂"的经典语录·对手盘思维和资金流向】

➤ 基本上做的是跟随，当主力资金给你指明方向的时候，反应要快，稍带迟缓可能只能喝点汤甚至连汤都喝不着，前提是要对你买入的票够熟悉。

➤ **指数大涨，个股全面普涨，接下去将会是一段强周期**，看好局部可操作行情，板块主要还看科创和 5G，消息刺激的期货、知识产权，汽车零部件暂看一脉冲难成主流，个股上积极关注市场人气领涨品种，把握节奏看强做强！

➤ 看明日开盘哪个率先走强，个股上关注前排龙头或连板机会。

➤ 在市场目光全都聚焦券商板块的时候，券商恰好如期迎来回调。

➤ **从整体开盘预期可大致看出今天接力昨天强势股可能就会比较难，从而资金选择方向马上转向了前期活跃过的低价股上**……图形大都类似，短线资金嗅觉还是很灵敏的，切换得很及时，当然这些个股极大可能只是借大盘调整抢一日反弹，再去接力参与价值不高，这种转换也给大家以后操作提供一个思路，大家不妨可以回味下。

【"林疯狂"的经典语录·买卖点和操作手法】

➤ 超短模式，基本都是"今日买，明日卖"，除了第二天开盘短时间内能涨停的拿一拿。

➤ 操作手法上，我几乎盯着活跃牛股，反复操作，低吸、半路追涨、打板都会用。毕竟盈亏同源，每种手法都有极限性，所以这么多年各种方式我都在尝试吧。

➤ 低吸半路和打板在我理解都一样，不同的攻击手法罢了。主观上大部分还都是冲涨停而去的，只要能创造收益，没有贵贱之分，灵活运用它们，实现利润最大化，我一般最多到半路，很少到板上再去追。**重要的是操作都要围绕时下的热点去展开**，没有非要快板了再去拼手速。

➤ 影响我最大的人是炒股养家：买入机会，卖出风险，只做对的交易，胜负交给概率。

➤ **以低吸强势股和热门股为主，大多4个点之内低吸，其中又以涨到1个点左右时买点多。** 偶尔涨停板打板，4个点到10个点之间极少买股，基本不打半路板。

➤ 很多都是买入刚突破前高的股，包括强势股突破前高及强势股回调后再次破前高。分时买点大多在平开或低开后开始启动时（带量开始上涨）。

➤ 指数没问题，操作还是重个股，短线继续紧盯市场最强几只，看强做强顺势而为。

➤ **竞价弱于预期，开盘后果断卖出。**

➤ 操作更多心思放在了追涨，把自己抛在太尴尬的位置，盈利就是一点肉沫都很难，亏起来很容易就是大亏，要深刻反思。最好的操作当是立稳为本，做概率大，赔率高的交易，这也是我以前一直坚守的，而不是盲目地追涨。这里也建议大家想要做好股票，走好这条路更多还得是要去多学习技术利用技术，理解市场，而不是无脑痴迷于龙头，打板！

【"林疯狂" 的经典语录·风险控制和仓位管理】

➤ 几乎每天都全仓一只股，偶尔2只，第二天卖掉后再全仓另一只；几乎每天都交易。

➤ 跟风的第一个板没及时跟进，指望第二个板再进去是极其不理智的，这样的股是不会进入我的视线的，龙头只有一个，莫幻想个个都能成龙。

➤ 喜欢天天交易，股灾期间也鲜有空仓，概率够就迎面去上，错了就认栽重新再战。

➤ 控制回撤还是取决于自己的执行力，交易着计划，计划着交易，慎做情绪化随意性交易，谨记！

➤ 减少操作，调整下心态，一旦进入恶性循环都是非理性操作居多，不妨先停下看看吧，待心态平和理顺了再做不迟。

➤ 杠杆在没有驾驭能力的时候真是割草机。

➤ 我先做的配资再做的融资，深切觉得融资还不如配资，所以现在干脆撤了，不过还是不建议使用杠杠，风险不是一般大，需要强大的内心，刚做配资我也是多

次徘徊在危险边缘才侥幸脱身，有能力慢慢做也会起来。

➤ 有尝试过配资，多次从死亡线拉回。再用融资账户操作，买卖的基本都是带融资的股票，眼界被约束了不少，之后放弃融资，断臂重生。

➤ 放弃融资有三个原因：一是绝大部分牛股都出现在非融资；二是由于本人性格做融资的话，眼光就局限在融资的票当中，往往错过很多机会；三是现在这行情已经不在牛市中，带融资且能持续爆发的票是少之又少，我又是做超短的，所以权衡利弊，果断放弃。

➤ 每每在你一顺百顺斗志激昂目空一切的时候，它就刚刚好地出现迫使你冷静下来，回撤并不可怕，可怕的是别因回撤丢了信心，做到在回撤中不断学习，学习中不断成长，成长中不断新高就足矣！戒骄戒躁，把交易当乐趣，莫让乐趣伤了你。

➤ **大部分亏钱的就都是偏随意性的操作。对于一次性大幅亏损的话，该割的还是毫不犹豫割。**

➤ 作为热爱股票在市场交易的我们，再难也只有不断去适应。

➤ 错误的交易必须及时斩断，不然会因为你的优柔寡断而错失更好的机会，顺的时候多做，不顺的时候适当停一停，慎做情绪化随意性交易。

【"林疯狂"的经典语录·市场进化和修炼进阶】

➤ 简单谈下操作，**个人最先开悟是来源于几只趋势股的走牛**，最有记忆的是 2013 年的冠豪高新、奋达科技和 2014 年的成飞集成，可以说是这三只票促使我对股票产生了顿悟，后来接触到淘股吧一段时间之后，了解到龙头战法，打板，个人手法也受之影响发生了些变化，但随着这两年互联网普及过于厉害，什么冲天炮，核按钮不绝于耳，早已经错过了最好的时代。**真正永恒不变的还是趋势力量，个人觉得专于趋势或许更能使你的资金有效地复利，也正契合当下的主流。**本人后面大部分资金会遵循市场核心趋势去做，留有小部分去投机超短个股，以感受市场脉搏维持盘感！

➤ 给大家一些建议，每个人都有自己的交易习惯，先规划好自己的一套标准，按自己的标准去执行，做自己擅长的、理解之内的，无论低吸，半路或是打板，长久坚持把一件事先给做透了，自然都会有收获！

➢ 赢要赢得精彩，输要输得明白！

➢ 每位想成功做好超短的战友进化的方式都各有千秋，对市场每个阶段的理解和对机会的把控并不是造成赢亏的本质。认知提升才能进化。

➢ 短线操作有很多方法，并不是大多数股民朋友不熟悉不懂，而是做不到持之以恒地反复用一种操作方法操作，所以注定了是大多数人群体。

➢ 我没有看书的习惯，打小就不爱看书，没啥好推荐的哦。**个人认为看书炒股不切实际吧，重要的还是实战，书上理论都是纸上谈兵，唯有在实战中切身体会方知自身处境以求不断突破自己提高胜率！**

➢ 关于操作，说一点自己的想法，短线核心是交易计划，在自己预期内的会多看看，不符合的一般先会退一下，很多时候开盘后会习惯性卖出，也是因为有别的看好标的，当然有那么点爱折腾，有时会经常卖飞牛股，但对我来说也属正常，要说不足的话就是对一些市场核心牛股标的还是应该可以多一些耐心，不断学习与进步吧！

【"林疯狂"的思维架构和交易解读】

在本小节，我们将介绍"林疯狂"的几个真实交易案例，在这些案例当中我们力图扼要呈现当时的格局和玩家背景，以及交易者本身的思维架构，以便大家能够从中获得具体交易思路和操作手法上的启发。

【"林疯狂"案例1·棒杰股份】

我们来看2016年"林疯狂"操作的棒杰股份，他在4月29日买入，在5月3日卖出（见图6-1）。这种操作就是他的典型风格，正如其所言——"超短模式，基本都是今日买，明日卖，除了第二天开盘短时间内能涨停的拿一拿。"整体而言属于比较特别的接力玩家，江湖上称之为"接力后停顿时买入"战法。

我们来解构一下他买入棒杰股份时的格局背景。首先是当时的周期环境，买入点前一日，也就是2016年4月28日的平均股价指数日线恰好在上升趋势线处获得支撑，这就是与"乖离"相反的"适离"。以2016年3月1日的低点A和3月11日的低点B绘制上升趋势线，4月28日盘中最低点临近这天趋势线后获得强有力

的支撑，最终收盘略微上涨，形成一根下影线很长的 K 线（见图 6-2）。接下来数日，大盘上涨的概率是比较高的。

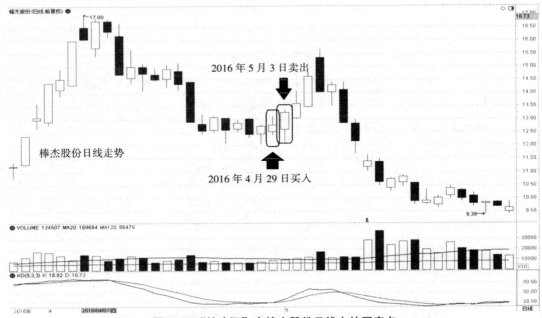

图 6-1　"林疯狂"在棒杰股份日线上的买卖点

资料来源：通达信，DINA。

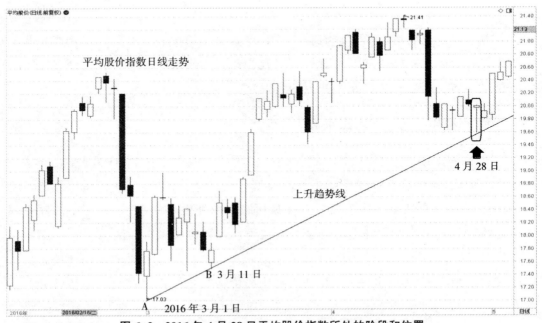

图 6-2　2016 年 4 月 28 日平均股价指数所处的阶段和位置

资料来源：通达信，DINA。

除了从趋势线的角度侦测当时的指数周期，我们还可以从斐波那契点位结构的维度去预判接下来指数的短期动向。以2016年3月1日低点A和4月15日高点B之间的价格幅度为单位1，以B点为起点向下绘制斐波那契回撤点位线谱（见图6-3）。

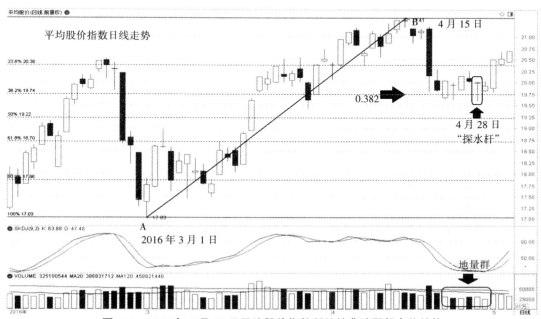

图6-3　2016年4月28日平均股价指数所处的斐波那契点位结构
资料来源：通达信，DINA。

4月28日之前数日的K线基本处在0.382的支撑之上，且成交量显著萎缩。4月28日当天的K线俗称"探水杆"，下影线很长，彰显了0.382的支撑非常有效。

平均股价指数在2016年4月28日这天受到了上升趋势线和0.382回撤线的双重支撑，且被K线形态和成交量证明为有效支撑，那么接下来指数周期往上的概率就比较大了。**具体幅度取决于驱动力或者说指数的逻辑，但是短期内的动量是向上的**。指数见底后与个股共振起涨的买点是"林疯狂"非常推崇的："在大盘震荡中寻找机会，很多买卖都会出现在逆大盘而动的票身上，**买点也是时常契合大盘相对弱到底时个股又率先起身的那个点。前提要判断大盘是否恰好处在转折或是相对安全的位置上……**"

我们再来看板块指数和主线周期所处的阶段。棒杰股份属于太阳能板块，这个板块也是当时的热点之一。买入点前一日相应板块指数日线与大盘所处的阶段和位

225

置差不多。我们以太阳能板块指数日线走势在 2016 年 3 月 11 日的低点 A 和 4 月 22 日的低点 B 绘制上升趋势线，4 月 28 日这天的盘中最低点触及了这条上升趋势线，然后成功收上去了，形成了"探水杆"形态，或者说"蜻蜓点水"形态，那么接下来就是"起飞"了（见图 6-4）。

图 6-4　太阳能板块指数在 2016 年 4 月 28 日所处的阶段和位置
资料来源：东方财富，DINA。

　　还可以从斐波那契点位结构的角度来分析当时太阳能板块指数所处的阶段和位置。以 2016 年 3 月 11 日低点 A 和 4 月 13 日高点 B 之间的价格幅度作为单位 1，以 B 点作为起点向下绘制斐波那契回撤点位线谱（见图 6-5）。4 月 20 日当天一根大阴线在 0.5 回撤点位处获得显著支撑，此后数日持续验证了此支撑的有效性。到了 4 月 28 日，太阳能板块指数当日明显也受到了下方回撤点位的有效支撑，那么此后至少短时间内应该有一波上涨。

　　接着，我们分析情绪周期。2016 年 4 月 27 日到 29 日三个交易日的市场情绪体现在上涨家数当中（见图 6-6），这三个交易日收盘时的上涨家数基本上处在中间偏低的位置，市场情绪不高，但也算不上是冰点。

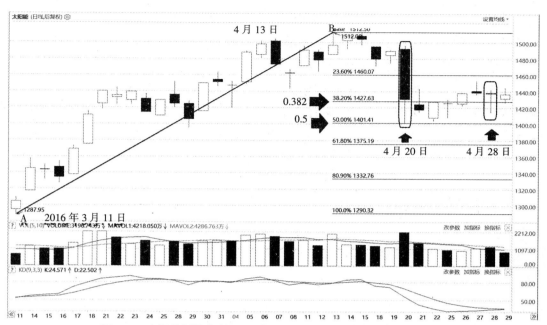

图6-5 太阳能板块指数2016年4月28日所处斐波那契点位结构
资料来源：东方财富，DINA。

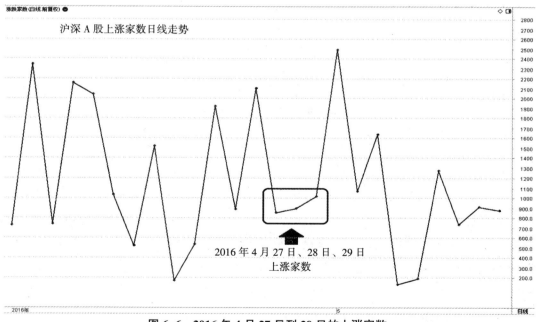

图6-6 2016年4月27日到29日的上涨家数
资料来源：通达信，DINA。

这里需要补充一点背景资料。2016 年上市家数和本书最终成稿时的 2023 年有较大差距，现在的情绪冰点是 1500 家以下，情绪沸点则在 4000 家以上。而在 2016 年，400 家以下就是冰点，2400 家以上是沸点。

从收盘上涨家数来看，情绪未到冰点。但是，从日内上涨家数分时走势来看，则是另一番景象。2016 年 4 月 28 日，上涨家数在午后就跌到了 200 家附近（见图6-7），盘中冰点非常明显，对应的就是大盘指数和板块指数长下影线。

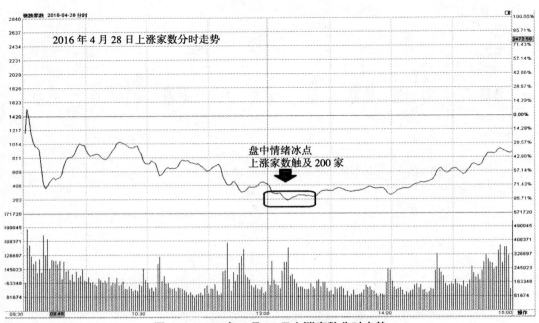

图 6-7　2016 年 4 月 28 日上涨家数分时走势

资料来源：通达信，DINA。

到了 2016 年 4 月 29 日也就是"林疯狂"买入棒杰股份当天，上涨家数开盘低于 400 家，开盘就是冰点（见图 6-8）。**题材投机高手基本上恪守的原则是买在冰点，卖在沸点。另一种说法——"买在分歧，卖在一致"。深入一些你就会发现，所谓的价值投资和题材投机，时机是最为重要的，或者说周期。再进一步地讲，价值投资的安全空间和题材投机的溢价空间主要来自情绪恐慌点。我们不要人云亦云地奉行什么"长期主义"，长期一切都化为虚无了，周期才是真正的王道，我们要做一个纯正的"周期主义"者**，在本讲义的后记部分我们阐释并重申了这一根本哲学。

"林疯狂"是在第二个交易日，也就是 5 月 3 日卖出了棒杰股份。当日的情绪实际上是非常高的，一个典型的情绪沸点。开盘后不久就稳定在 2000 家以上，最终收盘是涨了超过 2400 家（见图 6-9）。高手是不是习惯于在沸点卖出？

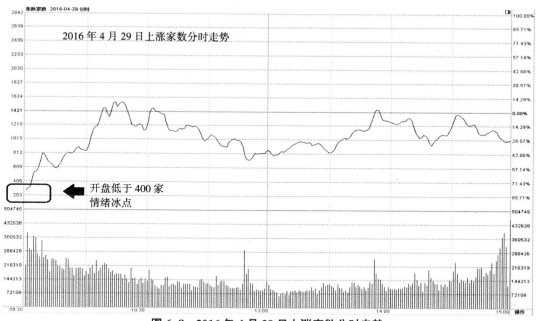

图 6-8　2016 年 4 月 29 日上涨家数分时走势

资料来源：通达信，DINA。

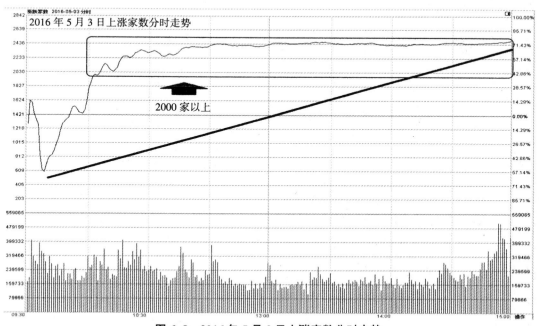

图 6-9　2016 年 5 月 3 日上涨家数分时走势

资料来源：通达信，DINA。

从当时的热点和逻辑驱动力来看，太阳能板块和棒杰股份处在人气之中。最后，一切操作都要落实在个股结构上。棒杰股份在"林疯狂"买入的时候处在什么样的结构呢？以 2016 年 3 月 8 日低点 A 到 4 月 7 日高点 B 之间的价格幅度为单位 1，以 B 点为起点绘制斐波那契回撤点位线谱，4 月 28 日和之前几日刚好在 0.5 回撤点位处获得支撑（见图 6-10）。**0.382 到 0.618 这个核心区域往往都是趋势回调的极佳买入点位**，参考本讲义的附录三《趋势中的回调与进场时机》。无论"林疯狂"是否有意在使用这一技术，反正客观上他经常是在这一核心区域逢低吸纳。

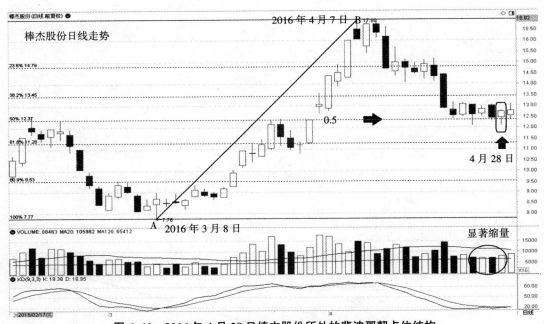

图 6-10　2016 年 4 月 28 日棒杰股份所处的斐波那契点位结构
资料来源：通达信，DINA。

　　4 月 29 日开盘就是情绪冰点（见图 6-8），棒杰股份开盘触及日线上的 0.5 倍回撤点位后止跌回升，形成向上 N 字结构（见图 6-11）。**冰点开盘且叠加斐波那契支持和 N 字结构，这是很好的分时买点。**不过，"林疯狂"选择尾盘买入。

　　接下来的一个交易日，2016 年 5 月 3 日棒杰股份低开（见图 6-12），有点弱，不及预期，估计是这个原因叠加其次日开盘不涨停就卖出的风格，使"林疯狂"当天开盘就卖出了。**"竞价弱于预期，开盘后果断卖出。"**

　　对此，他自己也坦承："几乎每天都全仓一只股，偶尔 2 只，第二天卖掉后再全仓另一只……关于操作，说一点自己的想法，短线核心是交易计划，在自己预期

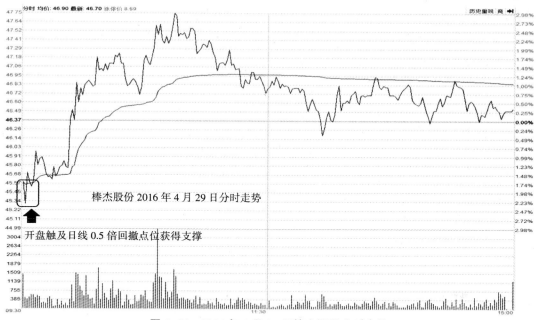

图 6-11　2016 年 4 月 29 日棒杰股份分时走势

资料来源:同花顺,DINA。

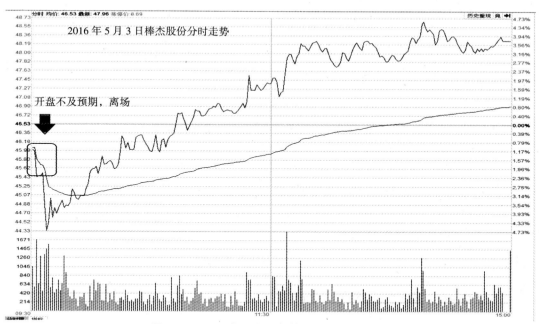

图 6-12　2016 年 5 月 3 日棒杰股份分时走势

资料来源:同花顺,DINA。

内的会多看看，不符合的一般先会退一下，很多时候开盘后会习惯性卖出，也是因为有别的看好标的，当然有那么点爱折腾，有时会经常卖飞牛股，但对我来说也属正常，要说不足的话就是对一些市场核心牛股标的还是应该可以多一些耐心，不断学习与进步吧！"

从氛围来看，大盘开盘后一波下杀动作（见图 6-13），太阳能板块指数也是开盘下跌一波（见图 6-14）。但是，很快情绪回升，棒杰股份也走出了趋势修复形态。

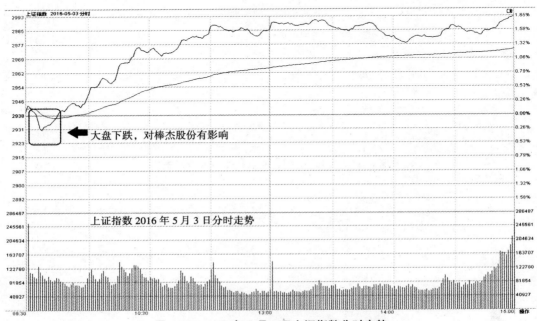

图 6-13　2016 年 5 月 3 日上证指数分时走势

资料来源：通达信，DINA。

站在日线上来看"林疯狂"在棒杰股份上的操作贯彻了"买在冰点，卖在沸点"的周期主义原则，但在日内分时的情绪周期上欠了那么一点火候，当然跟个人风格有关，以致错失一些利润。当然，在某些时候可能就减少了一些风险，有失有得。

【"林疯狂"案例 2·银宝山新】

"林疯狂"在 2016 年 4 月 19 日到 6 月 2 日之间反复操作银宝山新七个来回，整体收益达到了 56%，这是他在比赛资金增长到百万元之前最大幅度的一笔收益，极大地增强了他的信心，后面的十倍增幅都是在这个基础上跃升的。在这里，我们

仅仅介绍他在 2016 年 5 月 31 日买入银宝山新,次日(6 月 1 日)卖出的操作(见图 6-15)。

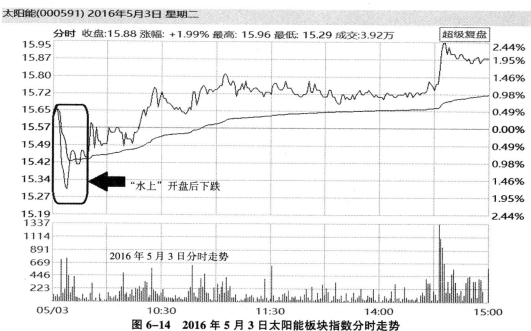

图 6-14 2016 年 5 月 3 日太阳能板块指数分时走势
资料来源:东方财富,DINA。

图 6-15 "林疯狂"在银宝山新日线上的买卖点
资料来源:通达信,DINA。

为什么"林疯狂"在 2016 年 5 月 31 日买入呢？我们来看一下当时的周期。买入点前一日大盘指数日线处在什么样的位置呢？除趋势线和均线外，我们还可以结合斐波那契点位结构来观察和分析。以平均股价指数 2016 年 3 月 1 日低点 A 到 4 月 15 日高点 B 的价格幅度为单位 1，以 B 点为 0 点向下绘制斐波那契回调点位线谱（见图 6-16）。2016 年 5 月 30 日这天平均股价指数处在 0.809 回撤点位，这个点位我们很少用，市场回调程度非常深。**市场非常弱且缺乏题材，那么在可能反弹的点位会选择次新股。**

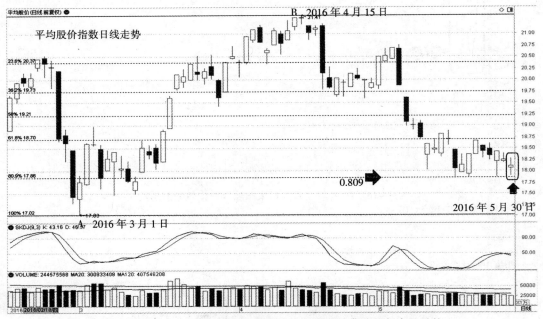

图 6-16　2016 年 5 月 30 日平均股价指数所处的斐波那契点位结构
资料来源：通达信，DINA。

上面是从斐波那契回撤点位看大盘指数所处的位置和阶段，我们还可以从斐波那契扩展点位看大盘所处的位置和阶段。我们选择上证指数来观察，以 2016 年 4 月 13 日高点 A 到 4 月 20 日低点 B 的价格幅度为单位 1，以 5 月 6 日高点 C 为起点或者说 0 点向下绘制斐波那契扩展点位线谱（见图 6-17）。5 月 30 日和此前十来个交易日都在 1 倍扩展点位附近横盘震荡。

我们也可以上证指数做斐波那契回调点位分析，因为各个大盘指数实际上是共振的，斐波那契点位也是广谱适用的，并不需要"削足适履"。以 2016 年 2 月 29 日低点 A 到 4 月 13 日高点 B 的价格幅度为单位 1，以 B 点为起点向下绘制斐波那

契回撤点位线谱（见图6-18）。5月30日和此前一段时间，上证指数日K线处在0.618回撤点位处盘整。

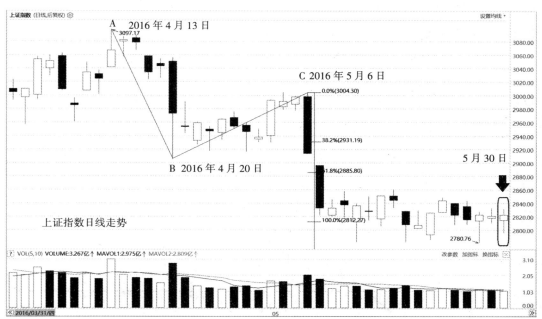

图6-17 2016年5月30日上证指数所处的斐波那契点位结构（1）
资料来源：东方财富，DINA。

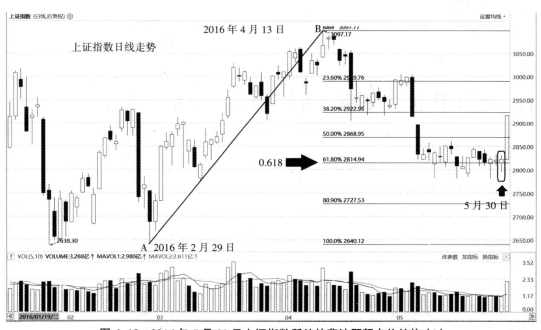

图6-18 2016年5月30日上证指数所处的斐波那契点位结构（2）
资料来源：东方财富，DINA。

　　指数周期处在一个趋势回撤见底的阶段，斐波那契技术告诉了一些基本相同的观点。那么，为什么这个时候"林疯狂"要参与作为次新股的银宝山新呢？什么时候应该搞次新股？"林疯狂"的答案是"**没有题材时，打板次新套利。**"逻辑和主线周期上，次新股是当时比较好的选择。

　　那么，当时次新股板块指数处在什么样的周期阶段呢？以 2016 年 2 月 29 日低点 A 到 4 月 13 日高点 B 的价格幅度为单位 1，以 B 点为起点向下绘制斐波那契回撤线谱，5 月 30 日及此前十来日都在 0.382 到 0.618 核心支撑区波动，且期间出现了成交量阶段性地量（见图 6-19），次新板块短期趋势回撤结束的概率很大。

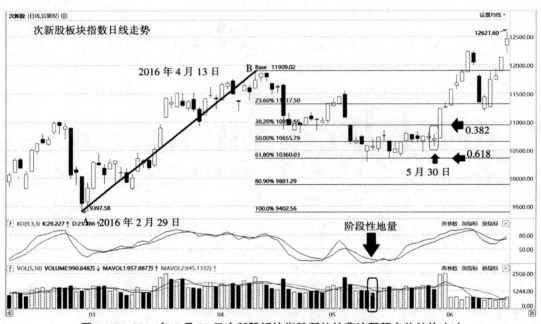

图 6-19　2016 年 5 月 30 日次新股板块指数所处的斐波那契点位结构（1）
资料来源：东方财富，DINA。

　　我们还可以从斐波那契扩展点位的角度分析当时次新股板块所处的位置和阶段。以 2016 年 4 月 16 日高点 A 到 4 月 25 日低点 B 的价格幅度为单位 1，以 5 月 6 日高点 C 为起点向下绘制斐波那契扩展点位线谱（见图 6-20）。5 月 12 日、19 日、20 日和 26 日都在盘中测试了 1 倍扩展点位的支撑有效性。支撑有效，那么后市转而上涨的概率就很大了。

　　指数周期和主线周期都处在回升的前夜，那么市场情绪如何呢？我们还是从上涨家数看市场情绪的周期状态（见图 6-21）。2016 年 5 月 30 日收盘上涨家数偏低，

而 5 月 31 日收盘状态是情绪沸点，6 月 1 日收盘时情绪显著回落了。收盘的情绪只是静态和局部的信息，对于超短线操作而言，盘中的情绪变化是非常重要的。

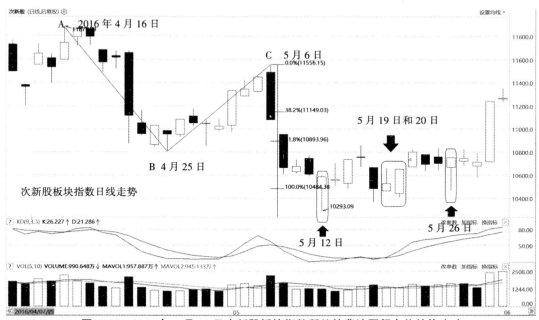

图 6-20　2016 年 5 月 30 日次新股板块指数所处的斐波那契点位结构（2）
资料来源：东方财富，DINA。

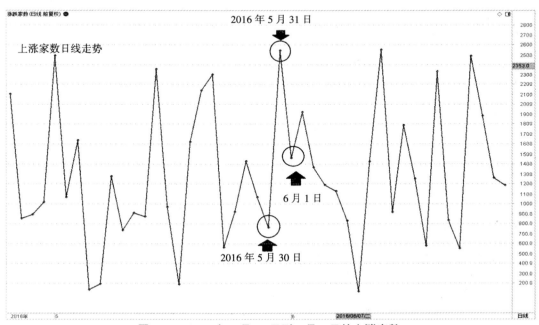

图 6-21　2016 年 5 月 30 日到 6 月 1 日的上涨家数
资料来源：通达信，DINA。

2016 年 5 月 30 日上涨家数在开盘时是低于 400 家的，开盘就是一个情绪冰点（见图 6-22），这对于"林疯狂"而言可能是一个更好的进场买入窗口。不过，他可能想要等待一个更好的弱转强信号。

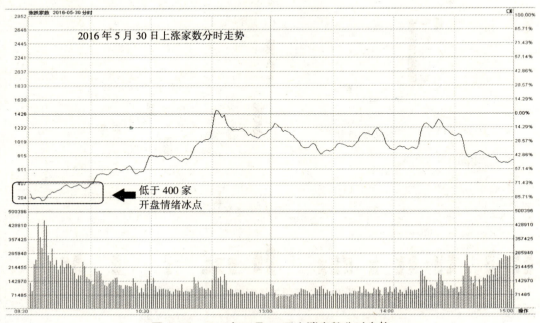

图 6-22　2016 年 5 月 30 日上涨家数分时走势

资料来源：通达信，DINA。

2016 年 5 月 31 日开盘后不久，上涨家数就飙升到了 2400 家以上，当天就是一个情绪沸点（见图 6-23）。

2016 年 6 月 1 日，上涨家数围绕 1400 家这个中间值波动，当天情绪波澜不惊（见图 6-24）。

整体而言，"林疯狂"在情绪沸点买入，如果买点前置一日可能效果会更好。当然，这仅仅是情绪周期上的优劣评价。

最终，一切看法和操作要落实到个股结构上。银宝山新作为次新股上市后狂涨259.38%后回撤到了关键斐波那契点位 38.2%，接着于 2016 年 4 月 13 日再度上涨。而"林疯狂"在 2016 年 4 月 19 日到 6 月 2 日之间对银宝山新进行了第二波反复操作，他本人是这样评价这段操作的："银宝山新，最满意的是它验证了我对中长线的预判，当你看好潜力板块时，不可盲目换战场。"

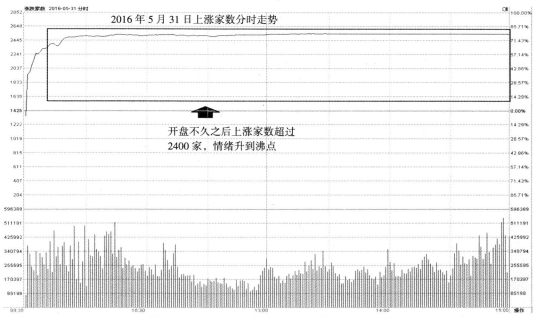

图 6-23　2016 年 5 月 31 日上涨家数分时走势

资料来源：通达信，DINA。

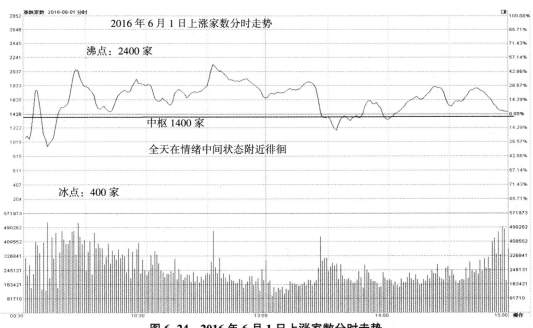

图 6-24　2016 年 6 月 1 日上涨家数分时走势

资料来源：通达信，DINA。

　　银宝山新在 2016 年 5 月 26 日这天其实就已经有回撤见底迹象了。我们以 2016 年 5 月 12 日低点 A 到 5 月 24 日高点 B 的价格幅度为单位 1，以 B 为起点向下绘制

斐波那契回撤点位，5 月 26 日是典型的"蜻蜓点水"（"探水杆"）K 线形态。一个看涨反转 K 线形态的最低点刚好触及 0.382 回撤点位（见图 6-25），相当于贝叶斯推理增加了一条新信息进一步提升了后验概率。

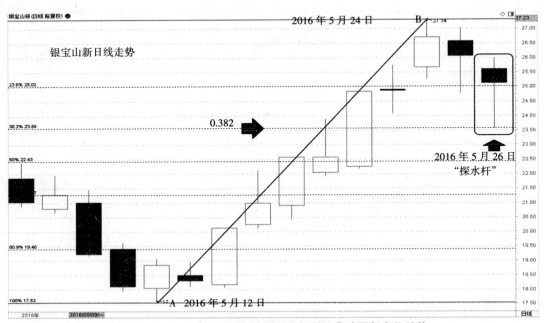

图 6-25　2016 年 5 月 26 日银宝山新所处斐波那契点位结构
资料来源：通达信，DINA。

除斐波那契点位外，银宝山新 5 月 31 日也出现了上升 N 字结构（见图 6-26），这是一个非常重要的市场转折和中继结构，参考附录五《趋势突破点和 N 字结构》。**一旦在最近出现了 N 字临近突破或者刚好突破时，那么如果周期和逻辑催化剂上有支持，则胜率和赔率是非常高的。**纯粹做 N 字突破行不行？比如"双响炮"这类战法。这个竞争就太激烈了，毕竟会这个的人不少，你要有大多数人都没有的优势才行。**叠加题材性质、情绪周期和对手盘思维可以让你胜出。**

对手盘思维如何落实到具体的点上呢？成交量是一个比较重要的入手处。比如，银宝山新 2016 年 5 月 31 日这天成交量就非常大（见图 6-27），这就是异动，或者说异常之处，是我们特别需要注意的信息点。毕竟，这么大的资金量都是小散吗？正常值表明市场处于"静止或匀速运动状态"，这个时候外力，主要是驱动因素和心理因素并未太大改变。只有当市场出现异常值的时候，也就是加速度变化出现的时候，这才表明外力发生了变化，而这个时候要么趋势变化了，要么时机出现

了。基本面发生很大改变，或者将要发生很大变化，会使股价运行趋势发生变化。异动有什么价值？如何去解读？参考附录六《高价值的信息来源：异动点》一文。

图6-26　2016年5月31日银宝山新的上升N字结构

资料来源：通达信，DINA。

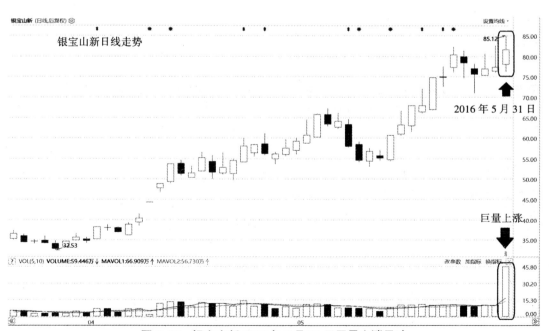

图6-27　银宝山新2016年5月31日巨量上涨异动

资料来源：东方财富，DINA。

　　收盘巨量有点滞后了，我们怎么能够尽早知道有大资金进入呢？对手盘和资金流向是我们做题材投机时需要尽量掌握的一个维度。这个就可以看同花顺行情软件的一个指标了——"竞价量比"。9:25 这个指标数据就出来了，如果是近期最大值，那么就是有大资金关注这只个股了。比如，银宝山新 2016 年 5 月 31 日的竞价量比数据 9:25 就可以看到了，近期一个显著最高值（见图 6-28），这个就比收盘成交量及时多了。在《题材投机 2：对手盘思维和底层逻辑》中，我们在集合竞价部分详细地谈论过同花顺提供的一些竞价量能指标，感兴趣的可以结合起来理解。

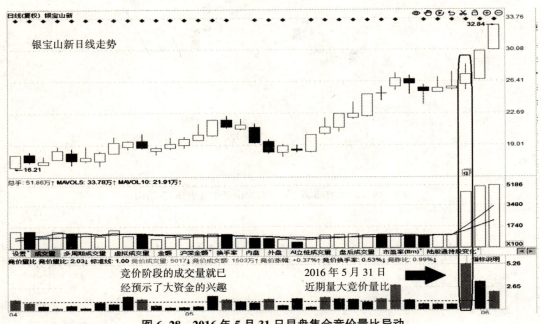

图 6-28　2016 年 5 月 31 日早盘集合竞价量比异动

资料来源：同花顺，DINA。

　　2016 年 5 月 31 日开盘后不久，"林疯狂"就买入了（见图 6-29），他是不是注意到了早盘集合竞价阶段的"量能异动"呢？我想应该是的。

　　次日（2016 年 6 月 1 日），开盘不久"林疯狂"就卖出了（见图 6-30），一个是弱于预期，另一个是次日开盘不涨停就卖的操作习惯。

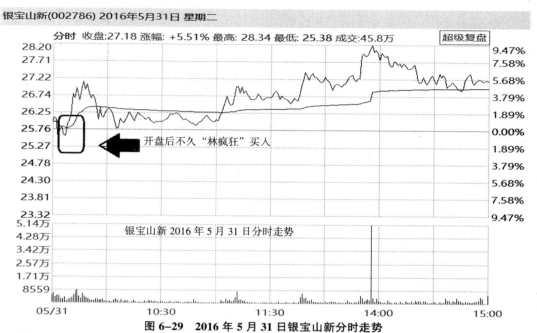

图 6-29 2016 年 5 月 31 日银宝山新分时走势

资料来源：东方财富，DINA。

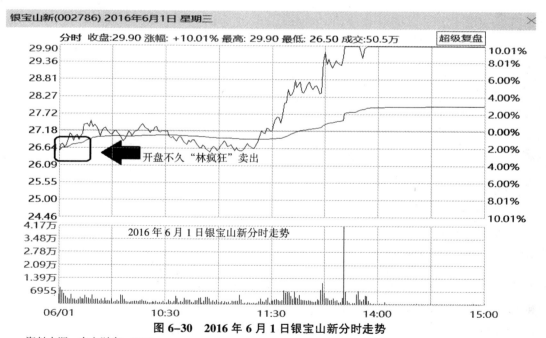

图 6-30 2016 年 6 月 1 日银宝山新分时走势

资料来源：东方财富，DINA。

【"林疯狂"案例 3·四川双马】

四川双马是"林疯狂"的经典操作，单笔收益率高达 60%。当然，作为接力玩家的"林疯狂"主要靠将风险控制到极小后在微利的基础上基于复利原理，通过提高周转率来创造奇迹。因此，与实行"龙空龙"战法的"冰蛙"等玩家有明显区别。但是，一旦遇到连板股，具体而言就是竞价或者开盘上板的个股，"林疯狂"也能享受较大的盈利幅度。"林疯狂"2016 年 9 月 8 日买入四川双马，9 月 23 日卖出（见图 6-31），接力战法成了龙头战法，这就是个股足够强势，给了持仓信心。

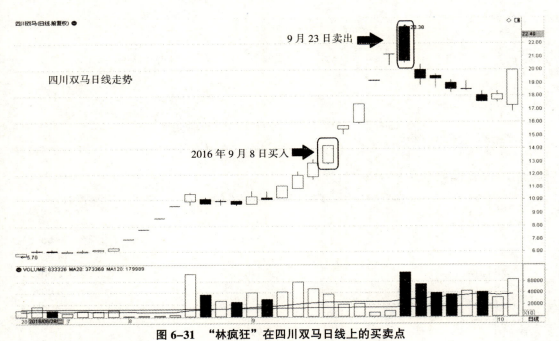

图 6-31　"林疯狂"在四川双马日线上的买卖点
资料来源：通达信，DINA。

要了解为什么"林疯狂"会在 2016 年 9 月 8 日买入四川双马，我们有必要首先看清当时的格局和背景。**为什么绝大多数人在股票交易上踟蹰不前？关键原因就在于基本没有考虑格局，只考虑了个股的技术走势。**正如陈澹然在《寤言二·迁都建藩议》所言："不谋万世者，不足谋一时；不谋全局者，不足谋一域。"你不知道所处的周期阶段，那么一切谋划和操作都无济于事，甚至还会起反作用。事物的发展是以波浪形式展开的，因此周期主义是比较务实和有效的视角。长期主义容易变成直线思维，而直线思维是我们人类大脑的"硬伤"。

大凡王者兴，必合于周期，当机而乘势。无论你是做什么交易，都应该经常把荀子的《天论》读一读，定会受益匪浅，下面列出其中我认为值得反复揣摩的句子：

> 天行有常，不为尧存，不为桀亡。应之以治则吉，应之以乱则凶。

> 不为而成，不求而得，夫是之谓天职。如是者，虽深、其人不加虑焉；虽大、不加能焉；虽精、不加察焉，夫是之谓不与天争职。天有其时，地有其财，人有其治，夫是之谓能参。舍其所以参，而愿其所参，则惑矣。

> 望时而待之，孰与应时而使之！

> 故大巧在所不为，大智在所不虑。

> 所志于天者，已其见象之可以期者矣；所志于地者，已其见宜之可以息者矣；所志于四时者，已其见数之可以事者矣；所志于阴阳者，已其见和之可以治者矣。

深入浅出地讲，**无论多么牛掰的游资，必然是与周期相应，否则都会被周期消灭。**

生我者，周期也；亡我者，周期也。

成王败寇，周期也。

生死、成败、得失、荣辱的根源都是周期，而你的策略和实力只是这个大格局下的内生变量而已。

什么是人生的第一性原理？

周期是也！

炒股的人讲龙头信仰，其实信仰不是科学，信仰也常常不客观，信仰执着于对错，而非效果。

炒股的人时刻都在追求"悟道"，什么是"道"呢？肯定不是迷信，肯定不是信仰。

一切绝对的信仰都有局限性，都是将局部和暂时的条件性假设绝对化了。

只有相对主义和周期主义才是事物的本质和真相。悟道不在于信仰，而在于走出盲目和绝对的信仰。道就是"周期"，天道就是"周期"，股道也是"周期"。

看过《乌合之众》、学习过群体心理学的人明白一个道理，越是简单绝对的论调越容易被大众所迷信和追捧。因此，不要陷入绝对主义的窠臼，要采用相对主义和周期主义的视角去看待一切，包括股市。

回到正题，"林疯狂"买入四川双马时市场所处的周期阶段是怎样的？2016年9月9日是一个临界点，下跌楔形的末端（见图6-32），此后上证指数向下跌破上升趋势线，步入弱势，这个阶段能够表现的往往是次新股和妖股了，而四川双马就是当时的妖股，特立独行。

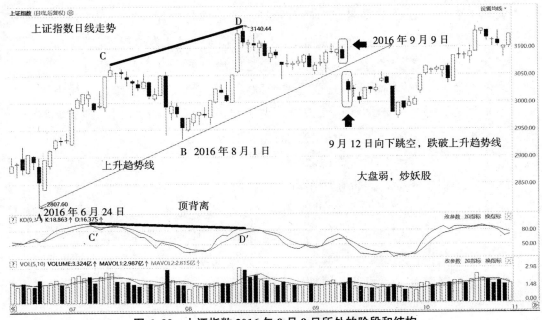

图 6-32　上证指数 2016 年 9 月 9 日所处的阶段和结构

资料来源：东方财富，DINA。

　　当时的市场情绪如何呢？从 2016 年 9 月 6 日到 9 月 26 日，情绪的变化可以从上涨家数变化看出来（见图 6-33）。高手是尽量买在冰点或者冰点附近，卖在沸点

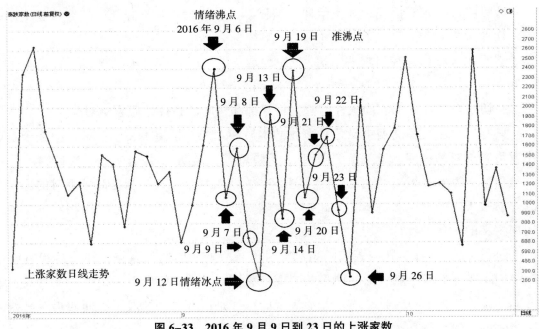

图 6-33　2016 年 9 月 9 日到 23 日的上涨家数

资料来源：通达信，DINA。

或者沸点附近。

2016 年 9 月 8 日"林疯狂"在 14.96 元涨停价扫板买入（见图 6-34）。为什么不在 9 月 6 日或者 9 月 7 日买入呢？因为 9 月 6 日是情绪沸点，高潮日，次日胜率和赔率都不高。9 月 7 日也只能尾盘买，因为当日高潮后首日分歧。

图 6-34　四川双马 2016 年 9 月 8 日分时走势

资料来源：通达信，DINA。

"林疯狂"2016 年 9 月 8 日买入四川双马后为什么能够持仓数日，因为此后每天的涨停时间都比较早，而且有分歧放量换手，也有一致缩量加速，交叉间隔，并未一味缩量加速。"林疯狂"后来谈及这笔交易，强调"一旦开盘没有一字板涨停，便会立即卖出……没有太多技术讲究"。

结合当时的大盘指数来看，四川双马不仅每日都超预期，而且也比大盘指数更强。2016 年 9 月 9 日上证指数弱势（见图 6-35），"水下"开盘，反弹无力无幅度，长时间处于负值。相应的四川双马却快速上板（见图 6-36）。

2016 年 9 月 12 日，上证指数大幅低开（见图 6-37），四川双马开盘就上板，妖股的强势相得益彰（见图 6-38）。

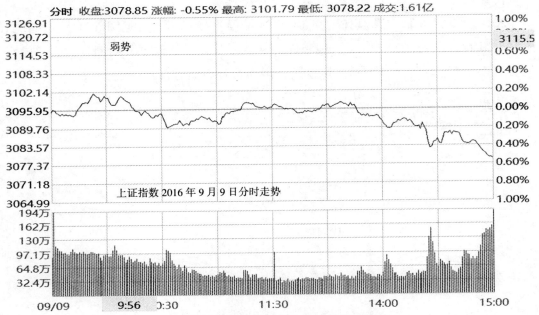

图 6-35 上证指数 2016 年 9 月 9 日分时走势

资料来源：东方财富，DINA。

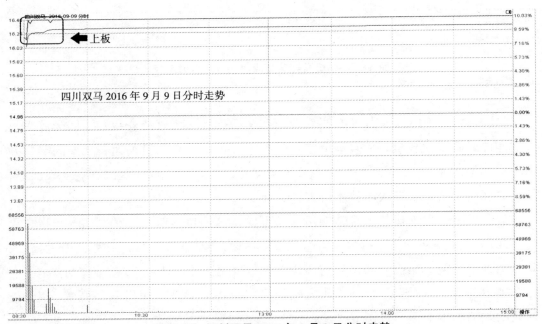

图 6-36 四川双马 2016 年 9 月 9 日分时走势

资料来源：通达信，DINA。

图6-37　上证指数2016年9月12日分时走势

资料来源：东方财富，DINA。

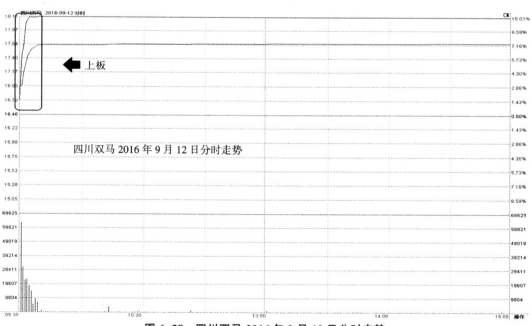

图6-38　四川双马2016年9月12日分时走势

资料来源：通达信，DINA。

2016年9月13日上证指数弱势震荡（见图6-39），四川双马更是秒板（见图

6-40），强于前日，也明显强于大盘，这就是我们在《股票短线交易 24 堂精品课》当中提及的"双强模式"具体表现之一。

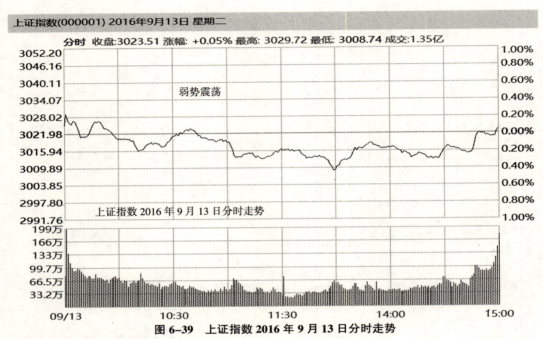

图 6-39　上证指数 2016 年 9 月 13 日分时走势

资料来源：东方财富，DINA。

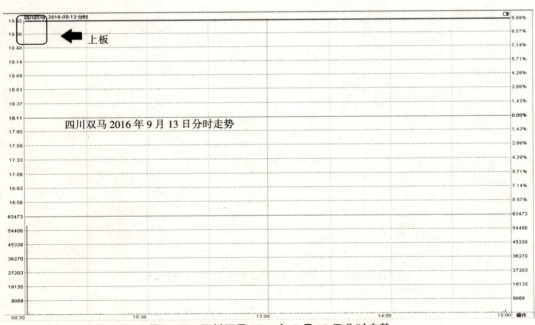

图 6-40　四川双马 2016 年 9 月 13 日分时走势

资料来源：通达信，DINA。

2016年9月22日，四川双马开盘后回调上板（见图6-41），这个要弱于此前一个交易日。收盘后可以看到放量了，相当于是上涨过程中的一次一致转分歧了。不过，"林疯狂"的卖出原则很简单，只要开盘后不迅速上板就卖出。所以，当日继续持仓。

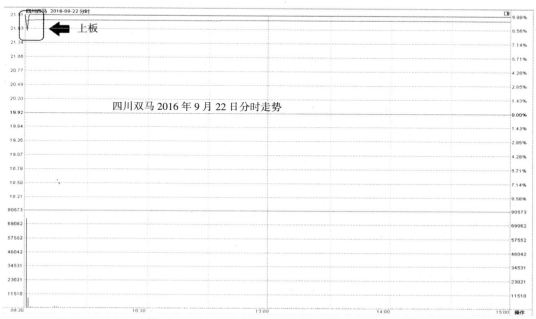

图6-41　四川双马2016年9月22日分时走势
资料来源：通达信，DINA。

2016年9月23日，四川双马开盘后不久炸板跳水了，然后短时间不回封（见图6-42），这时候"林疯狂"肯定就跑了。

最后，我们加点餐。四川双马此后还有一波更猛的上涨，以斐波那契点位可以很好地确定其顶部。以2016年8月31日低点A到9月23日高点B的价格幅度为单位1，以2016年10月17日低点C为起点向上绘制斐波那契扩展点位，2016年11月3日是最高点，恰好在1.618倍扩展点位处（见图6-43）。

对于题材投机而言，新题材和大题材就是最硬的逻辑，情绪和主线是最重要的周期，而斐波那契点位和分歧一致的强弱转换形态是不是最有效的结构呢？ 当然，这是一个开放式的问题。

题材投机 3——顶级游资思维和盘口技术解读（A）

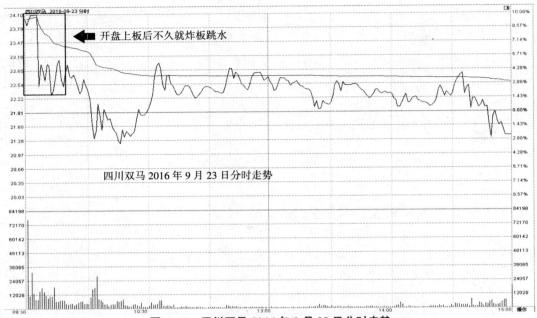

图 6-42　四川双马 2016 年 9 月 23 日分时走势

资料来源：通达信，DINA。

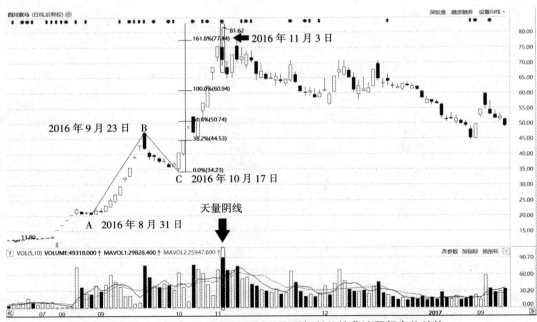

图 6-43　2016 年 11 月 3 日四川双马顶部所处的斐波那契点位结构

资料来源：东方财富，DINA。

252

一年复利150倍："退神"的思维和盘口技术解读

短线，本质是人与人之间的博弈，少数人赚大多数人的游戏。

【人物简介·"退神"】

"退神"，网络ID"退学炒股"，湖南郴州人，"90后"。2013年3月到2015年7月对于他来说是在牛市中赚零花钱的初步摸索阶段。2013年3月大一下学期开学前正式入市。入市一年后就处在一直盈利的状态，当时用2千元配资1万元炒股，根本没有想着要去积累本金，盈利多少就花费多少，这个状态持续到大三，股灾期间直接爆仓。其间父亲突然离世，债务负担转移到他这个家中长子的肩上。2015年7月到2017年2月对于他而言是在熊市中艰难磨炼的阶段。2015年暑假，"退神"拿着家中给的大四的学费退学了。2015年10月3日国庆节，他开始以1万元本金全职炒股。从2015年的1万元资金开始。此后经历过配资爆仓、多次翻倍和大幅回撤后，终于在2017年2月6日踏上稳定之路，以5万资金在淘股吧开始实盘之路，中间暂停过。截至2018年4月2日，实现了14个月150倍这个投机大神级战绩。2023年2月24日，"退神"以6500万元，与顶级游资方新侠、著名刺客、湖里大道李先生等主封拓维信息开启新的游资征途。

【"退神"的经典语录·逻辑】

➤ **理性对待他人对股票的看法**。有些人买入一只股票后，弱则惶惶不安，强则过度兴奋，不断去寻找别人关于此股的看法，看到有人说涨时内心感到很舒心，看到有人说跌时则加深焦虑。因此，对于他人关于股票的看法，只说涨跌结论的不必关注。因为对自己毫无作用，**分析涨跌原因的可以参考，但这一切都得建立在自己保持一个客观态度的前提下**。

【"退神"的经典语录·周期】

➤ 只盯着自己的股票，没有去感受市场的整体气息，收盘后找一些关于持仓股票的信息来告诉自己操作的是对的，这种做法是注定失败的。

➤ 只要当他有资金时就会想着去操作，从来不会管环境如何。

➤ 股市里有一句老生常谈的话，行情好时多做，行情差时少做，控制回撤复利增长。这个道理很多人都知道，可是没有几个人能做到，如果有人刚入市就能做到，那这是他最大的天赋。如果以此为标准给我的天赋打分，我觉得是负分，入市三年多我空仓的日子累积不超过 10 天，很多时候我认为是股市不适合我，却从不觉得是我不适合股市。接下来的路很长，长得让我心凉，但我已认定，坚持下去，永远都不会放弃。

➤ 市场上有那么一群人喜欢熊市，**因为熊市强势个股较少，一览无余，很清楚自己要做什么，而牛市满屏的涨停板，鱼目混珠，没有明确的目标，犯错的概率反而大**。另外，当你知道这是牛市时，你会放大的自己收益预期，觉得一个月至少赚30%才得起牛市，而赚得少则会产生低落情绪，随意操作、盲目换股就来了。熊市则会放低自己的预期，出手更加谨慎，就算偶尔亏损也不会影响自己的心态。**牛市与熊市的区别是牛市机会多熊市机会少**。但确定性与牛熊无关，对于每天全仓操作的人来说那更加没有关系了，不管牛熊基本每天都有机会可以操作，所以一天 10

个机会跟一天一个机会没有区别。

➢ 我开始寻找股票失败的原因，认为仓位控制是关键所在，接着一直在分仓与全仓之间切换，可结果还是一样，小幅增长慢慢亏损。后来又觉得是自己不够果断，看到牛股买点来临时因为犹豫而错过时机。转念一想，不够果断只是内心缺乏确定性的表现。直到近期浏览了淘股吧的一些帖子，发现人们常提到的一些词语，是一年前鲜少见到的：情绪周期、高度板、超跌低价。"情绪周期"这个词让我印象最深的是在去年，一位大神说我们都是做情绪周期转折点的，我当时不以为然，我觉得凭感觉就行了。市场在不断变化，这种变化随着信息的传播速度加快而加快。

【"退神"的经典语录·结构】

➢ 有没有过这种经历，当你看到某个走势时你内心非常确定它会涨，而经过统计，这种情况下买入的成功率非常高，这种感觉就是经验，要做的就是等待这种情况出现时再买。经验越丰富，越会有很多种情况出现这种感觉，比如**前一天巨量烂板次日开盘走强、新龙头卡位、超预期加速板**等这些情况买入时成功率是很高的。刚开始时，这种感觉出现的频率会很低，很多人没有耐心等到这种感觉出现时就买了，当感觉来临时已经没钱买入，结果就是错失了对这种感觉的培养。

➢ 打板第一要义：封死，宁可第二天低开，也不要当天回落。

【"退神"的经典语录·对手盘思维和资金流向】

➢ **短线，本质是人与人之间的博弈，少数人赚大多数人的游戏。公平竞争的前提下，想赢的唯一方法就是要提前获知大多数人的想法。**人的想法一直都在变化，股票论坛是获知这种变化的快捷方式。

➢ 佛山路选股水平确实高，买的股第二天都有很高的关注度，**这些突增的关注度所带来的买入量足以让他从容出货。**

➢ 现在管理层明确表示新股发行节奏不会减缓，从现在来看保持每周 10 家的数量，随着股票数量越来越多，造成资金分流的现象是很严重的，很多个股将会无人问津，潜伏这种模式的成功率会大幅下降。而做短线的人将会集中关注市场的强势股，因此更会出现强者恒强的局面，也意味着很难出现大面积的涨停了。

➤ 一根阳线改变信仰，这说明人的信心修复很快，这只限于一群人。

➤ **人们喜欢比较的东西，一定是这个群体大家都认可的东西。** 喜欢和别人比较，是喜欢获得比他人更高的社会地位，当别人某个东西比你差时，你会觉得自己高他一等，会觉得自己更有话语权。

➤ 独立思维是一个以自我为中心的思考方式，人类文明的发展在于交流，语言、文字、书籍等这些都是人类交流的方式。**如果人人都具备很强的独立思维，那么人与人之间就难以交流也不会进步，所以这也注定了大部分人的独立思维是较弱的，他们的认知都是从他人中学来的。** 有一部分人因自我满足而变得不思进取，另一部分人不会自我满足，会吸收别人的知识并不断思考创新，这些人就成了社会发展前进的力量。

➤ 股吧论坛里做多气氛太浓厚，让人感觉不到现在正处在高度危险的熊市之中，几乎每天都能看到打板大肉的人，这造成了一种虚假繁荣的现象。这种现象提高了人们的收益预期、降低了风险意识。当我远离论坛的时候，这种影响会减少很多。

➤ 不仅需要赚钱的能力，还需要**对人类行为和人性的理解能力**。

【"退神"的经典语录·买卖点和操作手法】

➤ **一般是第一波拉升不超强就割。** 一笔买进的操作对应一笔卖出的。低开太多的话，稍微等等，原则上不补仓、不幻想，最迟 10 点前处理掉。要是卖飞上板了，如重新符合买点就再买回来。

➤ **你的交易应该是按照你的系统来的，而不是随着情绪买入或者卖出，只有新手才会干出这种事。** 如果你是新手那就应该从改变这一点做起。可能你买入之后它跌了，你可能会说要是我买了另一个股就不会这样了，或者卖掉之后它涨了，你可能会说如果我不卖那能赚得更多，所以往往会被这些想法影响自己的心情，从而导致下次操作时你会心存侥幸，买入你系统之外的股或者达到卖点时没有卖。

➤ **最佳买点应该是确定性最大的买入点，如此下去才是复利。** 很多人都等不到

最佳买点就已经下手了，当它来临时已经没有子弹了，除了懊悔、遗憾就没有下文了，甚至没有长一点记性。

➤ 交易系统是根据经验对买卖点设定的要求，具体内容可能每个人的都不一样。**它的作用就是让你去做自己最拿手的事，不再临时起意，情绪用事。**

➤ 牛市思维对于短线资金是致命的，它会让你从主观上高估个股的强度，从而错失最佳的买卖点。

➤ 不管其他股涨不涨，没有自己的标的就不买，瞎买一个就会使自己陷入被动。**今天复盘做好计划，明天出击。**

➤ 错了就割，千万不要抱有任何幻想，将操作和盈利分别看待，它们两者没有必然联系。操作只有对错，盈利交给市场。

➤ 很多人都说要有模式，只做模式。我很困惑，打板的就一定只能打板，接力的只能去接力，低吸的只能去低吸，半路的只能去半路吗？可能连我自己都弄不明白，对于我而言，要的是一个确定性，如果能确定它当天会涨停那我绝对不会等到涨停才去买了。

➤ 很多时候当一个新标的达到买点时，上次买入的还没达到卖点就提前卖出去买入新标的。因为你觉得新标的能比这次的赚得更多，结果很多时候是两面受气，已经卖的继续涨，新买的却亏钱了。上次买入的标的它具有一个很重要的性质，那就是主动权，因为你随时可以卖出，而今天新买的从交易上来说已经陷入被动了。所以先把每一次的交易做好，再考虑其他的标的，机会很多，不要以为错过了就没有了。如果这次做错了，那得需要两次正确的操作才能弥补上次提前卖出的损失。

➤ 很多人卖掉一个股之后它上涨了，结果意识到自己卖错了然后又去追回来，但此时的买点是你的最佳买点吗？如果换成是其他股，你肯定不会选择在这个位置买入，而仅仅是因为它是你卖掉之后的股，你就改变了自己的看法。很多时候，对于自己卖掉的股一直念念不忘，怕它涨，一涨就会后悔当初卖早了，如果跌了就庆幸自己卖对了。这是因为人不喜欢看到自己的失败，就像不想听到有人说自己坏话一样。**如果卖错了，我们应该反思卖错的原因，而不是进行盲目的补救。**

➤ 中线买短线卖，有的人看好一个股，觉得可以拿几个月，可是第二天一走弱就怀疑自己是不是看错了，或者觉得太慢了想去做短线，然后卖掉之后看着它一路涨上去。短线买，中线卖，本来买进这个股是想进去做个隔日套利的，后来觉得这个股很有牛股气息，或者还没等到冲高就被套了，于是想多拿一会儿，结果越走越低，套得越多就越不舍得卖掉了。

➤ 大概率小收益是以保证本金为首的模式，意味着出手频率减少，短期而言可能收益很低，但以长时间来看不断复利后增长率是很高的，这可能比较适合较大的资金。小概率大收益是以快速增长为首的模式，意味着短期收益很高，这适合小资金实现快速增长，但过程随机性太强，运气不好时可能大幅回撤。

【"退神"的经典语录·风险控制和仓位管理】

➤ 分仓操作是减少收益还是减少风险？所有的模式都会有成功率，连吃 5 个跌停再连吃 5 个涨停后的资金是小于原点的，**分仓就是为了防止连续失败后的大幅回撤。它会减少单个票的收益，但不会减少总体收益，因为机会不止 1 个。**

➤ 借钱不适用于短线操作：第一，**短线操作本身就是高风险高收益的方式，水平到位资金增长是很快的。如果再去加大资金，那么风险和收益两者都会同时放大，这是相当于拿了一把刀架在自己脖子上。**第二，在操作的时候心态会把控不好，会畏首畏尾，买完之后会处于紧张担忧的状态之中，这是对自己的精神折磨。第三，大部分人不知道收手，不要妄想自己赚了之后就还钱，这是不可能的，因为赚钱之后的那种自信会让预期和目标放得更大，不继续追加资金就已经不错了，但很多时候赚钱只是一时运气。

➤ 每次赚钱后都会来一次大亏，不仅仅是只有我有，很多人都存在这种情况，说明这个问题绝不是偶然。导致这个现象发生的很大原因是心态。当一个人成功一次后会增加自信心，连续成功便会自信心爆棚，对自己的判断是百分之百认可，绝对不会让自己失去任何赚钱的机会，看好一个股就立马买了。如果买错了但小亏并不会让自己的信心减少多少，只有出现大亏时才会使信心大幅下降。当信心下降后，出手便会非常谨慎，开始不断思考学习。

➤ 如果你是按照你的思路去买，也按照你的计划去卖，在你的理论是正确的前提下，是不会出现割完之后上涨的情况。如果有股价上涨，那么必然是出现了一些你不可预知的因素，最常见的就是某个大资金引导股价上升，但这个是你不能掌握的，如果你不割肉，坚持认为会有大资金来拉抬股价，万一没有呢，这样持续下去只会套得更多。

➤ 人处在什么情境下最想去操作？第一，看到别人都赚钱的时候，踏空心理。

第二，当自己连续成功之后，此时自信心十足。第三，当自己大亏的时候，一心想要回本。因此，当遇到这三种情况时需要时刻保持警醒。

➤ 随机概率由三个部分组成：连续成功、连续失败以及概率匹配段。在股票之中你会经历连续成功，**但使你连续成功的是外界因素而非自己**。你也会经历连续失败，你也会在这次成功下次失败之间轮动，**同样的方式在不同的场景下必然会导致不同的结果**。因此，选择在高成功率的场景下操作是最佳的。但并非所有人都这么理性，当连续成功后自信心会大增。自信是什么？就是把小概率的事件当成是大概率事件。比如，在熊市当中你连续赚钱了，会让你产生一种错觉，认为这不是熊市。自信心的消减需要连续失败来完成，连续失败必然会导致回撤，直到你保持理性为止，这个回撤点一般是上轮资金的起点。所以，**控制回撤有两个方法：一是随时保持理性；二是在心理层面提高回撤点**。

➤ **当一个人大幅亏钱后会有两种选择，反思或者加钱。反思是你对自己行为的一种纠正**。加钱是你觉得自己的思路是对的，只是一时运气不好，然而加再多钱也于事无补。

➤ 可能这次操作你做得不够好，内心会沮丧、痛苦、自责、懊恼。出现这些情绪都是很正常的，但此时不能让这些情绪主导你的大脑，因为这些情绪都会影响你下次的判断。当遇到一模一样的情况时你内心会退缩，或许你会为了挽回局面而急于操作，正确的做法是思考你这次做得不够好的原因，下次改进。当你这次操作得好时，你会兴奋，信心大增，遇到事情时你的主观性会更强，你认为对的东西你会更加肯定，这就是典型的盲目自信，只有当你遭遇失败时才会浇灭你的自信心，但此时资金已经大幅回撤了。所以，把每一次操作后的情绪分开，**当下一次操作开始时你的情绪应该是平淡的**。

➤ 空仓，不是靠回避股市，也不是靠限制交易来达成。真正意义上的空仓是处在看着盘、打开交易软件、随时准备下单的状态中完成。

➤ 当你还在为错失机会而痛苦不已时，说明你内心还没有做到无我的境界。**"无我"就是屏蔽自己的主观意识情感，达到实事求是的一种状态。正确的操作并不一定会赚钱，但它确是风险最小的做法**。如果因为某一次没有赚到钱而去改变自己的做法，那这往往就会成为亏损的开始。

➤ 当你看好某个方向，出现某些东西支持这个方向时，会加强你对这个方向的态度。比如，你看好某个股，但你不是非常确定。当看到有人说这个股票好时或者当盘面走势很强时会使你更加认同此股，但实际上这些东西并没有改变这个事物的

本质。所有的股票必然有人持有，那必然会有人看好，否则就不会持有。**盘面走势强度的持续性也是不确定的，不能一强你就看好它，一弱就否定它。**

➢ 事实上，这种情况发生的概率很大，抛硬币时连续 5 次出现同一面的情况常有发生，资金回撤 50%需要盈利 100%才能回到原点。发生这种情况除了扰乱心态之外，还会浪费很多时间。一般连续失败一两笔就要降低仓位或者休息，冷静反思。**因为急于扳本而加大仓位和操作频率是非常危险的。**

➢ 偶尔满仓一个股，那是因为他对这个股的高度认可。**每次都满仓一个股那是一种赌性，想一次爆赚，这是贪婪的表现。靠赌来快速实现增值，这是急功近利的**表现。这类人由最原始的赌性驱动，他们只想获得当下最近的利益，称为低级赌徒。高级赌徒在于目光长远，他们追求的是长期的利益。

➢ **我找到了适合自己的持仓方式，设置一个回撤线，资金在回撤线之上则全仓，资金到了回撤线则分仓，回撤线根据资金最高点变动，大概 10 个点的幅度。**这样既能保证攻击性又能防止大幅回撤，这是比较符合我性格的一个方式。

➢ 全仓操作单个票的盈利大，亏损大，适用于成功率非常高的股票。分仓单个票的盈利小，风险分摊，适用于较高成功率的股。所以，全仓还是分仓在于买入标的的确定性有多大，而高成功率的标的是很少出现的。**每天满仓必然是错误的。** 无法保持一种客观态度，从主观上增加成功率，这是好胜心、自信心过重导致的。**除了调节自己的主观情绪外，还要加深对成功率的判断能力。**

➢ **时间是有价值的，要衡量自己的时间到底值多少钱，再来确定做一件事值不值得。**钱也是有时间价值的。一旦进入套了就投降的状态，不管它涨不涨回来，这笔交易都已经失控了，听天由命你就输了。

➢ 记得随时提醒自己，一时得利不要飘。

➢ **半仓操作时，我心态非常平稳，不会过分期望，不会过分担忧，不会过分焦虑，这才是我操作时应该具备的心态**，以后坚决半仓操作。

➢ 小目标是短期内且较为容易实现的目标。大目标就是长期后要实现的目标，也可以称为理想，现在要达到它很难。在操作中，很多人把小目标的内容变成了大目标，比如一年 10 倍，一个月 50%等，这样就是追求在短期内实现理想。毋庸置疑，这是非常难的，反映到实际操作中就会出现急切的心理，不会放过任何操作的机会。

➢ 如果要全仓操作，我想问自己几个问题：第一，如果买入的股票停牌了怎么办？我从来没有想过自己的股票会停牌，我觉得这不会发生在我身上。事实上，如

果停牌了，我将没有任何资金可以操作。第二，**你愿意承受连续失败之后造成的大幅回撤吗？** 不愿意！但我觉得这种可能性很小。事实上，这种情况发生的概率很大。第三，当有一个更好的标的出现时你会马上卖了去买吗？如果去，你愿意承受左右打脸的结局吗？如果不去，你会为错失机会而遗憾吗？以前可能会去，现在很少了。错过了会有遗憾，有遗憾就说明了内心的不甘心，觉得这原本能赚的钱却没赚到，可能会为了挽回局面而进行随意操作，这是一种不良心态。解决这一局面的方法就是分仓。第四，你当天买入的股票被套，而之后出现很多机会，可是你却没资金买入了，你内心会有什么感想？会懊恼，解决方法是分仓。第五，除了自身原因外，还有什么因素促使你要全仓操作？因为我看到很多高手都是全仓打板一个股，所以我觉得要成为高手应该也是全仓买入一个股。另外一个我觉得股票太多了，可能会忙不过来。事实上是不是高手与分仓和全仓毫无关联，这是我在新手时期造成的一种误解。这个误解没有消除就形成了一种记性，记性慢慢就变成了定性思维。至于忙不过来，短线操作两个票绝对没有一点问题。第六，操作时你能保持一种客观态度吗？比较难，常常会失去理智。第七，全仓操作是如何影响我生活的？因为这是我的全部家当，所以我必定会重视它，一是我担心它会出现什么意外，二是我会满心期待，所以我的情绪就徘徊在焦虑和期待之中，这两种情绪都会使肾上腺激素上升，心跳加快，所以很难睡个安稳觉。而一旦睡眠不好，各种问题就会接踵而来，思维能力、工作效率、精力大幅下降，情绪焦躁低落，白天黑夜颠倒，失去正常生活节奏，与人交往过少，便会产生孤独感，久而久之可能会对生活失去欲望。

➤ **我明知道做一件事的风险，却去妄想会不会发生奇迹。**

➤ 这段时间我的状态一直很轻松，对股票没有很在意，睡得也很香。另外，实行了分仓操作，其中一半停牌了，玩多了总是躲不了的，庆幸的是只是异动停牌，不过这也说明了分仓的重要性和必要性，下次可能就是重大事项停牌了。

➤ 自从分了两个账户操作后就没有产生过空仓的欲望了，**以前全仓一个股的时候根本接受不了像跌停、"黑天鹅"、停牌这些情况，现在基本不用担心了。**

【"退神"的经典语录·市场进化和修炼进阶】

➤ 思考人生的意义是因为缺少人生的方向，当有一件你愿意为之付出一生的事情时，你会觉得那就是人生的意义。

➤ **我明知道慢即是快的道理，却从来没有放慢过自己的脚步。我明知道时光易逝，却从来没有让自己过得有意义。**

➤ **为什么有些人时间比他人用得多效果却不如别人？第一是方向问题。如果朝着一个错误的方向用功，那都是徒劳的。所以首先要思考自己的方向是否正确。有一个简单的方法，就是看你这个方向是否有人成功过？比率如何？对于普通人来说，你不要妄想自己会成为历史上的第一人。第二是效率问题。可能是你的天赋不如他们**，天赋会使你在这个方面学得更快、运用得更好，所以在相同的时间内取得的效果是不一样的。在越顶尖的领域天赋越重要，普通人就不用去参与了。**第三，也可能是你不够专心**，有些人喜欢在干这件事的时候，同时干着另一件事。人是无法同时思考两个方向的，两件事相互干扰，会使两件事都干得不好。**不够专心的原因可能是自己对这件事兴趣不足，或者重视程度不够，或者耐心不够。**

➤ 了解别人会让你知道如何赚钱，了解自己会让你知道如何不输钱。

➤ 内心对形式的偏执，就像双眼被黑布蒙住了一样，使我们看不透事物的本质。

➤ 只要当他有资金时就会想着去操作，从来不会管环境如何，这类人的好胜心太强，这种好胜心源于对自己的高度认可。他们很少去提高自己，因为觉得自己已经很厉害了，他们只在意事情成败的结果，成功了是自己的能力，会让他们更加膨胀，失败了是自己的运气不好，然后继续一意孤行。他们很少承认别人比自己优秀，也不愿意相信别人比自己优秀，而事实上有很多人比他们优秀。当遇到一个比他们优秀的人时他们会冷嘲热讽一句，这种欺骗自己的行为只是为了掩饰自己内心的自卑情绪。管住手，实际上是控制自己的心，**要学会承认自己的不足，要学会看着别人赚钱，要明白世界上自己所能掌握的事很少。**最关键的是要明白，你无须要求自己完美，人生仍会精彩。

➤ 人生的高度取决于格局的大小。小成可以靠运气或者耍点小聪明来实现，而**大成必须是依赖一个人的格局。**

➢ 交易者性格决定成败，人与人之间智商的差异很小，性格的差异很大，战胜不了自己，也成就不了自己。

➢ 有的人亏多了就不会对亏损产生任何不快的感觉了，这是适应性的表现。人的大脑中有一种调节机制，它会让人更好地适应新的环境，也可以说是自我麻痹。很多情况下这种自我麻痹是有益处的，比如遇到搬家、亲人去世、事业失败等这些情况时，如果人没有这种自我麻痹的机制，那么就会一直处于焦虑或者痛苦的状态之中，相当一部分自杀的人就是因为自我麻痹机制太弱了。**有的人自我麻痹能力太强，他们就容易安于现状，容易接受自己的失败，他们没有很强的动力要去改变现状，水平自然难以提高。**

➢ 人最缺少的一种能力就是去改变自己的能力。

➢ 交易者进阶的步骤：第一步，放慢自己的脚步；第二步，保持一个平和的心态；第三步，理智思考每一个决定；第四步，学习反思提高。

➢ 为什么知行合一很难？这主要是对行为所带来的结果没有深刻的认识。人人都知道吸烟有害健康，却很少有人因为知道这一点而去戒烟，这是因为他们没有感受到戒烟所带来的益处，换句话说也就是他们没有深刻体会到不戒烟所带来的后果。生命都有一种适应环境的能力，活在当下是一种天性，**大部分人是不会考虑以后的事的，当恶果越来越靠近自己时才会感觉到危机，但此刻为时已晚。**很多事，人生没有试错的机会。也有一些事能有很多试错的机会，当不断体会到痛苦后，在这件事上就会慢慢变得知行合一，当忘记痛苦时可能又会随心所欲。

➢ **不管对于何种职业，假期都是一个休养生息的阶段，一个反思总结的好时机，以更好迎接未来的挑战。**

➢ 能救我的只有自己，看到这么多时间白白流逝，我对得起它吗？埋没天赋的是懒惰，抱着走一步算一步的态度，十年二十年之后都不会有长进。

➢ 将来的我会怎样评价现在的我？我想回到以前这样我就可以重新来过，我想现在就不会那么惨，可是狗永远改不了吃屎，回到从前依旧会是那样。**我要做的是现在立刻行动。现在！现在！**

➢ 股市中所指的天赋更多为性格，一个理想的性格状态主要包括这几点：第一，失利时乐观自信，得利时不骄傲自满；第二，能虚心学习，不断提高自己；第三，沉着冷静，不盲目冲动；第四，好胜心适中，过强则赌性太重，过弱则会失去动力。

➢ 做股票存在几大方向性错误：一是买庄股；二是依据技术指标操作；三是听

随大神专家买卖。有时候确实会赚钱，但这些都是运气成分居多，花费时间再多也不会有什么长进。

➢ 要学会看别人赚钱。如果一个市场没人能赚钱那必定不会有人再来参与，正是这种赚钱效应的传播才使得不断有人加入，所以必定会有一部分人是赚钱的。在牛市时这部分人占比高，在熊市时这部分人占比低，因此不要妄想自己赚钱而别人都亏钱；**在市场上能赚钱的有两种人，一种是靠运气，另一种是靠能力，运气是不能持续的，因此没必要羡慕，靠能力赚的钱更加不能眼红，而应该去学习别人的优点。**不要去比较自己和别人赚得多还是少，一旦去比较，就会有超越别人的欲望，从而会把一种不确定性的操作从主观上认为可行，这就是赌。

➢ **什么是勇气？就是当你感到害怕时还坚持做下去。什么是自制力？就是当你非常想去做、有任何条件做某件事时还坚持不去做。**

➢ 人的天性非常难以改变。拿恐惧来说，人天生对某些事物恐惧，**恐惧这种感觉对人是有益的，它能让你判断什么东西会有危险然后远离它，提高生存概率，**比如恐高症，如果人对高度不恐惧，那么就会经常有人摔死。恐高是人的天性，当你站在摩天大楼内隔着玻璃向下望时，如果自己不去主动控制意识的话，站得越久恐惧感会越强烈，你会害怕玻璃碎了、会害怕有人从背后推你、会害怕大楼突然倒塌，而事实上这些情况根本不会发生。当你走下楼时你也能明白这点，但身处其境时便完全失去了理智。**天性对人的控制力太强了，但只要自己意志坚定是可以克服天性的。**

➢ 性格懒惰，收盘之后就知道发呆混时间，然后等股票开盘，我真的看不起这样的人。职业股民时间这么多，为什么不好好把握，我自己有计划，要不断学习。

➢ 为什么人的天性是懒？这是因为**在人类长期的进化中，食物是难获取的，所以会以某些形式来保存能量，减少运动就是其中之一。**有些动物在冬季来临时更加难以获得食物，这些动物都选择了冬眠来度过。虽然人类没有冬眠，但在冬季的睡眠时间是要比夏季多的，所以说懒在当时来说是一种优势。随着科技和生活质量的提高，食物成为了一个极容易获得的东西，每个人都不会挨饿，懒这一天性对人类来说已经是一个劣势了。

➢ 懒虽是天性，但人有很强的自我意识支配能力，所以懒是可以主观去改变的。

➢ **我一直都明白我最大的问题是我自己，一些性格的缺陷让我成为股市中的残疾人。**我明知道该去赚哪些钱，可却妄想掌控所有，不让任何机会错过；我明知道做一件事的风险，却去妄想会不会发生奇迹；我明知道慢即是快的道理，却从来没有放慢过自己的脚步；我明知道时光易逝，却从来没有让自己过得有意义。

> 我的情绪总是处在两个极端的状态，赚钱了会极度自信，亏钱了会极度沮丧，我不想看到自己失败，亏钱对于我来说就是失败，赚钱对于我来说就是成功，一切都源于我太想证明自己，我把股票的成败当成了衡量自己人生成败的指标，是我对股票太沉迷了还是我见识的东西太少了？**顺时勿骄，逆势勿躁。**

> 股市每天只开 4 个多小时，其他时间用去做什么。很多时候都是在打发时间等第二天开盘，但有的人却在利用这段时间不断学习丰富自己，**人与人的差距就这样慢慢拉大，十多年的股龄可能都不及别人两年的水平。** 刚入市的时候可能会觉得还有很多需要学习，每天都过得很充实，当过一段时间之后发现股市里没有什么可学的，每天复盘完了就不知道做什么了。但实际是，我懂的只是一点皮毛，各种经济金融理论，各种行业政策发展规划，我都不了解，尽管看这些东西很枯燥，但我希望自己能抽点时间看一看。

> **埋没天赋的是懒惰，** 不要因为一时得利就以为将来可以高枕无忧。市场每天都在变，每天都有要学的东西。

> "水平提升只能通过更多的交易次数达到"是一种误解。这是对自己赌性重的一种借口，**水平的提升在于反思总结，而不是机械的操作，虽然每一次操作可能都会加深对此次操作时情境的印象，但要达到这个效果也可以用其他更高效的方式，** 一是盘中眼观八方不能只盯着自己已买的股票，二是进行更加仔细的复盘。交易频率越高越会加强自己的赌性，更加在意交易成败的结果，从而忽略提升自己水平的关键。

> 不少人觉得自己能稳定盈利后辞职在家炒股，结果收益反而不如辞职之前，甚至感到迷茫，这主要是因为无效交易做得太多。职业之后时间多了，对复盘、信息收集、盯盘会更加充分，可选标的会比之前多了很多，但这些标的很多是有瑕疵的，特别是临盘选股容易一时冲动。另外，职业炒股这个身份也会促使人去频繁操作，没有了工作收入对股市盈利预期大幅提高，而要想盈利只能去操作。

> 当看到和自己有社会比较的人遇到倒霉事时，很容易产生幸灾乐祸的思想。社会比较的对象一般具有相似、相近、相熟的特征。股民之间就是对收益的比较，且这个比较很明显，所以有些人看到别人亏钱了、跌停了、停牌了会感到高兴。**幸灾乐祸就是为了获得一种自我满足的感觉，能力越低、自尊心越强的人越容易产生这种感觉。** 幸灾乐祸会产生自我麻痹的危害，在竞争中要想赢，有两个方式可以达到，自己进步或者别人退步。遇到倒霉事这是别人的一种退步，**如果此时自我满足**

了就会使自己的进取心消退，这是一件损人不利己的事。

➤ 不要把心思用在如何省钱上，而得用在如何赚钱上。

➤ 不要过多地关注别人的交易。一是别人的交割单毫无用处，因为你不知道当时他为什么要买为什么要卖，如果只是按照图形技术指针来操作的话，那完全脱离了正轨。二是别人的实盘会扰乱自己的心态，如果别人赚钱了可能会打击你的自信心或者增加急迫的心态，**如果别人亏钱了可能会让你产生幸灾乐祸自我安慰的心理，从而使进取心减退或者对亏损产生麻痹。** 严重的就是别人赚钱的时候你跟不上，亏钱的时候你跟上了。别人的言语不管说得对不对都可以看、可以听，看多了总会遇到那么一句能点醒自己的话，但交易应该独立思考。

➤ 股票技术可以通过一段时间学习学会，入市一年基本都会懂点儿，懂了一点儿心中就有了一个较为确定的买点。如果只买这个点，那么赢钱的概率很大，但是很少有人会做到只买这个点。这个点没出现时就会买入其他不懂的点，接着把赚来的钱给亏掉，这就是回撤。所以，性格控制的重要性就显现出来了，你能控制自己只能在这个点买入吗？后面随着技术的深入与扩展，就会出现很多点，不用等太久就会出现了，总体的成功率就高了。这是大部分人都可以做到的。

➤ 在我越来越接近股市真相的时候，我的睡眠也越来越好，已经很久没有失过眠了，对股票我已经不再担心。现在我开始去理解和体会生活，人和事也变得越来越简单，**他们不知道自己为什么要这么做，但却都在做着同样的事**。我觉得，世界上没有什么事情是嘴巴搞不定的。

➤ 不应该去过分羡慕那些能把牛股从头拿到尾的人。他们既然能一路持有牛股，那么更有可能一路持有一个下跌的股，因为牛股的个数远远少于下跌的股票。如果有一些人平时能及时换股，而买到牛股后却一路持有，那这类人更不能去羡慕了，羡慕他人则有可能产生模仿的意识。只能去佩服，佩服他人则是从内心认为自己能力不足，做自己能力范围的事不是很重要吗？可惜，世界上眼红的人远比羡慕佩服的人多。**眼红的心态对做股票是大忌，眼红更希望别人是遭遇不幸，而不是去提高自己来超越他人**。如果无法让别人遭遇不幸，那么就会采取极端的行为来超越他人，这些行为一般都是带有很大风险性和非理性的，体现在股票上就是加杠杆、加快交易频率、以小概率博大收益。

➤ 要具备非常的独立思维，千万不要受外界因素影响自己的判断。

➤ 时间一天一天的过去，我感觉到离自己的梦想越来越近了，现在正处在黎明前的黑暗，我不能倒下。

> 遇到任何事情都要保持理智，一颗清醒的头脑比什么都重要，**情绪这个东西它不会替你思考后果，如果跟随情绪去做只会让自己陷入被动，有的时候后果不堪设想。**

> 失眠并不可怕，可怕的是你停止思考。达·芬奇一天只睡 4 个小时，这并没有阻止他成为一个伟大的艺术家，他提倡分段睡眠，这能让时间最大效率利用。所以，**当你失眠时不要只顾着发呆心烦意乱，你应该找点事做有意义的事，这样失眠反而会使你的人生比他人更长。**

> 其实炒股讲究的是复利，不断复利有一天总会走出来。这就意味着一时的得失并不重要，意味着炒股是一个持久地或许会花上很多年的事。**如果一直被盈亏牵动情绪，把炒股的成败当做人生的成败，其实是本末倒置的。**

> 至 4 月起心态就开始乱了，对应的就是资金始终突破不了，破了 300 万又马上跌回来。这样来来回回有五次，这次跌破了我的回撤底线。历经 5 个月我才意识到了自己的一些问题，我的预期收益很高，我还想继续一年几十倍的成绩，当我的收益达不到预期时我就会不断去寻找赚钱的机会，基本每天都是满仓，无效交易非常多。另外，我还萌生了用外部资金操作的想法，想快速突破资金量，很明显在这种环境下胜算很小，接了就是对出资人的很大不负责。

> 成就这个词是产生于人与人之间的比较。我呢，喜欢和自己作斗争，只要有食物，我感觉自己一个人能在孤岛上生活 30 年。

> 以前找到的金矿，现在可能一文不值。刚入市时就听过一句话，**市场是最好的老师**。不可否认，这句话永远都是对的。但是它将不再实用，因为一个人通过市场总结得出稳定盈利方法的时间与市场更新时间在不断靠近甚至将来会超越，就会出现题还没解完就开始换题的现象。

【"退神"的思维架构和交易解读】

在本小节，我们将介绍"退神"的几个真实交易案例，在这些案例当中我们力图扼要呈现当时的格局和玩家背景，以及交易者本身的思维架构，以便大家能够从中获得具体交易思路和操作手法上的启发。"退神"的基本思路是围绕最强方向或重大题材操作人气强势个股，如果市场没有主线或者主流题材，则操作次新和重组相

关的人气个股。买入点基本在首次分歧点，具体买入手法除打板外，还有低吸和竞价直接上的。其实，本系列讲义介绍的这些顶级游资，都有一些共同的心法，这些心法可以简单归结为对人心和人气的透彻理解和运用，顶级游资堪称投机客的"人中龙凤"，他们的心法其实具有共同性和普遍性，这也是所有人类牟利活动的心法，参考附录四《人中龙凤的心法在何处》。

藏风聚气才能风生水起，人气所在就是牛股所在，下面我们就来深入解析"退神"的实战案例。

【"退神"案例 1·海鸥股份】

"退神"在 2017 年 6 月 6 日买入海欧股份，隔日在 6 月 8 日卖出（见图 7-1）。

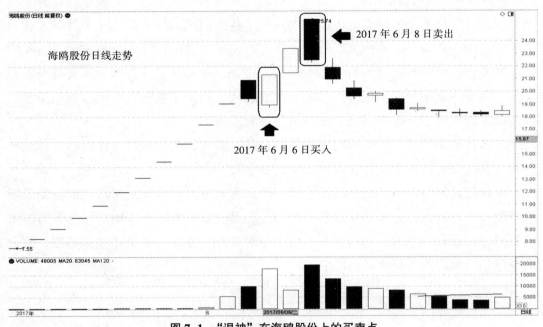

图 7-1　"退神"在海鸥股份上的买卖点

资料来源：通达信，DINA。

我们来看当时指数周期阶段，载体是通达信的平均股价指数，也就是所有个股等权重价格平均指数。以 2017 年 3 月 27 日高点 A 到 5 月 11 日低点 B 为单位 1，以 C 点为起点，向下绘制斐波那契扩展点位（见图 7-2），6 月 2 日这天的 K 线是低开高走的，最低点在 0.618 扩展点位附近，震荡指标处于超卖状态，地量相应。指数至少是阶段性见底了，6 月 6 日这天指数已经初步筑底成功开始回升了。这就

是"退神"介入海欧股份时指数所处的阶段，这是有利的格局，正如"退神"强调的那样：**"行情好时多做，行情差时少做，控制回撤复利增长。"**

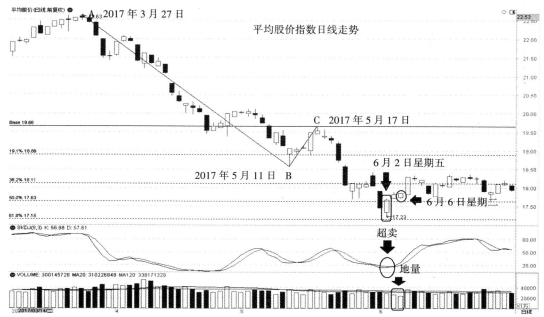

图7-2　2017年6月6日平均股价指数所处的斐波那契点位结构

资料来源：通达信，DINA。

　　指数周期向上，那么周线呢？当时雄安主线退潮，这个时候次新股又成了市场的"香饽饽"。在"退神"介入海鸥股份之前的2017年6月2日星期五，次新板块指数仍旧在2017年2月29日低点A和5月12日低点B的上升趋势线上方，而且"顶着"前期高点形成的阻力线，大有"顶位"等待突破的迹象（见图7-3）。

　　无论是指数周期，还是主线周期都处在看涨阶段。那么，当时情绪周期所处的阶段状态如何呢？市场情绪周期可以从上涨家数的变化来测度和观察（见图7-4），从2017年6月1日到6月7日，情绪变化经历一个完整的"见底—回升—回落"过程。6月1日是一个情绪冰点，而6月7日则是一个情绪沸点。当然，这是每日收盘时的状态，上涨家数的分时变化也是我们需要关注的。

　　2017年6月6日是"退神"买入海鸥股份的节点。当天的上涨家数分时走势在开盘时临近冰点阈值的有400家（见图7-5），冰点附近买入是高手们的普遍特征。

　　2017年6月6日买入后次日（6月7日），情绪开盘后就暴涨，早盘就上涨到了2400家以上（见图7-6），情绪沸点维持了几乎一整天，那么次日就有分歧预

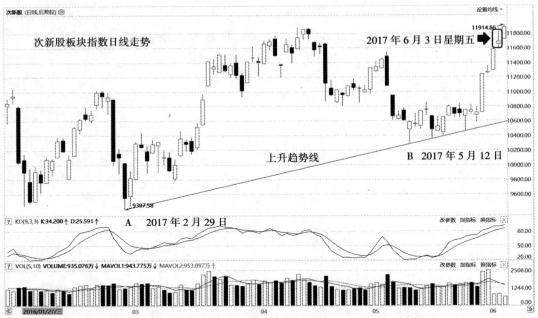

图7-3　2017年6月3日次新股板块指数所处的阶段和位置

资料来源：东方财富，DINA。

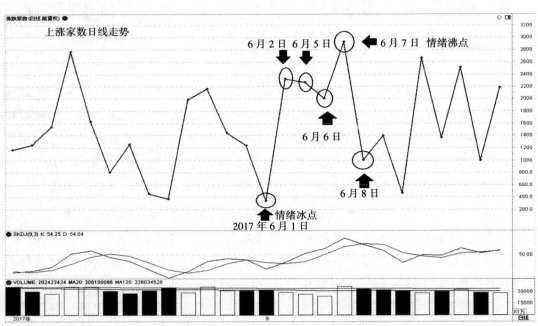

图7-4　2017年6月1日到6月7日的上涨家数

资料来源：通达信，DINA。

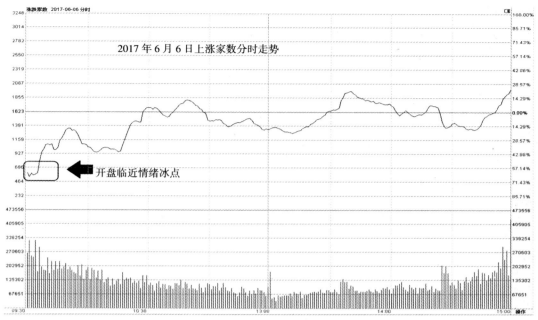

图 7-5 2017 年 6 月 6 日上涨家数分时走势

资料来源：通达信，DINA。

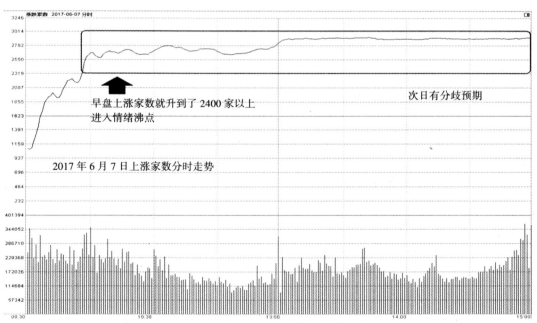

图 7-6 2017 年 6 月 7 日上涨家数分时走势

资料来源：通达信，DINA。

期。这个分歧预期是不是"退神"选择在 6 月 8 日卖出的理由之一呢？短线投机高手普遍会选择在情绪沸点附近卖出，这又是另一个手法上的共同特征。这里补充一点，A 股上市公司的数量每年都在增加，因此情绪沸点和冰点的阈值也是逐年调整的。比如，2016 年沸点阈值是 2400 家，也就是大于 2400 家就是情绪沸点；2016 年冰点阈值是 400 家，也就是小于 400 家就是情绪冰点。又比如，2019 年沸点阈值是 3400 家，冰点阈值是 800 家。到了 2023 年，情绪沸点阈值是 4000 家，情绪冰点阈值则是 1500 家。

2017 年 6 月 8 日，开盘上涨家数就跌到了 1000 家以下，全天基本上都在 1400 家以下波动，情绪如预期一样走弱了，昨日分歧预期兑现了（见图 7-7）。当天也是"退神"卖出海鸥股份的日子，不是巧合吧？我们经常说顺应周期，逐浪而行，短线高手们都是善于踏准情绪节奏的。

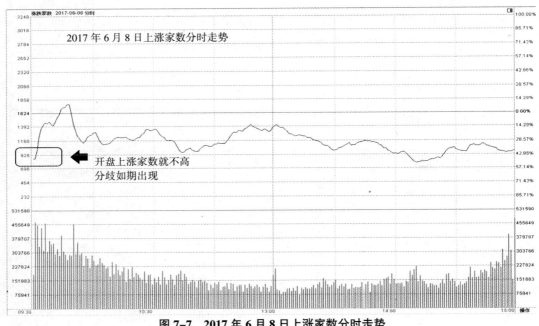

图 7-7 2017 年 6 月 8 日上涨家数分时走势

资料来源：通达信，DINA。

那么，"退神"介入海鸥股份的逻辑是什么呢？2017 年 6 月 6 日收盘的时候，有 32 只股票涨停，其中"次新股"板块在涨停数量上排名第一，最先涨停的就是海鸥股份，9:38 涨停，其他涨停次新股有英维克、广信材料、丰元股份和华锋股份等。英维克是 10:44 涨停的，广信材料是 13:27 涨停的，丰元股份是 14:39 涨停的，华锋股份是 14:55 涨停的。当时整个市场处在雄安概念炒作的退潮期，在没有新题材可以切换的情况下，次新股往往成了首选，许多顶级游资都提到了同样的策略。

周期和逻辑上我们已经把"退神"介入海鸥股份的格局和背景透彻地给大家解析清楚了。接下来就是海鸥股份的结构问题了。

海鸥股份在 2017 年 6 月 5 日上市后首次开板或者说首次分歧（见图 7-8），具体的分时走势就是当天尾盘炸板，且成交量显著放大了（见图 7-9），大换手了，什么资金进去了，什么资金出来了？

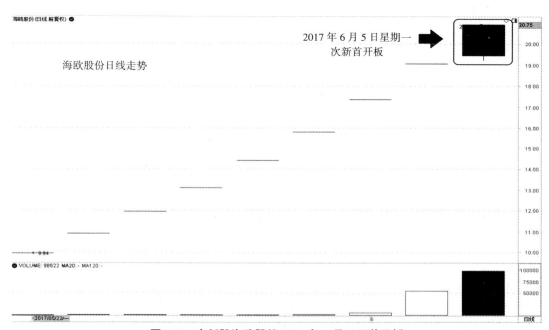

图 7-8 次新股海欧股份 2017 年 6 月 5 日首开板

资料来源：通达信，DINA。

2017 年 6 月 6 日，竞价开盘-2.38%。昨天尾盘放量炸板，开盘这个幅度还是比预期好的，因为大多放量炸板后次日至少大幅低开，被"核按钮"的股票也不少。开盘后快速上到零轴以上（见图 7-10），"退神"在这个时候就"上车了"。

从收盘来看，6 月 6 日这天就是一个完美的日线反包走势（见图 7-11），更加稳健的进场时机是快要上板形成日线反包的时候。当然，激进承受了更大不确定性风险，也享受更大的利润空间。

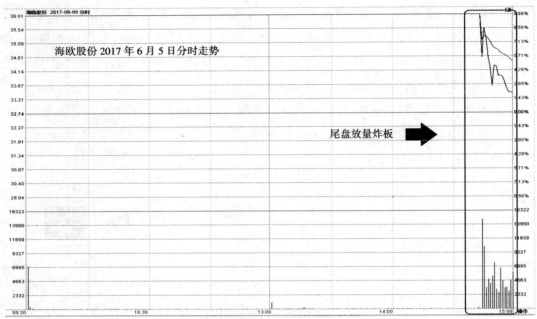

图 7-9　2017 年 6 月 5 日海鸥股份分时走势

资料来源：通达信，DINA。

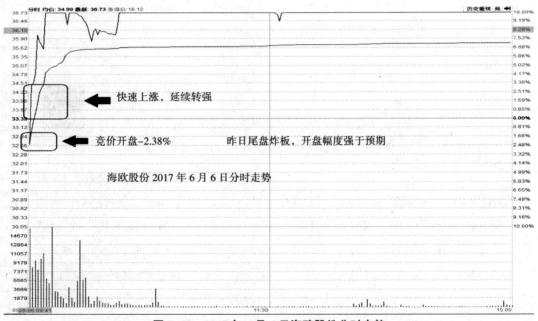

图 7-10　2017 年 6 月 6 日海鸥股份分时走势

资料来源：同花顺，DINA。

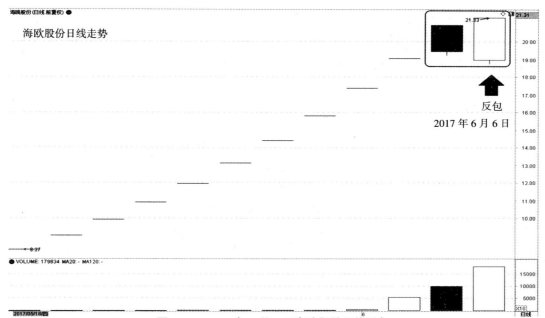

海欧股份日线走势

反包

2017 年 6 月 6 日

图 7-11　2017 年 6 月 6 日海欧股份日线反包
资料来源：通达信，DINA。

2017 年 6 月 7 日情绪沸点延续到尾盘，6 月 8 日情绪如预期分歧走弱，海鸥股份开盘跳水（见图 7-12）。"退神"准备"格局一把"，到了下午才离场，整体上在

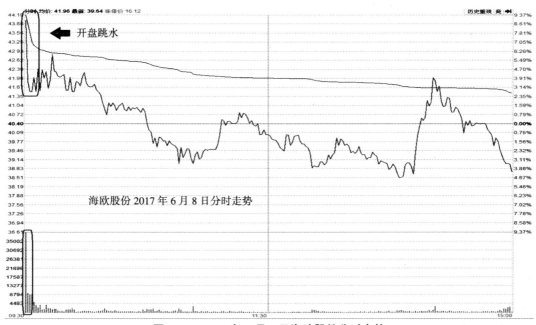

开盘跳水

海欧股份 2017 年 6 月 8 日分时走势

图 7-12　2017 年 6 月 8 日海鸥股份分时走势
资料来源：同花顺，DINA。

海鸥股份上"吃了一口大肉"。

收盘就可以看到 2017 年 6 月 8 日海鸥股份的价量结构是天量大阴线，次日也没有反包，阶段性见顶特征非常明显（见图 7-13）。

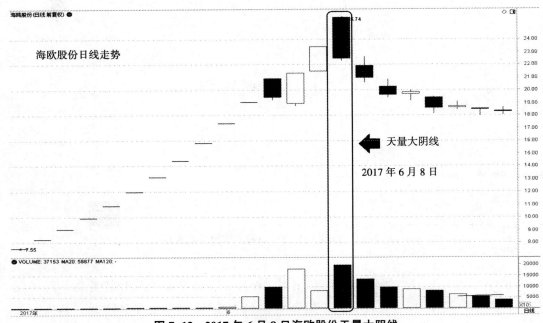

图 7-13　2017 年 6 月 8 日海欧股份天量大阴线

资料来源：通达信，DINA。

【"退神"案例 2·方大炭素】

"退神"在 2017 年 7 月 27 日买入方大炭素，次日也就是 7 月 28 日就卖出了（见图 7-14）。一个典型的接力停顿交易。在两根大阳线之间存在调整类 K 线，如一根十字星或者阴线等，对应的成交量往往是显著缩量的。

首先，还是看大背景，以上证指数作为指数周期的观察和分析载体。以 2017 年 5 月 24 日低点 A 和 2017 年 7 月 17 日低点 B 绘制上升趋势线（见图 7-15），7 月 27 日时上证指数处在上升趋势线之上，且乖离程度并不高。整体而言，指数周期处在上升阶段，至少不在主跌阶段，这非常重要。

接着，我们再来看相应板块指数日线，以便观察主线周期。当时，方大炭素所在的石墨烯板块指数处在上升趋势中。以石墨烯板块指数 2017 年 6 月 2 日低点 A 和 2017 年 7 月 18 日低点 B 绘制上升趋势线，7 月 27 日这天存在上升趋势线上方。方大炭素所在板块处于上升趋势中，与指数周期向上一同支持了个股的升势（见

图 7-16）。

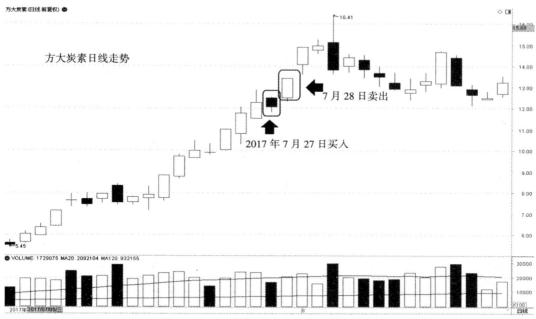

图 7-14 "退神"在方大炭素上的买卖点

资料来源：通达信，DINA。

图 7-15 2017 年 7 月 27 日上证指数所处的阶段和位置

资料来源：东方财富，DINA。

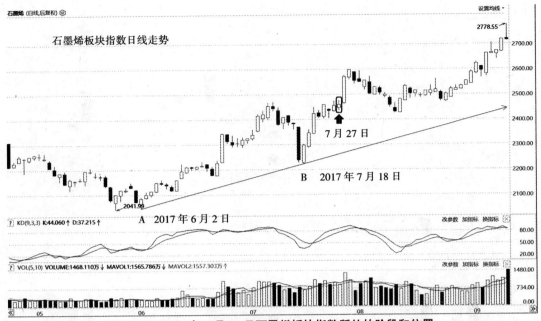

图7-16　2017年7月27日石墨烯板块指数所处的阶段和位置
资料来源：东方财富，DINA。

　　指数周期和主线周期都支持个股上涨，那么当时的市场情绪又如何呢？7月27日上涨家数分时开盘就在冰点附近，10:30左右又有一次临近情绪冰点（见图7-17）。

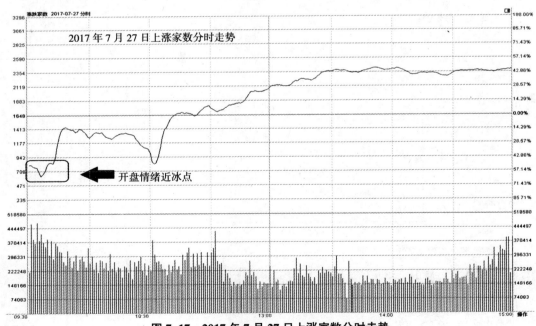

图7-17　2017年7月27日上涨家数分时走势
资料来源：通达信，DINA。

而"退神"就是在当日早盘临近收盘之前买入方大炭素的。

7 月 27 日收盘时已经接近情绪沸点 2400 家阈值了，次日（7 月 28 日）弱分歧，全天上涨家数在中枢 1400 家以下（见图 7-18）。2017 年的沸点阈值是 2400 家，冰点阈值是 400 家，大致与 2016 年相同。"退神"就是在当日卖出方大炭素的。

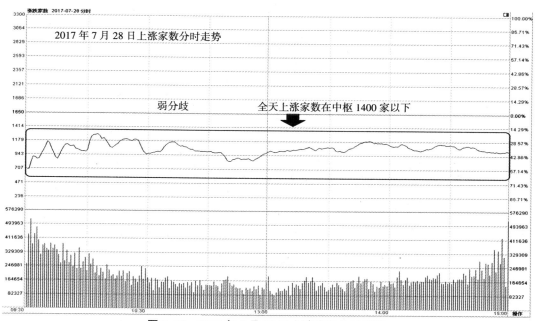

图 7-18　2017 年 7 月 28 日上涨家数分时走势

资料来源：通达信，DINA。

"退神"交易方大炭素时的三大周期我们都搞清楚了，那么当时的逻辑驱动是怎样的状态呢？2017 年 7 月 26 日三大指数小幅上涨开盘，银行板块带动沪指快速翻红，调整一段时间的次新板块早盘也集体活跃。此后，由于机场、保险等板块领跌，带动市场整体呈现冲高回落的态势。直到下午开盘后，整个市场呈现探底回升的态势，题材逻辑方面的住房租赁、**有色和化工走高，带动市场人气回暖，与指数共振**。临近尾盘，各大指数稍走强，沪指翻红，截至收盘沪指涨 0.12%，深成指跌 0.54%，创业板指跌 0.40%，但是个股多数跌少数涨。当天有 34 只个股上涨，大多数是新股和次新股。

周期和逻辑都了解了，最后讲价量技术结构。2017 年 7 月 27 日，方大炭素处于接力中继停顿结构，对应的成交量是萎缩的（见图 7-19）。前面我们提到了一个顶级游资"林疯狂"也喜欢做这一类结构的超短线交易。

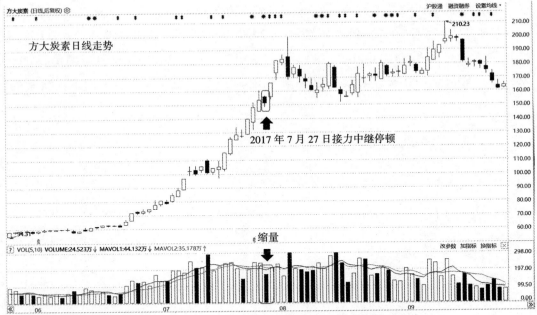

图 7-19　方大炭素 2017 年 7 月 27 日的接力中继停顿结构

资料来源：东方财富，DINA。

　　7 月 27 日当天，"退神"在上涨家数 10:30 临近情绪冰点之后买入方大炭素（见图 7-20）。买在冰点，买在分歧（转一致），这些反复出现的高手节奏你有点儿

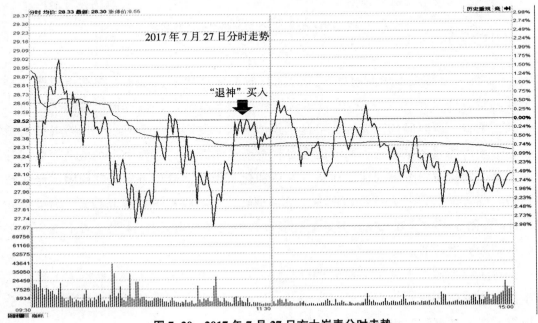

图 7-20　2017 年 7 月 27 日方大炭素分时走势

资料来源：同花顺，DINA。

"悟道"没有？

2017 年 7 月 27 日尾盘情绪处于沸点状态，次日大概率有分歧。而"退神"在上攻无果后，选择早盘卖出方大炭素。最终，该股临近收盘才上板（见图 7-21）。接力选手绝大多数情况下都避免持仓参与调整，因为接力战法不是"龙空龙"战法，其浮动利润通常经不起显著调整。

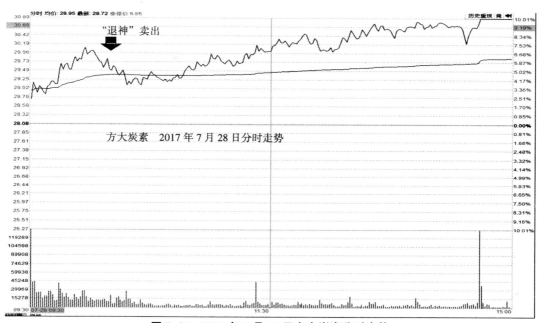

图 7-21　2017 年 7 月 28 日方大炭素分时走势

资料来源：同花顺，DINA。

方大炭素直到 8 月 4 日才见到真正的阶段性顶部。斐波那契点位分析方法其实可以很高效地预判到这个顶部。以 2017 年 4 月 17 日低点 A 到 2017 年 7 月 13 日高点 B 的价格幅度为单位 1，以 2017 年 7 月 17 日低点 C 为起点向上绘制斐波那契扩展点位（见图 7-22）。8 月 4 日的最高点触及了 1.618 倍扩展点位，当日是天量大阴线，且上影线很长。所以，价量形态与斐波那契点位结合起来是非常有效的短线目标预判工具。

【"退神"案例 3·卫信康】

"退神" 2017 年 8 月 4 日买入卫信康，隔一个交易日，也就是 8 月 8 日卖出卫信康（见图 7-23）。

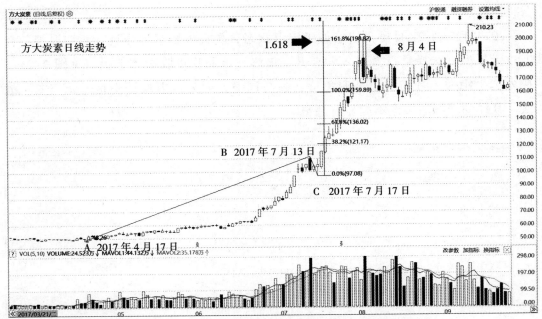

图 7-22　2017 年 8 月 4 日方大炭素所处的斐波那契点位结构
资料来源：东方财富，DINA。

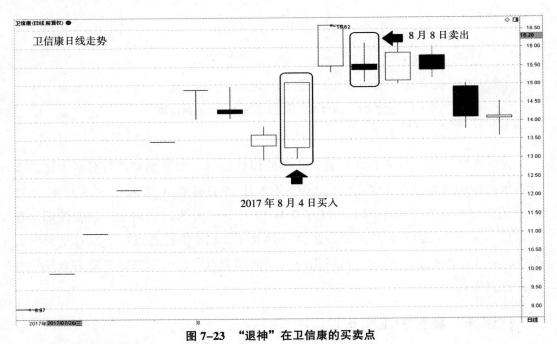

图 7-23　"退神"在卫信康的买卖点

资料来源：通达信，DINA。

通过买入点前一日大盘指数日线观察当时的指数周期阶段。这里我们以沪深300指数作为周期分析载体，以2017年5月11日低点A和2017年7月18日低点B这两个最近的显著低点绘制向上趋势线，8月4日当天指数K线收盘在这趋势线附近，稍微跌破一点，由于形态没坏，由此短线炒家会博弈次日大盘指数修复走势（见图7-24）。

图7-24　2017年8月4日沪深300指数所处的阶段和位置

资料来源：东方财富，DINA。

　　卫信康的主要炒作属性是次新股，2017年8月4日次新股板块指数处在一个上升走势中。次新股板块指数2017年6月2日低点A和2017年18日低点B形成了一个双底，2017年8月4日则处在双底之上的上涨走势中（见图7-25）。

　　当时的市场情绪如何呢？2017年8月4日是情绪低点，8月7日是情绪小高点，然后8月8日情绪回落（见图7-26）。

　　深入一点看，2017年8月4日上涨家数基本在1400家以下，也就是整体都位于情绪低位区（见图7-27）。虽然不是冰点，但是"退神"在这个相对情绪低点进场了。

　　2017年8月4日当时的主线处于调整，这就给了次新机会。卫信康上市接连一字板缩量涨停，8月1日首次开盘，这就是首次分歧了。8月2日调整，但是缩量

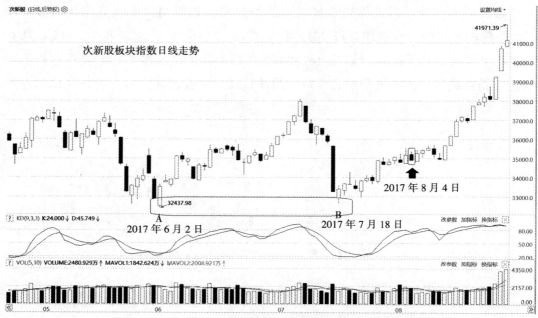

图 7-25　2017 年 8 月 4 日次新股板块指数所处的阶段和位置
资料来源：东方财富，DINA。

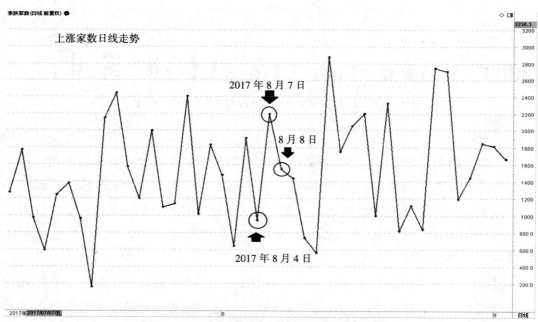

图 7-26　2017 年 8 月 4 日到 8 日上涨家数变化
资料来源：通达信，DINA。

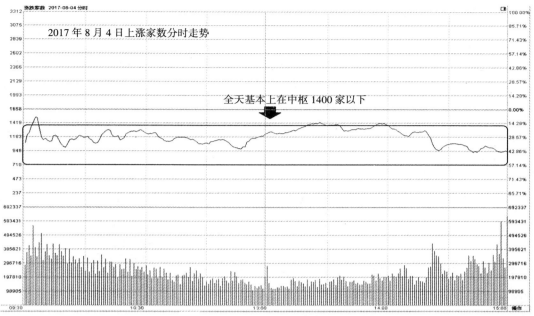

2017 年 8 月 4 日上涨家数分时走势

全天基本上在中枢 1400 家以下

图 7-27　2017 年 8 月 4 日上涨家数分时走势

资料来源：通达信，DINA。

了。8 月 3 日继续调整，成交量继续萎缩。我们说**分歧的要义不在于价格调整，而在于成交量放大。一致的要义不在于价格上涨，而在于成交量缩小**。8 月 1 日到 3 日，价格是调整的，大多数认为这就是"分歧"，但实际上以 8 月 1 日为临界点，此前是一致转分歧，而此后是分歧转一致，因为 8 月 1 日之前是缩量到放量，而 8 月 1 日之后是放量到缩量（见图 7-28）。无论是 8 月 2 日还是 8 月 3 日如果次日开盘能够超预期，弱转强，那么就是真正地到了一致了。

2017 年 8 月 3 日卫信康尾盘其实已经有先知先觉的资金进去了（见图 7-29）。

次日（2017 年 8 月 4 日），卫信康尾盘放量弱转强，"退神"也在这个时候扫板买入了（见图 7-30）。

2017 年 8 月 7 日开盘后不久三波拉升，充分换手上板，这种情况下上涨延续的预期就比较好（见图 7-31），"退神"也选择继续持股。但是从情绪周期来看，当天已经临近沸点了，次日免不了有弱分歧的预期。

2017 年 8 月 8 日，卫信康大幅低开 6.44%，这个显著低于预期，强转弱很明显，于是"退神"选择开盘就卖出卫信康（见图 7-32）。

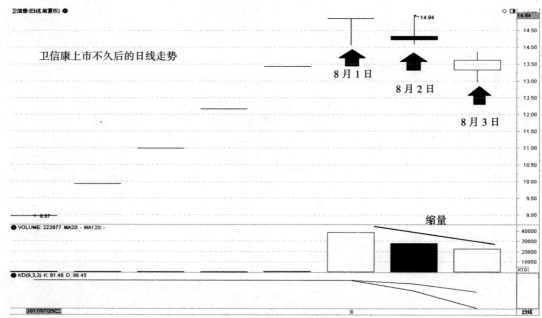

图 7-28　卫信康上市后开板缩量回调

资料来源：通达信，DINA。

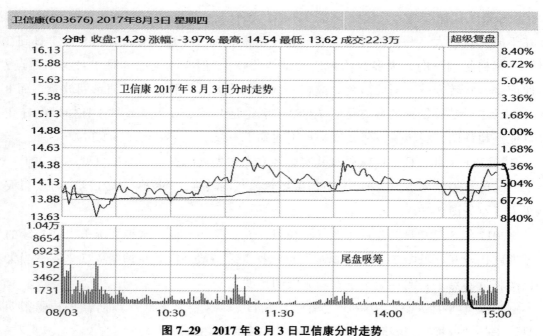

图 7-29　2017 年 8 月 3 日卫信康分时走势

资料来源：东方财富，DINA。

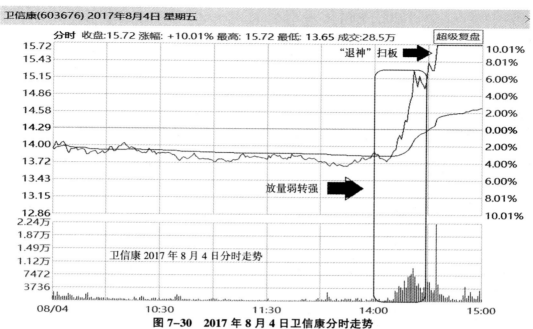

图 7-30　2017 年 8 月 4 日卫信康分时走势

资料来源：东方财富，DINA。

图 7-31　2017 年 8 月 7 日卫信康分时走势

资料来源：东方财富，DINA。

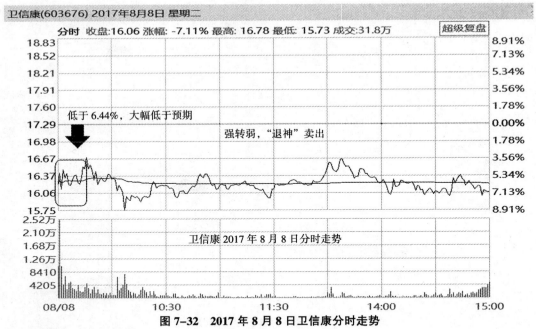

图 7-32　2017 年 8 月 8 日卫信康分时走势

资料来源：东方财富，DINA。

【"退神"案例 4·纵横通信】

"退神"2017 年 8 月 21 日买入纵横通信，持有两个交易日后，于 8 月 24 日卖出（见图 7-33），又是次新股首次分歧附近买入"吃了大肉"。

以平均股价指数日线走势解析"退神"买入纵横通信前一日的大盘指数所处周期阶段。以 2017 年 7 月 18 日低点 A 和 8 月 14 日低点 B 为基础绘制上升趋势线，8 月 21 日处在这个趋势线之上，且处在一个 N 字底部第二波处（见图 7-34），指数周期处在上升阶段无疑。

纵横通信的炒作属性是次新板块。次新板块指数 2017 年 6 月 2 日低点 A 和 7 月 18 日低点 B 形成一个大型双底结构（见图 7-35），2017 年 7 月 7 日高点 C 是颈线位置。2017 年 8 月 21 日反包了 8 月 18 日的调整小阴线，且位于颈线附近，处于"顶位"，等待突破（见图 7-36）。

主线调整或者主跌段暂时企稳（超卖）的节点往往是炒作次新股的窗口期。从逻辑上看，2017 年 8 月 21 日之前一周涨幅前五的个股依次是中科信息（周涨幅 58.24%，次新股叠加人脸识别题材逻辑）、四维图新（周涨幅 31.39%，无人驾驶和特斯拉题材逻辑）、建科院（周涨幅 30.79%，次新股叠加雄安新区题材逻辑）、索

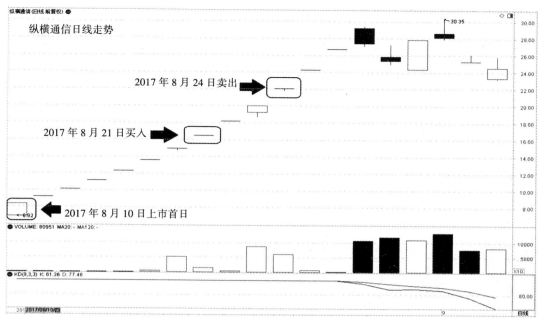

图 7-33 "退神"在纵横通信日线上的买卖点

资料来源：通达信，DINA。

图 7-34 2017 年 8 月 21 日平均股价指数所处的阶段和结构

资料来源：通达信，DINA。

次新股板块指数日线走势

C 2017 年 7 月 7 日

2017 年 8 月 21 日反包 8 月 18 前期高点附近维持强势

32437.98

A 2017 年 6 月 2 日　　　　　B 2017 年 7 月 18 日

图 7-35　2017 年 8 月 21 日次新股板块指数所处的阶段和结构
资料来源：东方财富，DINA。

纵横通信(603602) 2017年8月18日 星期五

分时 收盘:38.74 涨幅: +9.99% 最高: 38.74 最低: 38.02 成交:5.07万　　超级复盘

开盘烂板回封
一致转分歧，再转一致

纵横通信 2017 年 8 月 18 日分时走势

图 7-36　2017 年 8 月 18 日纵横通信分时走势
资料来源：东方财富，DINA。

通发展（周涨幅 30.79%，次新股叠加新材料题材逻辑）和浙大网新（周涨幅 28.37%，业绩预增叠加人脸识别），**从中可以看到次新股是主线**。因此，次新主线也是"退神"买入纵横通信的主要逻辑。

周期和逻辑双重加持纵横通信，那么结构呢？2017 年 8 月 18 日星期五，纵横通信开盘烂板，这就是日内一致转分歧。接着，很快回封，这就是日内分歧转一致。**回封板为什么胜算率高？因为这是日内分歧转一致，此后延续一致的概率很大**。接力玩家喜欢回封板是有道理的，也是有效果的。

2017 年 8 月 21 日纵横通信分时延续一致，"退神"是早盘集合竞价买入的（见图 7-37），这种可能就要靠通道优势和运气了。

图 7-37　2017 年 8 月 21 日纵横通信分时走势

资料来源：东方财富，DINA。

2017 年 8 月 24 日，"退神"砸板卖了（见图 7-38）。

显然，这次"退神""卖飞了"。从纵横通信上涨过程中的分歧和一致转化过程其实可以很清楚地看到合理的买点和卖点（见图 7-39）。8 月 18 日到 22 日是分歧转一致，8 月 18 日放量，而 21 日和 22 日是缩量的，因此 8 月 18 日和 21 日是分歧转一致的买点。8 月 18 日或许把握不大，因为 8 月 21 日可能延续分歧。但是 21 日已经转一致了，因此比 8 月 18 日买入更可靠，更加确定地买在了分歧转一致，但是也可能 8 月 22 日就有分歧了。因此，8 月 18 日和 21 日的买点各有优势和劣势。

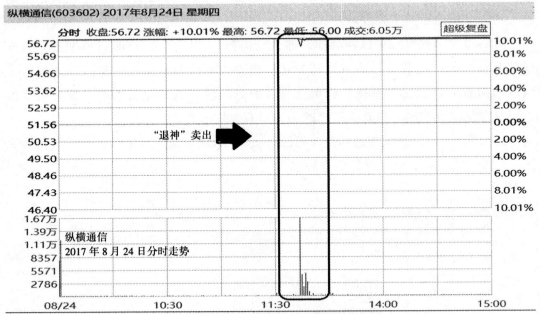

图 7-38　2017 年 8 月 24 日纵横通信分时走势

资料来源：东方财富，DINA。

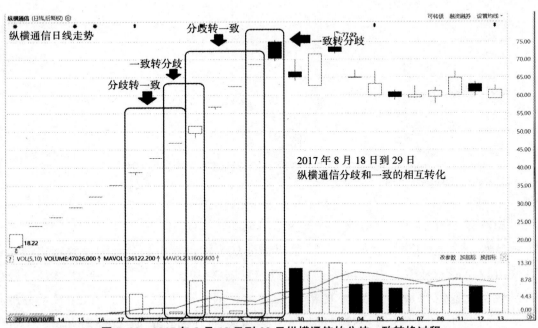

图 7-39　2017 年 8 月 18 日到 29 日纵横通信的分歧一致转换过程

资料来源：东方财富，DINA。

8 月 22 日缩量，8 月 23 日放量，这是一致转分歧。这波纵横通信的上涨中，8 月 18 日是第一次显著分歧，那么 8 月 23 日就是第二次显著分歧。这个点有可能是一个潜在减仓点或者卖点，毕竟是第二次分歧了，首次分歧是经典买点，而二次分歧存在风险，除非是龙头。从 8 月 23 日到 8 月 28 日是分歧转一致，这个时候是理想的持仓段。所以，"退神"没在 8 月 23 日卖，那么 8 月 24 日就没有必要卖了。直到 8 月 29 日，这是第三次分歧了。具体来讲，从 8 月 28 日到 8 月 29 日是一致转分歧，因此 8 月 29 日就是"卖在一致转分歧的节点"。

再简单归纳一下。

买点在哪里？

分歧转一致的点，简称买在分歧。

但实际上是买在分歧转一致的节点。

卖点在哪里？

一致转分歧的点，简称卖在分歧。

但实际上是卖在一致转分歧的节点。

最后，我们还是忍不住再啰唆一下：**最佳买点在冰点，也在分歧转一致点；最佳卖点在沸点，也在一致转分歧点。**

【"退神"案例 5·国风新材】

"退神"在 2019 年 2 月 22 日买入国风新材，在 2 月 26 日卖出（见图 7-40），又是在首次分歧附近买的。

我们还是以平均股价指数观察当时所处的指数周期（见图 7-41）。以平均股价指数 2018 年 11 月 16 日高点 A 绘制水平趋势线。2019 年 2 月 18 日，一根大阳线突破此阻力线。此后三日都在此水平趋势线之上运动，确认了向上突破有效，阻力变支撑，向上空间打开了。

国风新材属于 OLED 概念板块，OLED（Organic Light-Emitting Diode）全称是"有机发光二极管"，俗称"柔性屏"，被称誉为"梦幻显示器"。OLED 显示技术与传统的 LCD 显示方式不同，无须背光灯，采用非常薄的有机材料涂层和玻璃基板，当有电流通过时，这些有机材料就会发光。而且，OLED 显示屏幕可以做得更轻更薄，可视角度更大，并且能够显著地节省耗电量。

OLED 板块指数 2019 年 2 月 22 日处在上升 N 字结构第三段，且阳包阴了此前两日十字阴线（见图 7-42）。

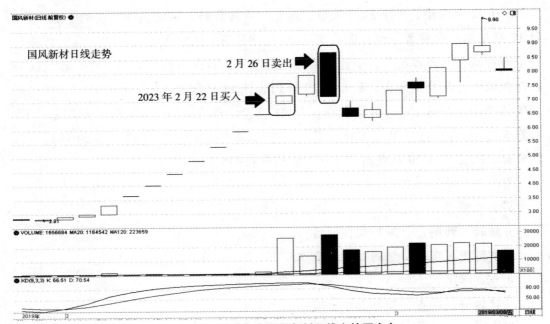

图 7-40　"退神"在国风新材日线上的买卖点

资料来源：通达信，DINA。

图 7-41　2019 年 2 月 22 日平均股价指数所处的阶段和位置

资料来源：通达信，DINA。

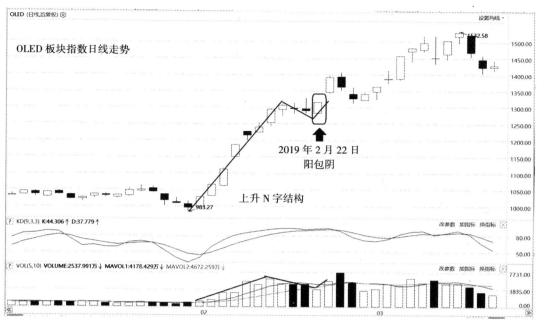

图 7-42　2019 年 2 月 22 日 OLED 板块指数所处的阶段和位置

资料来源：东方财富，DINA。

　　指数周期和板块指数都处在上升阶段，情绪周期呢？首先要更新下情绪沸点和冰点的阈值：2019 年上涨家数低于 800 家为情绪冰点，上涨家数高于 3400 家为情绪沸点，中枢为 2100 家。以此为基准，可以更好地观察 2019 年 2 月 21 日到 26 日的情绪变化（见图 7-43）。2 月 21 日是一个临近冰点的情绪低点，2 月 25 日则是一个情绪沸点。

　　我们再更加细致地分析下情绪周期变化。2019 年 2 月 21 日，上涨家数分时走势在尾盘触及过情绪冰点（见图 7-44），而**"退神"在次日（2 月 22 日）开盘就买入了国风新材**，也就是在冰点附近买入，同时也是在个股首次分歧时。

　　2019 年 2 月 22 日上涨家数在开盘时处在冰点附近，而"退神"就是在当日开盘不久买入国风新材的（见图 7-45）。

　　2019 年 2 月 25 日，上涨家数开盘不久后就涨到了 3400 家以上，情绪沸点表露无遗，次日分歧概率大（见图 7-46）。这也是"退神"次日卖出国风新材的理由之一吧，也算是在沸点附近卖出吧。

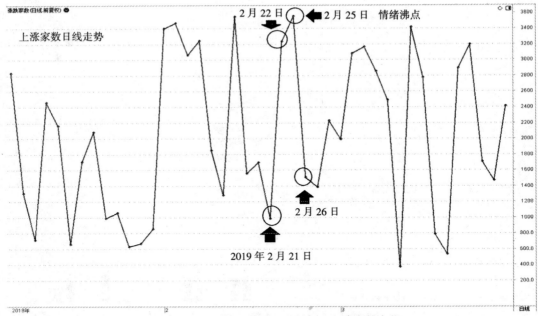

图 7-43　2019 年 2 月 21 日到 26 日上涨家数变化
资料来源：通达信，DINA。

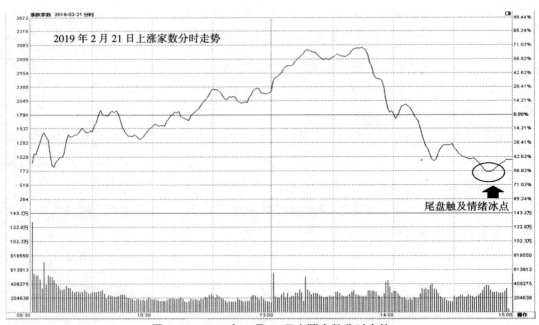

图 7-44　2019 年 2 月 21 日上涨家数分时走势
资料来源：通达信，DINA。

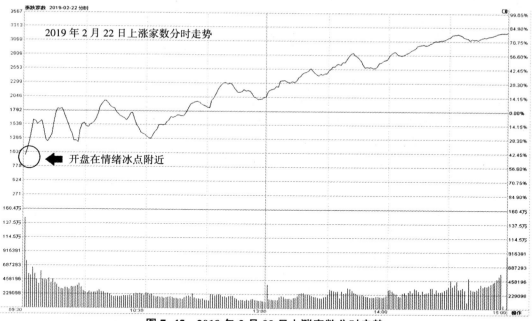

图 7-45　2019 年 2 月 22 日上涨家数分时走势

资料来源：通达信，DINA。

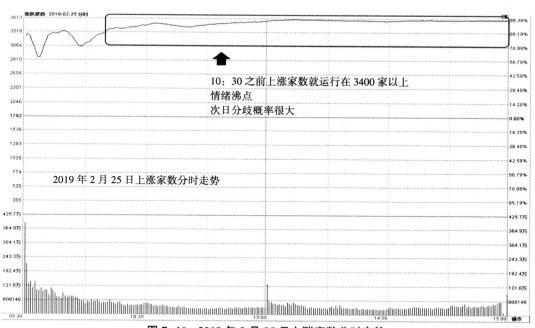

图 7-46　2019 年 2 月 25 日上涨家数分时走势

资料来源：通达信，DINA。

2019 年 2 月 26 日上涨家数开盘就低开触及冰点，跟前一日尾盘预期的一样出现了分歧，不过分歧程度有点大（见图 7-47）。当日，"退神"开盘就卖出了，也算是临近前一日尾盘沸点卖出。

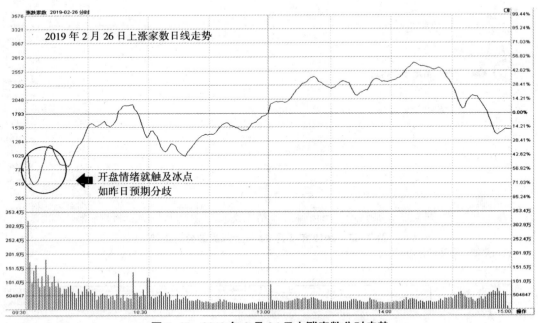

图 7-47　2019 年 2 月 26 日上涨家数分时走势

资料来源：通达信，DINA。

除了基于通达信的"涨跌家数"指数观察市场情绪之外，还可以直接在同花顺的指数走势图上叠加"沪深个股上涨数"副图，其自动标注了情绪状态。比如 2019 年 2 月 21 日这天对应的情绪就是"较冷"，上涨家数为 1026 家（见图 7-48），而 2019 年 2 月 25 日这天对应的上涨家数为 3652 家，情绪状态为"沸点"（见图 7-49）。

"退神"买入国风新材之前所处的三大周期搞清楚了，当时的逻辑格局如何呢？2019 年 2 月 21 日，5G 总龙头东方通信继续强势上涨，9 天 8 板成为新晋妖股，逻辑上广电 5G 题材利好驱动 5G 板块卷土重来。广电叠加 5G 题材的路视通信一字涨停，亿通科技直线拉升涨停强势助攻，整个板块掀起涨停潮。**OLED 龙头个股国风塑业连续八个一字涨停板，板块热度持续强势**。低位股扬子新材一字板二连板，反包股华映科技 7 天 5 板，纳米银的乐凯胶片三连板。由此来看，OLED 也是当时的主线逻辑之一。

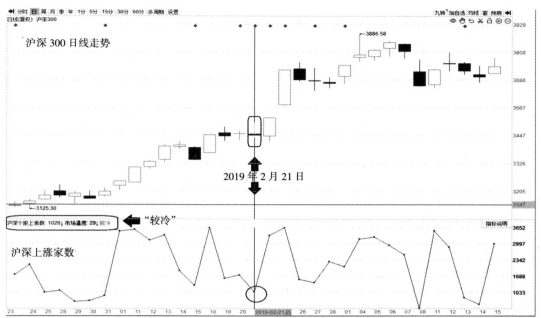

图 7-48 2019 年 2 月 21 日沪深 300 指数和上涨家数
资料来源:同花顺,DINA。

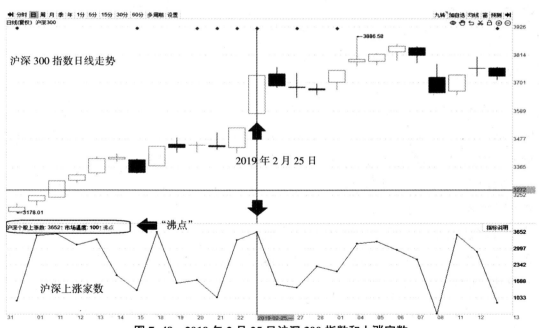

图 7-49 2019 年 2 月 25 日沪深 300 指数和上涨家数
资料来源:同花顺,DINA。

我们再来看个股结构。高位 OLED 龙头国风新材**首次分歧**，按照此前的案例，你觉得"退神"会放过这个机会吗？2019 年 2 月 22 日，国风新材一字连板后首次放量开板，放量就是分歧了，首次放量就是首次分歧了（见图 7-50）。

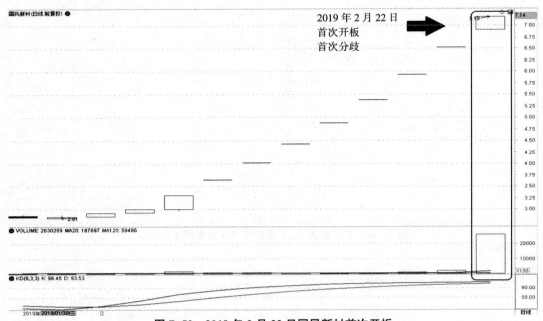

图 7-50　2019 年 2 月 22 日国风新材首次开板

资料来源：同花顺，DINA。

国风新材 2019 年 2 月 22 日开盘就开板了，这个时候"退神"就买入了（见图 7-51）。记得吗？2 月 21 日尾盘和 2 月 22 日开盘都是触及或者临近情绪冰点。因此，**"退神"这笔买入同时买在了个股分歧和情绪冰点附近。**

2019 年 2 月 26 日开盘"退神"就卖出了国风新材（见图 7-52）。2 月 25 日尾盘是情绪沸点，2 月 26 日开盘也就是临近情绪沸点，那么就是卖在了沸点附近。2 月 25 日缩量上涨，2 月 26 日放量，那么就是一致转分歧，那么 2 月 26 日开盘放量卖，就是卖在了一致转分歧的节点。**总结起来就是"退神"这笔交易卖在了沸点和一致转分歧节点附近。**

国风新材(000859) 2019年2月22日 星期五

图 7-51　2019 年 2 月 22 日国风新材分时走势

资料来源：东方财富，DINA。

图 7-52　2019 年 2 月 26 日国风新材分时走势

资料来源：同花顺，DINA。

【"退神"案例 6·福安药业】

"退神" 2019 年 4 月 3 日买入福安药业，4 月 11 日卖出（见图 7-53），这是一顿"饕餮大餐"。

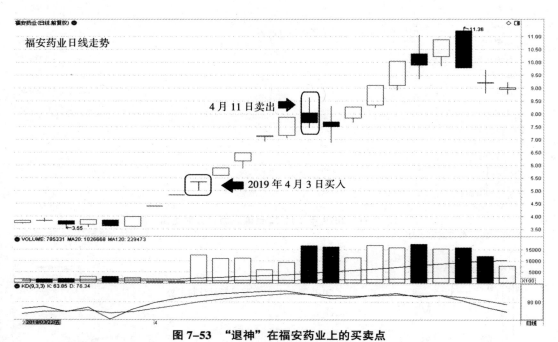

图 7-53 "退神"在福安药业上的买卖点

资料来源：通达信，DINA。

我们先来看"退神"买入福安药业之前所处的周期阶段。以平均股价指数 2019 年 1 月 31 日低点 A 和 2019 年 3 月 29 日低点 B 绘制上升趋势线，4 月 2 日处在上升趋势线之上，且是一个通常意义上的"弱分歧"日（见图 7-54）。

福安药业属于工业大麻概念板块，这个板块指数在东方财富是 2019 年 2 月 22 日上线的。以 2019 年 2 月 27 日低点 A 和 3 月 19 日低点 B 为基础绘制上升趋势线，4 月 3 日开盘临近趋势线（见图 7-55）。

指数周期和板块周期都支持福安药业的上涨延续，我们再来看当时的情绪周期。以 2019 年 4 月 1 日到 4 月 11 日的上涨家数为载体观察情绪变化（见图 7-56），4 月 1 日是一个情绪沸点，4 月 2 日情绪大幅走低。4 月 11 日则是一个情绪冰点。

图 7-54 2019 年 4 月 2 日平均股价指数所处的阶段和位置
资料来源：通达信，DINA。

图 7-55 2019 年 4 月 3 日工业大麻指数所处的阶段和位置
资料来源：东方财富，DINA。

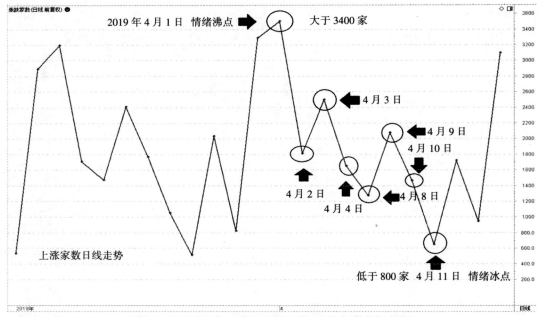

图7-56 2019年4月1日到4月11日上涨家数变化
资料来源：通达信，DINA。

再细致一点观察情绪周期，2019年4月3日开盘就是情绪冰点（见图7-57），"退神"当时就买入了福安药业，算得上是标准的"买在冰点"。

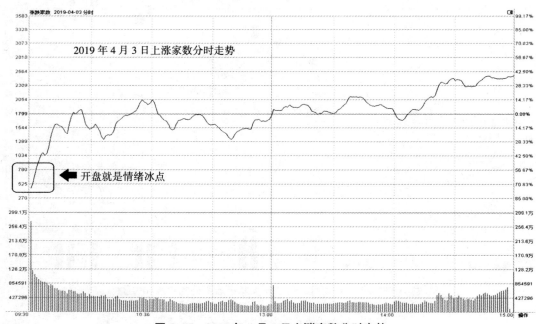

图7-57 2019年4月3日上涨家数分时走势
资料来源：通达信，DINA。

我们接着分析当时的逻辑背景。2019 年 4 月 2 日，区块链概念题材继续保持最强主线的强势地位，板块涨停超 20 家，精准信息和御银股份继续一字 4 连板；军工板块虽然活跃但明显走弱，两大人气股中船科技炸板，中船应急回封涨停收 T 字 4 连板；化工染料板块的浙江龙盛、闰土股份则是 8 天 5 板，反包后新高。**工业大麻龙头顺灏股份当时已经持续炒作了差不多 3 个月，跨度很长，这个概念期间产生了不少人气强势股。**

周期和逻辑搞清楚了，那么当时福安药业的价量结构特征是怎样的呢？当时福安药业刚刚签署了工业大麻的提取合作协议，这成了行情催化剂，或者说提供"借题发挥"的基础。2019 年 4 月 3 日是日线一致转分歧的节点（见图 7-58），三板或者三板后买入是我们分析的许多高手买点，因为"赵老哥"讲"两板定龙头"，所以第三板附近就成了某种约定俗成的龙头买点。当然，"退神"很喜欢这一波行情，**特别是连续一字涨停板后首次分歧开板的买点**，此前的案例基本都有这种影子。从日线上看，4 月 3 日是分歧日。

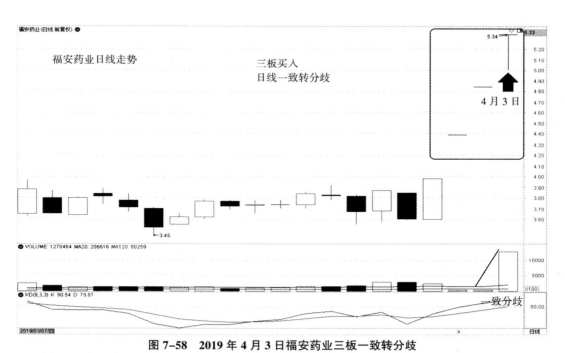

图 7-58 2019 年 4 月 3 日福安药业三板一致转分歧

资料来源：通达信，DINA。

2019 年 4 月 3 日福安药业开盘时就放量开板了，这是开盘分歧，"退神"当时就买入了，当时即是情绪冰点，也是分歧点。此后，尾盘上板，分歧转一致（见图 7-59）。

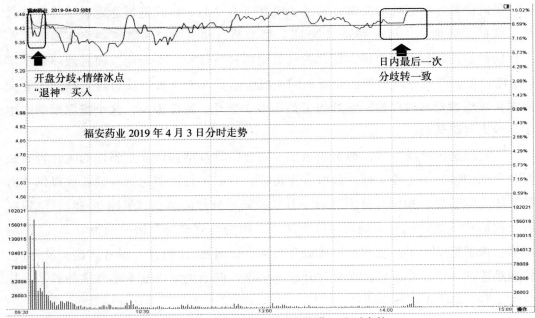

图 7-59　2019 年 4 月 3 日福安药业分时走势

资料来源：通达信，DINA。

那么，直到 4 月 11 日卖出，这期间福安药业在一致和分歧之间多次转换（见图 7-60）。4 月 1 日到 3 日，缩量到放量，一致转分歧，而 4 月 3 日就是这波上涨的首次分歧。4 月 3 日到 9 日放量到逐步缩量，这是分歧转一致。所谓买在分歧转一致，因此 4 月 3 日和 4 日就是这类买点，而"退神"选择在 4 月 3 日买入。4 月 9 日到 11 日，缩量到放量，这就是一致转分歧了，10 日是分歧，11 日是分歧延续或者说强分歧。10 日和 11 日相对于 3 日就是第二次分歧了。

一般而言，人气强势股的首次分歧是买点，而第二次分歧通常是卖点，第三次甚至更后面的分歧则更是卖点了。当然，我们加了"通常"这个限定。从这个过程来看，4 月 3 日和 4 日是分歧转一致的节点，是买点，"退神"买在 4 月 3 日，买点前置；4 月 10 日和 11 日是一致转分歧的节点，是卖点，"退神"卖在 4 月 11 日，卖点后置。整个行情都吃得差不多了。

2019 年 4 月 11 日，"退神"在早盘福安药业冲高回落不及预期的情况下卖出（见图 7-61），这个时候也没有机会买在情绪沸点了，但至少卖在了一致转分歧的第二次分歧延续日。正如"退神"自己所说："**一般是第一波拉升不超强就割。一笔买进的操作对应一笔卖出的。低开太多的话，稍微等等，原则上不补仓，不幻想，最迟 10 点前处理掉。要是卖飞上板了，如重新符合买点就在买回来。**"

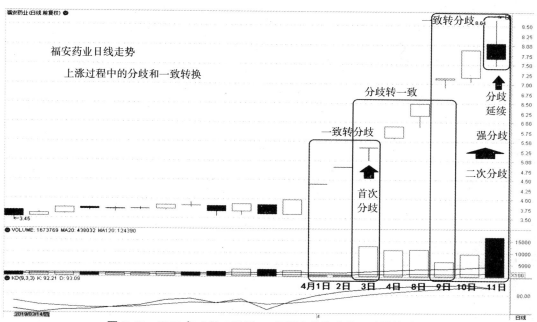

图 7-60　2019 年 4 月 1 日到 11 日福安药业分歧一致转换过程
资料来源：通达信，DINA。

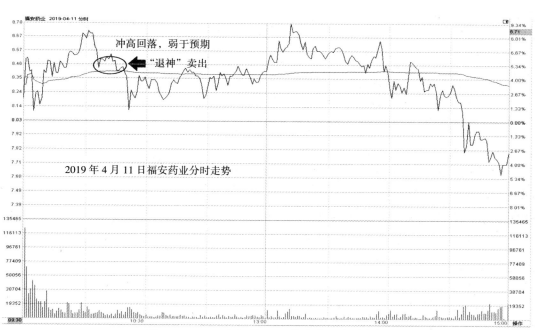

图 7-61　2019 年 4 月 11 日福安药业分时走势
资料来源：通达信，DINA。

从分歧一致节奏来看，4月11日卖出后，4月12日继续回调，盘中跌幅比较大，短线投机客，特别是接力玩家是要避免这类回撤的。如果从斐波那契点位结构来看，后续第二波大幅上涨的高点其实是可以高效预判的，也就是假如在4月12日次日开盘分歧转一致，弱转强再度买入后，价格目标是大致可以通过斐波那契扩展点位结合价量形态来确认的（见图7-62）。

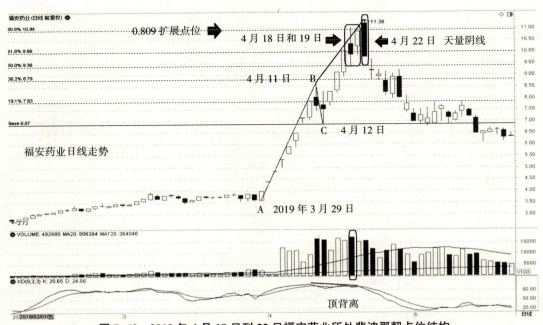

图7-62　2019年4月18日到22日福安药业所处斐波那契点位结构
资料来源：通达信，DINA。

以2019年3月29日低点A到4月11日高点B的价格幅度为单位1，以C点为起点向上绘制斐波那契扩展点位线谱。最终4月18日和19日最高价都触及到了0.809这个扩展点位，4月18日是纺锤阴线，但是4月19日反包实体，但是未能吞掉前一日的上影线。4月22日一根天量大阴线，向下反包前日阳线，这就正式确认了0.809扩展点位作为阻力的有效性，见顶信号明显。

【"退神"案例 7·凯龙股份】

"退神"2019年4月15日买入凯龙股份，4月18日卖出，连续三个涨停板，利润丰厚（见图7-63）。

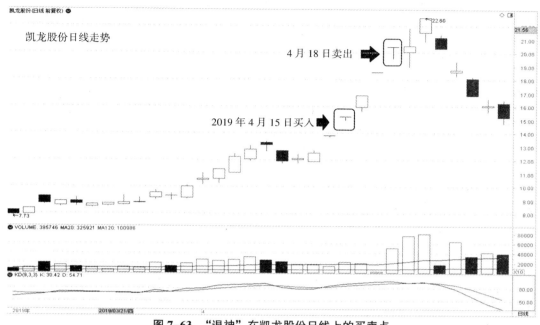

凯龙股份日线走势

4 月 18 日卖出

2019 年 4 月 15 日买入

图 7-63 "退神"在凯龙股份日线上的买卖点

资料来源:通达信,DINA。

首先观察和分析指数周期当时所处的阶段和位置,以上证指数作为载体。基于上证指数 2019 年 1 月 31 日低点 A 和 2019 年 3 月 29 日低点 B 绘制上升趋势线,4 月 12 日星期五似乎是一个回调结束的状态。4 月 15 日星期一则是一个继续回调到趋势线附近,但仍旧在趋势线上方的状态(见图 7-64)。

如果不想画趋势线来判断指数周期怎么办?可以采纳短期均线,比如 10 日或者 20 日均线之类的,这就是比较傻瓜的做法,同时也摆脱了一定的主观度。

凯龙股份当时的炒作属性是氢能源。我们通过氢能源板块指数观察相应的题材逻辑强度或者是主线周期。氢能源指数在 2019 年 4 月 15 日之前就经历了两波上涨,中间有一波回调,现在相当于第二波上涨后的第二波回调(见图 7-65)。

为什么看作回调呢?第一,这波下跌程度不少,还不到 0.382;第二,这波下跌伴随着成交量萎缩;第三,此前有一波向上 N 字结构。

我们再来看当时情绪周期的变化。从 2019 年 4 月 11 日到 4 月 17 日,4 月 11 日是一个情绪冰点,因为上涨家数低于 800 家(见图 7-66)。到了 4 月 12 日情绪有弱修复,4 月 15 日这天情绪有回落了,这天是"退神"买入凯龙股份的时候。4 月 18 日则是他卖出凯龙股份的时候。

图 7-64　2019 年 4 月 15 日上证指数所处的阶段和位置

资料来源：东方财富，DINA。

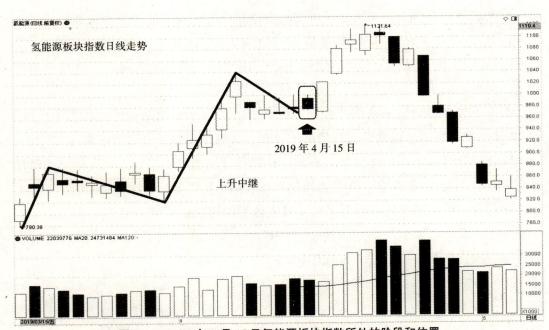

图 7-65　2019 年 4 月 15 日氢能源板块指数所处的阶段和位置

资料来源：通达信，DINA。

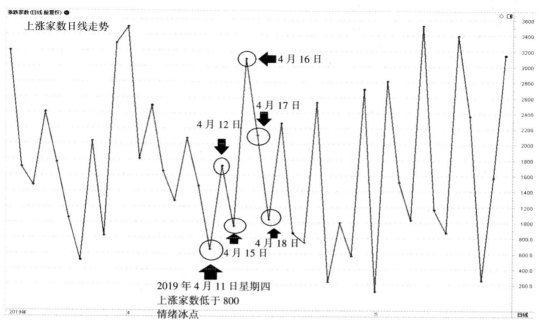

图7-66 2019年4月11日到18日上涨家数变化

资料来源：通达信，DINA。

我们再下切一下更加细致的情绪变化。2019年4月15日上涨家数开盘时近情绪沸点，然后一路走低，到了尾盘就临近冰点了（见图7-67）。不过，"退神"当日是在早盘买入凯龙股份的，因为早盘出现了烂板，但随着情绪日内走低，该股回封后并没有再度烂板或者炸板，符合他所说的："**打板第一要义——封死，宁可第二天低开，也不要当天回落**。"

接着，我们来看一下当时买入的逻辑背景。截至2019年4月12日星期五的这一周题材逻辑轮动较快：周一化工股、周二透明工厂、周三医药超级真菌、周四华为汽车、周五央企金控，每天一个热点，另外工业大麻、燃料电池等逻辑继续活跃，但基本都是一日游，这就是主线周期的"乱纪元"。

"乱纪元"的特点是逻辑和题材快速轮动，缺乏主线，缺乏持续性。什么时候容易出现"乱纪元"？第一，大盘量能低迷，主跌阶段；第二，情绪高度弱；第三，情绪退潮期。拉长时间框架来看，当时氢能源概念是工业大麻题材后半段的接力题材，跨度时间较长，其间产生过许多人气强势股。

接着，我们来看个股的价量结构。"退神"2019年4月15日买入凯龙股份是在第二板上板这个时点，相当于二板位置买入。4月15日情绪高开低走，大盘和氢能源板块也是高开低走，在这种背景下凯龙股份开板了，有资金受到大盘、板块和情绪三重周期的短期影响出逃了，买在恐慌点，这个时候"退神"入场（见图 7-68）。此后，虽然三重周期日内走继续走弱，但是凯龙股份却维持封板状态，弱转强延

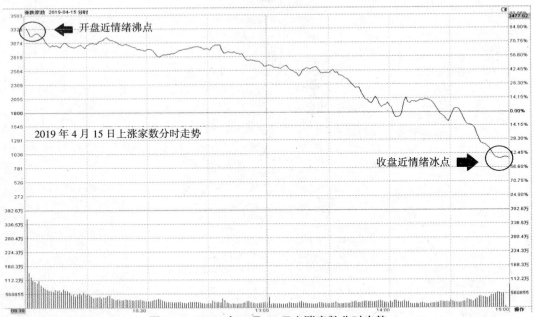

图 7-67　2019 年 4 月 15 日上涨家数分时走势

资料来源：通达信，DINA。

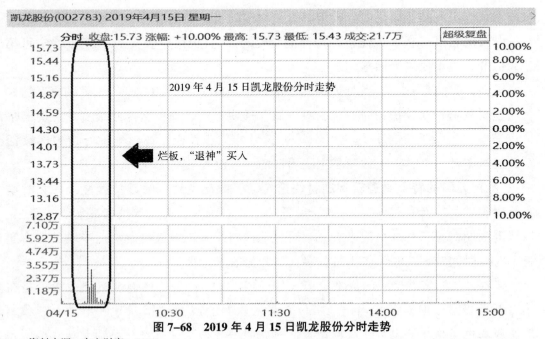

图 7-68　2019 年 4 月 15 日凯龙股份分时走势

资料来源：东方财富，DINA。

续，同时强于大盘了。

2019 年 4 月 18 日午后烂板，"退神"离场（见图 7-69）。

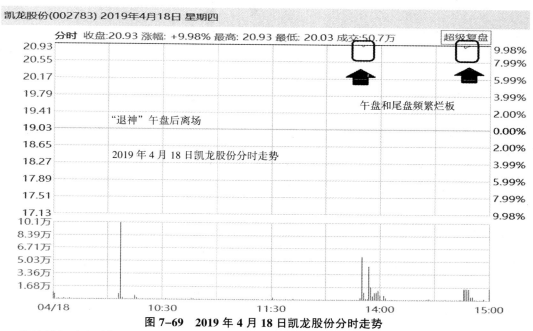

图 7-69　2019 年 4 月 18 日凯龙股份分时走势

资料来源：东方财富，DINA。

为什么在这个位置离场呢？"退神"的心理活动和个人卖点决策我们无法完全去揣摩，但是可以从两个比较新颖的角度去佐证当时卖出决定的底层逻辑。第一个逻辑是当时氢能源板块所处的斐波那契点位结构，以 2019 年 3 月 15 日低点 A 到 4 月 8 日高点 B 的价格幅度为单位 1，以 4 月 9 日低点 C 作为起点向上绘制斐波那契扩展点位，4 月 18 日到 4 月 22 日都在 0.618 扩展点位处受到明显阻力（见图 7-70）。4 月 18 日是上下影线都较长的纺锤线；4 月 19 日上影线较长；4 月 22 日也是上下影线较长的阴十字星。这三个交易日的氢能源板块指数最高点都在 0.618 扩展点位附近。

第二个逻辑是东财财富行情软件上的氢能源概念板块指数是在 2019 年 4 月 18 日才上线的，实际上这个时候氢能源概念已经大幅上涨和炒作一段时间了（见图 7-71）。这种情况是比较常见的：某个新概念已经炒作一段时间了，但是通达信、同花顺或者东方财富却刚上线这个板块指数，那么这个时候很容易"见光死"或者调整。

图 7-70　2019 年 4 月 18 日到 22 日凯龙股份所处斐波那契点位结构
资料来源：通达信，DINA。

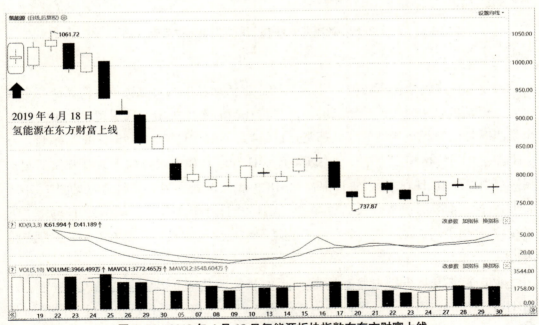

图 7-71　2019 年 4 月 18 日氢能源板块指数在东方财富上线
资料来源：东方财富，DINA。

【"退神"案例 8·中国医药】

"退神" 2022 年 3 月 8 日买入中国医药，3 月 9 日加仓，3 月 18 日卖出，10 天获利 3783 万元（见图 7-72）。

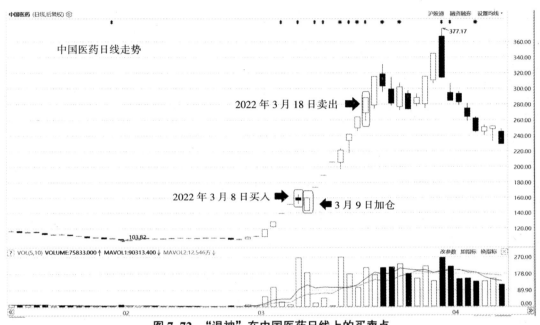

图 7-72　"退神"在中国医药日线上的买卖点

资料来源：东方财富，DINA。

我们来看当时的一些格局和背景情况。上涨指数 2022 年 3 月 8 日这天是大跌的，当日沪深两市上涨家数只有 454 家，同花顺行情软件显示市场温度为"冰点"（见图 7-73）。"退神"是在 3 月 8 日这天买入中国医药的，是不是顶尖高手又一次展示了在冰点买进？

2022 年 3 月 7 日，最高空间板是天顺股份的七板，远高于三板。因为三板往往是"恒纪元""乱纪元"的分水岭，**如果连续两日以上空间板在三板以下，而且热点轮动快**，那么基本上处在乱纪元，特征就是主线不明显、热点持续性差、"电风扇行情"。除了六板，整个梯队还是比较完整的，因为情绪和主线周期但是处在"恒纪元"状态。当日，中国医药在 4 板梯队（见图 7-74）。

我们再来看下当时的热点和逻辑驱动。3 月 8 日空间高度龙头天顺股份快速跌停，引发高位股集体崩盘，悦心健康、宁波联合开盘上演天地板。**昨日领涨的医**

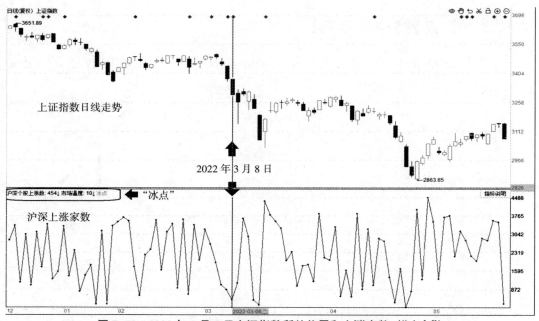

图 7-73　2022 年 3 月 8 日上证指数所处位置和上涨家数（"冰点"）
资料来源：同花顺，DINA。

七板	天顺股份		
五板	河化股份		
四板	悦心健康	中国医药	粤海饲料
三板	宁波联合		
二板	长江健康	美吉姆 （3天2板）	达嘉维康
一板	金发拉比	时代出版	尖峰集团
反包	宋都股份 （5天4板）	美吉姆 （3天2板）	南纺股份 （3天2板）

图 7-74　2022 年 3 月 7 日涨停板梯队
资料来源：开盘啦 App，DINA。

药、三胎概念板块个股出现分歧走势，达嘉维康、海辰药业 20% 跌停，2022 年 3 月 7 日涨停的共同药业、孩子王、美吉姆、大理药业、第一医药、爱婴室等跌停或跌超 10%，跌停家数超过涨停家数，涨停家数屈指可数，市场连板家数骤减，两市

接近 9 成个股都是下跌的，情绪到了冰点。

　　3 月 8 日不仅是冰点日，也是新冠药物板块的分歧日（见图 7-75），当日跌破了短期上升趋势线。

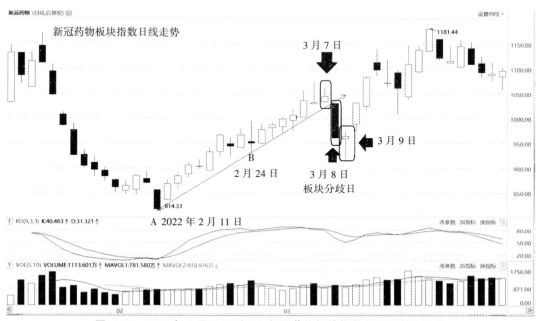

图 7-75　2022 年 3 月 7 日到 9 日新冠药物板块指数所处阶段和位置
资料来源：东方财富，DINA。

　　从中国医药日线走势来看，3 月 3 日到 7 日是分歧转一致，因为 3 月 3 日放量，接下来的 4 日和 7 日连续缩量。4 月 7 日到 8 日是一致转分歧，因为 3 月 8 日放量。3 月 8 日到 10 日是分歧转一致，因为 9 和 10 日连续缩量。2022 年 3 月 8 日就成了中国医药这波上涨的一个关键节点：一致转分歧，然后分歧转一致的枢纽（见图 7-76）。"退神"在 3 月 8 日买入，相当于是买在了"分歧转一致"节点，同时 3 月 8 日是一个板块分歧日和情绪冰点日。简言之，这是一个三重加持的关键买点。

　　什么是三重加持买点？第一，个股"分歧转一致"节点；第二，市场情绪冰点日；第三，板块分歧日。

　　2022 年 3 月 8 日开盘后，医药板块有异动，个股涨停（见图 7-77），长江健康 3 连板，美诺华首板，中国医药上板后炸开，至少这表明当日这条主线还是活跃的。

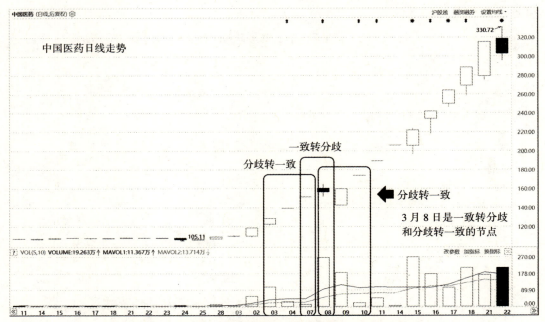

图 7-76　2022 年 3 月 8 日是中国医药分歧一致转化节点

资料来源：东方财富，DINA。

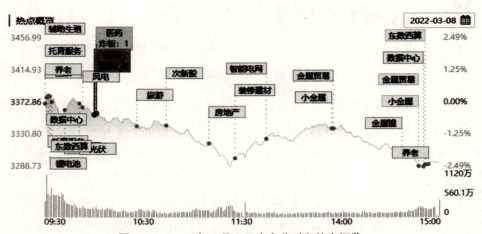

图 7-77　2022 年 3 月 8 日大盘分时和热点概览

资料来源：同花顺，DINA。

　　2022 年 3 月 8 日"退神"买入中国医药所处的周期、逻辑我们已经掌握，再来看当时的对手盘和资金流情况，以龙虎榜数据为载体。2022 年 3 月 3 日，龙虎榜买卖前五席位显示当日净买入 1.15 亿元（见图 7-78），买入前五净买入额是卖出前五净卖出的两倍。

图 7-78 2022 年 3 月 3 日中国医药龙虎榜数据

资料来源：开盘啦 App，DINA。

2022 年 3 月 7 日，龙虎榜买卖前五席位显示当日净买入 9723.06 万元，买入前五净买入额是卖出前五净卖出的近两倍（见图 7-79）。

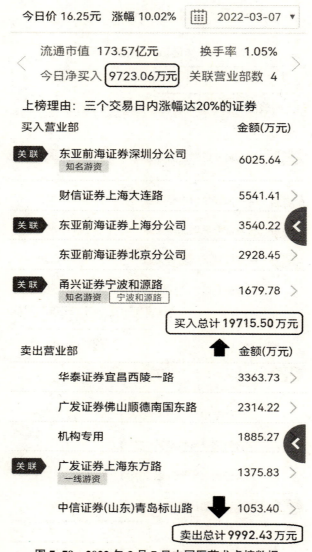

图 7-79　2022 年 3 月 7 日中国医药龙虎榜数据
资料来源：开盘啦 App，DINA。

　　在"退神"买入之前，中国医药两次上龙虎榜的数据都表明大资金是显著净买入了。2022 年 3 月 8 日，中国医药全天大换手，特征是成交量巨大（见图 7-80），有利的特征是全天都在零轴以上波动。当日，"退神"开盘买入该股 9691 手，给出的理由是："买它的原因是辉瑞特效药一直在炒作，有很强的赚钱效应，最近很多大城市都陆续暴发疫情，买它短线投机一下还是可以的。"

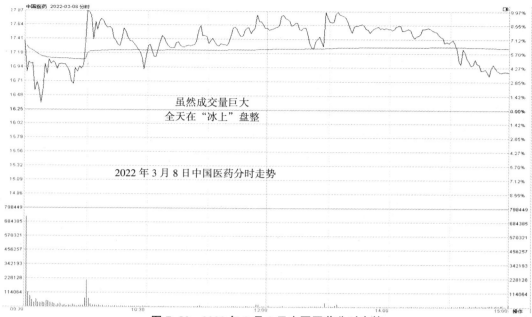

图 7-80　2022 年 3 月 8 日中国医药分时走势

资料来源：通达信，DINA。

2022 年 3 月 8 日收盘后，收盘价仍在筹码最大值（最长一条筹码横线）上方（见图 7-81），说明大资金底仓还是看好后市的，没跑，就是定心丸。关于其中的

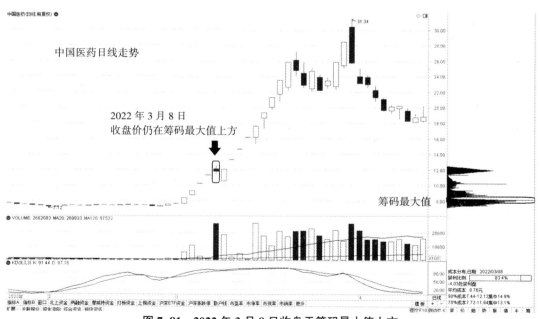

图 7-81　2022 年 3 月 8 日收盘于筹码最大值上方

资料来源：通达信，DINA。

原理，参考《题材投机 2：对手盘思维和底层逻辑》关于筹码的章节。

2022 年 3 月 9 日，"退神"开盘后不久加仓了 9343 手，"退神"给出的理由是："3 月 9 日，开盘因为大盘大跌和一些负面的资讯出来，一些比较敏感的短线资金直接按了跌停。当时我也习惯性跟着挂了卖单，后面觉得不对劲，这样卖出是不是太过于恐慌了。接着我在此看了看资讯，与辉瑞签约的可能性还在，又去看了雅本化学的走势。我判断这股后面再涨的概率很大，于是决定不再卖出，改为继续加仓。这个转变过程用了 3 分钟，收盘后很庆幸当时没有脑袋发热卖出。"

从 2022 年 3 月 9 日中国医药的分时走势来看，开盘后有"反核"撬板成功，"退神"应该是在这之后参与的（见图 7-82）。

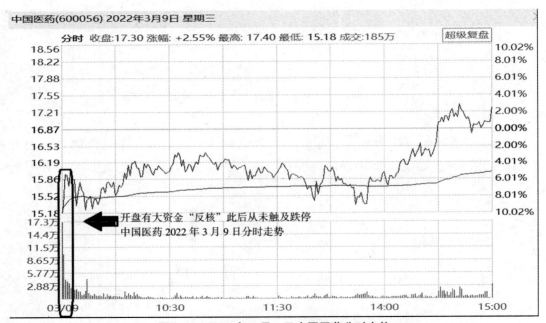

图 7-82 2022 年 3 月 9 日中国医药分时走势

资料来源：东方财富，DINA。

从新冠药物板块指数 2022 年 3 月 9 日所处的斐波那契点位结构来看，可以得到更深入的结构背景。以 2022 年 2 月 11 日低点 A 到 3 月 4 日高点 B 的价格幅度为单位 1，以 B 点位起点向下绘制斐波那契回调点位线谱，2022 年 3 月 9 日这天的 K 线最低价恰好在 0.618 回撤点位处获得支撑，收盘价在 0.5 回撤点位之上一点（见图 7-83）。这点表明，该题材板块在当日已经结束调整了。

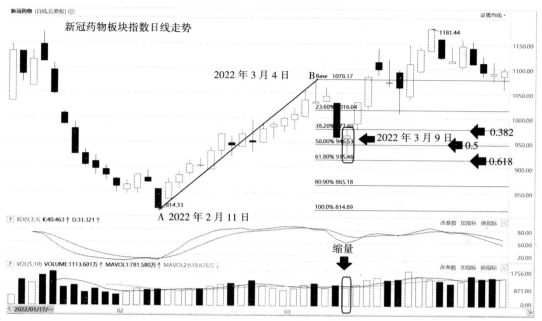

图 7-83　2022 年 3 月 9 日新冠药物板块指数所处斐波那契点位结构
资料来源：东方财富，DINA。

从筹码结构来看，2022 年 3 月 9 日收盘价也在最大筹码线上方（见图 7-84），低位进来的大资金底仓并没有跑（见图 7-84）。

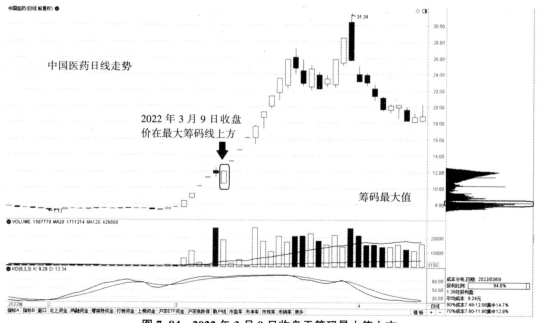

图 7-84　2022 年 3 月 9 日收盘于筹码最大值上方
资料来源：通达信，DINA。

　　此后，2022 年 3 月 11 日的龙虎榜买卖前五净流入 4776 万元，买入前五累计 37715 万元，卖出前五累计 32939 万元，换手动作明显，也有助于提高平均持仓成本（见图 7-85）。

图 7-85　2022 年 3 月 11 日中国医药龙虎榜数据

资料来源：开盘啦 App，DINA。

　　3 月 15 日，中国医药分歧大换手（见图 7-86）。

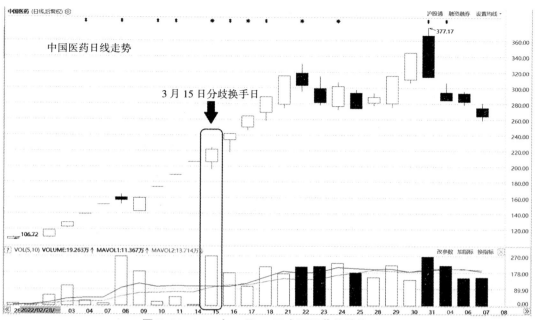

图 7-86　2022 年 3 月 15 日中国医药分歧换手日

资料来源：东方财富，DINA。

2022 年 3 月 15 日龙虎榜，买卖前五净买入 1.66 亿元，买入前五累计买入 55883 万元，卖出前五累计卖出 39308 万元（见图 7-87）。

"退神"在 2022 年 3 月 15 日是怎么想的呢？他给出的回答是："3 月 15 日那天为什么没有卖？因为确定签约之后，持有信心增强了。此外，还有一点巧合，当天我想着涨停板再砸，可是后面一直没有摸板，分时图也一直维持很强，慢慢等到收盘就不打算卖了（见图 7-88）。"

3 月 16 日中国医药竞价涨幅 6.14%，在前日走势的基础上，这算得上是超预期了（见图 7-89）。

2022 年 3 月 18 日中国医药竞价幅度不高，一波上冲后显著回落（见图 7-90），按照"退神"的卖出原则——"**一般是第一波拉升不超强就割……最迟 10 点前处理掉。**"他应该在回落时就卖出了，盈利接近翻倍。

为什么在 3 月 18 日卖出？3 月 18 日这个卖点的合理性在哪里呢？我们先来看中国医药这波涨势中的分歧和一致转换过程。通常而言，一般强势人气股的第二次分歧是潜在卖点，超强人气股则在第三次分歧是潜在短线卖点。中国医药大涨后第一次分歧是在 3 月 8 日，首次分歧是"上车点"。3 月 8 日到 10 日，分歧转一致。第二次分歧是 3 月 15 日，当日"退神"准备卖出，但是最终还是选择继续持仓。3

今日价 24.99元　涨幅 8.56%　　📅 2022-03-15 ▼

流通市值 266.92亿元　　换手率 25.24%

今日净买入 1.66亿元　　关联营业部数 0

上榜理由：振幅值达15%的前五只证券

买入营业部	金额(万元)
机构专用	17022.01
机构专用	11223.25
沪股通专用	10226.17
东方财富证券拉萨东环路第二	8992.67
东方财富证券拉萨东环路第一	8418.98

买入总计 55883.08 万元

卖出营业部	金额(万元)
东方证券上海浦东新区源深路	14255.30
东方财富证券拉萨团结路第二	6786.19
东方财富证券拉萨东环路第二	6531.07
沪股通专用	6087.87
东方财富证券拉萨东环路第一	5647.59

卖出总计 39308.02 万元

图 7-87　2022 年 3 月 15 日中国医药龙虎榜数据

资料来源：开盘啦 App，DINA。

月 15 日到 17 日，分歧转一致。第三次分歧就是 3 月 18 日了。从 3 月 17 日到 18 日，一致转分歧，到了 3 月 18 日就是第三次分歧了（见图 7-91）。**复盘来看，3 月 8 日首次分歧，"退神"买入，3 月 18 日第三次分歧"退神"卖出。再准确一点来讲，3 月 8 日他是买在分歧转一致的节点，3 月 18 日他是卖在一致转分歧的节点。**

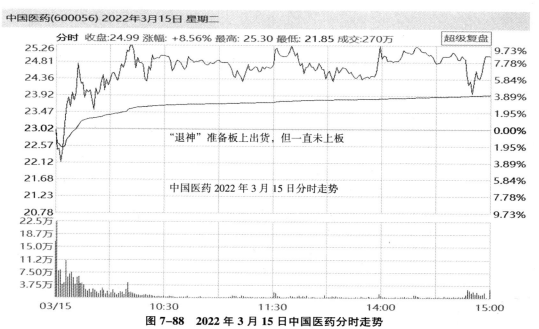

图 7-88　2022 年 3 月 15 日中国医药分时走势

资料来源：东方财富，DINA。

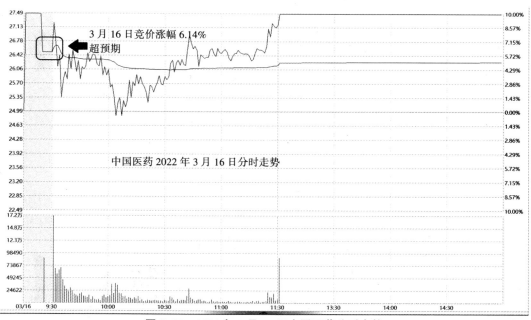

图 7-89　2022 年 3 月 16 日中国医药分时走势

资料来源：同花顺，DINA。

图 7-90　2022 年 3 月 18 日中国医药分时走势
资料来源：东方财富，DINA。

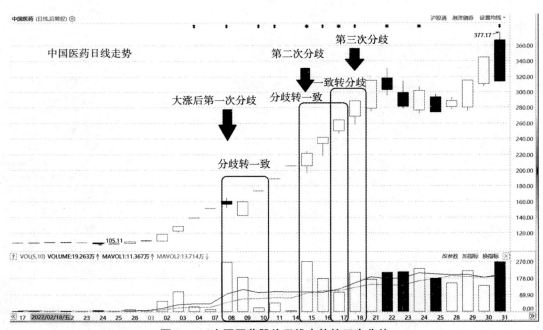

图 7-91　中国医药股价日线走势的三次分歧
资料来源：东方财富，DINA。

从龙虎榜数据来看，买卖前五的金额都非常大，买入前五累计 106304 万元，卖出前五累计 87258 万元，净买入 1.9 亿元（见图 7-92）。从这个数据简单来看，还有向上的惯性。

图 7-92　2022 年 3 月 18 日中国医药龙虎榜数据

资料来源：开盘啦 App，DINA。

可以从斐波那契点位来洞悉下走势结构与目标。以新冠药物板块指数日线为基准，以 2022 年 2 月 11 日低点 A 到 3 月 4 日高点 B 的价格幅度为单位 1，以 C 点作为起点向上绘制斐波那契扩展点位（见图 7-93），3 月 21 日最高价触及 1 倍扩展点

位，3 月 22 日大幅低开低走确认阻力有效。

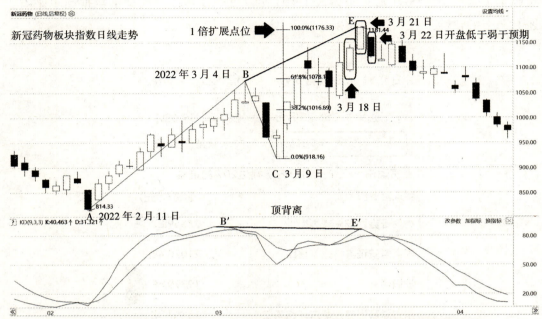

图 7-93　2022 年 3 月 18 日到 22 日新冠药物板块指数所处的斐波那契点位结构
资料来源：东方财富，DINA。

　　2022 年 3 月 21 日，中国龙虎榜一改往日的净买入，当天大幅卖出 2.02 亿元。买入前五累计 42237 万元，卖出前五累计 62459 万元（见图 7-94）。龙虎榜买入席位还有什么特征值得注意的呢？"拉萨天团"占据了三席：第二、第三、第四。

今日价 36.59元　涨幅 10.01%　　📅 2022-03-21 ▼

流通市值 390.82亿元　　换手率 16.09%

今日净买入 -2.02亿元　　关联营业部数 4

上榜理由：振幅值达15%的前五只证券　　📊 连榜统计

买入营业部	金额(万元)
关联▶ 平安证券平安证券总部	10479.08 ＞
东方财富证券拉萨东环路第二	9424.84 ＞
东方财富证券拉萨团结路第一	7872.16 ＞
东方财富证券拉萨东环路第一	7808.85 ＞
关联▶ 国联证券北京分公司	6652.56 ＞

买入总计 **42237.50** 万元

卖出营业部	金额(万元)
机构专用	17204.72 ＞
中信证券西安朱雀大街	14551.58 ＞
关联▶ 国泰君安证券上海分公司 顶级游资	14043.28 ＞
关联▶ 兴业证券陕西分公司 顶级游资 方新侠	8717.26 ＞
东方财富证券拉萨东环路第二	7942.66 ＞

卖出总计 **62459.49** 万元

图 7-94　2022 年 3 月 21 日中国医药龙虎榜数据

资料来源：开盘啦 App，DINA。

第八课

半年7倍："素衣不染尘"的思维和盘口技术解读

股市带有很强的随机性，特别在极度弱市的时候更为明显。

【人物简介·"素衣不染尘"】

"素衣不染尘"，淘股吧第一届官方年赛总收益第一名，擅长人气"20cm个股"。

【"素衣不染尘"的经典语录·逻辑】

➤ 好牌打烂了说明节奏和逻辑都有问题。

➤ 做股票的人绝大多数都有一个弊端，喜欢搞上涨中继、逻辑明确的票。但是也有一个问题，逻辑明确已经上涨的股票，行情进入震荡、市场轮换的时候，哪怕中位股都随时会大跌。

➤ 现在的市场已经不是以前的市场，连板赚钱手法确实不怎么行了，都是趋势走向，现在最老的那批技术派的人做的应该会比单纯地打板好做一些。当然，逻辑永远是第一生产力！

【"素衣不染尘"的经典语录·周期】

➢ 我们做股票真的不要有以下两种心态：行情好了贪念到头顶；行情不好了失望抱怨到极致。**平常心看待问题才能看清楚，世界上万物皆周期，跌多了后面涨的更猛**，眼下只不过是市场信心丧失，等行情一好，大家都会忘记这段时间。投机如山岳般古老，这是人性。

➢ 其实这种行情每年都有那么一两次，只是这次属于题材退潮，没有主线，而且大部分每天 4000 家一起跌……情绪低迷到极致，人心涣散什么利好都带不起来。

➢ 大家都在思路上进入死循环，为什么不客观地想想等行情走好了，**市场进入多头行情再进来操作呢，那样赚钱概率比较大吧**。当下连盲人都知道是下跌行情，你还非要强制操作，不亏谁亏，可能要进入多杀多阶段了。

➢ 个人下半个月基本没收益，错过很多大肉机会，为什么错过？**因为市场和自己计划不一样，每天低开五个点，根本不敢去切高位**。

➢ **股市带有很强的随机性，特别在极度弱市的时候更为明显。**

➢ 目前行情在预演退潮期，极度亏钱效应，不妨看看跌停板个股，今天晋级失败后面就是两个跌停等着你，市场高度看似很高，其实能赚钱的就那么三四只，其余多数是亏钱的。亏钱效应已经来临，不要追高，这种时候账户安全第一，不要为了所谓的信仰去买单。

➢ 行情好、有主线肯定预判为主，盘中再确认。行情不好预判等于臆测，市场才是每位股痴的老师。

➢ 行情退潮期，首板最稳定，因为资金在挖掘新的方向。**题材的涨潮期，肯定打连板好，资金追高意愿强**。纯属个人意见不能代表操作思路，适合自己是最好的。

➢ 行情进入震荡市，这种时候有耐心的赚钱，急躁的亏，今天犯了大忌，低开割肉追高。

➢ 节奏是一种很奇怪的感觉，自我感觉不对或者盘面与你的思路不匹配，这种时候必须要小心，因为你掉队了。不要看见别人赚钱眼红，也不要自己亏了而烦恼，炒股永远都是七分心态、二分技术、一分运气。

➢ 市场再难做也有人赚钱，市场再好做也有人亏钱，**这些都是源于市场的波动**

周期。每一种手法不可能一直赚钱，每一种手法也不可能一直亏钱，都是盈亏同源，做好盈亏比方能活下去！

【"素衣不染尘"的经典语录·结构】

➤ 我不看指标，也不懂这些指标，没任何用。

➤ **有缺必补。**

➤ 技术指标有用的话，你只看指标就能赚，编写一个程序靠指针买股不早赚大发了吗？新手是会很迷茫，不过也别迷茫到这种程度——从不看任何指标。

【"素衣不染尘"的经典语录·对手盘思维和资金流向】

➤ 不看任何指标，**只关心市场资金走向，平时就是思考市场资金走向。**

➤ 盘感就是这么奇怪，它需要常年日积月累的经验去推理。

➤ 连续看个三五年盘面，自然了解。

➤ 天天集中注意力盯盘，发现盘中一些细节。复盘和信息每天都得做到位，持续个几年，你能看懂盘面了，那种感觉就有了。

➤ 为什么要有那么多偏见？什么量化不量化？没有量化就好了嘛？量化给市场提升了多少的成交量，带动多少个股，当然也有不好的一面，任何事情都有两面性，别这么跟节奏。

➤ **现在市场是得散户者得天下。** 最近很多股大资金只是发现了个股赚的不多就跑了，反而个股逻辑散户认可，**积累了很大的人气，管你二三十亿元还是四五十亿元，** 散户都可以买上去。

➤ **目前没有接力资金，连低吸接力都没有。** 早盘低吸哪怕吸到最低点，后面可能继续跌。这种情况这周已经三次了。盘中买的位置都非常好，就是各种杀，第二天还大幅度低开。没办法，割不动了我也不知道咋办，可能市场真的没有以前那种短线氛围了，可能真的变了，很多游资大佬今年都亏惨了。世界在变，市场也在

变。我感受到无比的失落和担心，失落的是熟悉的事物离你远去，担心的是自己融入不了新的环境。

➤ 当下的市场是个人都明白咋回事，没有突破口，没有增量资金，没有新的题材，投机如山岳般古老。**当下最有赚钱效应的必须是量化反复介入的小盘股。**这行情让我想起了 2016~2018 年那段时间，什么山东帮做的各种小盘银行，什么江苏帮坐庄的小盘股，满满的赚钱效应，很多人都对此类手法看不上。可是这些所谓的坐庄资金反复介入导致股价一路高升，基本没有暴力跌停出货手法。当下的量化资金反复介入一些中小盘个股，不停做 T 把股价推上去，反而获得了不错的赚钱效应，再反观主流题材全是坐轿子的人，没有抬轿的咋整？**跟随市场的赚钱模式客观看待每一只股，一只股票的涨和跌都是资金推动，**反而量化子弹无限充足，量化资金正在打造新的赚钱模式。

➤ 做股票都是在一念之间。比如一只票十个人参与，开盘后十个人都在观看准备入手。有三个人买了，那么可能关键就在第四个人，第四个人决定买入。第五个人看见资金入场，第五个人也跟随买入，引起了后面所有人的买入。反过来，第四个人犹豫了一会儿或者突然改变想法买别的去了，第五个人发现突然没资金跟，就放弃了。后面所有人都没跟买，就形成了接不住！股市总是在微妙间走强走弱！

【"素衣不染尘"的经典语录·买卖点和操作手法】

➤ 我个人觉得，合格的模式只需要执行和优化，其他一切无关紧要。当然我也是个"菜鸡"，说的也不一定对。

➤ 我基本是早盘五分钟之内完成交易。

➤ 基本上是早盘一分钟之内走人，也有待半个小时左右的，只是比较少。

➤ **盘中分歧追高核心。**既然能叫核心肯定是市场焦点，必须盘中分歧完了再买，是强是弱分歧到位了便知，这种确定性好一些，哪怕核心买入调整第二天还有反包预期，等等。

➤ 如果你和我是差不多的操作手法，你应该知道这个手法的赚钱效应**在有主线主升的情况下最好用。**最近这个手法是很艰难的，因为这个手法必须要靠有持续性的个股行情成功率才高，**在分歧介入成功率比较高。**当下阶段首板是可靠的赚钱模

式。主板不是不能做，主板的股龙头或者领涨股一般不会分歧，都是二板定了，情绪到位了加速再加速，不好介入。

➤ 训练自己的买卖点，机会到了不要犹豫一秒。让自己的买卖形成一种记忆。犹犹豫豫，左右不舍，难搞！

➤ 目前市场最赚钱的手法就是预判板块内轮动个股，低吸。

➤ 从简吧，想太多不是好事，越简单越好。别想着什么补涨、轮动、放量、穿越等词汇。股市赚钱的那批人想法都很简单。**小资金只需要想买入是赚是亏，亏怎么办，什么位置介入亏的少点，惯性养成，盈亏比挂口头比起那些乱七八糟的强太多**。以上只是个人见解，班门弄斧了。

➤ 可能会留，可能会走，看开盘成交量。

【"素衣不染尘"的经典语录·风险控制和仓位管理】

➤ 周化百分之十还很容易，这种狂妄的语气那些游资大佬都不敢说，能月化稳定百分之十都是牛爆了的。

➤ 大资金求稳，小资金求猛。

➤ 我极少空仓，除非是市场暴跌，板块轮动涨跌我基本不空仓。

➤ 生活所迫，需要生活费，大赚后把钱取出来也是一种不错的办法。**一般大赚后都会亏钱，取一半出来等账户调整完毕再加上去，是不是赚是大赚，亏是小亏。**

➤ 满仓梭哈有满仓梭哈的好，也有它的不好，没有强大的内心别梭哈。满仓梭哈我给自己定的极限亏损是20个点，到了这个亏损幅度就空仓等待，马上到临界点了，盈亏同源，不是你不好，是市场大势就这样，谁也逃脱不了。为什么要有模式这种东西的存在，就是要克服自己时不时地犯错，靠模式带来的确定性赚多亏少。因为人不是神，不可能每次都对，也不可能知道下一分钟所发生的事情，所以必须要靠概率取胜模式就是找符合自己赢面大的概率。

➤ 大家可以多看看低调科科员的手法，主线板块撒网式操作是适合绝大多数人的。像我这种梭哈，特别考验心理、选股、买点。要求极高，哪怕选对板块没选对个股也是白费，不像打板确定性很高。梭哈必须要靠亏少赚多极高盈亏比才能走下去，连亏十天不可怕，但是必须小亏。有一次爆赚能把亏损冲掉就可以了。心理压

力是很大的，你满仓在一个股，不涨就不说了，同板块在涨，你持有的还在跌，99%的人都会受不了。以上说这么多，希望大家行情好的时候板块撒网摸鱼，不要学我那么另类。

➤ "慢即是快"是交易中提高确定性，交易成功率增加，账户慢慢一路向上，提高交易准确性必然是减少交易，看似慢其实快。"快即是慢"说的是一个人很着急赚钱，每天高频交易可是大多数无效交易，亏损比赚的多，账户平滑甚至一路向下，看似快其实慢。

➤ 在一个主流板块赚钱后，心里会很认可这个板块，一直在这里面做。但是客观来说一个板块大涨后肯定要调整，前排后排都会有一定幅度的下杀。这个时候亏钱是大概率的事情，因为我们都不想切换去其他板块。

【"素衣不染尘"的经典语录·市场进化和修炼进阶】

➤ 人生就是这样，得与失要自己拿捏清楚。

➤ 股市是一个人性极度体现的地方，你自己是一个什么样的人它能把你清清楚楚照射出来，多多反思自己吧。

➤ 应该心态放平稳些，心态不是一时半会儿练成的。

➤ 股市只要开着就有赚钱机会，强做也不一定会赚钱，亏钱是大概率。做的不好退出休息思考一下人生，**站在远处看看可能会豁然开朗**。

➤ 你问我不如问自己，时间和客观的思路肯定能告诉你答案。

➤ 我属于偏执狂。我是热衷于"弱水三千，只取一瓢"那种人。

➤ **强者和弱者区别在于：弱者喜欢抱怨，强者永远在冷静思考一切。**

➤ 我能有什么建议，发自肺腑的建议都不会有人听，也听不进去。只希望您十年如一日地学，向市场学。**市场才是每一个人最好的老师**。不要说不知道怎么学，**市场摆在那里自己用眼睛看，再愚昧的人都会学到一些**。最后只能祝您好运。

➤ 我们所有人的一生中总是会错过很多事物，人也好，物也罢。我们都不可能抓住每一次美好的事物。这也是生命中不可或缺的一部分，放下那颗骄纵心，祝福美好的事物发生。接触过、观看过已经很幸运，穷追不舍有时候会适得其反。

➤ 一个交易者需要找到属于自己的那个交易模式，而且耐心地去打磨，锻炼自

己。好像是炒手老师说过人生第一个一百万元最难赚。我觉得对于散户，人生中第一个翻倍也很难，个人第一个翻倍用了四五年才做到。**你一旦打开盈利的潘多拉魔盒，那么你只需要不停地优化你的模式，反思自己的缺点。**这个时候属于半碗水状态，所以要对自己有耐心，多努力，多锻炼自己的交易，慢慢就会变好的。

➢ 万物皆可模型训练，只要算力无限量，宇宙起源都能自然而解了。

➢ 操作上面自己拿主意，养成习惯。**经常靠别人告诉答案，永远做不起来。**

➢ 只要是赚钱的操作肯定有和市场共鸣的地方，多想想这些共鸣点可能会发现新大陆。

➢ 不要照搬！不要照搬！不要照搬！每个人不一样。为什么非要学别人，适合自己的手法才是最好的。

➢ 我比较喜欢夜深人静的时候复盘。**把历史上的妖股复 N 遍；每天仔细看涨幅榜前一百名的各个方面，题材、成交量、图形都要看得仔细，复刻在脑海里；翻龙虎榜大佬们在买什么；逛各个论坛找消息看看有没有新消息；等等。**太多了，一下说不完，还是坚持复盘几年就得心应手了。

➢ 个人做股票这些年，时常和自己说要有阿 Q 精神，别认死理。这不行，换！那不行，再换！换到行为止。如果一个人没有阿 Q 精神却连亏四五年，天天都在自我怀疑和愤怒中度过每一天，估计这个人也废了，还是要学会自我满足。个人不喜欢聊那些技术和个股方面的东西，聊那些没有一点点意义。**因为股市每天都在变，任何手法技术都不可能一成不变。**说来说去都是靠自己弄清楚盈亏问题，多多修养身心，身心境界高了才能克制自己内心的欲望，所以人必须要有精神信仰和心灵鸡汤才能走得远，心灵鸡汤时常喝点对自己是好的。

➢ 股市不是我们的全部，太纠结也没有任何办法让你盈利，放下过去忘记亏损，阿 Q 精神常在。谁也不知道明天市场怎么走，谁也不知道明天哪些票涨。**我们唯一能做的只能是做好自己的每一笔交易，失败了找原因，赚钱了也得找原因。**

➢ 草根是可以逆袭，不过要付出很大的代价。股市没有摆渡人，要想做好股票真的只能靠自己思考，找到自己合适的模式。去提升自己的交易系统，去锻炼自己的精神意志，选择大于努力，如果方向不对再努力也没用。方向是什么？就是合适自己的模式。然后再从这个模式去深度学习思考，一步一个脚印往前走，天才也得努力才能做好，更何况你我这种"小虾米"。

【"素衣不染尘"的思维架构和交易解读】

在本小节，我们将介绍"素衣不染尘"的几个真实交易案例，在这些案例当中我们力图扼要呈现当时的格局和玩家背景，以及交易者本身的思维架构，以便大家能够从中获得具体交易思路和操作手法上的启发。

【"素衣不染尘"案例 1·联特科技】

"素衣不染尘" 2023 年 5 月 24 日买入联特科技，5 月 25 日卖出（见图 8-1），典型的人气股接力交易。

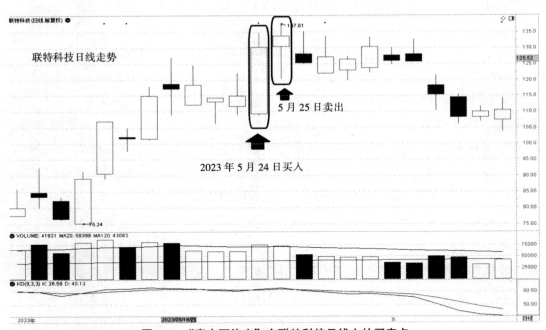

图 8-1　"素衣不染尘"在联特科技日线上的买卖点

资料来源：通达信，DINA。

我们来看当时联特科技所处的周期格局。以上证指数作为指数周期的载体（见图 8-2），买入点前一日大盘指数日线处在什么阶段和位置呢？2023 年 5 月 23 日是大跌的。以 2023 年 5 月 9 日高点 A 到 5 月 15 日低点 B 的价格幅度为单位 1，以 C

点作为起点向下绘制斐波那契扩展点位。早在 5 月 23 日之前几个交易日成交量就是萎缩的，而且指数开始横盘震荡。5 月 23 日的下跌虽然也是缩量，但是跌破了此前的平台区。"素衣不染尘"在 5 月 24 日进场的时候，当天指数仍旧延续缩量下跌，直到 5 月 25 日指数在 0.618 倍扩展点位收出了一根"蜻蜓点水"K 线，而这天联特科技与大盘共振，也是一根下影线很长的 K 线。

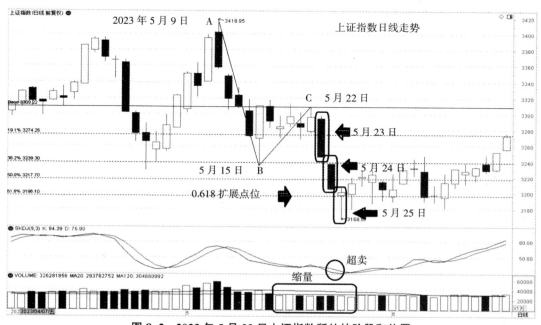

图 8-2　2023 年 5 月 23 日上证指数所处的阶段和位置

资料来源：通达信，DINA。

联特科技当时的人气源自于 CPO 逻辑。什么是 CPO 技术？CPO 技术，是将光模块、芯片封装在一起，不仅可以提升工作效率，还能降低能耗，而光模块是进行光电和电光转换的光电子器件，其能够在光通信系统中实现电信号与光信号的相互转换。2023 年初随着 ChatGPT 等人工智能技术兴起，云计算和数据中心的需求大超预期，进而带动了 CPO 板块的大涨。

我们来看买入点前一日 CPO 板块指数所处的阶段和位置。以 2023 年 3 月 16 日低点 A 和 5 月 12 低点 B 绘制上升趋势线（见图 8-3），5 月 24 日这天的板块开盘恰好在趋势线附近，开盘后迅速拉升，涨到了趋势线和昨日收盘价之上，有点板块弱转强的意味（见图 8-4）。

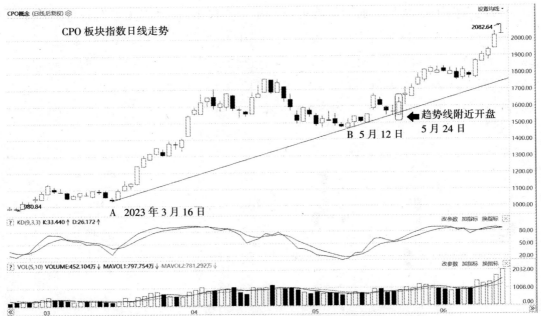

图 8-3　2023 年 5 月 24 日开盘时 CPO 板块指数所处阶段和位置
资料来源：东方财富，DINA。

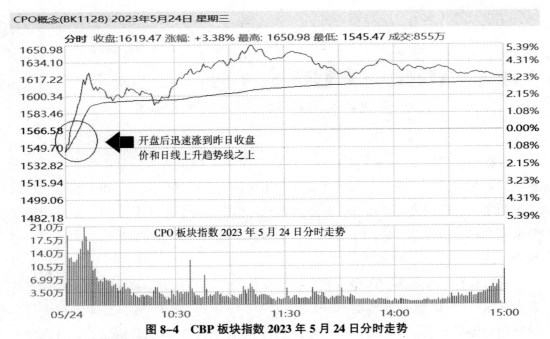

图 8-4　CBP 板块指数 2023 年 5 月 24 日分时走势
资料来源：东方财富，DINA。

大盘指数在 5 月 24 日是下跌的，5 月 25 日止跌。CPO 板块指数 5 月 24 日就低开高走了，CPO 板块指数要比大盘更强。我们接着来看当时的情绪周期，以上涨家数为衡量标尺，当然还可以加上空间板高度。

从 2023 年 5 月 23 日到 25 日，情绪从低往高走（见图 8-5），这就是"素衣不染尘"在介入时机上的高超拿捏。2023 年 5 月 23 日收盘是情绪冰点，因为上涨家数低于 1500 家。在 2023 年，上涨家数高于 4000 家是情绪沸点，低于 1500 家是情绪冰点。

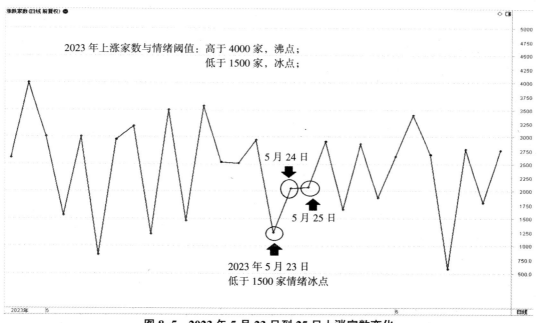

图 8-5　2023 年 5 月 23 日到 25 日上涨家数变化

资料来源：通达信，DINA。

也可以从同花顺行情软件上同时观察大盘指数和上涨家数，市场情绪一目了然。我们沪深个股上涨家数与上证指数放在一起，2023 年 5 月 23 日上证指数大跌，对应的上涨家数只有 1149 家，市场温度属于"较冷"（见图 8-6）。

"素衣不染尘"是 2023 年 5 月 24 日开盘买入联特科技的。从情绪周期来看，2023 年 5 月 24 日上涨家数开盘低于 1500 家，延续了 5 月 23 日的情绪冰点（见图 8-7）。买在冰点，买在分歧转一致，这些都是高手们的共同特征。正如"素衣不染尘"所言——**"世界上万物皆周期，跌多了后面涨的更猛"**。当然，**对于题材投机而言，情绪周期要比指数周期更为重要**。

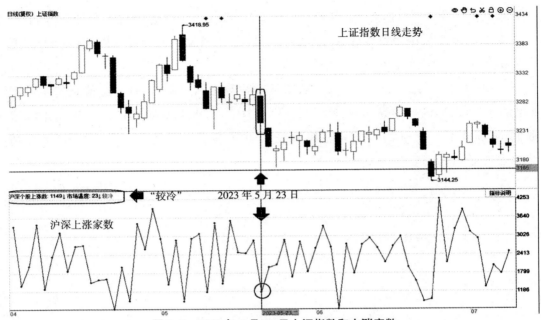

图 8-6　2023 年 5 月 23 日上证指数和上涨家数

资料来源：同花顺，DINA。

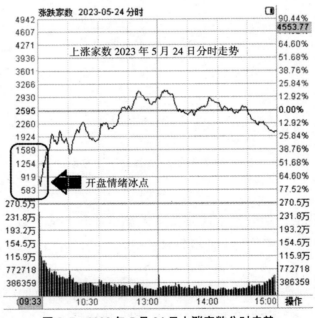

图 8-7　2023 年 5 月 24 日上涨家数分时走势

资料来源：通达信，DINA。

　　再从 2023 年 5 月 23 日的涨停梯队和高度板来看当时的市场情绪（见图 8-8）。空间板在三板以上，这表明市场并未处在"乱纪元"，但是断层厉害，5 板和 6 板

都是空的，情绪还是阶段性不好。

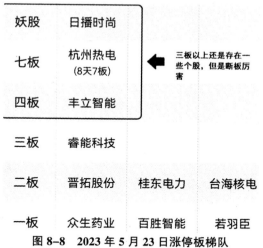

图 8-8 2023 年 5 月 23 日涨停板梯队

资料来源：开盘啦 App，DINA。

情绪周期了解了，那么当时的逻辑格局如何呢？2023 年 5 月 23 日沪指跌 1.52%，创业板跌 1.18%，两市总成交额 7677 亿元，盘面个股跌多涨少，北向资金净流出 79.76 亿元。盘面上，医药医疗板块逆势上涨，其中的新冠药方向最强劲，众生药业、河化股份、特一药业、新华制药等多股涨停，翰宇药业 20% 涨停，拓新药业涨超 10%。人气第二高的板块是机器人板块，丰立智能 4 连板成为市场最新高度自然连板，睿能科技、晋拓股份连板跟进，迈赫股份 20% 涨停，三丰智能涨超 10%。电力板块则内部分化严重，缺乏涨停梯队，杭州热电 8 天 7 板，而桂东电力只有 2 连板。CPO 概念盘中开始有所表现，其中剑桥科技一度涨停。从 2023 年 5 月 23 日涨停板的逻辑和题材分布可以看出当时的主线是新冠药物和机器人概念等（见图 8-9），CPO 表现并不显眼。

2023 年 5 月 24 日早盘集合竞价，CPO 也并未出现在板块热点当中（见图 8-10）。结合前面的分析可以看出，这个阶段 CPO 板块当时的胜率和赔率横向比较主线板块都不算太高。当然，中期来看又好很多，毕竟背后一定业绩爆发因素。

2023 年 5 月 24 日早盘，"素衣不染尘"开盘买入联特科技（见图 8-11），当时正处在冰点延续状态（见图 8-7），这笔交易买在了情绪周期的冰点节点。这是非常成功的一点。联特科技属于 CPO 板块中的趋势个股，低吸趋势个股也是常见的高胜率操作手法之一。

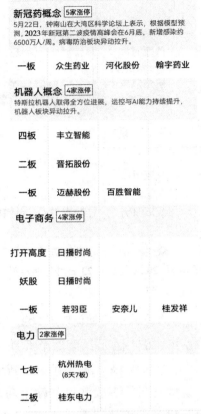

图 8-9　2023 年 5 月 23 日涨停板的逻辑和题材分布

资料来源：开盘啦 App，DINA。

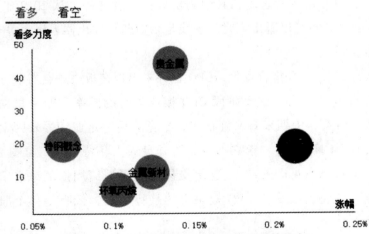

图 8-10　2023 年 5 月 24 日早盘集合竞价热点

资料来源：同花顺，DINA。

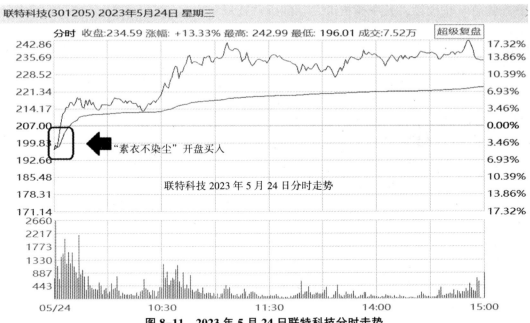

图 8-11　2023 年 5 月 24 日联特科技分时走势

资料来源：东方财富，DINA。

5 月 24 日当天，CPO 板块涨停还是有一些表现的（见图 8-12）。

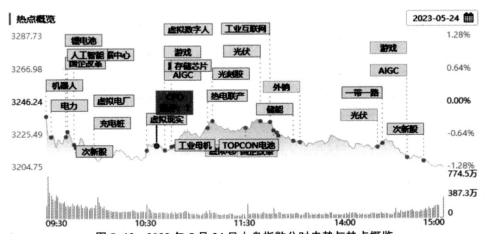

图 8-12　2023 年 5 月 24 日大盘指数分时走势与热点概览

资料来源：同花顺，DINA。

2023 年 5 月 24 日有三只 CPO 概念股表现不错。开盘后不久通鼎互联迅速上板，封死（见图 8-13）。剑桥科技盘中封板，但是最终还是炸板了（见图 8-14）。光库科技开盘后也是迅速上板，但是盘中多次烂板（见图 8-15）。三只涨停个股当中，通鼎互联最强，光库科技次之，剑桥科技最弱。

图 8-13　2023 年 5 月 24 日通鼎互联分时走势

资料来源：东方财富，DINA。

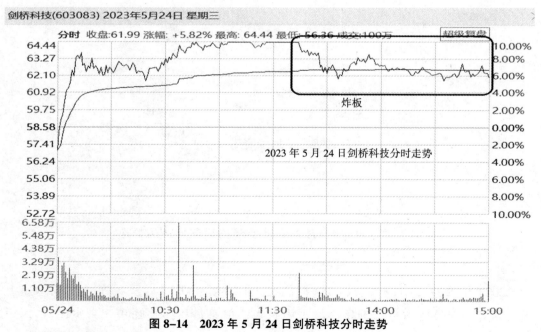

图 8-14　2023 年 5 月 24 日剑桥科技分时走势

资料来源：东方财富，DINA。

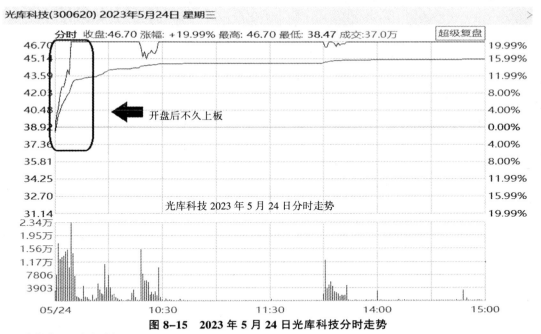

图 8-15　2023 年 5 月 24 日光库科技分时走势

资料来源：东方财富，DINA。

5 月 24 日横向比较板块，大盘跌得一塌糊涂，但是 CPO 板块却低开高走。5 月 24 日当天横向比较板块内个股，通鼎互联明显比剑桥更强。但是，次日剑桥却弱转强，然后就一路上青云了，这就是异常点的重要价值，后面会谈到。

次日，2023 年 5 月 25 日开盘"素衣不染尘"在联特科技冲高回落时卖出（见图 8-16），赚了 21% 左右的利润。为什么开盘就卖呢？首先肯定是由于联特科技的弱势表现，一般而言接力高手或者超短高手往往会在次日开盘不能迅速上板的情况下卖出。

再者，前日 CPO 板块最强势的通鼎互联和光库科技开盘后都放量直线跳水（见图 8-17 和图 8-18），这就是板块走弱的风向标。板块走弱，个股开盘后冲高回落不上板，"素衣不染尘"大概率会离场了。

但是，到了尾盘，CPO 突然走强了，与指数回升共振（见图 8-19）。

联特科技(301205) 2023年5月25日 星期四

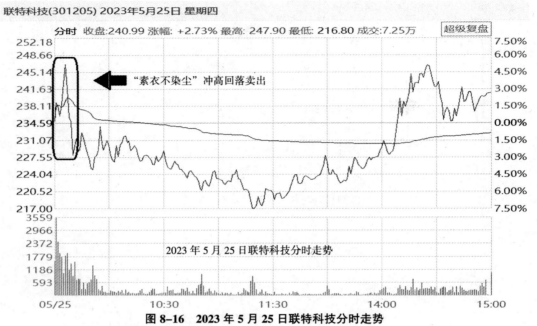

图 8-16　2023 年 5 月 25 日联特科技分时走势

资料来源：东方财富，DINA。

通鼎互联(002491) 2023年5月25日 星期四

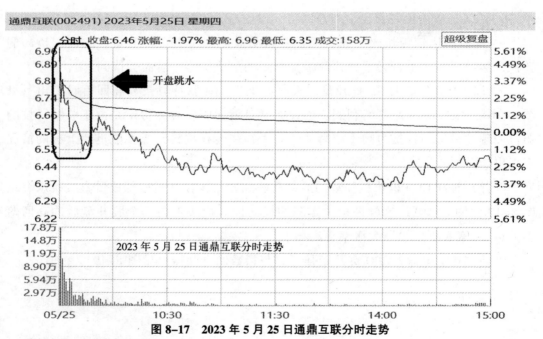

图 8-17　2023 年 5 月 25 日通鼎互联分时走势

资料来源：东方财富，DINA。

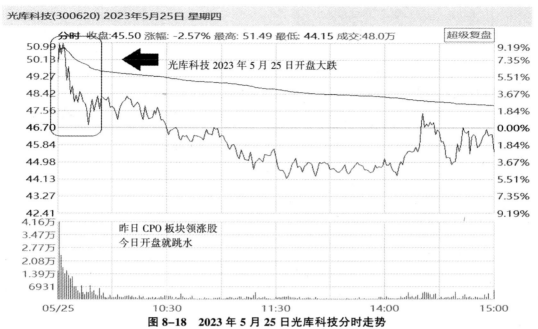

图 8-18　2023 年 5 月 25 日光库科技分时走势

资料来源：东方财富，DINA。

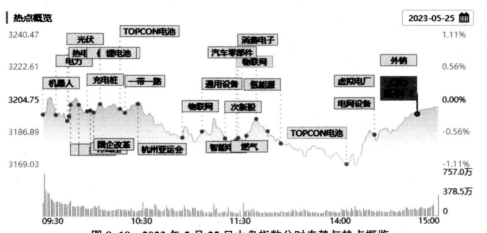

图 8-19　2023 年 5 月 25 日大盘指数分时走势与热点概览

资料来源：同花顺，DINA。

　　CPO 尾盘走强的个股是剑桥科技和天孚通信。剑桥科技 2023 年 5 月 25 日 14:00 之前表现都很差，弱得很啊，但是尾盘上板了，虽然毕竟勉强（见图 8-20）。天孚通信要强一些，盘中触板，尾盘封板（见图 8-21）。这里的横向比较或者截面比较强弱是一个非常重要的思路。**截面弱转强和时序弱转强是短线高手常用的比较思路，选股和择机都经常用到这两种思路框架。**

图 8-20　2023 年 5 月 25 日剑桥科技分时走势

资料来源：东方财富，DINA。

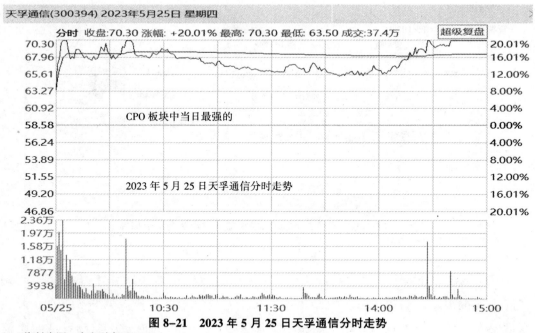

图 8-21　2023 年 5 月 25 日天孚通信分时走势

资料来源：东方财富，DINA。

2023 年 5 月 25 日的盘中表现对此后的走势有一定的预测价值，比如天孚通信

此后就成了最强的 CPO 个股（见图 8-22），而剑桥科技（见图 8-23）、通鼎互联（见图 8-24）和光库科技（见图 8-25）就要弱一些。

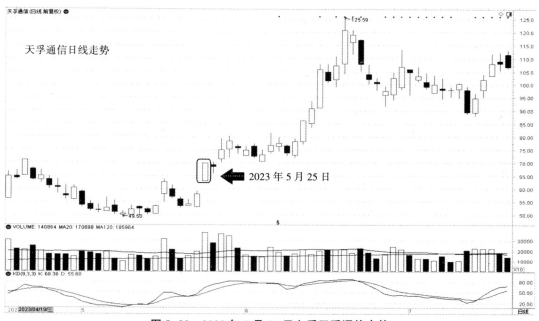

图 8-22　2023 年 5 月 25 日之后天孚通信走势

资料来源：通达信，DINA。

图 8-23　2023 年 5 月 25 日之后剑桥科技走势

资料来源：通达信，DINA。

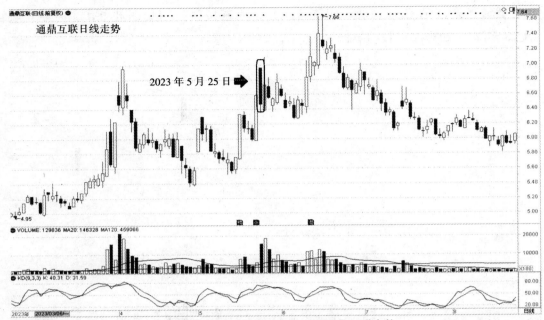

图 8-24　2023 年 5 月 25 日之后通鼎互联走势

资料来源：通达信，DINA。

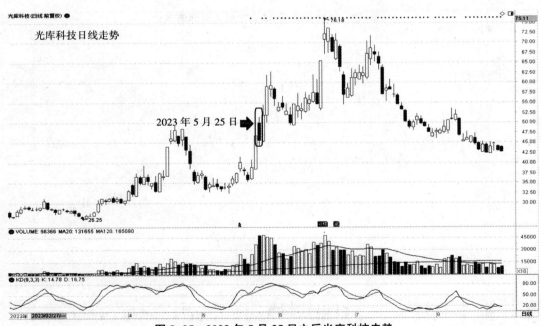

图 8-25　2023 年 5 月 25 日之后光库科技走势

资料来源：通达信，DINA。

"素衣不染尘"在2023年5月25日卖出联特科技之后，该股回落，进行了显著的调整，然后从6月8日开启第二波。这波上涨在7月3日到6日之间见顶，这个顶部恰好在一个显著的斐波那契扩展点位处。我们以2023年4月27日低点A到5月25日高点B为单位1，以6月8日作为起点向上绘制斐波那契扩展点位线谱，高点就在1倍扩展点位处（见图8-26）。**周期重要，逻辑重要，那么结构呢？结构对于把握进出点非常有效。**

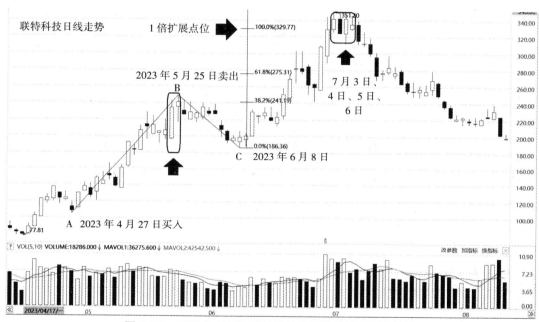

图8-26　2023年7月初联特科技见顶的斐波那契点结构
资料来源：东方财富，DINA。

【"素衣不染尘"案例2·中科磁业】

"素衣不染尘"在2023年7月11日买入中科磁业，7月12日卖出（见图8-27）。

先来看当时所处的指数周期，以平均股价指数为载体分析。以2023年4月17日高点A和7月4日高点B为基础绘制向下趋势线（见图8-28），"素衣不染尘"买入中科磁业时，指数仍旧处在下降趋势中。

中科磁业当时的主要炒作属性是稀土出口管制，我们来看当时稀土永磁板块所处的阶段和位置（见图8-29）。稀土永磁板块指数在2023年7月10日之前有一波显著大涨，然后缩量回调了三日。7月10日是回调第三日，次日开盘后涨到7月10日收盘价之上可能是"素衣不染尘"判断进场的一个依据。7月11日板块指数

阳包阴，重启升势。

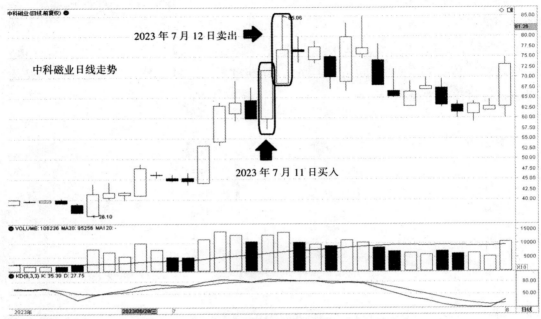

图 8-27 "素衣不染尘"在中科磁业日线上的买卖点
资料来源：通达信，DINA。

图 8-28 2023 年 7 月 11 日平均股价指数日线所处的阶段和位置
资料来源：通达信，DINA。

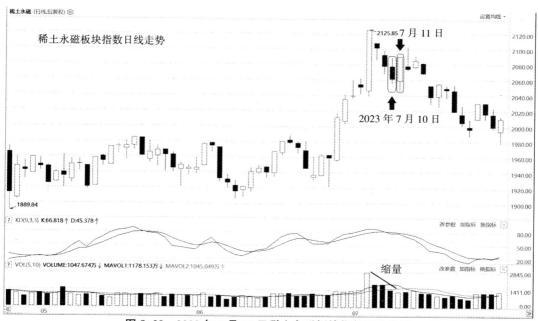

图 8-29 2023 年 7 月 10 日稀土永磁板块指数所处位置
资料来源：东方财富，DINA。

从指数周期来看，当时时机不好，从板块指数来看时机一般。但情绪才是关键，我们还是以通过上涨家数变化来观察市场情绪（见图 8-30）。但是，接下去我们还会通过涨停板高度变化来辅助观察情绪变化。

从 2023 年 7 月 5 日到 11 日（见图 8-30），上涨家数主要是从低到高逐渐抬升，而 7 月 12 日则突然下跌。"素衣不染尘"是在 7 月 11 日这个阶段性情绪高点买入的，虽然不是沸点，但却是 7 月 5 日以来的高点。而 7 月 12 日却是情绪冰点。相当于买在了一个情绪较高点，而卖在了情绪冰点。从周期的大线条来看，无论是指数周期，还是情绪周期，"素衣不染尘"的这笔交易都有点"火中取栗"的感觉。

我们再下切来看日内情绪的变化。2023 年 7 月 11 日上涨家数分时走势开盘后有一次下跌，临近情绪冰点，但实际上还是有段距离（见图 8-31）。而"素衣不染尘"其实开盘就买入了中科磁业，并未等到这个下跌动作，因此他这笔交易的买入部分其实并没有"乘势当机"考虑到情绪周期的节点。

2023 年 7 月 12 日开盘，上涨家数直接到冰点（见图 8-32），情绪一下从昨日高位掉下来，大盘、板块和个股开盘肯定都低于预期，太弱了，这种情况下"素衣不染尘"卖出也是一种正常的反应。**对于短线而言，买的时机错位，往往导致卖的时机错位。**当你买在沸点的时候，可能就只能卖在冰点了，你不卖那就可能风险失控了。

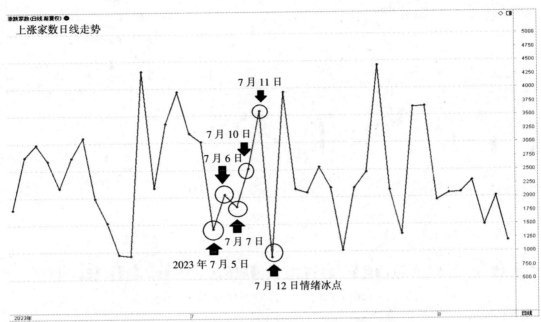

图 8-30　2023 年 7 月 5 日到 12 日上涨家数变化

资料来源：通达信，DINA。

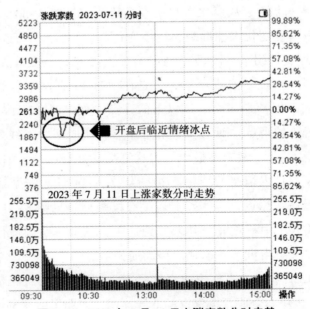

图 8-31　2023 年 7 月 11 日上涨家数分时走势

资料来源：通达信，DINA。

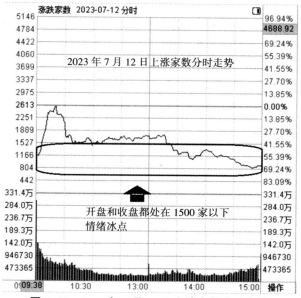

图8-32　2023年7月12日上涨家数分时走势

资料来源：通达信，DINA。

除上涨家数外，我们还可以结合每日空间最高板（简称空间板），来观察和分析情绪。2023年7月5日的空间板是林州重机的5板，高于3板，不是"乱纪元"，情绪也不差（见图8-33）。

五板	林州重机 (6天5板)	◀2023年7月5日最高5板	
四板	浙江世宝	赫美集团	
二板	光智科技	云南锗业	合兴股份
一板	罗平锌电	中科磁业	国华网安
反包	金科股份 (3天2板)		

图8-33　2023年7月5日涨停板梯队

资料来源：开盘啦App，DINA。

2023年7月6日的空间板是浙江世宝的5板，但是4板断层了，不过反包板比较多，因此整体上情绪不差于7月5日（见图8-34）。结合上涨家数来看，7月6

日则多于 7 月 5 日。

五板	浙江世宝 ← 2023年7月6日最高5板		
三板	福达合金	云南锗业	众泰汽车（4天3板）
二板	国华网安	大连热电	深华发A（3天2板）
一板	双飞股份	比依股份	金安国纪
反包	众泰汽车（4天3板）	金科股份（4天3板）	亚太实业（4天3板）

图 8-34　2023 年 7 月 6 日涨停板梯队

资料来源：开盘啦 App，DINA。

2023 年 7 月 7 日最高板是 3 板，高度下降了两级（见图 8-35），当天上涨家数低于 7 月 6 日，情绪下降了。

三板	大连热电	瑞玛精密（4天3板）	深华发A（4天3板）
二板	泰祥股份	比依股份	↑ 2023年7月7日最高3板
一板	晋控电力	农发种业	雷尔伟

图 8-35　2023 年 7 月 7 日涨停板梯队

资料来源：开盘啦 App，DINA。

7 月 10 日空间板是 4 板，但是 3 板断层（见图 8-36）。上涨家数高于前日，因此整体情绪走高了一些（见图 8-36）。单单从空间板来看，7 月 7 日是这个阶段的一个低点，因为最高是 3 板；而 7 月 10 日是一个次低点，因为最高板是 4 板。从这个角度来看，7 月 7 日和 7 月 10 日也算是一个不错的买股窗口。

7 月 11 日空间板增减到了 5 板，但是 4 板是断层（见图 8-37）。空间高度增加了，但是接力梯队不强。这天是"素衣不染尘"买入中科磁业的日子，从空间板看情绪周期节点，这个窗口也很一般。

第八课　半年7倍："素衣不染尘"的思维和盘口技术解读

四板	大连热电	瑞玛精密 (5天4板)	2023年7月10日 最高4板 且3板断层
二板	长青集团	苏常柴A	京能热力
一板	威帝股份	上海沪工	杭州热电

图 8-36　2023 年 7 月 10 日涨停板梯队

资料来源：开盘啦 App，DINA。

五板	瑞玛精密 (6天5板)	大连热电	2023年7月11日 最高5板 但是4板断层
三板	苏常柴A	京能热力	
二板	万安科技	上海沪工	辉丰股份
一板	超达装备	浙江世宝	天箭科技

图 8-37　2023 年 7 月 11 日涨停板梯队

资料来源：开盘啦 App，DINA。

2023 年 7 月 12 日最高板是大连热电的 6 板，但是 5 板断层，接力梯队不强（见图 8-38）。从空间板看当日情绪高度不差，但上涨家数下降厉害且涨停梯队有

六板	大连热电		2023年7月12日最高6板 但5板断层
四板	京能热力		
三板	万安科技		
二板	山东威达	凌云股份	
一板	中英科技	科华控股	祥明智能
反包	长青集团 (4天3板)	神通科技 (3天2板)	万控智造 (3天2板)

图 8-38　2023 年 7 月 12 日涨停板梯队

资料来源：开盘啦 APP，DINA。

断层，这表明市场接力情绪不行，但是抱团情绪还行。当日"素衣不染尘"卖出中科磁业，短线卖点没有什么改进余地。

周期看了，逻辑也不能少。毕竟，正如"素衣不染尘"所说：**"好牌打烂了，说明节奏和逻辑都有问题。"**这个"节奏"就是情绪周期，这个"逻辑"就是接下来要谈的。毕竟，在"素衣不染尘"来看**"逻辑永远是第一生产力"！**

2023 年 7 月 10 日沪指涨 0.22%，创业板涨 1.37%，两市总成交额 7629 亿元，北向资金净流入 12.30 亿元。素衣不染尘强调自己：**"不看任何指标，只关心市场资金走向，平时就是思考市场资金走向。"**这就是对手盘思维。那么，7 月 10 日这天的盘面逻辑主要是无人驾驶领涨两市，路畅科技、天迈股份、威帝股份等多股涨停；卫星互联网活跃，上海沪工、三维通信、铖昌科技涨停；电力股也比较强势，大连热点叠加公告 4 连板，京能热力、晋控电力 2 连板。**2023 年 7 月 10 日涨停板的逻辑和题材分布也可以看得出资金走向主要在这三个板块上**（见图 8-39），**稀土并不属于主线。**

另外，光伏概念的锦浪科技涨超 10%，隆基绿能涨超 8%，通威股份涨超 7%，三峡新材、通润装备涨停；锂电池方向联创股份涨超 10%，三美股份、苏常柴 A 涨停；消费股也迎来久违反抽，步步高涨停，中国中免一度涨停；影视方向强势反抽，幸福蓝海、横店影视、金逸影视涨停。

次日，也就是 2023 年 7 月 11 日早盘集合降价，稀土永磁也并未出现在同花顺的板块热点预测中（见图 8-40），资金在竞价的时候也并未表现出对这个板块的追捧。当时，对于稀土出口管制这个新题材驱动逻辑，市场资金有一些反应，但是并非主线。

从周期和逻辑上看，中科磁业并不是很切中要害，我们再来看结构。2023 年 7 月 11 日买入中科磁业，此前的 7 月 10 日是上涨过程中的缩量调整，属于"接力停顿"结构，此前介绍的接力玩家经常用到这个结构（见图 8-41），而且**当时大盘处在下跌趋势中，有次新属性的中科磁业自然也是切换的潜在标的。**所以，从这个角度来看，次新比稀土永磁属性更切合当时的炒作属性。

7 月 11 日早盘集合竞价到开盘出现"抢筹缺口"，这个结构我们在《题材投机 2：对手盘思维和底层逻辑》介绍过。开盘后不久，"素衣不染尘"买入中科磁业（见图 8-42）。这样的操作符合他的风格自述——"我基本是早盘五分钟之内完成交易。"

他 7 月 12 日卖出中科磁业。从斐波那契点位结构来看，这是一个非常高的结构性卖点（见图 8-43）。以 2023 年 7 月 4 日低点 A 到 7 月 7 日高点 B 为单位 1，

无人驾驶 7家涨停

北京市高级别自动驾驶示范区工作办公室正式宣布，在京开放智能网联乘用车"车内无人"商业化试点，智能驾驶异动

五板	瑞玛精密 (5天4板)		
一板	天迈科技	威帝股份	神通科技

卫星导航 5家涨停

中国卫星互联网技术试验卫星成功发射，叠加智能驾驶的火热，卫星导航板块异动。

一板	天银机电	上海沪工	多伦科技

电力 4家涨停

四板	大连热电	
二板	长青集团	晋控电力

文化传媒 3家涨停

一板	幸福蓝海	横店影视	金逸影视

锂电池 2家涨停

二板	苏常柴 A
一板	三美股份

中报增长 2家涨停

一板	南华期货	嘉友国际

图 8-39　2023 年 7 月 10 日涨停板的逻辑和题材分布

资料来源：开盘啦 App，DINA。

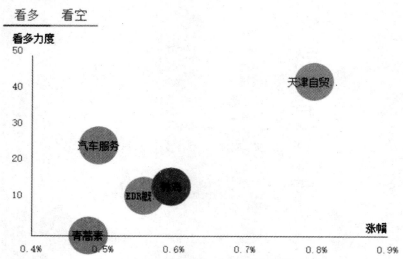

图 8-40　2023 年 7 月 11 日竞价板块热点

资料来源：同花顺，DINA。

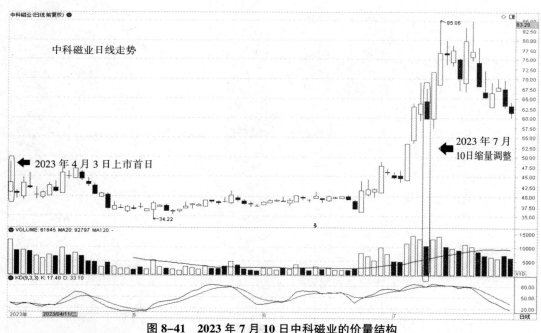

图 8-41　2023 年 7 月 10 日中科磁业的价量结构

资料来源：通达信，DINA。

以 7 月 11 日低点 C 为起点向上绘制斐波那契扩展点位。7 月 12 日这天盘中最高触及了 1 倍扩展点位（83.02 元）这个价位（见图 8-44）。大致在冲高回落后，"素衣

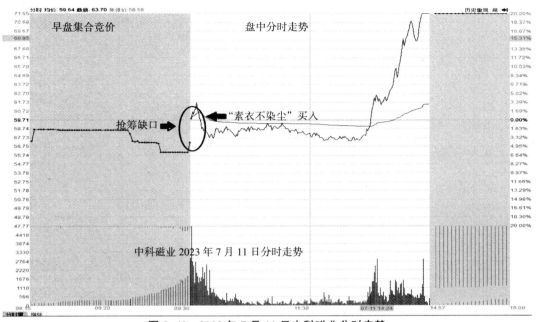

图 8-42　2023 年 7 月 11 日中科磁业分时走势

资料来源：同花顺，DINA。

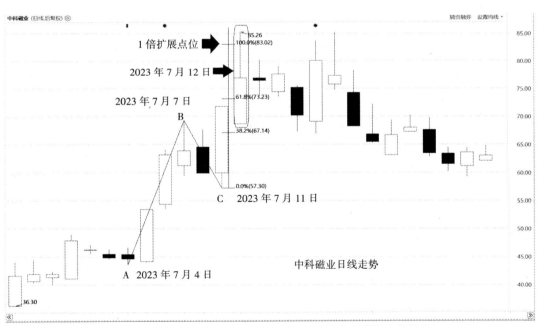

图 8-43　2023 年 7 月 12 日中科磁业所处的斐波那契点位结构

资料来源：东方财富，DINA。

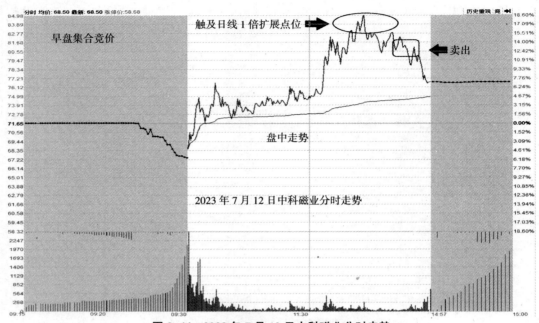

图 8-44　2023 年 7 月 12 日中科磁业分时走势

资料来源：同花顺，DINA。

不染尘"卖出，赚了 27%。

　　这个交易的关键在于次新股在指数不好的情况下可能是一个比较好的潜在标的，而且在周期不支持的情况下手快很关键，稍微犹豫一下卖点，可能就回来了，中科磁业此后又涨了一个交易日，这波行情就结束了，所以，**在周期和逻辑不支持的情况下，"格局持仓"往往很悲催，反而是快枪手有优势。**

4 年 1000 倍："冰蛙"的思维和盘口技术解读

核心还是理解否极泰来那个点，个股不过是阶段性情绪的载体。

【人物简介·"冰蛙"】

冰蛙（Ice Frog）原本是游戏《魔兽争霸Ⅲ：冰封王座》的主题地图作者。这位爱玩游戏的新生代游资以"冰蛙"这个昵称从 2019 年 7 月 17 日开始，以 2.9 万元本金开始了股票交易实盘之路，并在公众号分享自己的心得体会。截至 2023 年 9 月，资金增长到了 3000 万元左右，4 年时间账户资金实现了近乎 1000 倍的增长。

【"冰蛙"的经典语录·逻辑】

➤ 虽然知道听消息炒股不可取，但是每天面对大量的诱惑，绝对避免是不可能的。

➤ 为啥选择这个节点出来拜访大佬们交流学习：一是 AI 行情持续太久了，必定会有一波大退潮，亏钱效应会很强，我想刻意避开这个阶段；二是**全面注册制后市场玩法肯定会发生一定的变化**，我要第一时间跟市场理解力最好的人群聊一下。

➤ **现在更考察理解力，如果把精力放在提升对市场的理解更为重要。**

➤ 很多人认为我对于市场是不看，不想，不关心。其实大错特错，我几乎每天

都在认真看盘，且时刻在思考，也只关心股市里的事情。只是我喜欢复杂问题简单化，我一直在尽可能地追求简单粗暴。

➤ 要尽可能地去了解全市场的 3600 只股票的方方面面，包括股性、基本面等，你记得越多，短线反应能力越快。这就相当于你能记住的麻将牌越多，你对整桌的情况了解得越深刻一样！

【"冰蛙"的经典语录·周期】

➤ **总龙头这种产物是各种大大小小周期共振出来的结果**，需要合适的温度、阳光、土壤。

➤ **我的交易理念是只参与 EASY 行情**。但人的状态总不可能一直保持特别清醒和完美。及时认识到自己错了，并能以最小的代价及时认错，堪称优秀。

➤ **平时要多思考多总结市场永恒不变的是什么，阶段性会发生变化的是什么。这个要分清，这样做交易的时候才不至于刻舟求剑。**

➤ **越到行情末期，越忌频繁换股。**

➤ 情绪所处的位置是无形的，除了要观察一些现象，自己也要学会感受，没有感觉是不行的。

➤ 深刻认识股票市场大多时候都是很难做到的，但它却是踏进稳定盈利的第一步。

➤ 冰蛙四大定律：第一，**情绪周期永远存在**；第二，顶级人气龙头股永远存在；第三，**长期看，你永远不可能在主升期以外的时间赚到钱**；第四，**长期看，你永远不可能在顶级人气龙头股以外的股票上赚到钱**。定律一是为了当我们情绪极其亢奋的时候，警惕乐极生悲，**当我们情绪极其低迷的时候，要注意否极泰来。要相信情绪周期永远存在**。定律二是为了行情极其低迷、**监管极其严格、经济相当不好等各种悲观因素在一起的时候**，感觉市场没有希望的时候，记住不要悲观，因为顶级人气龙头股一定会还有，且下一个**创造历史的品种往往诞生于此**。定律三明确地告诉了我们，长期看只能做主升期，其他时间其实是在浪费时间和精力，这样能空住仓。定律四也明确地告诉了我，长期看，我只能在像华力、捷荣和圣龙这样的标的上能赚到钱，这样明确了我的审美要奔着这样的标的去做，**一般的次级核心都尽量不入法眼，更别说"杂毛"了**。

➢ 其实关键还是在于节奏，能屏蔽那些垃圾机会，多做这种主要机会，在主要机会来之前更重要的是保持好的状态和心态。而大多数人，在这之前已经被垃圾机会搞崩了，然后错失主要机会，就这样反复在失落和懊悔中一天天地消磨自己。

➢ 真有大牛市，最后大多数都逃脱不了负债累累的厄运，那种得到再失去的感觉也将在很长时间让你彻底地失去信心。为什么会这样，一是牛市不聚焦，根本就不知道买哪个；二是都会大幅降低审美。所以，我是很厌恶牛市的。

➢ 市场看着热闹，但对于短线选手来说并不好做，**从连板高度仅是三板就可以看出。市场不仅无法聚焦辨识度，反而好像在杀辨识度，不是特别的良性。**

➢ 今天一开盘，迪生力一字跌停，联明、兴民大幅低开，物贸直接秒跌停，终于看懂了，**这就是情绪的一个小周期，仅此而已。向下拐点已现，**那也只有用空仓大法来规避退潮带来的风险。空仓大法是个好东西啊。每个月都会有好的赚钱机会，这个月的好机会应该在下半月了。所以对我来讲，现在要做的就是，通过空仓和控仓，**在行情来之前保持好心态。大多数交易者，往往都是在行情还没来之前已经把自己心态搞崩，然后真正的行情来了又不敢出手。**

➢ 成交量缩得厉害，市场风格大概率也要发生变化。从市场表现来看，也确实是小票连板行情。

➢ 市场走主升的时候，主流龙头就是绕不开的点，你只要涨，它没法不涨。

➢ 只要判断情绪能延续，个股高并不是坏事，反而更有辨识度。情绪延续，最高辨识度就会被继续推着走，个股也只能水涨船高。

➢ 不过必须要注意的是，情绪整体处于一个相对高位了，潮水最终肯定会褪去，至于什么时候，那只能等市场负反馈出现。这个时候不要换来换去，保持主动我个人觉得是最好的策略。

➢ 今天很多核心标的彻底凉了，终于迎来了我最希望的大调整，一波轮回重新酝酿，**耐心等待最好做阶段、主升初段。**

➢ **现阶段行情是不是主升行情，个股是不是也处于主升阶段？两者共振，容错率很高。**

➢ 现阶段怂是对的，真正勇敢的时候应该是行情主升段，要大干快上！

➢ 我认为现阶段空仓或者轻仓才是最佳选择，上周出门，我认为最受益的一句话就是"钱都是大风刮来的"。换句话说，**游资赚钱都是因为有行情配合，只是在行情来的时候能把握住，没有行情的时候能控制住手，仅此而已。**

➢ **越是行情退潮阶段，越要认真看盘，关注和理解场内最吸引眼球的标的，因**

为往往下一个牛股多出于此。

➤ **现阶段，在市场上活着是最重要的，这样下去，肯定会有人陆续离开这个市场。我们一定要保证自己活着，当行情来了，才有机会让净值向上拉一波。今天的整体高度又直接被打到了三板，按以前，这都是冰点的存在**，但是现在经常性得降低到二三板的高度，市场必须要有大级别的主流题材出来破局，今年数字这块被吹得太大了，一般的题材都很尴尬。先谈活着，再谈革命！

➤ 不要去猜拐点，不要去赌主流，它来了我们自然就知道了，那个时候才是玩儿命往里挤的时候。把有限的时间、精力、勇气用在值得我们去博弈的行情里，现在就是养精蓄锐，静看市场跌出激情、跌出快感。

➤ 下午两点半，指数和情绪同时出现了一定的回暖迹象，**明天竞价看市场能否超预期，进一步确认是否是拐点。**

➤ **市场风格上的适应一定要及时**，虽然我也慢半拍，但是好在我参与的一直都是核心标的，这在任何市场风格我认为都适用。所以，市场一旦有行情，至少阶段性绕不开的标的一定会涨，无非就是涨多涨少的问题。

➤ 近期比较暴利的地方在连板股上，但也**仅仅局限于拐点处买对**，没买对一样很难，**核心还是理解否极泰来那个点啊**，个股不过是阶段性情绪的载体。

➤ 一定要围绕主流做，其他地方持续性都很差。没有主流的时候，就耐心等待。去年跟一些炒股高手聊天，大家普遍认为钱都是大风刮来的。言外之意，高收益都是行情赋予的，当然对行情好坏的判断也是认知的一部分，只能多总结多验证。

➤ 今天指数还不错，**但是情绪依然非常的差，从连板高度就可以看出来，最高只有二板，所以耐心等待情绪逆转，赚钱才会稍微容易一些。** 我个人是比较喜欢这个阶段的，因为情绪所处阶段非常明显，不需要纠结，**情绪不逆转就先空着等就行**，它来了，自然也就知道了。

➤ 市场打不出赚钱效应，总是轮来轮去，所以想继续空仓，耐心等待主流的形成。等待时机的成熟，等待人气牛股到来。这段时间都给我把回撤控制住，后面好好整个大牛股！

➤ **只有主升期的时候才能真正赚到钱。在其他时期，即便是偶尔赚到了，但早晚也会亏回去。** 长期看，我不觉得普通人能在非主升期是赚钱的。然后就是要深刻地认知到自己是很普通的，当然往往做交易的开始都会觉得自己是天选之子，但无所谓，市场早晚会教会我们什么叫要有一颗敬畏之心。所以总结就是一句话，**认清自己是个普通人，然后主升期做主升龙头。** 当然，也要同时学会原谅自己，毕竟是

人。尽可能做到自己认为对的，偶尔做错了也不要灰心，坚持最重要。

➤ 最近的计划就打算佛系炒股了，这波赚的可以了，大概两种情况我可能会继续参与市场：**第一就是两市成交量重新放大；第二，就是等一波情绪退潮，然后情绪尝试新的主升。**

➤ 虽然打算继续空仓，但至少要开始特别认真地看盘了。**市场再释放一段时间亏钱效应，应该要出好东西了。**这个时候要格外注意自己不要大亏，因为一旦出现大的亏损，真正的机会来的时候，可能会怂。

➤ 身边认识的游资朋友，那种常年的劳模选手都开始空仓了，那确实是真难搞了，这也提醒了我。说实话，**一般主跌段亏不到我，就这种混沌期而且持续时间较长的情况，一直空仓空到特别想做，结果很容易把自己搭进去。**我这两天其实已经开始每天绞尽脑汁在想操作机会了，但其实完全是为了想做而做，我心里也清楚时机未到。这也是之前总结的大亏前兆之一。所以，既然题这么难，就直接弃掉，弃掉又不亏钱。

➤ 现在市场情绪肯定是非主升期，这一点毋庸置疑，所以空仓等待没毛病。

➤ 我认为当下按照模式买亏钱了，可能不是自己的问题，应该是市场的问题，因为现在的市场容错率太低了。但是，**既然理解到了市场容错率低，就不应该无脑地总去做所谓的自己模式，要学会避开这个阶段，试图用你的模式挑战一个无序的市场，最终的结果大概率是要失败的。**

➤ **主流板块连续高潮，明天板块内大概率会产生分歧。**

➤ 市场目前我理解仍然处于相对混沌的状态，但是已经接近上升初期。所以还属于套利阶段，不太适合格局。但是市场亏钱效应已经释放得差不多了，基本接近跌无可跌的状态，所以，有机会我肯定要干的。

➤ 客观来看，市场情绪还在亢奋中。主观来讲，总觉得有点危险了。所以打算适当降低些仓位，保持心态的舒适性。我认为后面的主要任务就是守住利润。所以这波做完，准备停下来调整下节奏，再做打算。

➤ **主流仍不明显，拐点也不是绝对的确定。空仓等待或者轻仓试错都是不错的**选择。

➤ 这两天听得最多的话就是股市中的钱都是大风刮来的。说白了就是顺势，**既然存在周期，就一定存在拐点，所以重点是理解两个点，一个是拐头向上的点，另一个是拐头向下的点。**这个说起来容易，但实战中，也会有很多不同的表现形式，只能自己不停地去总结和实践。

➤ 那我现在告诉你了，**情绪周期这个方面你们必须得重视，但是这方面我又反复强调它是无形的**。你们喜欢找有形的事物，但是它是无形的。你非得要去看这个，情绪周期有形的话，我有一个不太成熟的标准，就是看核心。

➤ 收益率不行的原因就是不够纯粹，其实**保持纯粹，千万元以下的资金一个月赚 20 个点不难**。当下肯定还是在退潮期内，继续空仓以表示对自己的尊重。接下来几天应该是要看盘的，但不需要认真看，因为**退潮期打出最强人气的标的往往是下一个周期的情绪载体**。为啥说不需要认真看？因为真正的人气标的一定不是你刻意去找的，而是在退潮阶段，它不经意间就会刺激下你的眼球。然后，**情绪向上拐点出现时，人们不知道买啥，但又知道现在是该买票的时候了，大家会共识性地选择这段时间印象最深的标的，这个就容易成为阶段性的情绪载体**。

【"冰蛙"的经典语录·结构】

➤ **我买票很少注重分时走势**，多烂的板，我看好就直接买了，甚至有时候断板我也经常会继续锁仓。**我更注重势的延续**，更注重有没有在车上，有时候适当买套都是我计划中的一部分。

➤ 一个标的在一个阶段所代表的意义远远大于一些技术性指标。

➤ **市场连续缩量，那就有爆量大阳的预期。**

➤ 最近这种人气标的的反包都很坑，上一波西安饮食、英飞拓、黑芝麻这类的人气标反包后都有大肉。（人气反包）行不行？阶段性肯定是可以的，但要注意几个核心词汇：主流（板块）、位置（周期）、绕不开（标的），来提高这一方法的胜率。

➤ 一般只有顶级大牛、大妖才能走出穿越，其实二波本质上就是新一轮主升的**情绪载体**。

➤ 说实话，我个人对近四年的阶段性龙头股 K 线和分时图记忆还是很深刻的。

➤ 有的东西真的是你看多了，一眼你就看出来这个有那种感觉了。我给你们讲一个非常浅显的道理，比如说我们以前参加高考，模拟其实没用。最好的是你去做以往的一些真题，就是全国各地的真题你都做，因为那些题就是最经典的、最典型的，你都做会了，那就理解了。**龙头的结构特征也是如此去掌握才最有效。**

【"冰蛙"的经典语录·对手盘思维和资金流向】

> 理解没有差异，赚谁的钱呢？

> 大妖面前，放弃一切方法才是大智慧。

> 人心不足蛇吞象，涨到十七个点，最后剩十个点都不觉得香了。这很符合人性，现实生活中也有很多类似的例子，你长期无条件地满足对方的要求，然后某一天，你哪怕一个微不足道的拒绝，他都会觉得你对他不好。

> 从月初到 8 月 3 日晚上就开始**全网沸腾喊牛市来了**，结果 8 月 4 日就是**近阶段指数的最高点**。

> 今天我本来没抱有太大的预期，**但竞价一开出来，最强的就是存储芯片方向，很超预期**，随后开盘场内几个核心标的都瞬间被抢起来，基本可以判断行情大概率要延续，可以买。

> **超预期是能形成购买的，低于预期会形成抛出。**

> 一直要围绕当下主流做，阶段性主流人人都知道，然后围绕核心做，大概率不会接最后一棒。

> 这是一场人与人之间的博弈，都不傻，谁都不会让你从他口袋中轻易把钱拿走。

> 了解所有市场上常用的操作模式。因为这就跟打牌一样，你了解牌友的打牌风格，你才更有可能赢他的钱。也就是说，你可以坚持自己的风格，但你不能不知道别人是怎么玩的。

> 如何做龙头？一句话，就是定龙，然后接力。龙头的表现形式越来越多样化，**但龙头有一点肯定是不变的，它一定是阶段性人气最好的品种，所以核心是如何理解人气**。人气不是软件上的简单排名，它是通过观察市场，那个与市场其他参与者能保持同频，且不停刺激你眼球的标的。去感知它，不要去量化它。

> 其实我认为最重要的就是人气辨识度。

【"冰蛙"的经典语录·买卖点和操作手法】

➤ 我只专注做个股主升。

➤ **人，大部分时候是死在自己的小聪明上。**这个市场会完美地印证这句话，也许你现在不理解，但是随着交易经验的积累，对这句话会理解得越发深刻。**一定要严格地按照交易条件去做**，为什么？因为交易条件是过去经验的总结，制定的交易条件是为了帮助我们避坑的，尤其是在市场极其不好的时候，这些条件会自动帮你屏蔽掉潜在风险，这就是操作条件的意义。

➤ 我发现很多人对知行合一有误解。以为知行合一就是定好计划，然后死磕到底。其实不是这样的。**毕竟头一天晚上的计划只是一个预期，第二天不符合预期和超预期，可能都要进行相应的调整**。死磕到底这种对于知行合一而言还处于初级阶段，真正高阶的是头一天做足了预案，但盘中发现自己头一天的理解可能出问题了，临盘能进行及时且正确的修正，这才叫真正的知行合一。当然大多数人必须先从初级阶段开始，从管不住手到管住手再到随心所欲的过程。

➤ **放大格局，坚持只买愿意锁仓的牛股，赚以板计，亏以点计。长期坚持必有后报！**

➤ 一般这种杀的特别急的，分时反弹就是卖点。

➤ 我肯定不急于参与大混战，等风格胜出，板块胜出，到时候再优选个股。

➤ 一般我做交易都是盘前就计划好要做哪个标的。偶尔也会临盘做选择，那一般都是我认为情绪转了，但是头一天又选不出票，所以第二天让市场帮忙选下。

➤ 我的模式一直是"龙空龙"。有人问这种模式能否走的出来，我觉得这个还得基于个人对龙头的深刻理解，**还有就是真的要有行情配合**，这个月的中船科技、鸿博等这些票，**做到的属于天时、地利、人和的条件都具备了**，没做到也正常，还需多感受龙头的魅力，慢慢建立起信仰。

➤ 市场主流主线一旦形成共识，资金会反复做，**因为无论是低吸、半路、打板，各种手法的各种资金都是围绕主流建立自己的模式。**这就跟龙头形成共识后一样，做龙头的股的都围绕龙头做一样，什么首阴、弱转强，最高板各种手法都可以用在龙头上，而且成功率最高。所以，主流板块的龙头股最安全最暴利。

➢ 今天跟朋友聊天，聊到短线交易大体分三类：第一类，什么模式都做；第二类，专注做一种模式；第三类，看哪个好做哪个。大体结果应该是，第一类和第二类如果技术差不多的情况下，收益率应该差不多，但是如果技术足够好的话，肯定是第一种更厉害。最惨的应该是第三种，容易两头挨打。我感觉还是有一定道理的，自行对号入座。

➢ **围绕主流，猛干核心，任何市场风格都拿你没办法。**

➢ 市场果然还是那个市场，一样牛股辈出，强者恒强，下一波必须要**集中仓位，提高审美，锁仓核心龙头**，干出激情，干出气魄，看我如何表演！

➢ 我现在主要想降低交易频率，每次买入后都能拿个三五天，把问题转化为选股眼光和持股能力上，这是我所擅长的。

➢ **龙头就是当你认为它该超预期的时候，它可能会低于预期，当你认为它该低于预期的时候，它又会超预期，总是让人捉摸不定，但结果它一定会让你热泪盈眶！**

➢ 不仅要敢买龙，更要敢锁龙头。一旦买到它，就要享受它一路颠簸给你带来的交易快感，震得越烈，感觉越爽。

➢ 昨天晚上复完盘就感觉今天要调整了，竞价一开盘，直接大分歧也验证了自己的理解。所以，开盘后在还能接受的情况下，就把手里的仓位该止盈的止盈，该割肉的割肉。

➢ **以后买票前，坚决要问自己两个问题：第一，这票是不是核心标的？第二，这票是不是还处于主升段？**尽量不参与调整段，缠打阶段非常不适合我，里面的"老六"上上下下地能把人心态搞崩。

➢ 无论如何一定要记住，对于每一笔交易不要迁就。每一波都要参与最核心的那一两个，只有这样你才能长期保持稳定盈利。

➢ 每天花很长时间复盘也想不出一个比较合理且相对确定的操作方案，说明的确不好做了，我印象中往往好的交易机会，都是收盘就大体知道该怎么做了。

➢ 长期看只有龙头才能真正地把钱赚到。即便在其他非龙头票上把钱赚到了，在别的同类标的上也还会亏回去。

➢ 只做总龙需要下很强的决心，本身总不买票就很反人性，另一个就是外界也会带来很大的诱惑和干扰。外界带来的干扰是不可避免的，我认为不与人交流更不可取，还是需要自身强大。所以，做交易一定要有自己的原则，想清楚到底符不符合自己的认知和理解，然后决定做还是不做。

➢ 大部分时间应该都是在观察，等待猎物的出现。一旦出现要敢于主动出击，

然后就是根据自己目前的实际情况找最优解。

➤ 模式的基本解释是事物的标准样式，那么股票交易的模式，就是股票交易的标准样式。为什么要建立标准样式？因为对于大多数人来讲，标准的东西不容易出错，更容易执行。所以对于我们普通人来讲，建立属于自己的交易模式是通往成功的关键！

➤ 模式本身其实我个人觉得可以从任何角度去思考和建立，比如从逻辑的角度，比如从图形的角度，再比如从纯技术的角度，甚至可以是多维度的综合角度等，都可以。最近请教了一个从小资金做到千万元资金的大神，问他如何看待模式？他说："任何模式都可以成功！"

➤ 我觉得模式建立的第一步，就是模式与性格相匹配，这个很重要，我发现很多人学习模式不是看适不适合自己，而是看这个模式牛不牛。我有个现实中的朋友，各方面条件都非常好，入市之后也没人教他，他自己炒了 9 个月，几乎每个月都是赚钱的，他主要是做龙头股的大幅下跌，低吸补仓等反抽。后来看了打板客的操作，学了打板，恐高、怂等一些问题开始出现，并且爆亏。我问他说，你低吸做的很好而且很稳，为什么要学打板？他说，你们都打板，打板牛啊！这就是典型的模式与性格不相匹配，我做打板，是因为性格如此，低吸的话我反而会感到恐惧，不安。

➤ 模式建立的第二步，就是要符合道，那到底什么是道呢？道，我理解就是定律性的东西，而不是定理性的。至少说模式的最底层逻辑是要符合道的。上层建筑适当夹杂一些定理性的逻辑是可以的。举个例子理解一下其中的区别，比方说，我们想从股市里赚钱，怎么办？有人说，用龙头战法、首阴战法、五日线战法等一系列战法来赚钱。这其实都是表象，本质地想赚钱，还是一块钱买，比一块钱更高的价钱卖掉，才能实实在在地赚钱，简单来说，正差价才是赚钱的本质。**各种战法只不过是表象而已。正差价就属于定律性的东西**，你无法反驳，各种战法是定理性的东西，战法是一定条件下成立，可以反驳。所以模式的底层地基要打好。

➤ 模式建立的第三步，历史回测能大概率契合，把过去一两年的历史走势对应地拿出来仔细研究下。看看能不能跟刚才建立的模式大概率契合，毕竟实践是检验真理的唯一标准。不过这里要提示一下，有的人为了迎合自己的模式，对历史的一些真实走势看得不客观。吃大肉的就放低要求，吃大面的就严要求，导致其实有不符合模式的大肉票算在了模式内，而一些符合模式的大面票没算在模式内，造成一个高胜率高收益的假象。结果用起来亏得一塌糊涂，自欺欺人的人性弱点被体现得

淋漓尽致，损失的还是自己的真金白银啊。

➤ 模式建立的第四步，实盘，用小资金真金白银去执行模式，一定还会出现各种各样的错误和问题。这个时候你不应该沮丧，而是要兴奋，把所有的细节，细节，细节，重要的事情说三遍，把所有的细节都要总结记录下来，争取下一次不再犯同样的错误。注意是所有，不要主观地认为有的事情可能不重要。

➤ 模式建立的第五步，熟能生巧，有人问我说，我总一个错误上反复犯错，太马虎了，太不认真了，等等。我跟你说问题不是马虎，是不熟练。很多问题都错在了不熟练上面，所以每天强化之前的犯错细节，将其倒背如流方能在交易上稳、准、狠！

【"冰蛙"的经典语录·风险控制和仓位管理】

➤ 一个是要抑制自己不买的难受，另一个是要抑制自己不卖的难受。对人本身素质的考验都不小，不过想赚钱，那一定是忍常人所不能忍。

➤ 其实，**在我心里及时止损，可能比空仓还重要**。当然这需要对止损有很深刻的理解，我说的是深入到骨子里的那种。

➤ 老实人大多做接力，老实人只能重势，让别人要不起小聪明，现在是明显的混沌期，所以亏不了。亏钱的就是没有计划，临时起意的、要小聪明的，最容易亏钱。

➤ 记住，**做短线，空仓机制，就是顶级交易**。

➤ 交易的全部就是等待。在市场上，你只需要坐着，一直等到看见钱掉进墙角，你要做的只是起身走过去，弯腰把钱拿起来，装在钱包里，然后回到椅子上坐着，这就是交易的全部。

➤ 这个月一共做了四笔，其中三笔是亏损的，一笔是盈利的，但总体这个月依然保持红的，是不是感到很意外？没错，**这里面其实体现了交易的精髓，我的三笔亏损单都是在我损失比较小的情况下我就及时进行了止损，导致我在损失并不大的情况下截断了亏损，而是在我买对了的时候进行了让利润奔跑**。我为什么做交易的时候信心十足，就是我过去的经验告诉我，以我现在的审美标准，基本上我胜率能达到25%，我就能做到不亏损，胜率超过25%，我大概率是稳了。

➤ 今天说实话，空仓以旁观者的角度看待这个市场，看得更清楚，中午有种感

觉真好，这才是交易该有的样子。

➤ 有朋友给我留言说，今天终于空仓了，但是不买票心里跟热锅上的蚂蚁一样，问我会不会也有这种心理。我肯定不会有这种心理啊，**我只有在我模式内该买票的时候，如果我没买，我才会有较为强烈的踏空感。一般不管市场涨跌，只要我按照计划空仓了，我反而会莫名感到有点小兴奋。**

➤ 空仓和锁仓看似简单，但对操作的要求都很高。

➤ 做龙头更需要节奏，在合适的位置拿够足够的仓位极其重要。

➤ 不会空仓永远做不大。其实每一波的套路还是很明显的，无非就是退潮期管住手。

➤ "龙空龙"，空仓等待才是精髓。

➤ 空仓除了可以控制回撤，还可以控制节奏，都很重要。

➤ **龙头不怕分歧，就怕加速，容易形成情绪极高点。**

➤ 一味地追求每笔都是赚钱的，我明确地告诉你，如果你是人就不可能做到。反而在合适的时候做出"弃车保帅"的操作，知行合一才能做的长久，这才叫高级，懂的自然懂。

➤ 每次买票前问下自己这票买完亏了，我会不会难受？如果不会难受，那就抱着亏死拉倒的心态，大胆介入！

➤ 超短有止损机制，纪律严格，一般能多几条命。所以，止损不能单纯地理解成亏钱了，割肉了，其实它的主要作用还是为了多玩儿一阵子。

【"冰蛙"的经典语录·市场进化和修炼进阶】

➤ 交易的三座大山：第一，**对股票的理解和认知**。只要肯学应该最后都能学会，无非时间长短的问题。第二，**克服人性**。人心复杂，各种条条框框束缚太多，性格简单纯粹点的会占些优势，但依然要做很多反人性的事情，过于复杂的人，可能一辈子都克服不了。第三，**交易状态的保持**。这个应该需要天赋了，通过自律也可以多保持一段时间，但能长年累月的始终如一，这种人想想就恐怖。

➤ 有人总想看我亏钱，其实这种思想是不可取的，自欺欺人罢了。股市看似在股市内，实际很多在股市之外。一定要多用欣赏的眼光看待周围的人和事。生活中

我也总被骗被蹭，其实我知道，但是无所谓，有那么几个懂我的就可以了。**格局放大，多些包容。**

➤ 市场就是不停地刷新认知的地方，你以为的不可能，在这里有时候就是大概率。上涨和下跌皆是如此，尊重市场，尊重信号。

➤ **交易上的事情，其实兜兜转转就那么几个问题**，需要三省吾身。

➤ 炒股炒到现在对我来讲就是炒"心"的过程，不停让自己的内心自由才是最重要的。昨天跟一个老师探讨，如何能长期地保持内心自由的状态，老师答：扪心自问，多次反思，久了就形成了。我觉得很有用。

➤ 炒股吧，最重要的是心态，控制力。**炒股技术的问题，熟能生巧，只要你们多努力，下苦功，没什么学不会的。**

➤ 在交易市场变来变去，换来换去是大忌。其实不需要讲道理，自己去观察就行了。**那些真正优秀的操盘手，大多都是专注某一块，比如有专门做首板的，有专门做次新的，有专门做龙头的，还有专门做转债的，都是在坚持专注自己的领域。** 全面型选手也有，但少之又少，而且收益率不一定跑赢专一型选手。

➤ 做交易，一定要一步一个脚印，脚踏实地地一笔一笔做，连续地盈利也让我更加坚定信心和不骄不躁、按部就班。共勉。

➤ 大多数高手很少有全能型的，都是专注那一两种操作方式和风格，练到极致，然后不停地重复，慢慢复利，但往往小散不停地变来变去，哪块肉都想吃点，最后进入别人擅长的领域，被收割。所以我更加坚定专注做好自己擅长的事情，才是取得最终胜利的关键。

➤ **永远尊重客观事实，然后欣然接受，下次争取做得更好就可以了。**

➤ 客观事实，永远是客观事实。交易的路上做错事是常事，任何事情要保持平常心，争取做好以后的事情。

➤ 股票难就难在这里，实操和计划很难绝对统一。

➤ 我记忆深刻，2015 年 9 月到 2016 年 9 月，我跟我的一个研究生师兄一起住，那一年真的是除了吃喝拉撒就是聊股票、看股票。我每天分享，一个道理可能重复几十遍甚至上百遍地说。那些知识熟练到完全可以倒背如流，包括近几年的所有牛股形态以及所处环境，都了然于心。这就是分享交流的成果，如果只是自己研究，这些知识消化的速度是非常慢的。所以，**请把你学习的和知道的分享给他人吧。对你只有好处，没有坏处。这也是我能够迅速提升学习的方法。**

➤ 周末回老家，村里有个快捷方式小路，我第一天开车过了一次，车有点托底。第二天出村的时候，抱着侥幸心理，选择了快捷方式小路，直接托底导致主驾驶的车门出了点问题。然后想干的事情也没干成，大半天不是在修车就是在修车的路上。本质是想节省时间，结果耽误了更多的时间。其实，做交易，也是一样。**也许就是一次侥幸心理做了一次不经意的交易，然后可能直接影响整月甚至整年的交易节奏。所以，既然选择了这个职业，就要认真对待每一笔交易，尽可能地做到知与行达到绝对的统一。**

➤ 游资大佬的经典语录是必看的，这是非常重要的学习数据。不要忽视它的作用，**我们经常口中说的内功心法，其实大佬的经典语录已经用不同的方式说了，想立志于交易，必须要看，而且适合自己的要看几十甚至上百遍。**

➤ 不同阶段，不同段位会有不同的理解。不要一读而过，要精读，细读。我认为是可以少走很多弯路和节省很多时间的。

➤ 做交易，遇到挫折是常事，只是现在随着水平的提高没那么频繁了而已。周末翻看自己过去几年"吃大面"的经历，依然一身冷汗。但一定要相信，未来的某个牛股一定会带你再创新高。

➤ 股票市场的残酷性远比想象的还要恐怖，时刻对它保持敬畏之心，才能长久地在市场中生存下去，万里挑一，仅用嘴说说是不行的，需要用实际行动去证明。

➤ 市场很残酷，每一次出手都要高标准、高要求，我也经常会走偏。长期参与市场我也不奢望绝对的知行合一，多原谅自己，尽最大努力做好每一次攻防！

➤ **做股票对人心的考验是极大的，每天都要跟自己做斗争。**

➤ 有时候你看真正的龙头选手写的文章，会感到过于玄学，其实在我看来，这并不夸张，我很理解他，甚至我会感到与作者达成了绝对的共鸣。龙头信仰仅口头说说没有用，必须要融入骨子里，那种对龙头的信任感，我在过去的时间建立了无数次，我才突破这一层。

➤ 我简单分享一下我的方法。我最早迷茫的时候，是因为我把龙头就当成一个个股而已，那么我对这票再有把握我发现我有时候也拿不住，当它继续大涨的时候，会有很强的挫败感。后来我把龙头人物化，我把它想象成我最信任的人，比如我的父母、我的老婆，但我发现有时候还是差点意思。后来突然有一天，就那么一瞬间，我突然想到这个世界上作为一个人，应该最信任的是我们自己。**阶段性龙头走出来之后，你要第一时间像相信自己一样相信它，这才能达到龙头信仰的境界。龙头就是你，你就是龙头。**

➤ **机会来了，要敢于为自己的认知买单！**

➤ 现在市场不好做了，是因为大家的水平都提高了很多。以前那种分歧转一致，弱转强，在现在的实际操作中有时候一波下来可能都不出操作点，踏空了，那一波下来肯定全是焦虑。

➤ 职业股民的状态大多肯定是不太好的。因为无论你亏还是赚，股票每天给人带来的挫败感是极强的，很多时候都是被市场干趴下，爬起来，再趴下，再爬起来。我想也只有炒股的人才能互相理解。所以，**做交易的人一定要学会自己找乐子，尤其是要有自己的运动爱好，每天要抽时间坚持锻炼，我基本每天收盘后都运动一下。交易是一场马拉松，一定要注意自己的身体健康。**

➤ 现在市场的参与者都很努力，进化效率非常高，**谁能尽快地理解风格（形）上的变化，谁就能阶段性赚取暴利。当然前提是理解神，什么是神？流光老师曾说过，神是个股在特定周期的地位。**

➤ 对于大多数人来讲，**应该积极拥抱新规则下带来的又一次大家重回起跑线的机会。**

➤ 在 A 股你盯着某一种方式或者方法的时候，你会发现，真好用，真赚钱。但是当你下定决心要改变自己，采用这种方式或者方法的时候，做一次打一次脸，然后还能找到各种理由和逻辑开始证明这种方式或者方法似乎是不对的，真是太奇妙了！专注自己的领域，现在诱惑太多，不仅要克服自己动摇的心，还需要克服外界给你带来的各种干扰。所以，**坚持做错题集**，做到行动一致，不研究新打法。

➤ 交易模式就像你手里的武器，最好是与你的性格相匹配。让孙悟空用猪八戒的耙子，让猪八戒用孙悟空的金箍棒，都发挥不出他们自身的最大实力。所以，根据自身性格，找到适合自己的模式，才能所向披靡。市场上很多模式我都能看懂，但是我都不做。"杂毛套利"我做多了难受。**"龙空龙"最适合我，所以我只坚持做这种。**

➤ 觉醒之前是你在做交易，觉醒之后你还在做交易。当你站在一个旁观者角度去看自己的所有行为，你能够把所有的事情看明白。觉醒并不是领悟某种技术，也不是几笔成功交易一切尽在掌握中的错觉，而是所有的积累在一瞬间完成高度统一、达到简洁明了。前提是自下而上大量经验的积累，脚踏实地实践的过程。你理解的市场是什么？自己的交易系统赚的是什么？风险在哪里？交易是个性化艺术，每个人想要探索出适合自己的道路需要不断地独立思考，并且实践验证，理清逻辑，化繁为简。

➤ **首先你要选个方向，然后在那个方向上，向你认为炒得最好的那个人学习。**

他的买点在哪里，他是怎么炒的。

➤ **所有的东西一定是你先悟出来**，你如果没悟出来的，我教你的话，其实没有用，一定是你先悟出来。你悟完之后，又有一个你比较认可的人，说你这个东西没错，你已经通往正确的路了，这个时候你就在不怀疑的情况下走得更快了，你自己没悟出来，我跟你讲半天没有用，是没有任何用。

➤ 其实正常来讲，**只要你够纯粹，一般踏空不了龙头**。什么钱都想赚，那什么钱可能都赚不到。我最近踏空完全是因为我没有以前纯粹，所以我后面争取做的纯粹一些就好。但是人又不可能做到绝对的完美，可以预料到的就是以后我们还会犯同样的错误，那学会原谅自己，学会和自己和解，就是调整心态最快的办法。踏空就踏空呗，以后又不是没有大牛股了。

➤ 看似在争取时间，想做得快一点，但实际是在耽误时间。**慢即是快就是这个道理，踏踏实实地，每个月做两三个牛股美滋滋，心态还好，交易这场马拉松，比的不是快，而是谁更有耐力。**

➤ 我最大的优点就是不变，我不会因为一时的不顺，就想方设法地改变。

【"冰蛙"的思维架构和交易解读】

在本小节，我们将介绍"冰蛙"的几个真实交易案例，在这些案例当中我们力图扼要呈现当时的格局和玩家背景，以及交易者本身的思维架构，以便大家能够从中获得具体交易思路和操作手法上的启发。**作为"龙空龙"战法玩家，"冰蛙"这个昵称是不是有"情绪冰点起跳"的含义呢**？毕竟，酣畅淋漓往往只有"龙空龙"选手能够体验到，因此，有能力在关键时点上车就显得尤为重要。在这本讲义当中，复盘了十位顶级游资。如果说个人偏好和推崇的话，"92科比"、陈小群和"冰蛙"应该算得上风格和手法方面我们比较偏爱的，他们愿意分享，思维缜密而系统，操作上能够集中全部力量于最关键一点。这就是所有伟大军事家的首要特征，无论克劳塞维茨和约米尼如何解读拿破仑，这一点都是首要的，都是绕不开的，都是无可辩驳的。

【"冰蛙"案例 1·恒久科技】

"冰蛙"在 2023 年 1 月 20 日买入恒久科技，这是当时春节前最后一个交易日，春节后他在 1 月 31 日卖出（见图 9-1）。

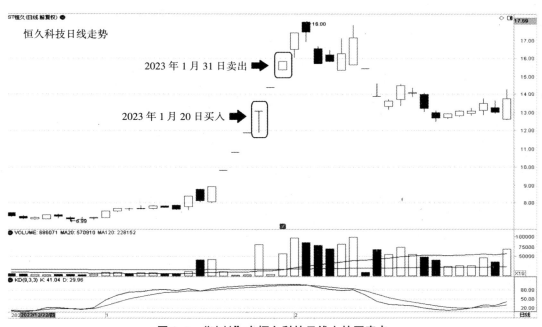

图 9-1　"冰蛙"在恒久科技日线上的买卖点

资料来源：通达信，DINA。

我们先来看"冰蛙"买入恒久科技所处的格局。周期是最为重要的，正如"冰蛙"反复强调的：**"只有主升期的时候才能真正赚到钱。在其他时期，即便是偶尔赚到了，但早晚也会亏回去。"**如何把握主升期呢？只能从周期这个维度去甄别和定位。

先基于平均股价指数日线走势来确定指数周期。站在买入点前一日来观察大盘指数日线所处的阶段和位置，以 2022 年 12 月 23 日低点 A 和 2023 年 1 月 13 日低点 B 为基础绘制向上趋势线，2023 年 1 月 19 日正好盘中最低点靠近了这条趋势线（见图 9-2）。次日，也就是 2023 年 1 月 20 日一直到 1 月 31 日，大盘指数都延续了惯性，维持在上升趋势线上。

指数周期处在上升趋势之中，这是站在 2023 年 1 月 19 日收盘时点的"冰蛙"大致观察到的大势。

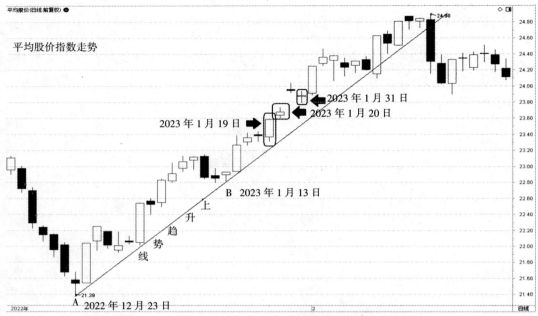

图 9-2　2023 年 1 月 19 日平均股价指数所处的阶段和位置
资料来源：通达信，DINA。

　　再以上涨家数来观察情绪周期变化（见图 9-3），2023 年 1 月 11 日上涨家数低于 1500 家，属于情绪冰点。2023 年 2 月 1 日上涨家数高于 4000 家，属于情绪沸

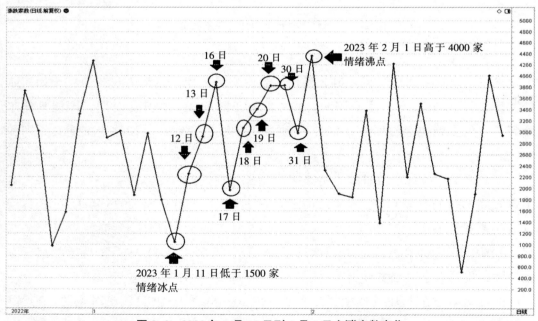

图 9-3　2023 年 1 月 11 日到 2 月 1 日上涨家数变化
资料来源：通达信，DINA。

点。从 2023 年 1 月 11 日到 2 月 1 日，情绪从冰点逐步波动到沸点，这是比较大的情绪周期，而"冰蛙"御风而行，在这波"上升流"中精确狙击个股。

我们再深入一些，看看"冰蛙"买入恒久科技前一日，也就是 2023 年 1 月 19 日的市场情绪。1 月 19 日开盘时，上涨家数低于 1500 家，情绪处在冰点（见图 9-4）。

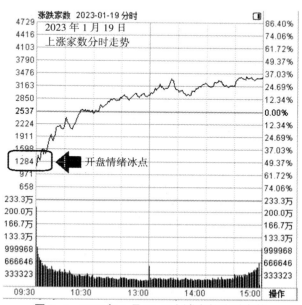

图 9-4　2023 年 1 月 19 日上涨家数分时走势

资料来源：通达信，DINA。

次日，也就是 2023 年 1 月 20 日，上涨家数全天维持在 2900 家以上，都没有出现情绪冰点（见图 9-5），而当天"冰蛙"买入了恒久科技，个股倒是出现了分歧，正如"92 科比"强调主升阶段分歧是买点一样。

除通过上涨家数观察情绪周期外，还可以通过核心标的来观察，比如最高板和板块龙头等。在这点上冰蛙有过精彩论述："那我现在告诉你了，这个情绪周期其实你们必须得重视，但是这个东西我又反复强调它是一个无形的。你们喜欢找有形的，但是它是无形的。**你非得要去看这个，情绪周期有形的话我有一个不太成熟的标准，就是看核心**。"

"冰蛙"买入恒久科技之前的周期格局我们已经初步了解了。那么，当时的市场逻辑大致是怎样的呢？从 2023 年 1 月 19 日涨停板的逻辑和题材分布可以发现（见图 9-6），涨停家数第一的是智能交通，涨停家数第二的是数字经济。智能交通空间高度是二板的中远海科，数字经济最高的是五板的恒久科技。其他题材板块涨

停牌家数都在两家。由此来看，当时的市场逻辑主线是数字经济，支线是智能交通。

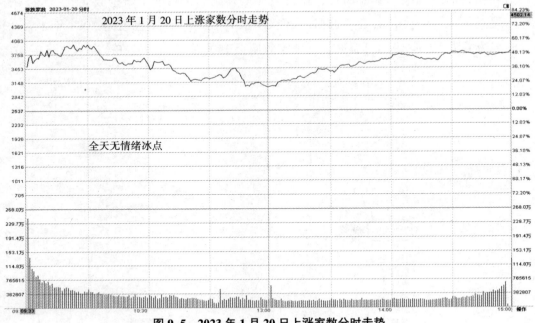

图 9-5   2023 年 1 月 20 日上涨家数分时走势

资料来源：通达信，DINA。

2023 年 1 月 19 日最高板是 5 板的弘业期货和恒久科技（见图 9-7）。有个比较有效的战法叫作"早盘最高换手板"，在恒久科技的选择上，"冰蛙"似乎运用了这一战法。

什么是"早盘最高换手板"？在 A 股 9:25 到 11:30 这段时间内，**昨日连板个股中能够买到的空间板或者最高板**。成交量足够才能买到，因为存在充分换手的换手涨停板才能在上板或者回封的时候买入。昨日连板个股排除了 ST 个股，将昨日连板个股当中今日有可能成为最高板的个股放到股票池里面，等待今日早盘快要封板成为最高板时扫板买入。

比如 2023 年 1 月 19 日，弘业期货和恒久科技是争夺 1 月 20 日最高板的第一候选，其中之一成功则当日最高板就成了六板。如果它们都失败，没能连板，那么跃岭股份和国盛金控作为第二候选，就会争夺当日最高板，也就是四板。以此类推，所以上述四只股票是我们的重点观察对象，看 1 月 20 日早盘谁最先换手上板，那么就扫板买入谁。可以看到"冰蛙"基本上是这个战法思路。

智能交通 9家涨停

国家级出行平台"强国交通"完成内测即将上线，智能驾驶板块异动拉升。

二板	中远海科		
一板	大众交通	皖通科技	通行宝

数字经济 7家涨停

工信部：加快新一代信息技术与制造业深度融合 大力发展数字经济。数字经济板块持续活跃。

五板	恒久科技 (6天5板)		
二板	久远银海		
一板	真视通	科远智慧	中国软件

芯片 2家涨停

三板	跃岭股份
一板	德明利

军工 2家涨停

一板	利君股份	东方钽业

证券 2家涨停

三板	国盛金控
一板	华林证券

期货概念 2家涨停

五板	弘业期货
一板	瑞达期货

年报增长 2家涨停

一板	潞安环能	深纺织A

图 9-6 2023 年 1 月 19 日涨停板的逻辑和题材分布

资料来源：开盘啦 App，DINA。

五板	弘业期货	恒久科技 （6天5板）	→ 2023年1月19日 空间板
三板	跃岭股份	国盛金控	
二板	中远海科	久远银海	
一板	皖通科技	中国软件	华林证券

图 9-7　2023 年 1 月 19 日涨停梯队

资料来源：开盘啦 App，DINA。

2023 年 1 月 20 日，恒久科技开盘后触板回落，然后迅速回封，在快回封时，"冰蛙"打板买入（见图 9-8），恒久科技率先成为当日最高换手板。这是春节前最后一个交易日，"冰蛙"重仓出击。当日指数处在上升阶段，情绪不愠不火，个股上涨以来首次分歧，而"冰蛙"最高板分歧换手买入。

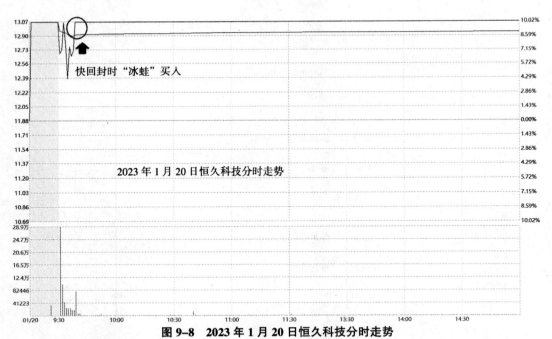

图中标注：快回封时"冰蛙"买入

2023 年 1 月 20 日恒久科技分时走势

图 9-8　2023 年 1 月 20 日恒久科技分时走势

资料来源：东方财富，DINA。

2023 年 1 月 20 日收盘之后，恒久科技以六板高度成了唯一的最高空间板个股（见图 9-9），五板和四板断层，这种梯队不完整的空间板要么成妖，要么后继乏力。

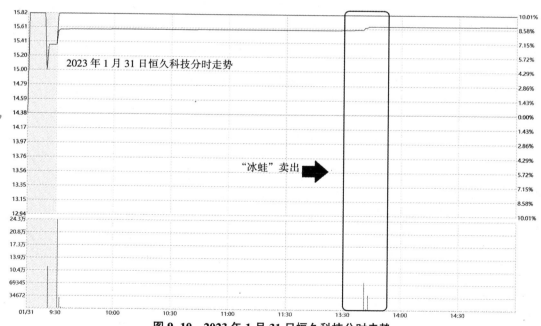

六板	恒久科技 （7天6板）	← 2023年1月20日收盘后 成为唯一最高板	
三板	中远海科		
二板	中国软件	智微智能	高斯贝尔
一板	久其软件	中国稀土	信邦智能
反包	达意隆 （3天2板）	爱仕达 （3天2板）	禾盛新材 （3天2板）

图 9-9　2023 年 1 月 20 日涨停梯队

资料来源：开盘啦 App，DINA。

　　2023 年 1 月 30 日，"冰蛙"继续持仓恒久科技。1 月 31 日板上卖出恒久科技（见图 9-10）。

2023 年 1 月 31 日恒久科技分时走势

"冰蛙"卖出

图 9-10　2023 年 1 月 31 日恒久科技分时走势

资料来源：东方财富，DINA。

【"冰蛙"案例 2·剑桥科技】

"冰蛙"2023 年 4 月 19 日买入剑桥科技，持仓数日后在 4 月 25 日卖出（见图 9–11）。

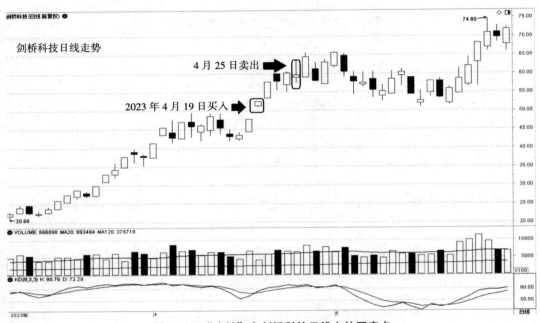

图 9–11　"冰蛙"在剑桥科技日线上的买卖点

资料来源：通达信，DINA。

站在 2023 年 4 月 19 日这天，平均股价指数处在上升趋势线附近（见图 9–12），这是一个"适离"的买点，博弈此后指数回升。但是，此后指数却跌破了上升趋势线，这是预期之外。

接着，我们观察当时的情绪状态。从 2023 年 4 月 19 日到 4 月 26 日，上涨家数在冰点附近徘徊数日之后，才逐步走高（见图 9–13）。由此来看，"冰蛙"还是在情绪冰点附近买入剑桥科技的。

具体来讲，他是在 2023 年 4 月 19 日开盘后不久买入剑桥科技的，当日开盘后这段时间上涨家数在 1500 家以下，处于冰点状态（见图 9–14）。也就是说"冰蛙"买入剑桥科技时，市场正处在情绪冰点状态。

图9-12　2023年4月19日平均股价指数所处的阶段和位置
资料来源：通达信，DINA。

图9-13　2023年4月19日到26日上涨家数变化
资料来源：通达信，DINA。

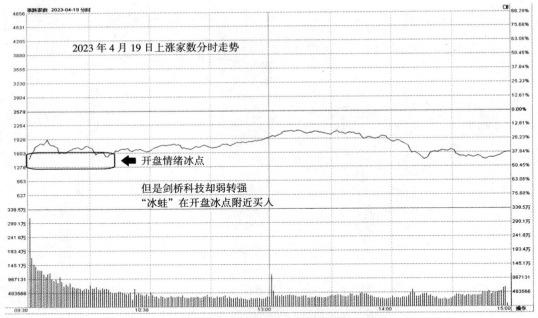

图 9-14　2023 年 4 月 19 日上涨家数分时走势

资料来源：通达信，DINA。

　　指数周期在买入当日是比较看好的，但此后却是下跌的。情绪周期上比较配合，买在冰点，然后逐步走高。再来看逻辑，2023 年 4 月 18 日涨停板的逻辑和题材分布显示当时剑桥科技所处的人工智能是涨停家数第一的概念板块（见图 9-15）。

　　当日的最高板是三板的亚联发展，最高板不超过三板（见图 9-16），通常意味着主线周期处在新题材试错阶段，也就是"乱纪元"。等到主线正式启动，**空间高度打破三板，那么主线周期"恒纪元"可能就来了**。空间板三板以上，且逐日向上拓展，涨停梯队完整，逻辑有板块效应，这就是"恒纪元"。空间板在三板以内，含三板，且持有两日以上，那么"乱纪元"的概率较大。"恒纪元"到"乱纪元"存在一个"显著退潮阶段"。"恒纪元"包括一个主升阶段和一个高位震荡阶段，"乱纪元"则是通常称为"新题材试错阶段"。

　　主升阶段的操作通常是分歧点买入，准确说是分歧转一致点买入，这个点通常在情绪冰点附近。高位震荡阶段的操作通常是"高低切换"，买入补涨龙。显著退潮阶段的特征是高度不断下降，通常操作是空仓，当然有些超短选手喜欢搞大跌后第二日尾盘买入，博弈第三日反弹修复。新题材试错阶段则是"新旧切换"，这个时候胜算率是不高的，目的在于尽早找到新龙头。

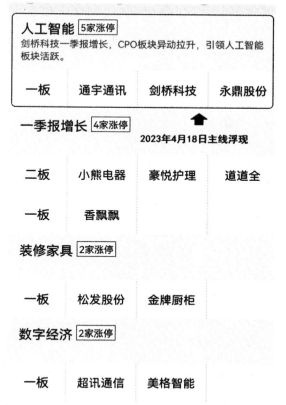

图 9-15　2023 年 4 月 18 日涨停板的逻辑和题材分布

资料来源：开盘啦 App，DINA。

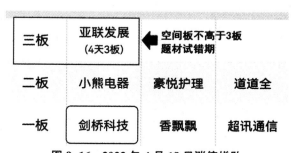

图 9-16　2023 年 4 月 18 日涨停梯队

资料来源：开盘啦 App，DINA。

　　"冰蛙"买入剑桥科技前一日，也就是 2023 年 4 月 18 日。当日，剑桥科技盘中出现了"大烂板"（见图 9-17），这是次日观察弱转强的基础。

　　次日，也就是 4 月 19 日，高开了 7.67%，且有向上跳空缺口，这被称为"竞价抢筹"。昨日"大烂板"，今日竞价抢筹高开，这是典型的竞价弱转强，分歧转一

致的买点，恰好也是情绪冰点（见图 9-14），"冰蛙"打板买入（见图 9-18）。剑桥科技一进二成功。

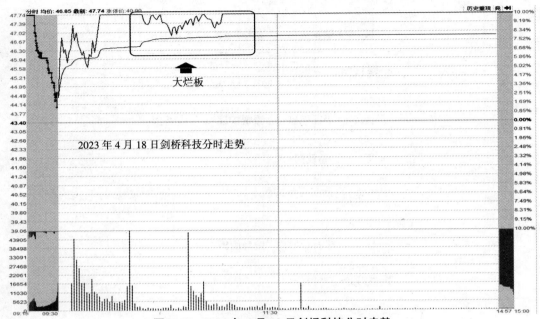

图 9-17　2023 年 4 月 18 日剑桥科技分时走势

资料来源：同花顺，DINA。

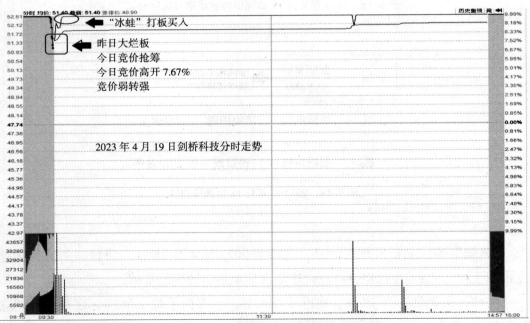

图 9-18　2023 年 4 月 19 日剑桥科技分时走势

资料来源：同花顺，DINA。

2023 年 4 月 20 日"冰蛙"继续持仓剑桥科技，当日震荡后封板（见图 9-19）。收盘后他评论道："龙头就是当你认为它该超预期的时候，它可能会低于预期。当你认为它该低于预期的时候，它又会超预期。总是让人捉摸不定，但结果一定会让你热泪盈眶！不仅要敢买龙头，更要敢锁龙头。一旦买到它，就要享受它一路颠簸给你带来的交易快感，震得越强烈，感觉越爽。剑桥科技，一股没出，这波我肯定不惜一切代价，看它的底牌。"

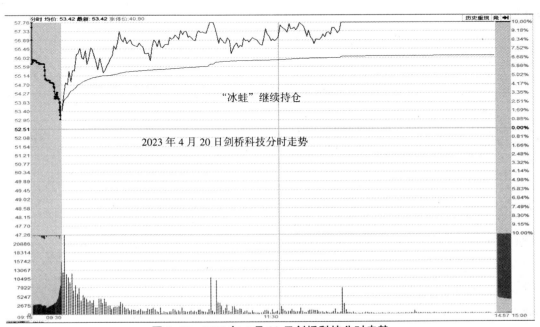

图 9-19 2023 年 4 月 20 日剑桥科技分时走势

资料来源：同花顺，DINA。

2023 年 4 月 21 日，"冰蛙"继续持仓剑桥科技，该股受大盘拖累弱势震荡（见图 9-20），**当日情绪处在冰点**（见图 9-13），**接下来修复概率很高**。他盘后评论道："今天听到最多的话就是——按了一天！市场今天全面大跌，只有部分核心标的还能勉强抗住，剑桥今天很抗跌，收了一根假阴线。明天市场大概率要有一个弱修复，所以剑桥还是一股没出，继续往下翻底牌。市场走到了这个阶段，一定是越来越难做的。要么就空仓，要么就只做市场最核心的票。不过'肉量'我感觉都有限了，有耐心一直空仓到老的题材全挂了，肯定是最稳妥的。我做完剑桥也要休息两天了，然后继续寻找新的核心。"**这里讲的主要原则还是"退潮期空仓"。"龙空龙"讲的"空"主要就是"退潮期空仓"。**

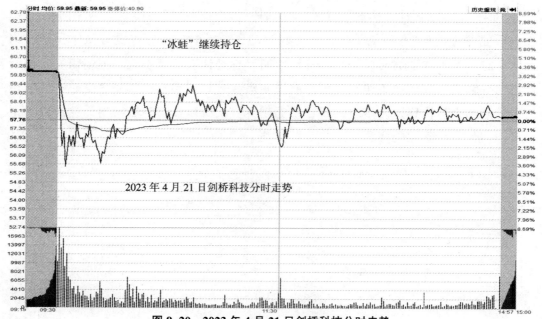

图 9-20　2023 年 4 月 21 日剑桥科技分时走势

资料来源：同花顺，DINA。

　　2023 年 4 月 24 日"冰蛙"继续持仓剑桥科技（见图 9-21），盘后他评论道："有时候你看真正的龙头选手写的文章，会感到过于玄学。其实，在我看来，这并不夸张。我很理解他，甚至我会感到与作者达成了绝对的共鸣。龙头信仰光口头说说没有用，必须融入骨子里。那种对龙头的信任感，我在过去的时间努力建立了无数次，才突破这一层。我简单分享下我的方法。我最早迷茫的时候，是因为我把龙头仅仅当成一只个股而已。那么，我对这只股票即便再有把握，也有拿不住的时候。当它继续大涨的时候，会有很强的挫败感。后来，我把龙头人物化了，我把它想象成我最信任的人，比如我的父母、我的老婆。但是，我还是发现有时候差点意思。后来，突然有一天，就那么一瞬间，我突然想到这个世界上作为一个人，应该最信任的是我们自己。阶段性龙头走出来之后，你要第一时间像相信自己一样相信它。这才能达到龙头信仰的境界。龙头就是你，你就是龙头。说回盘面，这几天都很难，一不小心就大面。剑桥还是一股没出，我肯定要抱死它。盘面发生了反转，它依然是绕不开来的点，这就够了。保持主动性，我认为就是我目前的最优策略。一直在跟大家强调聚焦核心，但是总结了一波又一波，结果还是做不到。真不要想太多，盘面已经帮我们选出了核心，大胆去拥抱，错了大不了割了嘛，搞得好像从来不亏似的。"

图 9-21　2023 年 4 月 24 日剑桥科技分时走势

资料来源：同花顺，DINA。

事实上，当日剑桥科技出现了一些分歧，不过就像"冰蛙"自己强调的那样："**龙头不怕分歧，就怕加速，容易形成情绪极高点。**"

2023 年 4 月 25 日，"冰蛙"午盘分批卖出剑桥科技（见图 9-22）。盘后他评论了当日的决策和操作："完了！没扛住。我在等指数反转，看剑桥科技的反应。有时候会助推这种票的上涨，有时候会抽血主流。很明显，午盘临近收盘那波指数的拉升，市场选择了抽选主流。午盘收盘后认真想了一下，这里出掉剑桥科技我是完全可以接受的，但是再扛一个跌停对心态绝对有很大的影响。所以，决定下午先获利了结这笔。调整心态，保持节奏。不过，核心龙头再一次证明其生命力之顽强，看空它就意味着很容易出错。感谢剑桥科技在市场如此恶劣的环境下，保我安全。接下来，我打算以多看少动为主，这波股灾级别的下跌企稳后，大概率会有顶级大牛股出现，时刻盯着并准备做它……"

【"冰蛙"案例 3·金科股份】

"冰蛙"2023 年 7 月 24 日买入金科股份，7 月 28 日加仓，8 月 1 日减仓，8 月 3 日卖出（见图 9-23）。

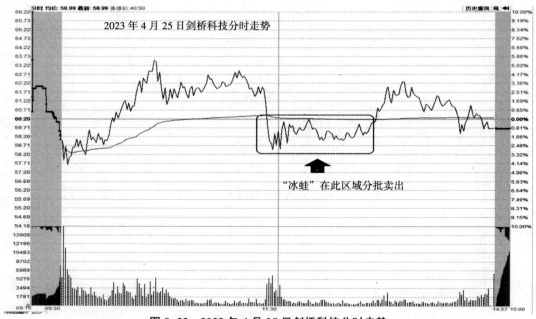

图 9-22　2023 年 4 月 25 日剑桥科技分时走势

资料来源：同花顺，DINA。

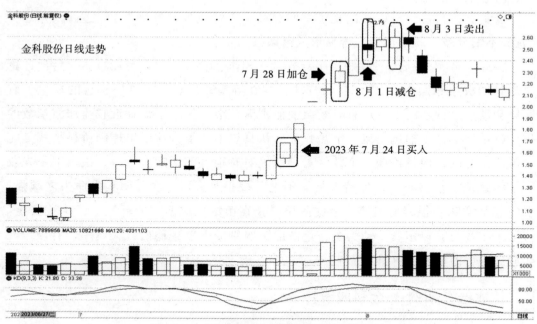

图 9-23　"冰蛙"在金科股份日线上的买卖点

资料来源：通达信，DINA。

买入点前一日大盘指数处在什么阶段和位置呢？以上证指数作为指数周期载体，2023年6月26日是一个低点，7月24日是一个次低点（见图9-24），也就是"冰蛙"买入金科股份当日大盘是二次探底成功了的。

图9-24　2023年7月24日上证指数所处的阶段和位置

资料来源：东方财富，DINA。

金科当时的炒作属性有两个：第一是低价股；第二是房地产。先来看低价股板块当时所处的位置。2023年5月20日低价股先于大盘见底，等到6月26日大盘见底的时候，低价股已经二次探底成功，形成了一个更高的底部（见图9-25）。7月24日的时候板块在上涨过程中出现了分歧。

从结构来看，6月26日低价股二次探底成功后，小幅上涨后形成横盘整理区间，然后在7月21日以中阳线向上突破该区间，7月24日回测成功（见图9-26）。

再来看房地产板块指数走势，典型的上升N字结构，而7月24日属于上升突破N字高点后的回撤（见图9-27）。

指数周期和板块向上，那么情绪呢？当时的市场情绪如何呢？从2023年7月20日到8月3日，上涨家数几番起伏（见图9-28）。2023年7月20日收盘时上涨家数低于1500家，属于情绪冰点，然后逐日上行。到了7月25日上涨家数超过4000家，属于情绪沸点。7月24日是"冰蛙"买入日，开盘就是情绪冰点（见

图 9-29），次日有较高的情绪溢价。但由于持仓时间长，此后经历了情绪波动。

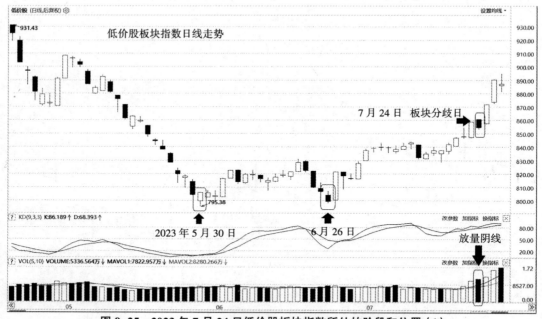

图 9-25　2023 年 7 月 24 日低价股板块指数所处的阶段和位置（1）
资料来源：东方财富，DINA。

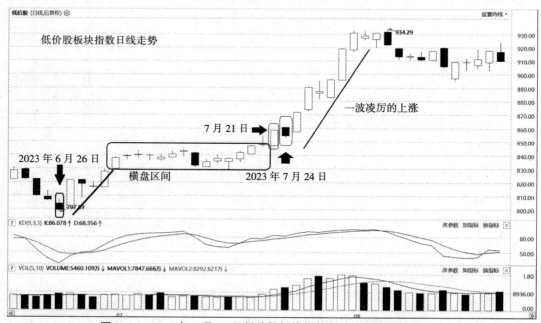

图 9-26　2023 年 7 月 24 日低价股板块指数所处的阶段和位置（2）
资料来源：东方财富，DINA。

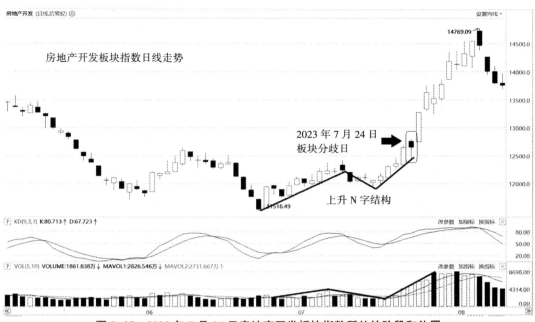

图 9-27　2023 年 7 月 24 日房地产开发板块指数所处的阶段和位置
资料来源：东方财富，DINA。

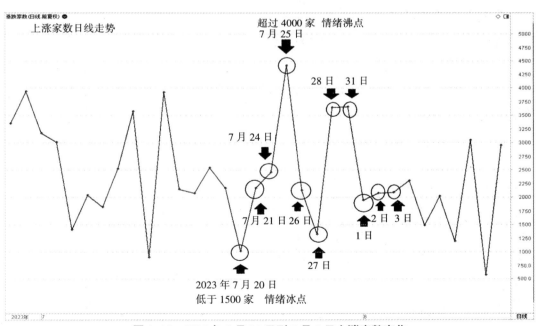

图 9-28　2023 年 7 月 20 日到 8 月 3 日上涨家数变化
资料来源：通达信，DINA。

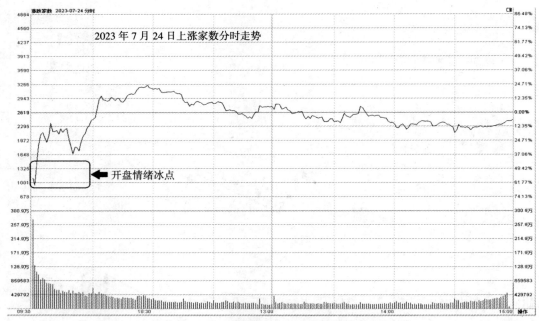

图 9-29　2023 年 7 月 24 日上涨家数分时走势

资料来源：通达信，DINA。

我们再来看当时的逻辑驱动，2023 年 7 月 21 日星期五，也就是"冰蛙"买入金科股份前一个交易日。**房地产板块继续活跃**，荣盛发展 3 连板收 5 天 4 板，大龙地产、天房发展、**金科股份**、中南建设等多股涨停。大消费概念板块延续此前的强势，龙头中央商场 6 连板，人人乐、国光连锁、美邦服饰晋级连板，麦趣尔、中锐股份、黑芝麻首板。环保概念受利好刺激异动，东方园林 3 连板，金房能源、联合水务、棕榈股份涨停。

周期和逻辑我们都看了，接下来解析金科股份的结构。2023 年 7 月 21 日，金科股份正在第二个 N 字结构第三波形成中（见图 9-30）。

2023 年 7 月 24 日星期一，"冰蛙"在金科股份回封时打板买入（见图 9-31），这是一个"一进二"板。他对这笔操作的评价是："……昨晚看到上周五跌得这么惨，以为自己躲过了最惨的阶段。但是，万万没有想到，好家伙还有更惨等着呢。这个月不会空仓，审美不高，不是轻松腰斩？股票市场的残酷性远比想象的还要恐怖，时刻对它保持敬畏之心，才能长久地在市场中生存下去，万里挑一，光用嘴说说不行，需要用实际行动去证明。昨晚我计划就想买金科股份，但是早盘地产炸得太凶了，犹犹豫豫直到封板也没有。中午想了一下，市场走的超跌加低价逻辑没有问题。**金科股份作为最早启动的（低价股），今天又表现出主动性，那我昨晚判断**

它有可能是龙头的假设得到了进一步验证，所以决定无论如何，又开板回封，我还是要买一些的。"

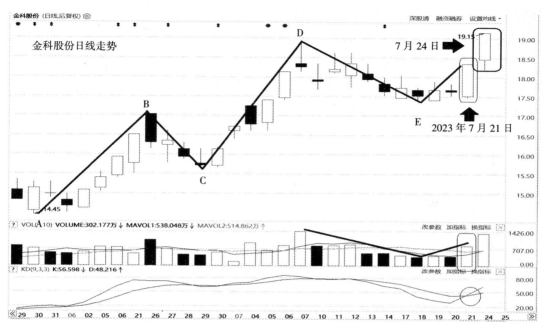

图 9-30　2023 年 7 月 21 日金科股份所处的上升 N 字结构
资料来源：东方财富，DINA。

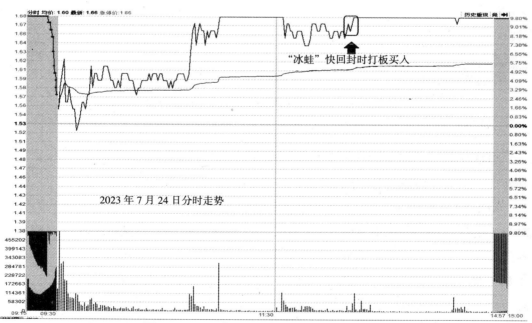

图 9-31　2023 年 7 月 24 日金科股份分时走势
资料来源：同花顺，DINA。

2023年7月25日，"冰蛙"继续持仓金科股份（见图9-32）。当日他给出的操作评价是："梭哈是不可能的！昨天没有买够，今天其实是应该加仓的。主要是我不习惯次日加仓，但今天比昨天更有确定性。应该还是内心不够自由，如果昨天没买，我大概率今天要满仓梭哈的。（此前亏损的）京能那笔仓位比较重，按现在的仓位，金科还得涨两个板才能弥补那笔亏损。所以这波就是回血为主，不打算有别的奢望。这票今天锁住不难，早晨竞价一开，市场拐点出现，资金自然会往辨识度最高的票里冲，金科昨晚已经是人气最好、辨识度最高的了，所以等着板就行了。"

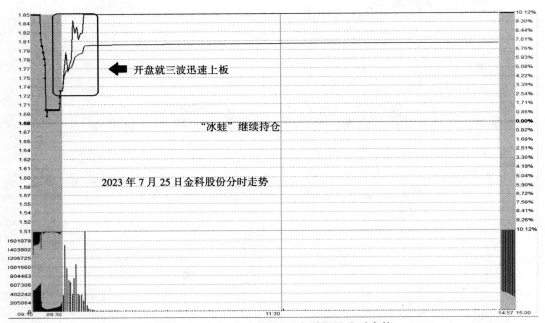

图9-32　2023年7月25日金科股份分时走势

资料来源：同花顺，DINA。

2023年7月26日，"冰蛙"继续持仓金科股份（见图9-33），当日一字板，也好处理。当天，他还打板了荣盛发展。

2023年7月27日，"冰蛙"继续持仓金科股份（见图9-34），止损荣盛发展。对当天的操作他是这样评价的："真残酷，太残暴！不过已经见怪不怪了。刚高兴两天，跌停板又一大堆。荣盛开盘秒跌停，冲起来减亏，立马出掉了。市场的绝对龙头，我不认为走到这个高度就结束了，所以打算多拿一天看看。金科一股没出。总而言之，市场很残酷，每一次出手都要高标准高要求，我也经常会走偏，长期参与市场我也不奢望绝对的知行合一，多原谅自己，尽最大努力做好每一次攻防！"

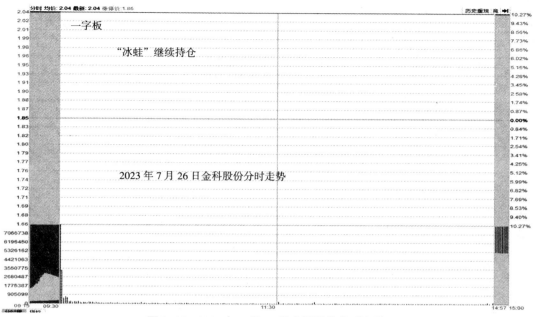

图 9-33　2023 年 7 月 26 日金科股份分时走势

资料来源：同花顺，DINA。

图 9-34　2023 年 7 月 27 日金科股份分时走势

资料来源：同花顺，DINA。

虽然金科股份尾盘炸板，但是"冰蛙"继续持仓。这很符合他的理念——"**我买票很少注重分时走势**，多烂的板，我看好就直接买了，甚至有时候断板我也经常会继续锁仓。**我更注重势的延续**，更注重有没有在车上，有时候适当买套都是我计划中的一部分。"

2023 年 7 月 28 日，冰蛙"加仓金科股份（见图 9-35）。

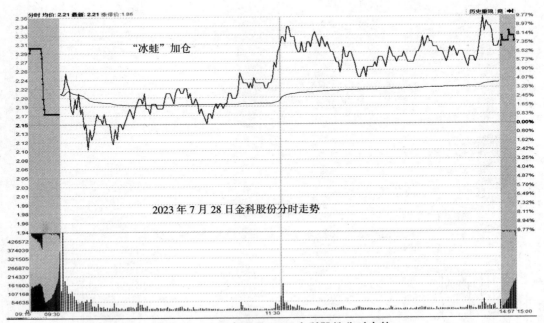

图 9-35　2023 年 7 月 28 日金科股份分时走势

资料来源：同花顺，DINA。

2023 年 7 月 31 日，"冰蛙"继续持仓（见图 9-36）。此后，他是这样评价当天操作的："还记得月中最难的时候吗？交易心态我们是需要调节的。没错！短短几天后的金科，就是这只牛股带我又创出新高，月内直接完成了大逆转。比我预想的快多了。**放大格局，坚持只买愿意锁仓的牛股，赚以板计，亏以点计。长期坚持必有后报！**这票上周买了之后锁了一周，一股没出，回顾过去，真正的大钱都是这种方式赚来的。"

2023 年 8 月 1 日，"冰蛙"尾盘减仓金科股份（见图 9-37）。对于这笔减仓操作，他是这样认为的："累！越是到行情末期，越忌频繁换股。今天市场马上给我们上了一课，记住这个知识点！这票尾盘拿的我有点身心疲惫了，一般开始出现这种感觉的时候，我都是减仓平衡下心态，这样后面持股会更轻松些。这票后面至少还能横一横，直接走 A 字顶，不太可能，更适合做 T 的选手了。接下来，我肯定总体偏防守了，这波真心不错了，虽然开始仓位没买到位，但是个股所获得的收益率

406

够高，人必须要学会知足……"

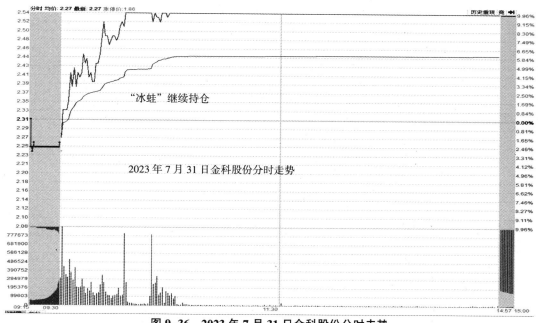

图9-36　2023年7月31日金科股份分时走势

资料来源：同花顺，DINA。

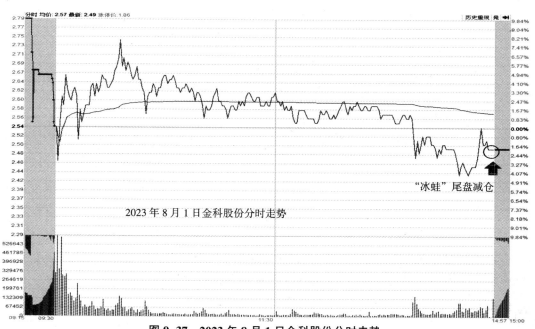

图9-37　2023年8月1日金科股份分时走势

资料来源：同花顺，DINA。

其实，2023 年 8 月 1 日金科股份处在关键的阻力位上。以 2023 年 5 月 26 日低点 A 到 7 月 7 日高点 B 的价格幅度为单位 1，以 2023 年 7 月 19 日低点 C 为起点向上绘制斐波那契扩展点位线谱。8 月 1 日盘中最高价触及 1.618 扩展点位，当日是放量阴流星线，见顶意味很浓（见图 9–38）。

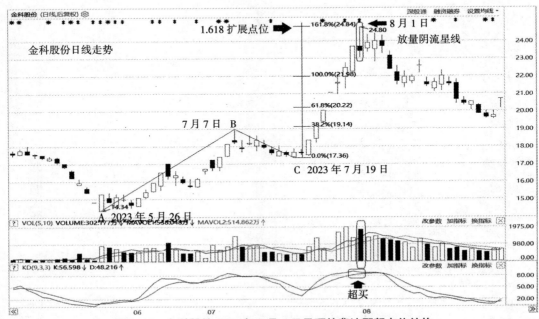

图 9–38　金科股份 2023 年 8 月 1 日见顶的斐波那契点位结构
资料来源：东方财富，DINA。

2023 年 8 月 2 日，"冰蛙"继续持有剩下的金科股份仓位（见图 9–39）。

2023 年 8 月 3 日，"冰蛙"分批卖出剩下的金科股份头寸（见图 9–40），**"一般这种杀得特别急的，分时反弹就是卖点"**。收盘后，他评价了在金科上的整个操作过程："炒股吧，最重要的是心态、控制力。炒股技术的问题，熟能生巧。只要你们多努力，下苦功，没有什么学不会的。现在的市场，反正我认为是不好做了，接下来就准备佛系几天。等市场好做了，我再猛冲……金科今天出完了，这笔算是彻底结束了。从上周一买进，到今天全出掉，接近两周的时间。就做这一个票，其实也是相当累的。有人说我这是懒人战法，空仓—买入—持仓—卖出，试试就知道累不累了。出完之后，一身轻松，看了下日期，今天都周四了，算起来，我已经四天没有出门了。收拾下，出去浪……"

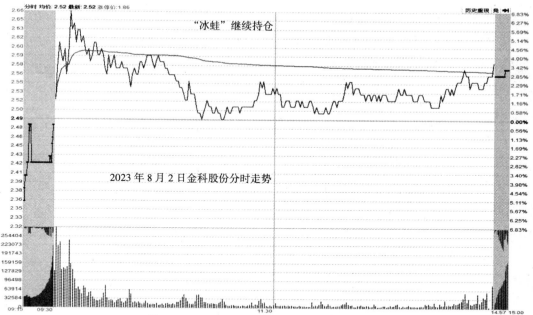

图9-39　2023年8月2日金科股份分时走势

资料来源：同花顺，DINA。

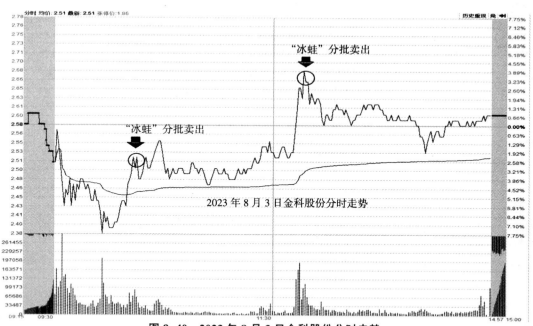

图9-40　2023年8月3日金科股份分时走势

资料来源：同花顺，DINA。

　　"冰蛙"只在主升阶段做核心标的，这就是他的"龙空龙"哲学，最后我们以一段他的心髓结束本章："**我只专注做个股主升……以后买票前，坚决要问自己两个问题：第一，这票是不是核心标的？第二，这票是不是还处于主升段？现阶段行情是不是主升行情，个股是不是也处于主升阶段？两者共振，容错率很高。**"

2 年半 1500 倍："打工人"的思维和盘口技术解读

作为一个纯情绪选手，我不看技术、不看指针、不看消息，只感受氛围，跟随情绪。

【人物简介·"打工人"】

"打工人"，20 世纪 90 年代人，湖北仙桃人，股票投机圈称他为"打神"，顶级游资"一瞬流光"驰骋股市的密友。他使用的网络 ID 包括"梦想""改个 ID 叫梦想"。打工多年后，于 2019 年 5 月辞职，带着 40 万元本金入市全职炒股。到 2019 年 12 月，半年时间本金亏得只剩 2 万多元。其间，每日看盘和钻研时间超过 18 个小时。2019 年底在当时的大牛股星期六上反复操作，终于大赚。经过这只票之后开始了疯狂飙升之路，从此开始聚焦人气核心和日内最优解，把握情绪周期向上的节点，买入强势人气龙头。到 2022 年 5 月 17 日湖南发展见顶之时，账户资金规模接近 4000 万元。从 2019 年 12 月至 2022 年 5 月 17 日短短 2 年半时间，从 2 万多元到 4000 万元，实现了账户 1500 倍以上的收益。

【"打工人"的经典语录·逻辑】

➢ 这些东西很多都是内核推动，**我太注重于情绪节点**，所以下不了重手。

➢ **总有些资金是聪明的，周五盘中异动，收盘后消息发酵是正常的，跟随市场就可以了。**我都不怎么看消息的，看也看不懂，也不会解读，毕竟读书少。

【"打工人"的经典语录·周期】

➢ 今天情绪还不对味，等待机会。

➢ **这次真的空太久了，主要原因还是大主线退潮。**算了，只有我空这么久说明我菜，我不记得吃肉是什么味道了，主要是水平不高，总觉得风险很大。这波人工智能退潮以后，我再也感受不到市场合力的情绪。作为一个纯情绪选手，我不看技术、不看指针、不看消息，只感受氛围，跟随情绪。这段时间就好像鼻子失去了嗅觉，好比猎人失去了猎物，船长失去了自己的船，非常的痛苦，没有办法，一点办法都没有。

➢ 为什么要买其实根本不需要我多说……其实熟悉我的很多人就瞬间懂了……就是**情绪的缓和节点**……个人以为目前就是情绪止跌的一个小的缓和点，不是大的转折点。

【"打工人"的经典语录·结构】

➢ 不能光看表面强度，凡有所相，皆是虚妄。

➢ 盘面上我就不多说了，每个人认知不一样。做好自己的每一笔就好了。**我个人对盘面十分的警惕**……做右侧的好处是不亏，不好的是经常看别人爆赚。反正客观对待，看看有没有机会，有就做，没有就不做。

【"打工人"的经典语录·对手盘思维和资金流向】

➢ 昨天看**大家都很悲观**，我就说不要太恐慌。今日竞价开出来已经奠定了直接**做修复的局面，开出来都是很高很强**，看不到一点弱修复迹象。那么这时候该拔刀了不是吗，那就找涨得最多的辨识度最高的而且表现强势的干。

➢ 一旦大家觉得向上修复无力，修复比较弱，就容易出现反噬。有一种可能，那就是出现多杀多局面。也就是一群一直看好的人天天唱多的人，觉得能再起一波的抱团的那批人，突然觉得根本不行，发动以后表现不强，你抱团就会瓦解。高位就有概率出现补跌，这个点往往是风险最大的，盈亏极其不划算，也是亏钱的根源。

➢ **大家情绪高，市场资金亢奋疯狂抢货的时候**，人家抢，你就大发慈悲把货给一点人家。格局大一点，少赚一点，说好听一点就叫让利给市场。

【"打工人"的经典语录·买卖点和操作手法】

➢ 永远只买日内核心，安全性高，亏钱也亏得舒服、亏得心甘情愿，经验告诉我买别的亏的只会更多。

➢ 按照自己的交易准则交易模式，做好自己就行。

➢ 超短就是这样无论是买入还是卖出机会总是稍纵即逝。特别是我们这种专注于市场头部标的的选手更是要杀伐果断，失之毫厘，差之千里。

➢ 我是职业选手，炒股是我的工作，我要靠它养家糊口的，工作就得认真，一丝不苟才对。**我只想吃市场最赚钱的那一段，其他的我不参与了，让给老师们了。**几年经验告诉我，我的路是对的。不过看似简单粗暴，其实对个人素质要求是最高的。迷惑性的东西太多了，各种炮灰、各种套路也是一个接一个，不是每个人都适合。**我要做就做市场绝对核心，做市场最靓的仔，做想死都难的股。**

➢ 什么是格局，什么是龙头信仰，这些东西我真的没有。虽然我这人出手个个

是核心，个个是龙头。但是，我这人不知道是不是性格有问题，极其厌恶风险，**不愿意参与分歧，不触碰调整**，喜欢短平快，喜欢快进快出，杀伐果断，喜欢账户干干净净。如果拖泥带水留尾巴，我会睡不着。

【"打工人" 的经典语录·风险控制和仓位管理】

> 核心就是这样，市场会给他足够的排面尊重，不会一下猝死掉。

> 看不懂就不看，我再忍一手。**错过不是错，做错才是错**。盘面要是有什么转变我还是会出手，现在看了就是看戏喽，认真对待每一笔交易吧，**可以亏但不可以大亏，风险大的生意坚决不能碰，不要有任何侥幸心理**。

> **我想出手，我肯定会选择一个比较安全的地方去出手**。你从下面往上的时候是比较安全的对吧。现在是它横在上面，这个时候随时都有可能向下。虽然我们不知道它是具体什么时间杀，今天杀还是明天杀，但是这个对我来说无所谓。我只要有这个向下的预期，我不做不就完了吗？我不碰它，我不给它伤到我的机会。

> **我知道永远只能做自己能力范围以内的事，不敢越雷池一步，不然就是被收割的下场**。我一直不敢忘记那种被当韭菜一样被收割的感觉，就像被人当猪狗一样按在地上的那种绝望。**我只能接受小亏小赚偶尔大赚，有可能大亏的交易我坚决不会做**。几年的经历真的是磨炼得没有脾气，就是那种只要有一点侥幸心理必死无疑，所以炒股就是一份工作、一笔生意，没有侥幸、没有运气的说法。但凡有侥幸、运气的心态，那就变味了，变成赌，赌你迟早会输。

> 只要不是情绪高位博弈，我现在出手都不会低于半仓，也就是说基本上我出手大概率都是重仓，不敢去上仓位我就不会出手了。

> 我是觉得很多人都不知风险是何物，但是身在这个市场不用我说，大家都该明白活下来有多不容易。多少心酸的眼泪，都是默默承受，不足以为外人道也。多保持一份谦卑之心，虚心学习，敬畏风险，长本事、长能耐才是活下去的关键。

> 加速赶顶有风险的我一般都不会去参与，适合"头铁一点"的选手，你可以爆赚，我只是不想亏。**我只能赚到我能把握的钱**，起码稍微有点预期差吧，太无脑短期可以爆赚，长期我觉得很难一直稳定。

【"打工人"的经典语录·市场进化和修炼进阶】

➤ 我一直不想被市场淘汰，永远忘不了那些痛苦无助对着屏幕流眼泪的日子。这才刚从地狱到人间一点点时间，前进的每一步都是艰难的，如履薄冰。不然我也不会一个月只敢动几次手，因为害怕，因为不够强大，因为认知只能到这里，一直在挣扎求存。**市场也是动态变化的**。虽说这条路很难，我真的比任何人都渴望走出来。

➤ 关于你们老说的管不住手、缺乏控制力，其实是不存在的。**所谓管不住手，一定是你的认知不够而已**。所以，你没必要管住手，你只需要提高认知。你说有好票我为啥要管住手呢，无非就是根本看不出好坏票，才会吃大亏，吃完亏归结于管不住手说自己冲动，你这不是扯淡吗！你管不住手瞎买票只是因为你水平不够，不知道这个票的香臭，你认知够了、明白了你就自然会做对的事情，在我看来就没有管不住手这一说。

➤ 做好自己，一定要有自己的思想。我炒股这几年，腰斩无数次，基本上认定了一个死理，那就是：**你自己这一关，你一定只能自己熬过去，该踩的坑一个都不会少，都要自己慢慢熬**。

➤ 在这个行业里，我要是没有梦想、没有追求，真的不知道如何坚持下去，可能早就放弃了。送一句话忠告：**一定要养成独立思考的习惯，做自己能让你成长得最迅速，无论对错都是你无比宝贵的经验财富，人云亦云你的进步将非常缓慢**。

➤ 炒股就是应该全神贯注，要纯粹，要坚定不移，时刻保持好自己的状态。

➤ **想赚钱真的得先学会不亏钱**，有的人还在爆亏阶段就天天想着要赚多少赚多少。还是要静下心多思考，我现在也是苦行僧状态，**除了想股票，不想、不做其他任何事**。

➤ 感觉自己现在越来越像个猎人了。一个标准的猎人大部分时间应该是观察、等待，只有少部分时间是出击状态。只有猎物才会到处乱跑。

【"打工人"的思维架构和交易解读】

在本小节，我们将介绍"打工人"的几个真实交易案例，在这些案例当中我们力图扼要呈现当时的格局和玩家背景，以及交易者本身的思维架构，以便大家能够从中获得具体交易思路和操作手法上的启发。

【"打工人"案例 1·常山北明】

"打工人" 2023 年 3 月 24 日买入常山北明，3 月 28 日卖出（见图 10-1），中间持仓了一个交易日。

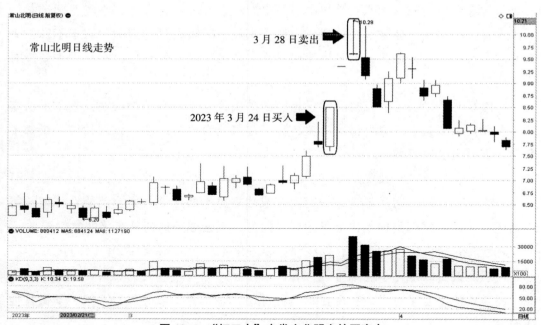

图 10-1 "打工人"在常山北明上的买卖点

资料来源：通达信，DINA。

我们先来看当时指数周期所处的阶段和位置，以平均股价指数为载体。2022年 12 月 23 日这天是冬至次日，12 月 22 日是北半球白昼最短的一天。12 月 23 日是大盘的一个波段低点，此后回升。2023 年 2 月 16 日形成波段高点 B。以低点 A 到高点 B 的价格幅度为单位 1，以高点 B 点作为起点向下绘制斐波那契回调线谱。

3月22日这天是最低点触及0.5倍回撤点位（见图10-2），当日超卖，也就是震荡指标低于20家阈值。并且，3月20日这天的K线是"蜻蜓点水"，一个典型的看涨反转形态。此后，指数回升，而"打工人"买入常山北明的3月24日处在这个过程中。

图10-2　2023年3月24日平均股价指数所处的阶段和位置

资料来源：通达信，DINA。

接着来看情绪周期，以上涨家数为载体观察其变化（见图10-3）。2023年3月24日正好处在情绪冰点，**高手总是尽量买在冰点附近**，此言真实不虚。

再进一步观察3月24日内的上涨家数分时走势（见图10-4），全天都低于1500家，也就是全天情绪都处在情绪冰点，而"打工人"就在这极寒之地埋下了火种。**龙头股兴起于静安之时、静安之地。**

2023年3月24日早盘快要结束的时候，"打工人"打板买入常山北明（见图10-5），当天该股是首板，当时盘面涨停个股甚为罕有，这个时候涨停就是一个异动信号，一个异常值。而且当天是周五，周末经常有新逻辑发酵，有些先知先觉或者消息灵敏的资金会提前埋伏。对于当日的操作，"打工人"给出了自己的评价："市场依然是万亿元成交，昨天吸回一点工业，可惜没吸360，360这个加速板没搞，有了踏空感。你们有没有踏空感？妥妥的一帮趋势股整体走大主升浪，拓维也

是强得没有朋友了，那些趋势个股天天涨，都不带调整的……大成交的主线方向连个绿盘都没有。短线投机方面，昨天的连板断板股联络、盛通都能给修复也是不错

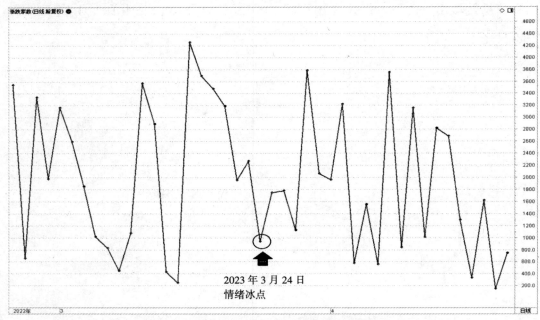

2023 年 3 月 24 日
情绪冰点

图 10-3　2023 年 3 月 24 日上涨家数处在情绪冰点
资料来源：通达信，DINA。

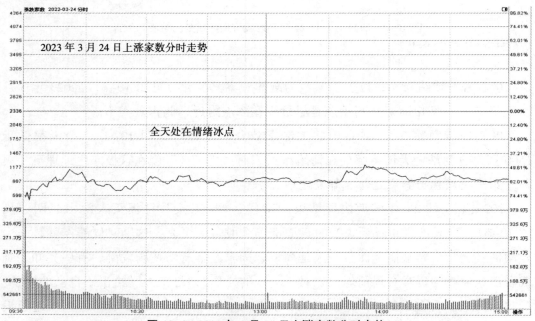

2023 年 3 月 24 日上涨家数分时走势

全天处在情绪冰点

图 10-4　2023 年 3 月 24 日上涨家数分时走势
资料来源：通达信，DINA。

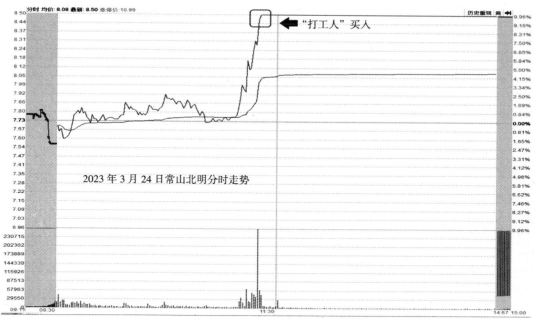

图 10-5　2023 年 3 月 24 日常山北明分时走势

资料来源：同花顺，DINA。

了。张江给了反抽，加上返利科技继续新高涨停，这说明还是有很多老师不死心。我现在一点都不想去关注连板空间了，主要是市场不需要它们，它们也影响不到市场了，不想做第一个吃螃蟹的。但是，我午盘还是随手扫了一个低位的小情绪板（常山北明）……"

3 月 27 日星期一，常山北明一字涨停，"打工人"继续持仓（见图 10-6）。"打工人"对当天的操作和盘面进行了点评："分歧一下更健康，运气好一点而已，前不久才去的归元禅寺，我比较直接。我求的是一家人身体健康，股市天天爆赚。昨天，还能赚点吧……周五打了一个板……**其实也是一个日内情绪节点。**"这个我是没办法的，360 也不开了，板块也分歧不动了，踏空了，非干不可。市场刚好选了它，来不及思考就扫了。至于周末消息发酵，怎么说呢？老股民都知道，**总有些资金是聪明的，周五盘中异动，收盘后消息发酵是正常的，跟随市场就可以了。**我都不怎么看消息的，看也看不懂，也不会解读，毕竟读书少。再聊一下盘面吧，AI 今天早盘整体是分歧的，随着下午拓维的回封，资金是一片躁动，亢奋得不行，360 被直接干板上了。我就觉得回流太急了，主要还是因为资金太饥渴了，打出情绪高点以后纷纷回落。但是，应该都还好，调整调整后面都还有机会吧……"

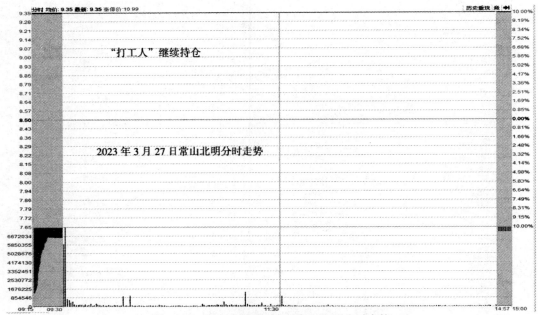

图 10-6　2023 年 3 月 27 日常山北明分时走势

资料来源：同花顺，DINA。

2023 年 3 月 28 日开盘后不久冲高回落，"打工人"卖出常山北明（见图 10-7）。盘后，他给出了背后的操作逻辑："昨天下午回流得太急了，就算是正常回落，昨

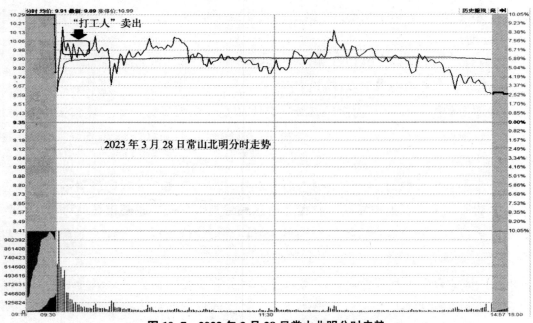

图 10-7　2023 年 3 月 28 日常山北明分时走势

资料来源：同花顺，DINA。

天下午整体强度也不够，本身就分歧预期。荣盛昨晚出了消息，晚上就有朋友说
'一带一路'概念板块明天可能卷一天。今天看盘又浪费一天阳寿，上午卖完空仓了。
本想等下午找机会打板或者**找情绪低点低吸的**，最后还是放过自己，不玩了……"

【"打工人"案例2·剑桥科技】

2023年4月18日买入剑桥科技，4月19日卖出剑桥科技。而"冰蛙"是在4
月19日买入，4月25日卖出的（见图10-8）。在4月19日这天，"打工人"卖出，
而"冰蛙"买入。"打工人"更倾向于是"首板选手"，而"冰蛙"则是"龙空龙选手"。

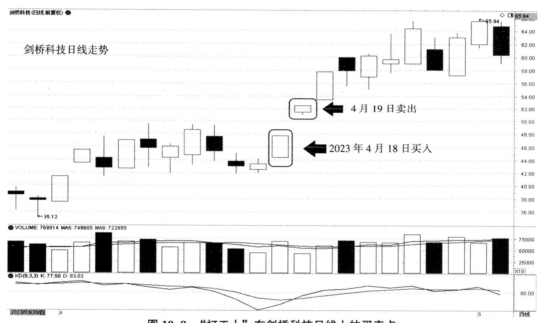

图10-8　"打工人"在剑桥科技日线上的买卖点

资料来源：通达信，DINA。

关于剑桥科技当时所处的周期和背后的逻辑参考此前"冰蛙"相关部分，这里
就不再赘述了。我们直接来看"打工人"的操作。

2023年4月18日，"打工人"分批买入剑桥科技（见图10-9）。

次日，4月19日午盘剑桥科技开板，"打工人"果断卖出（见图10-10）。当日
盘后他总结道："昨日满仓博傻，今日开奖。核心战法，一路长阳，激扬梦想，不
负韶光。**等了好多天没出手，熬过了调整期，终于等来了机会。**昨天就梭哈了……，
昨天炸开后我最后一手都梭哈进去了，我常说无论什么行业，机会来了都要敢于拼
搏，不然太没有激情了。"

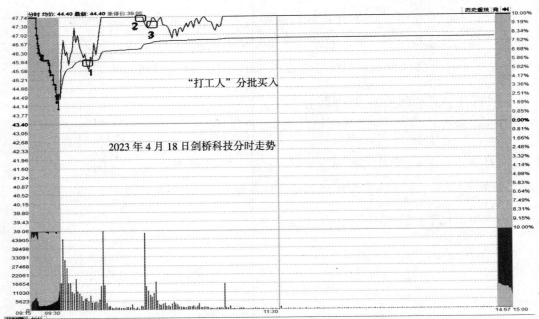

图 10-9 2023 年 4 月 18 日剑桥科技分时走势

资料来源：同花顺，DINA。

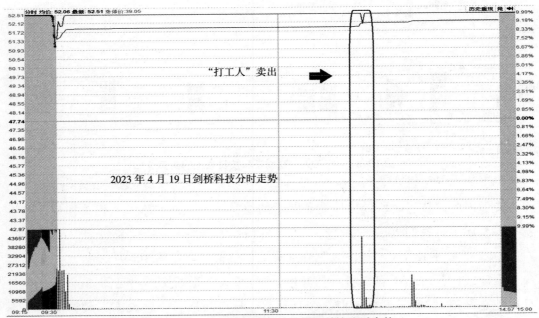

图 10-10 2023 年 4 月 19 日剑桥科技分时走势

资料来源：同花顺，DINA。

【"打工人"案例 3·冠石科技】

"打工人"2023 年 6 月 2 日买入冠石科技, 6 月 6 日卖出 (见图 10-11),中间持仓了一个交易日。

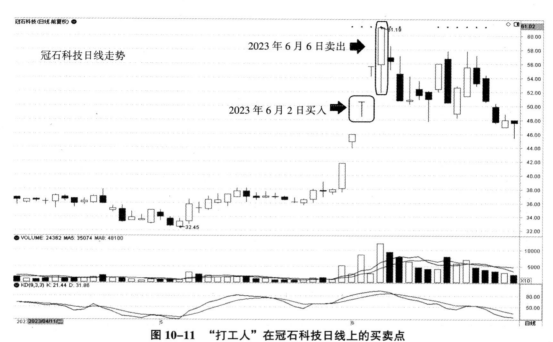

图 10-11 "打工人"在冠石科技日线上的买卖点
资料来源:通达信,DINA。

我们以上证指数为载体观察当时指数周期所处的阶段和位置,以 2022 年 12 月 23 日低点 A 到 2023 年 5 月 9 日高点 B 的价格幅度为单位 1,以 B 点为起点向下绘制斐波那契回撤点位线谱 (见图 10-12)。6 月 1 日前后指数在 0.618 回撤点位附近整固。指数暂时企稳进而反弹或者反转的概率比较大。

当时的指数周期是向上的,那么情绪周期呢?观察 2023 年 6 月 2 日到 6 月 6 日的上涨家数走势 (见图 10-13)。6 月 2 日到 6 月 6 日情绪是一路走低的,这点来看当时的情绪周期并不给力。所以,这三个交易日冠石科技的下影线都很长,日内分歧很大,6 月 6 日差点跌停,以至于"打工人"当日卖出时,利润缩水不少。

2023 年 6 月 1 日,市场最高板是 5 板,市场情绪并未处在混沌试错期 (见图 10-14)。当日收盘,冠石科技处在二板阶梯。

图 10-12　2023 年 6 月 1 日上证指数所处的阶段和结构

资料来源：东方财富，DINA。

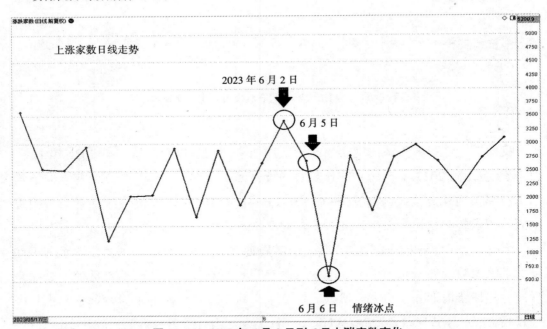

图 10-13　2023 年 6 月 2 日到 6 日上涨家数变化

资料来源：通达信，DINA。

　　2023 年 6 月 1 日涨停逻辑和题材分布表明当日的逻辑主线在人工智能和 VR（见图 10-15），涨停家数多，涨停梯队完整。而冠石科技处在 VR 这个概念板块当中。

五板	创新医疗	新智认知	← 2023年6月1日 最高板
三板	金自天正	力鼎光电	南方传媒
二板	冠石科技	电广传媒	峨眉山 A
一板	科大讯飞	恒信东方	天地在线
反包	铭普光磁 （3天2板）		

图 10-14　2023 年 6 月 1 日涨停梯队

资料来源：开盘啦 App，DINA。

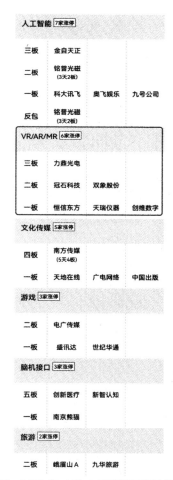

图 10-15　2023 年 6 月 1 日涨停逻辑和题材分布

资料来源：开盘啦 App，DINA。

2023 年 6 月 2 日，冠石科技，午后开板时"打工人"果断买入（见图 10-16）。当日，冠石科技成了最高换手板（3 板），此前我们提到过"**早盘最高换手板战法**"，只不过"打工人"没在早盘分歧开板换手的时候买入，而是在午后才忍不住动手买入的。

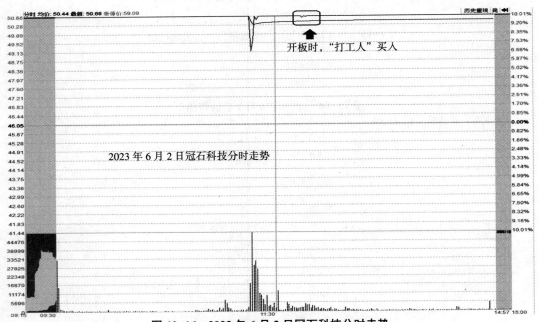

图 10-16 2023 年 6 月 2 日冠石科技分时走势

资料来源：同花顺，DINA。

2023 年 6 月 5 日，"打工人"继续持仓冠石科技（见图 10-17）。

2023 年 6 月 6 日冠石科技开盘弱于预期，"打工人"冲高回落后卖出（见图 10-18）。

图 10-17　2023 年 6 月 5 日冠石科技分时走势

资料来源：同花顺，DINA。

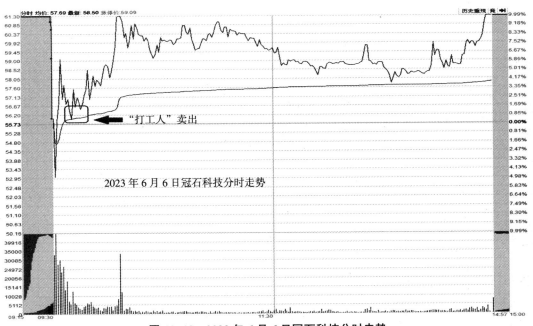

图 10-18　2023 年 6 月 6 日冠石科技分时走势

资料来源：同花顺，DINA。

斐波那契点位有效的前置条件

不少读者在看了斐波那契点位的相关读物后，忘记了我们反复强调的要结合更多要素来分析和操作。斐波那契点位的有效性取决于许多前置条件。如果你忽视了这些前置条件，那么必然会遭受你预期之外，但却是必然的频繁亏损。同时，你的交易会过于频繁，在同一时刻必然有许多股票处于某一斐波那契点位。

展开讲斐波那契点位有效的前置条件之前，我们必须先聊一聊股票短线的三大要素：逻辑、周期与结构。

逻辑对应着驱动因素；

周期对应着心理因素；

结构对应着行为因素。

因此，我们可以将逻辑当做是驱动分析的核心对象；周期当做是心理分析的核心对象；结构当做是行为分析的核心对象。

斐波那契点位属于结构因素的一部分，结构因素细分为"势""位""态"三个部分。点位基本上属于"位"的范畴，除了斐波那契点位之外，还有江恩点位或者说百分比点位，等等。

既然斐波那契点位属于结构里面的一小部分，那么想要提高分析有效性就必须加入"势"和"态"等要素进一步过滤信号。成交量和K线是价量形态，可以验证点位信号的有效性。

趋势方面，有些资深的外汇和期货交易者会加入均线来过滤点位信号，比如在60日均线之上采纳做多的斐波那契回调点位信号；在60日均线之下采纳做空的斐波那契反弹信号；等等。

思路上可以举一反三，这里就没有必要赘述。关于趋势分析技术，稍微有点理

论素养的交易者都会列出一大堆，你可以根据回馈来确定什么是最佳的模型和参数。

我们反复强调要重视市场回馈的重大价值，记住下面这段话：

回馈是最高的神灵，

回馈是最好的老师，

回馈是最坚固的盟友，

回馈是最神圣的恩典！

书本和他人的教诲是一种启发，启发你进行新的试验，而真正想要进步，就必须重视试验样本的回馈。

要想成功运用斐波那契点位进行预判，就不能单单只采用这一项技术，必须结合其他结构性手段，这是斐波那契点位有效的第一个前置条件。

第二个前置条件是逻辑。点位隐藏着股价波动的比率，但是股价波动的绝对幅度和方向却往往是由逻辑决定的。一个波段可以上涨 1 倍，也可以上涨 0.236；一次回调可以是 0.382，也可以是 0.764。有时候斐波那契延伸点位根本阻挡不了股价上涨，有时候只是带来小幅回调，但有些情况下却会见顶，这其中的差别就在于逻辑的差异。

如何看逻辑？最简单的方法就是判断"题材性质"。

什么是题材性质呢？题材的生命力和影响力！是一次性利多，还是持续性利多？是一次性利空，还是持续性利空？是最后一次利多？还是最后一次利空？

无论是股票市场，还是外汇市场，"连续剧式题材"总是能够带来持续的走势。业绩持续走强的基础稳固，这是持续性的还是一次性的？甩卖资产，这是持续性的还是一次性的？国家产业大政策逐步落地，这是持续性的还是一次性的？

结构上完善了、系统了，逻辑上明白了、清晰了，是不是就能够利用点位交易法赚钱了？还有最为重要的一个前置条件，那就是周期。

周期再进一步来讲就是市场情绪和赚钱效应。市场情绪可以从指数的波动看出来，赚钱效应可以从板块轮动和涨停效应来把握。同样一只股票，无论多么强势也不可能持续摆脱市场情绪和赚钱效应的影响。看对了股票，却买在了错误的时机上，这个不仅仅是点位的问题，忽略了周期是关键。情绪退潮初期进场，必然是风险高的交易。冰点进场是一门艺术，但更是一门科学。

交易的艺术成分之所以存在，那是因为科学还未建立起来。

大方向正确，你坚持走下去才有意义。要想在股票短线真正有所成就，必须遵循"逻辑、周期、结构"的大原则去努力。

（本文摘录自《高抛低吸：斐波那契四度操作法（第 3 版）》）

共识预期极点与进出场时机

　　J.L.不仅仅是做突破，某些时候他也会做反转交易，对于某些读者而言，这似乎有点出乎意料。其实，你仔细看看J.L.在1929年的操作就可以发现这点，他其实是在抓反转点。什么时候行情容易反转呢？答案就是当最后一个多头进场的时候，上涨趋势就结束了；当最后一个空头进场的时候，下跌趋势就结束了。最后一个多头和空头只是一个理想的说法而已，我们其实寻找的是大众预期高度一致的时机，我们定义为共识预期的极点。很多时候，对于大师们的认识其实严重受限于解读者自己的层次水平和视角。J.L.是一个纯技术交易者，这是一种常见的误读。J.L.是突破而作的趋势跟踪者，这是另一种常见的误读。

　　其实，不只是J.L，几乎所有这个市场做得风生水起的人都会特别关注共识预期这一因素的动向。我们耳熟能详的巴菲特强调在众人恐惧的时候贪婪，在众人贪婪的时候恐惧，讲的就是利用共识预期极点做抄底和逃顶的操作，当然他还会结合业绩预期等驱动面的因素来考虑。彼得·林奇强调要在冷门股里面找大牛股，要避免介入热门股，为什么呢？因为他认为热门股一方面受到众人追捧，估值过高，安全空间不大，另一方面热门股所处的领域属于实业资本竞相追逐的领域，容易导致投资过度，进而导致利润率下降，反过来影响估值。彼得·林奇没有强调共识预期一定要处于极端值，但是强调了一定要考虑共识预期的问题。邓普顿大家应该也熟悉吧，金融界的常青树，他提出了极端悲观点这个概念，也就是当共识预期极端悲观的时候是比较好的买点。为什么呢？因为共识预期极端悲观的时候意味着想卖的人都卖了，最后一个卖家出手了，这个时候只要出点利好，或者利空兑现，股价就很容易反转。邓普顿曾经说过："如果你相比大众有用更好的表现，行事就必须异于常人！"什么意思呢？同样的行为只能导致同样的结果，这是神经语言程序学里

面的原理之一。你想要不一样的结果，必然采用不一样的行为。

　　关于共识预期与行情走势的关系，邓普顿有一段非常精彩的表述："牛市在悲观中诞生，在怀疑中成长，在乐观中成熟，在亢奋中消亡。最悲观的时刻正是买进的最佳时机，最乐观的时刻正是卖出的最佳时机。"行情怎么发展的，怎么反转的，与共识预期的关系非常密切。但是，我们还是提醒大家，因为大家都是有情绪的人，自然有时候会受到主观意识的影响，是不是共识预期到了极端情况，这个要看调查，不能自己主观地判断。除了媒体和论坛舆情之外，仓位结构也很重要，要卖的人是不是都卖了，这个问题很关键。约翰·内夫为什么在次贷危机中失手了，原因在于他认为的悲观时刻当中其实很多想要卖的人都处于观望之中，市场并未到达极端悲观的时候，所以抄底抄在半山腰上。共识预期只有体现到了筹码上才是有效的。手中没有货币，也没有筹码的旁观者只能算作旁观者，而不是参与者。只有拥有"投票权"的参与者才有影响力，媒体和分析师的影响力是通过影响货币和筹码持有者的决策实现的。

　　讲到这里，我们要深入讲三个问题：第一个问题是成交量极端值对于度量共识预期极点的作用；第二个问题是选择性反向，而不是一味逆向思维的意义；第三个问题是赛思·卡拉曼提出的竞争优势和筹码的论点。

　　先来谈第一个问题，也就是成交量与共识预期的关系。J.L.的小册子主要围绕股市来讲的，所以我们的注解和演绎也是集中在股票市场上。对于股票市场而言，共识预期主要通过资金流动来反映。资金流动里面最及时的信息是成交量，这个是可以及时看到的。共识预期的变化会直接体现为成交量的变化，成交量的极端值与共识预期的极端值往往是密切相关的（见附图 2-1）。在股票市场中，成交量的解读往往被忽略，即使有相关的理论，那也是机械死板的。知己知彼，百战不殆。成交量是一个参与者活动的资料，你要透过这个数据去洞察参与者的动机和能力，而不是简单地按照公式和分析口诀去照搬硬套。价涨量增就一定是看涨的？放量突破一定是看涨的？天量一定见天价？放量下跌一定是利空的？战胜不复要求我们找到背后的原因，而不是刻舟求剑。

　　成交量的极端值里面最重要的天量，也就是一段时期之内成交量最大的时候，天量无论出现在什么价位都值得关注。低位的天量，如果市场此前持续下跌，此处天量，那么谁在买？谁在卖？如果恰好此处有好消息宣布，那么你就要考虑是利空出尽还是利空持续。天量当中一方是主力，是聪明大资金，一方是散户，是后知后觉的资金，关键要你区分出是哪一方在卖，哪一方在买。天量为什么能够见到天

附图 2-1　天量与共识预期实例

价，背后的原因还是要从共识预期的角度去寻找，最后一个多头进场，共识预期好到极致了，行情还怎么上去，要么显著调整，要么反转。地量，特别是连续下跌后，利空不跌出现的地量是特别有意义的，这意味着虽然有新利空，但是筹码抛得差不多了，没有人愿意卖了，这个时候就是共识预期的极点，跌不下去了。因此，大家观察共识预期除了论坛和媒体舆情之外，成交量也是重大关注对象，J.L 就是这么做的。

　　第二个问题是选择性反向原则，逆向思维只是一个工具，能不能发挥效果是有前提的，只有当共识预期高度一致的时候，你反向才是正确的。在行情发展持续阶段，共识预期处于一个集中的过程，好比邓普顿说的怀疑阶段，这个时候共识预期由少变多，由怀疑到认可，但是还未达到极致，这个时候你只能观察、跟随，而不是去为反向而反向。某些股票理论数据，不明原理，反复强调逆向思维才能赚钱，这就走入了另外一个极端。逆向思维为什么能够赚钱？这个是有前提的，市场意见高度一致的时候，逆向思维才能把握趋势的走向。如果上涨过程中，意见分歧明显存在，这个时候你所谓的逆向思维往往是错误的，你说市场涨，我就看跌，这是跟趋势对着干。所以，反向操作和逆向思维都是有前提的，搞不清楚前提，在那里瞎掺和，只能是持续亏损。选择性方向的参照物是共识预期极点，而共识预期的极点

除了从成交量和舆情识别之外，还可以根据中登公司的交易持仓数据比率、公募基金仓位比率、融资融券情况、极端点位论等风向标判断，限于篇幅这里就不再赘述了，可以参考《股票短线交易的 24 堂精品课》第十课"市场心理法则和各种魔咒：反常者赢与一叶知秋"。为了节约大家的金钱，特将该课放在本书附录当中，以供参考。

第三个问题是赛思·卡拉曼的重要观点。这个人很受巴菲特推崇，他在投资界名气很大，业绩不俗，原因在于他将两个东西讲得很透，这点是比 J.L 高明的地方。投资界的人往往强调估值和成长，比如约翰·内夫就是典型，巴菲特就不一样了。为什么呢？他还留了一手，那就是**凡事要琢磨对手盘，坐在牌桌上好一会儿了，你还搞不清楚状况那是很危险的**。卡拉曼很强调参与投资或者说交易的竞争优势这个问题。**你的竞争优势是什么**？这个问题很少有人去想，自然也就浑浑噩噩地在市场中屡败屡战。《孙子兵法》第一篇就是"计篇"，这个计不是计划，不是讲如何谋划，而是讲的是先计算清楚自己和对方的家底、优劣势，相当于平衡计分卡，在这个基础上才决定开战与否，如何基于现有资源创造有利的积极态势和格局。简言之，先梳理一遍敌我双方的竞争优势和劣势，做个 SWOT 分析。竞争优势是一个相对的概念，建立在与对手的比较上。对手怎么想的，参与者们的筹码结构如何，这些都是提高自己竞争优势的思考过程。竞争优势还有一个来源那就是你是否找到了大众的盲点，而盲点是相对于焦点而已，焦点与共识预期相关。

J.L 除关注价格波幅和关键点位外，他还会注意市场情绪氛围，也就是所谓的共识预期，这点从文献上看很明显，不过很少有解读者强调这一点。大家更多强调的是 J.L 的关键点位突破而作，以及金字塔加仓手法。其实，J.L 除了突破而作之外，他在共识预期达到极致的时候，逆市场操作也是其擅长的战术，这点却淹没在了历史当中，几乎无人提及，更不用说剖析了。J.L 严格来讲不是一个大众记忆中的趋势跟踪交易者，他也参与顶部做空和底部做多，这个靠的不是简单从价格走势去臆断顶部和底部，而是基于共识预期，基于对手盘，基于筹码结构，乃至于基于宏观经济背景去综合判断得出的交易决策。

（本文摘录自《股票大作手操盘术：顶级交易员深入解读（第 2 版）》）

附录三

趋势中的回调与进场时机

　　J.L 的进场时机其实有三种，如果你仔细阅读其原著以及其他相关的文献材料的话。第一种与 N 字结构相关的突破而作，我们定义为破位交易（见附图 3-1）。第二种与共识预期极点相关的反转交易，这个往往出现在空头陷阱和多头陷阱附近，也就是说假突破，我们定义为败位交易（见附图 3-2）。第三种则是与上涨的回调，或者下跌中的反弹有关，J.L 利用这种趋势中的回撤进场，我们定义为见位交易（见附图 3-3）。三种进场时机，都涉及关键点位，所以 J.L 的关键点位并不是一个单一突破而作策略的基础。关键点位与进场和出场时机直接相关。趋势的认定 J.L 主要通过波幅来确认，这是明面上的方法，当然不是其唯一的方法。而进场和出场时机，特别是进场时机的确定基本上依赖于关键点位。关键点位发挥作用的方式分为三种，这是 J.L 无意中做出的划分。有些是不被突破的才有效，有些是突破后才有效，有些是假突破才有效，大家要搞清楚。

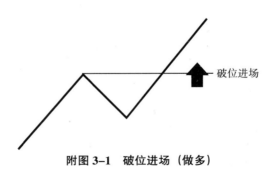

附图 3-1　破位进场（做多）

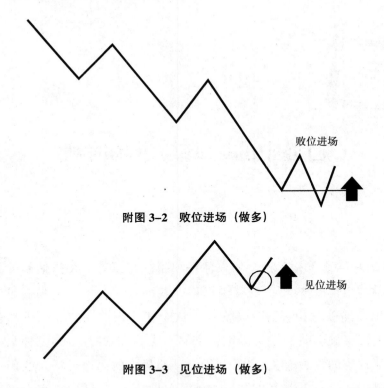

附图 3-2　败位进场（做多）

附图 3-3　见位进场（做多）

　　一波趋势当中，三种关键点位的出现存在一个较为理想的序列关系（见附图 3-4），首先是共识预期极点出现，导致行情继续前行存在困难，最后一个多头或者空头进场，后续乏力，这个就是行情的反转点，当然也可能是阶段性极点。判断是趋势反转点，还是阶段性极点，要结合基本面来分析。在这个位置上，第一种关键点位出现。行情反转后会出现第一次回撤，这次回撤一般不作为关键点位，也就是

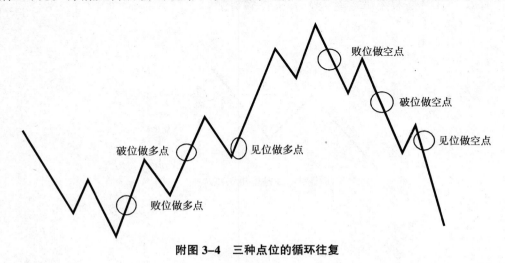

附图 3-4　三种点位的循环往复

说因为其性质不明，风险较高，因此不当做第三种关键点位。接着，行情突破，形成 N 字结构，这个时候第一种关键点位出现。这种机会是 J.L 最为重视的，一般被定义为趋势启动点，查尔斯·道也是这样定义趋势启动点的。行情继续上涨，然后形成所谓的自然回撤，这个时候就出现了 J.L 区分的第三种关键点位，也就是本章要重点介绍的见位进场点位。此后，随着趋势的继续发展，第一种关键点位和第三种关键点位会交替出现，最终趋势结束的时候会出现第二种点位。

J.L 曾经说过："趋势持续点位也是一种非常重要的关键点位，当某只股票处于特定趋势的时候出现了自然的回撤，这个时候这种关键点位就出现了。" J.L 认为这种点位是进场或者加仓的好机会，但是他又强调说这种自然的回撤应该被证明是幅度有限的，而且价格有企稳迹象，如果价格又破坏掉这个点位，则证明这并非关键点位。如何理解 J.L 的这些表述？首先，我们来看上涨趋势中的情况，价格上涨，且被假定处于上涨趋势中，然后价格回调，形成了一个低点，有企稳迹象，于是这个点位被假定为一个关键的支撑点位，于是做多，但是如果此后价格跌破这一点位，则证明这并非有效支撑，当然并非关键点位，这个时候就要多头止损了。相反情况下，假定价格处于下跌趋势中，然后价格反弹，形成一个高点，有滞涨情况，于是这个点位被假定为一个关键的阻力点位，于是做空，但是如果此后价格升破这一点位，则证明这并非有效阻力，当然并非关键点位，这个时候就要空头止损了。

这个方法我们称为"见位进场"，绝大部分关于 J.L 的介绍中都忽略了 J.L 关于见位进场的叙述，因为 J.L 的风格好像从来都是追涨杀跌，而不是逢低吸纳和逢高抛售。其实，这是一种误读。对于见位交易，斯坦利·克罗是非常热衷的，这是他最为主要的进场方式，他习惯于利用趋势形成之后的回撤进场，这样可以避免因为追涨杀跌而处于被动。海龟交易法属于典型的追涨杀跌模式，虽然属于理性的追涨杀跌，但是面对持续宽幅震荡走势的时候，还是处处挨打，甚至交易者专门炮制了"海龟汤"这种专做假突破的方法。

J.L 推崇顺势而为，势转变时，采用第二种关键点位做败位交易，势延续的时候采用第一种关键点位做破位交易或者第三种关键点位做见位交易。现在的问题来了，如何确认第三种关键点位？不能简单地根据"企稳"和"滞涨"量确认见位进场的关键点位。破位进场大家最熟悉，见位进场次之，败位进场知道的人最少，但是往往是风险最低、收益最高的点位，J.L 的操作中经常有此类型，但是却被很多讲述 J.L 的材料刻意忽略掉，因为他们觉得这不是违反顺势而为的操作吗？

下面我们给出几个经验法则，将这一进场点位具体化，可操作化。

第一个维度是成交量，反弹的高点必然是阶段性放量高点，回调的低点必然是阶段性缩量低点。但就 A 股市场而言，做多是最便利的操作，因为回调找买点的时候要特别注重成交量。回调显著缩量，这是一个显著的要求。当然，缩量必然与价格结合起来看，缩量持续大跌并非好事，这个时候可能不是因为主力为出逃，而是因为抛盘显著大于接盘导致成交萎缩，缩量跌停就是典型。

第二个维度是震荡指标，我们只就做多的情况进行介绍。以 KD 指标为例，有两种用法：第一种是超卖区域金叉，止跌可能性很大（见附图 3-5）；第二种是回调不止一小波的情况，底背离出现，这个时候止跌可能性也很大。

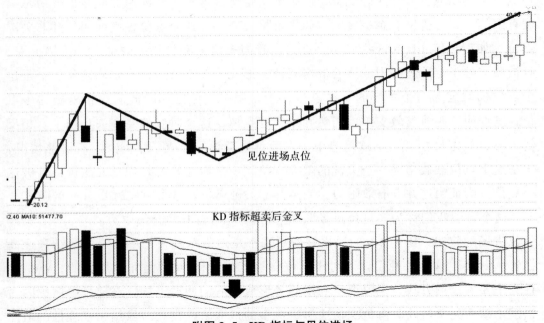

附图 3-5　KD 指标与见位进场

第三个维度是价格，一般我们看 K 线，看是不是出现了一些看涨反转形态，比如下跌之后出现了早晨之星（见附图 3-6），看涨吞没等，这些形态出现也意味着见位进场的机会大概率出现了。

第四个维度是菲波纳奇比率，价格跌到某个菲波纳奇比率出现了看涨 K 线，震荡指标也同时处于超卖金叉状态，而成交量也萎缩后配合阳线放量，这个时候见位进场做多的概率就非常大了。

第五个维度是消息面，有无新的利多消息出来，如果回调到某个时点出现新的利多消息，那么见位进场的胜率也很大。利多不涨和利空不跌，往往与败位进场有

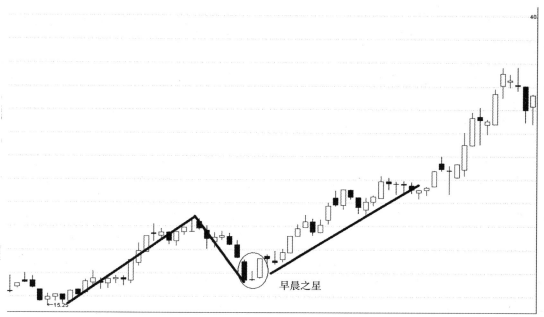

附图 3-6　早晨之星确认见位点位

关。利多止跌和利空滞涨，往往与见位进场有关。利多突破和利空跌破，往往与破位进场有关。这里讲的前四个维度是《高抛低吸》里面涉及的技术，第五个维度则是《题材投机》专攻的维度。

J.L.提出了关键点位这个概念，至于如何识别这些点位，J.L.基本是通过价格波幅来甄别的，另外也结合价格在点位附近的表现，还有整数关口效应，等等。也就是说他主要从价格的阻力和支撑效应的角度来定义关键点位，对于目前复杂的市场来说，这一方法继续有效，但是发挥效用的环境更加多变了，所以需要多维度参照才行。

（本文摘录自《股票大作手操盘术：顶级交易员深入解读（第 2 版)》）

人中龙凤的心法在何处

作为一个职业交易者，每天都会感受到群体心理在金融市场中的巨大影响力。已经作古的伟大经济学家约翰·M.凯恩斯是极少数能够从金融市场持续赚钱的学者，他透露自己的秘诀在于善于揣摩群体的心理。早在行为金融学开宗立派之前，他已经把握到了投机交易的精髓所在，并且能够将自己的理论落地，在经济学家中实属罕见。

行为金融学是心理学与金融学的新兴交叉学科，群体心理学是心理学的一个重要分支。《乌合之众》的作者勒庞从政治和社会运动的角度阐述了群体心理的一些基本原理，算得上是这个学科的开山之作。金融市场算得上是观察"乌合之众"的最佳实验室，群体心理的瞬息变化直观可见，价量与媒体舆情就是其直接体现。

因此，一个人如果想要在人心昭昭的领域游刃有余、一较高下的话，就必须将群体心理作为一个重要的因素来斟酌考虑。无论是在金融经济领域，还是公关营销领域，又或是行政管理领域，一个优秀的"格局操盘手"都需要对群体的心理了如指掌。

以金融领域为例，无论是做投资还是做投机，都需要拿捏群体心理的分寸。本杰明·格雷厄姆是价值投资的一代宗师，他反复强调"市场先生"是情绪化的，而这种情绪化其实创造了价值低估的安全空间，也就是投资者进击的窗口期。彼得·林奇是价值投资实践的杰出代表，他反对购买那些热门股票，因为群体心理的亢奋会导致这些股票的估值过高。同时大量产业资本会进入相应实业领域，引发激烈竞争，进而降低业绩。在价值投资流派看来，无论是"戴维斯双杀"还是"极端恐慌点"，都是群体心理的极端值。

纵横外汇市场数十载的金融巨擘索罗斯提出了"反身性理论"，除了信贷之外，

群体心理则是另一个关键变量。追逐人气的高潮和转折是投机者的宗旨，无论是在外汇市场，还是商品市场，又或是大家最为熟悉的股票市场。

最近十几年，纯粹的庄股已经很少了，许多妖股可以归为此类。游资是 A 股市场最为活跃和敏锐的力量，它们与涨停板的关系最为密切。它们并不坐庄，但是却非常注重散户人气的聚散。人气聚，则股价涨；人气散，则股价跌。江湖声名最为宏壮的游资大多是小散出身，靠着领悟力与意志力层层升级到了游资的地位。它们的身影经常出现在两市龙虎榜资料上，成为任何交易者都不可忽视的重要对手盘。无论是打板，还是低吸，或者半路追涨，无论具体的操作手法如何，市场情绪和板块效应是它们最为关注的市场动向。通俗来讲，所谓的市场情绪和板块效应就是群体心理在股票市场上的具象而已。

投资要看大众的情绪，在错杀时逢低买入；投机要看大众的情绪，在发动时追随买入。无论是投资还是投机，都必须明了群体心理，可以说这就是交易王道的至高心法。

说得更加宽泛一点，如果你想要在人群和社会中有所作为的话，必须掌握群体心理的波动规律。许多政治人物都读过勒庞的《乌合之众》，他们驾驭人心的手腕修炼到了炉火纯青的化境，有些流芳百世，有些遗臭万年。群体心理学是一把双刃剑，调动人群是一种魔法般的能力，良知与之相配才能长久。

有两本书应该与《乌合之众》配合起来读，一本是《旧制度与大革命》，另一本是《疯狂之众》（*Extraordinary Popular Delusions and the Madness of Crowds*）。在研读和翻译相关书籍的时候，有些典故的疑惑咨询了相关领域的朋友，特别感谢Umalius Lopin 和 Gwendal le Lan 两位法国友人。

深得人心要旨者，未必能够得天下，但至少也会如蛟龙得水，处处乘势当机，好不快哉！

人心三昧，值得玩味！

古今领袖群伦者，其不传之秘，皆在心法。

（本文摘录自《乌合之众：群体心理学》（法文版权威直译）

文　汐　魏强斌　译解）

趋势突破点和 N 字结构

J.L.早期对于趋势启动点的认识并不充分，导致过早介入，为什么会这样呢？因为他早年是从"刮头皮"交易起家的，在一些"野鸡"交易所或者说对赌经纪商那里开始以做超短线发家。后来，随着资金量增加，必然引起这些经纪商的抵制，自然就需要寻求转型。在 J.L.向趋势交易者转型的过程中，必然会受到此前超短线交易的影响，那就是容易因为市场微小的波动而介入，这就导致了其没有耐心等待真正的趋势启动点。超短线交易对于眼睛的伤害程度超乎想象，除非你是自动化的高频交易，否则年龄越大，资金越大，越要转型。因为趋势交易不会因为蝇头小利而出场，如果处于震荡之中，则必然会导致机会成本和心理负担，为了解决这一问题，J.L.开始专注于趋势启动点的研究。

趋势的最基本特征有两个（见附图 5-1），第一个特征是稀缺性，这个特征最容易被人忽视，而盲目照搬趋势交易的人也容易因此吃亏。趋势是稀缺的，因此趋势必然不是时时刻刻都存在，大部分时间市场处于不愠不火的状态，这个时候的走势也是不规则的，所以胜算率低，漂浮不定嘛。另外，这种行情持续性差，风险并不低，而潜在报酬空间却很低，所以风险报酬率低。震荡走势容易让人形成错误的操作习惯，必然不止损，急于落袋为安，结果冷不防一个单边走势就给账户打爆。趋势是稀缺的，因此你就要有甄别，J.L.怎么甄别的？他在小册子里面没有说怎么去发现趋势和筛选出大机会，这就是他刻意放掉的内容了。虽然，行情记录中它强调了通过波幅来区分趋势运动和震荡，但是为什么选择这几只股票呢？为什么不是选择其他股票了呢？他会回答说是因为这些是龙头股，处于热门板块。那龙头股和热门板块肯定不是已经走出来他才跟进的吧？这里面肯定有一些非价格的筛选，以便在价格发动之前就有所关注。所以，对于趋势的稀缺性，我们要有预判，这点不

能单靠价格。如何面对趋势和震荡的交替出现，如何避免策略与市况的周期性错配，推荐阅读《外汇交易三部曲》的驱动分析和心理分析章节。

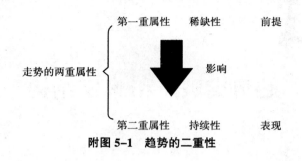

附图 5-1　趋势的二重性

但是，也不能不顾价格。因为趋势还有第二重特性，那就是持续性。利润可以自己照顾好自己，亏损却不会，这是 J.L.说的。为什么，其实浮动亏损有时候也可以自己回来啊，而浮动利润很多时候也会不翼而飞。其实，J.L.故意漏了一个前提，那就是趋势运动当中，单边走势，持续性强，一旦持仓方向一致，是不是利润自己就会不断上涨，一旦持仓方向相反，是不是你不了结，亏损就会越来越大。高手讲话有时候故意会省略掉前提，因为前提才是这句话的关键，如果你是行家，你会知道他是在什么前提下讲的，如果你是外行，必然片面地去理解，然后走入死胡同。**趋势的持续性是以趋势的稀缺性为前提的**，这个很多人都没有搞清楚，所以就面临一个困境，照着 J.L.的书去做，亏的频率似乎很高，利润也不会经常照顾自己，而不止损似乎亏损更能照顾好自己，这个时候就会感觉理论不好用，其实这里面是有罩门的，你不懂罩门，乱去用，必然走火入魔。高手与外行的重大区别在于，高手会去琢磨任何理论和分析结论的前提，而外行则不断寻找绝对而简单的秘诀和真理。高手与外行最大的区别在于，是否愿意经常去思考为什么。

趋势跟踪属于守株待兔的方法，但是你知道兔子肯定会出现在这里，因为这棵树位于兔子每日进出的必经之路上。**趋势的持续性决定了只要是趋势，必然有突破，第一个突破就是趋势的启动点，所以，启动点是趋势的必要条件**，只要是趋势，必须具备这个条件（见附图 5-2）。而震荡走势也可能有启动点，没有启动点就绝不是趋势，大家明白这里面的原理了吗？J.L.采用关键点位突破作为趋势确认条件是因为他知道通过这一条件可以过滤掉肯定不是趋势的震荡走势。当然，不可避免地会让一些震荡走势蒙混过关。怎么对付？止损！

为什么 J.L.要强调龙头股，强调热门板块，这些都是一些预筛选，可以过滤掉一些伪突破。另外，他也强调两只个股的相互确认，这也是一种过滤手段。这些也

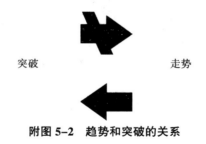

突破　　　　　　　　　　走势

附图 5-2　趋势和突破的关系

为一般的读者所忽略，脑袋里面留下来的就是简单的突破而作，这就窄化了 J.L.的理论范畴，结果就是曲解妄行。J.L.在小册子里面更多的是指出方向，给出重要性，但是对于具体的道路以及如何做到的方法，并没有完全点到位。好看不好用，这是绝大多数人看了 J.L.这本小册子之后的感想，为什么会这样呢？原因在于除了价格幅度度量和关键点位之后，能够落地的地方实在有限。

趋势的启动必然突破关键点位，J.L.给出了第一种进场时机，也就是我们定义的 N 字结构。N 字结构是一个三段论（见附图 5-3），价格向上，回落创出次低点，然后向上突破创出新高，这个突破创新高的位置往往就是 J.L.定义的价格在关键点位附近的突破行为。这是一个 J.L.定义的进场时机，股市里面这种走势比较普遍。不过，还是面临同样的一个问题，**趋势必然突破，但是突破未必是趋势**。J.L.可能只做热门板块和龙头股的突破，或者是有龙一和龙二相互验证，另外他也会关注大盘走势，但是你可能就只会看是否突破，这就简单鲁莽了，缺乏系统的思维。

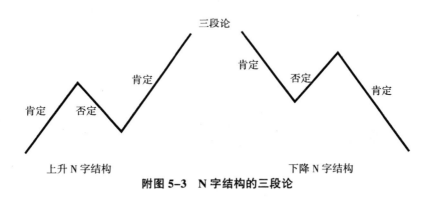

附图 5-3　N 字结构的三段论

照搬为什么失败，因为你往往没有理解整个系统，只是按照自己的片面观察来借用照抄而已，你都没有彻底理解和体会，怎么可能有效呢？回到这个看似简单的 N 字结构，有一个内在机制需要大家明白，同时还要明白外在条件是否具备。

内在机制方面，以向上 N 字结构为例，J.L.不仅强调价格因素，还强调了成交

量的问题，特别是第二波回调必须是缩量的，这点大家注意到没有（见附图 5-4 至附图 5-6）。缩量回调意味着第一波买进去的人很多是没有跑掉的，惜售，对后市有信心，持仓待涨。第三波放量上涨，表明有人追买。第二波缩量程度越严重，则这个结构越有效。第一波上涨的高点有可能是整数点，有可能不是整数点，但是必然是一个交易双方都在衡量的点位，这是趋势是否启动的参照系。

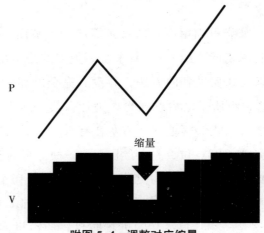

附图 5-4　调整对应缩量

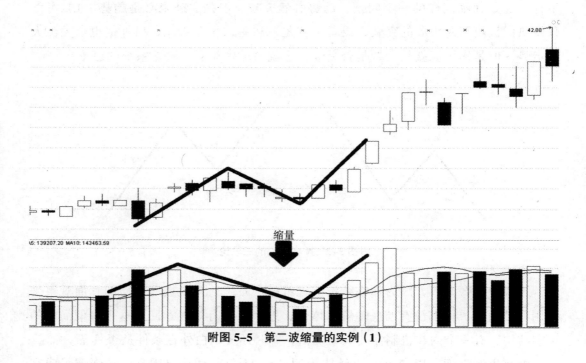

附图 5-5　第二波缩量的实例（1）

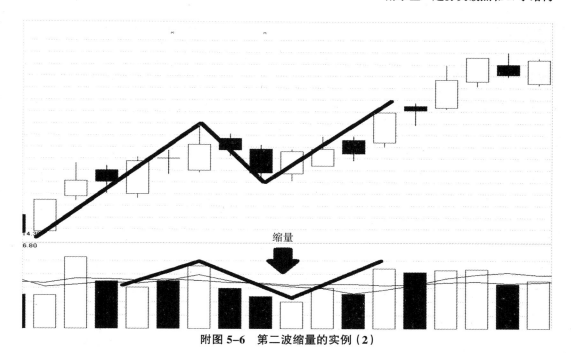

缩量

附图 5-6　第二波缩量的实例（2）

外在条件是什么？就是这个向上 N 字能够成为真正趋势启动点的一些非技术要素。第一，大盘趋势怎么样？第二，个股所处板块怎么样，题材想象空间怎么样，题材大不大，是不是重大政策引发的，是不是有非常新的故事可以持续讲？第三，席位上近期有什么表现，资金是些什么性质的，成本在什么位置附近？第四，论坛上对该股有些什么论调，媒体有什么报道，大家的共识预期是什么？题材上是不是有大家没有共识到的潜在持续利好存在？任何好东西都是有前提的，你搞不清楚前提就照搬，必然失败，而且还会觉得自己智商不及或者是运气太差。

所以，一个 N 字结构，你看到高手都做，好像成功率提高，让利润照顾自己，好像利润每次也能够较好地照顾自己，为什么看起来这么简单的东西自己却老是做不好呢？**任何看似简单的动作后面都有一个完备科学的系统在支持，你只看到了简单的动作，没有看到后面这个完备的系统**。为什么交易不能照搬别人的方法，就是这个道理，你只看到简单的买卖，表面有形的套路，但是背后的很多东西都是长期逐渐形成的有机系统，你模仿的只是表面这套机械死板的东西，根本形成不了有效的操作思路。高频交易看似简单，其实背后也是一个强大的设计和完善系统。你简单地拿着一个 MACD 或者均线系统，就想要打败其他殚精竭虑的对手盘，不是痴心妄想又是什么？成功需要有章法的、系统的、持续的努力！J.L. 不断发展和完善其

行情记录方法和策略就印证了这点。如果一个纯粹的 MACD 和均线能够打败市场，那么发明这些指标的人早就把整个金融市场的利润都拿走了。交易是博弈，战争是博弈，你能用某个简单的指标或者公式赢得战争吗？想要利用公式来战胜对手盘，与想要利用公式战胜敌对方，有何区别？都是一样的幼稚！话难听，理却明！

高价值的信息来源：异动点

J.L.在小册子中介绍方法主要通过波幅来定义趋势，通过关键点位来定义时机，此外他还非常注重异动点，他认为这是高价值的信息来源。前面我们提到了一些异动点，但是还未完全展开，本章我们将详细展开。

为什么要关注异动点？第一，我们搜索和观察信息是要成本的，处理信息也是有成本的，同时我们的精力和资源是稀缺的。上市公司的公告，各种研报，滚动消息，股吧和论坛里面的小道消息，各大财经媒体的新闻报道，行情软件提高的各种数据等，仅是浏览这些信息就需要花费大量时间，而且根本看不完。即使看完了，还要分析，去粗存精，去伪存真，由表及里，这些需要大量的精力和时间，不是说你水平高就可以一目十行，思考的质量不仅与智商和框架有效程度有关，更与投入的时间和精力成正比。80/20法则提出了解决这种矛盾的方法，那就是集中精力于少数信息。博弈就是利用有限的力量获取稀缺的资源。交易是博弈的最高形式之一，必然要考虑有限力量这个根本前提，否则一切好的理论都很难落地。如果有无限的时间对无限的大数据进行分析，那么任何行情都可以被预测到，但是这个前提根本无法实现。

第二，正常值表明市场处于"静止或匀速运动状态"，这个时候外力，主要是驱动因素和心理因素并未太大改变，只有当市场出现异常值的时候，也就是加速度变化出现的时候，这才表明外力发生了变化，而这个时候要么趋势变化了，要么时机出现了。基本面发生很大改变，或者将要发生很大变化，会使股价运行趋势发生变化。一次性冲击结束，则会导致回撤结束，继而恢复趋势。主力对筹码的吸纳和抛售导致价量大幅波动。这些都是外力导致的市场表现异常值。简言之，异常值的信息与交易的趋势和时机判断紧密度最高。

那么，应该观察和处理哪些异动点呢？第一种异动点属于成交量方面的，也是我们非常注重的，J.L.的一些口述材料中也有提到，这就是成交量异动与主力的关系。最典型的两种异常量是天量和地量，特别是天量，这也是我们反复提到的一种成交量异动点。那么，如何定义天量和地量呢？这个可以通过 N 来定义，也就是 N 日内的最大量和最小量，当然你也可以不那么严格地运用肉眼来判断。关键不在于具体的量有多大，而在于通过找到异常量或者准异常量进而推断背后的含义。

第二种异动点属于价格方面的异动，J.L.提出了所谓的一日反转走势，这种走势典型情况就是高开低走（见附图 6-1 和附图 6-2）。对于价格方面的异动，K 线比竹节线有更好的表现能力。在 K 线当中，哪些异动信息值得关注呢？涨停板和跌停板首当其冲。现在，不少复盘相关的网页都会列出涨停板的相关原因，甚至在盘前就有相关驱动因素的涨停板预判，这些都可以大幅节省我们的分析和研判的时间。

除涨跌停板外，长影线的 K 线也值得关注（见附图 6-3 和附图 6-4），因为这往往有点"败位"的意思。另外，放天量的大阴线（见附图 6-5），低位放大量的大阳线（见附图 6-6），下跌后缩量对应的星体也是比较有价值的异动 K 线。

附图 6-1　高开低走大阴线实例（1）

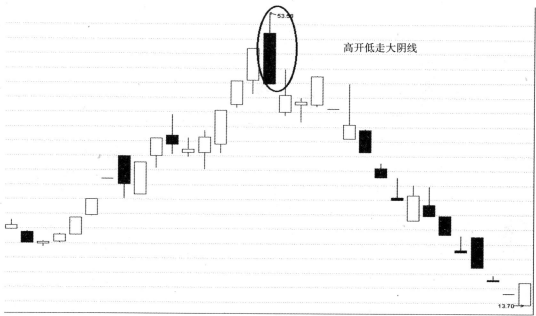

附图 6-2　高开低走大阴线实例（2）

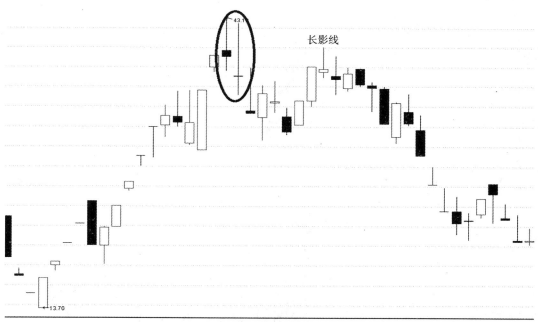

附图 6-3　长影线实例（1）

　　第三种异动点涉及关键点位，也就是说盘中价格在关键点位附近的表现，这是 J.L.最注重的异动点。关键点位有哪些呢？第一种是前期高点或者前期低点，这个

流星

附图 6-4　长影线实例（2）

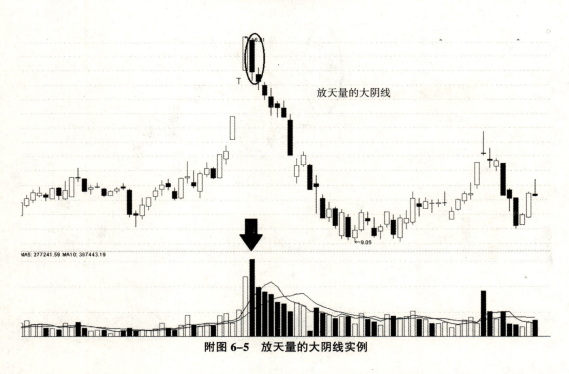

放天量的大阴线

附图 6-5　放天量的大阴线实例

是相对高低点；第二种是绝对高点和绝对低点；第三种是整数点位，特别是大盘指数的整数点位；第四种是斐波那契点位（见附图 6-7）；第五种是定增相关的点位，

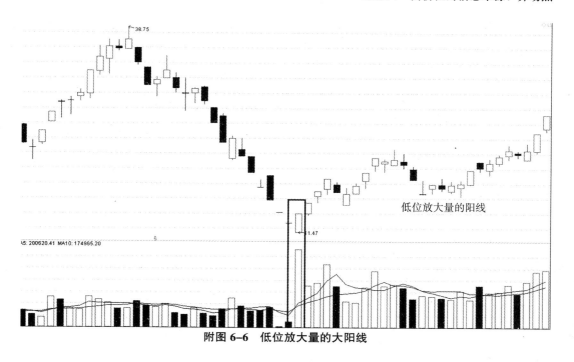

附图 6-6 低位放大量的大阳线

附图 6-7 斐波那契点位

或者主力成本点位；第六种点位是重要均线。价格在这些关键点位的表现都是非常有价值的，因为这些点位意义不同于其他平常的点位，因此也算是异常点位。

　　如何解读异常值？这是一门科学，也是一门艺术，科学的关键在于系统可证伪，艺术的关键在于深入体验和累积。

（本文摘录自《股票大作手操盘术：顶级交易员深入解读（第 2 版)》)

财富冲浪者的哲学：周期主义

我们不要做长期主义者，而要成为周期主义者。作为一个题材投机客，我们最为重视的因素是情绪周期。由此延伸开来，作为财富弄潮儿，我们不仅要把握短线情绪周期，还应该更进一步，掌握那些重要的经济周期。在这篇后记当中，我们来一次跃升，窥探一下周期主义的轮廓。

低买高卖谁都想做到！但是什么时候是低价，什么时候是高价，你如何去确定呢？**只有搞清楚了经济周期，我们才能明白什么是真正的低价，什么是真正的高价。**只有明白了真正的低价和高价，才能做到范蠡所说的"贱取如珠玉，贵出如粪土"。

现在流行一句话——"逃不开的经济周期"。"经济周期"四个字显得无比高大上，"逃不开"三个字就非常接地气。**逃不开，那就好好享受吧，享受经济周期带来的机会与财富。**经济周期就是一股洪流，可顺不可逆，你无法置身其外。

经济周期可不止一种，尼罗河泛滥的周期算不算经济周期？尼罗河带来了古埃及七年丰饶和七年萧条的经济周期，当然算周期了。

厄尔尼诺和拉尼娜现象对大宗商品的生产和运输，乃至消费都有重大的影响，而这一现象也是具有周期性的，因此你可以看到商品期货的分析师和交易者们经常对这个话题津津乐道。

然而，我们更需要关注的经济周期有五类：信贷周期、库存周期、产能周期、房地产周期以及资产价格周期。其实，严格来讲，资产价格周期寄生于前面四种周期之中。也就是说我们应该先搞清楚前面四种经济周期，在此基础上我们就能判断出资产价格的子午卯酉了。

第一种周期是信贷周期。这几年，无论是草根的，还是殿堂的金融学者言必称

美元阴谋论，如果深入下去你会发现他们其实是在谈论**美元信贷周期**。美国是世界第一大经济体，有全球规模最大的金融市场，特别是美国的国债市场，那真是一个投资者不得不考虑的风向标。如果你是一个对冲基金经理，一旦你考虑国际性的资产配置，就不得不考虑美国金融市场。

股票的估值需要基准利率，债券的定价需要基准利率，商品的价格与实际利率有关，而实际利率与通胀率预期和名义基准利率有关，外汇的套息交易是最大宗的外汇交易之一，而套息就是看两种货币的基准利率预期差。**一切的金融产品定价都离不开基准利率，而全球的基准利率往往与美联储的利率有关。**

全球很多国家的货币与美元挂钩，要么是严格盯住，要么是有管理的浮动。在资本流动的情况下，如果美联储加息，那么我国央行会怎样操作呢？如果想要保住汇率，那么央行就必须跟随美联储加息。如果不加息呢？由于美联储升息，美元的收益率就比人民币高，那么资本就会流出中国，结果就是人民币贬值。

那么，有没有什么办法可以不收紧货币，同时又能让人民币不贬值呢？答案就是对资本流动进行管制。但是，大规模的资本管制肯定对人民币国际化不利。因此，美联储紧缩货币，我国央行整体上也只能紧缩货币，只不过幅度和速度上有所差别而已。

华尔街有一句话非常时髦——"不要与美联储为敌"。这句话指出了一个简单的道理——**做任何交易，无论你是做投资还是投机，都要注重信贷周期**。这个道理讲透了，你觉得非常简单。但是，又有多少人"硬要与中国人民银行为敌"呢？

1998 年之后，我国货币化进度加速。房地产开始商品化和货币化，土地开始货币化，使整个经济受到信贷周期的影响程度加深了，广度扩大了。从那时候开始，如果你不注意央行的货币政策动向，就会失去许多赚大钱的机会。

2001 年加入世界贸易组织之后，2005 年汇改之前，我国在经常项目下积累大量盈余。为了稳定汇率，不让人民币升值，央行做了大量的对冲，大量的外汇头寸被换成人民币存款。出口部门带来大量的盈余，这些盈余的大部分被转换成人民币存款。当存款越来越多的时候，持有者就需要多样化资产，这个时候对其他资产，比如股票的需求就增加了。

净出口的大量盈余使国内信贷异常宽松，2005 年年中以股票为代表的众多资产开始走出大牛市。普洱茶当时为什么会价格暴涨？其实，也与信贷周期有关。当信贷异常宽松的时候，无论是普洱茶还是收藏品都出现了价格飙升。

当全社会的绝大部分资产都被货币化以后，任何资产都不能逃脱信贷周期的魔

法。就算一个普通人，也无法忽视信贷周期的强大力量。**如果你是一个专业投资者或者投机客，那么信贷周期将主导你的职业生涯。**

第二种周期是库存周期。什么是库存周期呢？这就不得不提到麻省理工斯隆管理学院做的一个实验。这个实验持续了 4 年，由 48 场游戏组成，192 个参与者都是商业主管和该院的 MBA 学生。

每个游戏都模仿了啤酒产业链，分为四个部门：啤酒厂、经销商、批发商、零售商。每个参与者只负责其中一个部门，对于这些履历光鲜的参与者而言所谓的存货管理不过是小菜一碟而已。

随着时间的推移，产业链上游的啤酒厂出现越来越大的库存积压量。游戏持续到 20~25 周的时候，啤酒厂的积压量已经达到了每周消费量增长的 9 倍！这意味着产业链下端消费量的微小波动会使上游啤酒厂的库存出现大幅的波动。实验结果表明啤酒厂的库存变化远远大于零售的库存变化。

这虽然只是一个行业的库存变化特征，不过却可以说明整个经济的库存变化特征。那就是整个经济中的库存变化是远大于需求端变化的，这使库存成了经济中极其不稳定的部分，造成了宏观库存周期的存在。

"去库存、去杠杆、去产能"是这几年的经济热门词汇，也表明了库存周期在经济周期中扮演的重要角色。商品期货在 2016 年有一次精彩的表现，不少期货交易者在其中赚取了暴利，从 2000 万元到 10 亿元的神话并不缺乏，这其中就涉及到"去库存"和"去产能"。

例如，螺纹钢经历了大规模的去产能和去库存，有了一波气势如虹的大牛市。除了本身的库存和产能周期因素之外，信贷周期上放水，房地产暴涨，也是不可忽视的经济周期因素。不懂库存周期，不可以做投资！

库存周期持续时间在 3~4 年，是学术界定义的经济周期当中最短的一种。它经常与厄尔尼诺—拉尼娜周期和信贷周期迭加，演绎出大宗商品市场的各种精彩大戏。又如，**2015~2016 年厄尔尼诺登场，央行信贷也异常宽松**，白糖库存从最高点开始往下走，产量也从三年高点开始下降，这些因素迭加起来造就了白糖期货市场的大牛市。

第三种周期是产能周期。比库存周期长 2~3 倍的经济周期是产能周期，是一个叫朱格拉的经济学家发现的，所以也被称为朱格拉周期，其长度大约为 7~10 年。这大半年，券商的经济学家正为了这个周期在争论，吵得不可开交。其中一位首席经济学家认为中国已经进入了新的一轮设备投资周期了，中国经济新的经济腾飞就

要开始了。而其他知名经济学家却认为经济体的负债率不低，房地产泡沫还未消停，怎么可能就进入新一轮的朱格拉周期了。

大家争吵得越激烈，说明这个问题越重要。产能周期，或者说朱格拉周期对股票投资者非常重要。千禧年的时候，互联网泡沫破灭，孙正义遭受重创，我国的一些互联网巨头也濒临破产。但有少数人仍在坚守，最终守得云开见日出。为什么他们能够载誉而归，成为最终的赢家？只能说他们有意无意地顺应了朱格拉周期。

现在，中国的"新四大发明"令世界惊叹，它们是高铁、共享单车、移动支付和网购。这是不是新一轮朱格拉周期出现的征兆呢？如果是，那么你如何才能不错失这一轮暴富机会呢？这些有价值的问题都需要扎实地研究朱格拉周期。正所谓，庖丁解牛，顺势而为，则无往不利。**股票投资者，特别是偏重成长股的投资者们，要想抓住十倍甚至百倍大牛股，就不能忽视朱格拉周期！**

福布斯榜单上的富豪们，因自己的产业兴衰而沉浮，君不见十年前的煤老板现在都销声匿迹了，这就是朱格拉周期的威力！天下大势，浩浩荡荡，顺之则昌，逆之则亡！作为投资者，你可以从朱格拉周期的角度来理解这个大势。

第四种经济周期是房地产周期，这个话题这十几年来是神州大地上最热门的话题。街头小巷、田间地头、庙堂之上、市井人家都在热议房地产。有房的人因为房价上涨而手舞足蹈，无房的人因为房价上涨而捶胸顿足。

有经济学家说中国的房地产市场跟 1973 年日本的情况类似，有经济学家说中国的房地产市场跟 1991 年日本的情况类似。

房地产在我国还算新事物，因为我们是从 1998 年开始才正式启动市场经济下定义的这个行业。美国是房地产行业最发达的国家之一，次贷危机就是因为房地产而引起的，此后的欧债危机也与房地产脱不了干系。房地产是经济体系中最为重要的行业，其与信贷关系密切，按揭和抵押成了房地产影响金融市场的管道。而房地产上游的原材料和工程器械行业，下游的装修和家电行业也深受房地产的影响。一国经济的盛衰周期都系在了房地产身上，所谓"成也萧何，败也萧何"用在房地产身上再恰当不过了。

房地产市场太重要了，以至于被称为"周期之母"。也就是说如果你研究经济周期，那么必然要研究房地产，否则就找不到经济周期的"窍门"所在。最早的房地产周期权威是霍伊特，他写了一本书，名为《百年来芝加哥地区的土地价值》，功夫下得深啊，芝加哥每一份房地产交易文件几乎都被他看过。从 1830 年到 1933 年，他花了大量的时间来研究这一百年的房地产相关资料。最终，他做出了非常有信服力和前瞻性的结论。

今天，人人都在谈论房地产，其实价格无非涨跌，你说中了未必代表你真的预测准了，绝大部分人都是瞎猫碰到死耗子而已。你要知道一个房地产周期差不多18年左右，其中非常长的时间处于上涨阶段，这个时候只要你不倔强，总有无数次说中的机会。

霍伊特给任何想要在房地产上做出准确预测的人指明了方向，那就是必须系统地研究数据、严密地推理，而不是情绪高涨下的唾沫横飞，那是网红的手法，而非专业者所为。

次贷危机因为房地产引发，但有一个对冲基金经理却因为这次危机而大赚一笔。他的名字叫约翰·保尔森，不是美国前财长保尔森，很多人把两个人搞混了。杰西·利弗莫尔之后，再无如此精彩的大手笔盈利。以至于索罗斯不得不放下身段专门邀请保尔森吃饭，以便更深入地了解其成功之道。

保尔森的成功之道，简单地说就是抓住了美国房地产的大周期。准确地讲，就是他像霍伊特一样，系统地研究了数据，然后严密地推理，确认了房地产周期中的大机会。我们就来简单讲讲他的故事，其中有些精彩片段你也许在《大空头》这部电影中看到过。

保尔森是怎么做成这笔"史上最牛交易"的呢？其实，保尔森此前在华尔街一直默默无闻，算不得什么大佬，以至于在大赚之后索罗斯才知道有这么厉害的一个小辈儿。保尔森有个手下，也一直郁郁不得志，在职场属于不受待见的那种。不过，这个员工突然发现了房地产次级贷款中的"trouble"，按照现在的说法就是穷小子突然发现了逆袭的机会。

美国房地产次级贷款是怎么来的呢？其实，里面是由多种因素促成的，并不能用"贪婪"两个字就盖棺定论了。这个大问题其实要从克林顿时期说起。民主党人为了赢得选民的支持，就提出来帮助那些中下层选民解决住房问题。如何解决这个问题呢？那就是政府支持金融机构出面来解决。

华尔街这些精英们发现了风险收益不对称的机会，长期的风险不用金融机构的管理者们承担，而短期的丰厚收益却进了他们的腰包。然后，通过金融衍生品的创设，可以将那些垃圾级的劣质房贷变成金融市场上争相追逐的炙热产品。

多方利益都得到照顾，何乐而不为呢？所以，现在很多经济学家一直用"非理性"来解释次贷危机的原因，其实是隔靴搔痒。如果要执行审慎的按揭贷款，那么这些选民可能永远买不上房子。这些选民不可能不明白其中的问题，但是哪怕过一

天好日子也总比一辈子过不上好日子强吧？所以，他们其实是理性的。

个人利益上他们是理性的，但是经济有经济的客观规律。保尔森的手下发现了其中的不可持续性。由于信贷放松，房地产需求旺盛，自然房地产建设也如火如荼。越来越多的人涌入房地产投资，整个经济的杠杆率越来越高。房贷标准越来越低，贷款额度越来越大，但是收入却完全跟不上。

伯南克上台之后，开始加息，这使购房者的利息支付增加，同时经济中投资机会逐渐减少，收入不增反降。"收入无法覆盖利息支出"，简言之就是"入不敷出"，房贷违约率逐渐走高。保尔森的手下发现这一苗头，他认为美国房地产市场，乃至整个美国经济都会面临"大麻烦"了，于是他把这一情况告诉了保尔森。

保尔森熟稔经济周期，他也知道美国数次加息之后，信贷周期已经在紧缩阶段了，经济已经达到了繁荣的后期，滞胀和衰退将接踵而至。况且，美国房地产从克林顿—格林斯潘时代就开始繁荣，已经接近走完房地产的上升阶段。不过这些都是直觉上的判断，他需要更详细的数据。于是乎，他和手下一起把能搞到手的数据都捋一遍。

这一招与霍伊特如出一辙，按照现在时髦的说法就是"**大数据挖掘**"。花费大量时间精力研究完资料后，他们发现随着加息，购房者的利息负担越来越重，房贷违约率和止赎率越来越高。不过，金融市场上似乎没有丝毫反应。

他们觉得这是一次大机会，于是乎，他们费了九牛二虎之力找到了愿意提供相应金融工具的投行。这种金融工具就是房贷违约掉期，说白了就是给房价下跌买的保险。如果房价下跌，这款保险合同的市价就会上升。

后来的历史大家都知道了，保尔森狂赚百倍，不过在这之前他也经历了身心上的煎熬，每天在公园里跑步减压。经济周期上要做到知行合一，面临的困难可想而知。

保尔森抓住了美国信贷周期和房地产周期给出的机会。为什么他能做到呢？第一，他对经济周期有敏锐的直觉和常识。第二，他找到了能够利用经济周期赚钱的工具，这就是我后面会谈到的各类资产。

房地产的兴衰造就了众多的传奇与悲剧，但是房地产周期其实也分长周期、中周期和短周期。其中，长周期就是一般意义上的房地产周期，也就是霍伊特提出的18年周期，特维德讲得很清楚。

而所谓的短周期则与信贷周期关系密切，信贷放松，则房地产短期走强；信贷收紧，则房地产短期走弱。不过，房地产周期并不仅仅受到信贷周期的影响。人口迁移、城市化进程、土地政策、人口结构等因素都会影响房地产周期。房地产自身的开发流程也会影响房地产周期。

房地产的复苏往往先于整个经济，所以新开工房屋总是被投资者们作为一个经济领先指标使用。美国的新屋开工率对外汇市场影响很大，在中国经济崛起之前，对有色金属期货的影响也非常大。这其实都是对"房地产是经济周期之母"这句话的现实注解。

好了，到现在大家已经知道了四种较重要的经济周期，依次为信贷周期、库存周期、产能周期和房地产周期。这些周期之间相互嵌套，构成或长或短的经济周期。知道了经济周期，对我们普通人而言有什么用处呢？如何将经济周期用于家庭理财呢？对于投资者而言，最重要的问题是需要弄清经济周期与各类资产价格到底是怎样的关系呢？

解答上述疑问之前，我们需要明白一点——所有的经济周期我们都可以分为四个阶段：复苏、繁荣、滞胀和衰退。经济周期的复苏阶段有什么特征呢？低通胀，高增长。繁荣阶段的特征是高通胀，高增长。滞胀阶段的特征是高通胀，低增长。而衰退阶段的特征则是低通胀，低增长。

大类资产配置专家特维德系统地研究了历史数据，对经济周期四个阶段中的资产表现做了分析。这才是真正的干货，用钱挣钱是看似轻松，但却最需要专业知识的致富途径。用钱挣钱如果说得高大上一点就是"资产配置"，下面我们就看如何利用经济周期的知识进行资产配置。

在复苏阶段，最值得配置的资产是股票和商品，还有房地产。在繁荣阶段，最值得配置的资产是房地产和商品，还有艺术品。在滞胀阶段，最值得配置的资产则是商品，特别是原油。在衰退阶段，最值得配置的资产则是债券和股票。

这是他给出的一般规律，毕竟经济周期分为好几种，相互之间有迭加。特别是信贷周期，会迭加在所有经济周期上。你可以在库存周期中，看到信贷的影响；也可以在产能周期中，看到信贷的影响；当然，还可以看到信贷对房地产周期的影响。毕竟，我们讲过李嘉诚与保尔森赚钱的大格局都离不开信贷周期与房地产周期的迭加。

信贷周期宽松，则所有资产易涨难跌，这就是所谓的"鸡犬升天"。中国有无数金融界和经济学界的民间大咖，其中都是围绕着信贷周期在做文章。他们最擅长根据美联储和中国人民银行的动向来推断大类资产的涨跌，看起来简单，但其实比绝大多数科班出身的分析师更准确。

傻瓜，不要与央行对着干！做到这点的人其实并不多，很多时候我们都忽略了

信贷周期的重要性，而陷入复杂的分析手段中去了。大家可以想想看，这么多年我们究竟听过、看过、想过多少种房地产崩盘的理由和高论，但现实往往只能是回调之后继续高涨。难道中国的房地产就是一路涨上天，没有周期的奇葩？我想不是。其实，**失败的预测往往都忽略了信贷周期的强大力量。**

在房地产上不断看空做空的人，往往什么因素都考虑了，就是没有考虑信贷这一基本因素。特维德不断强调房地产对经济的支柱作用，是"周期之母"。其实，只要仔细看他的论述，你都会发现房地产周期不管如何炫耀夺目，都逃脱不了信贷周期的制约。因此，**我们可以将信贷称为"周期之父"。**

我们可不要做傻瓜，但前提是你从不忽略信贷的力量。索罗斯写了《金融炼金术》来系统总结自己的金融交易和哲学之道，里面洋洋洒洒写了一大堆，让读者如坠云雾中。如果我们站在特维德的角度来思考索罗斯的思想，其实就是信贷周期与房地产周期的迭加。

索罗斯说自己赚钱的秘密都写在《金融炼金术》里面了，其实你也可以理解为——如果你能够综合起来理解信贷周期和房地产周期，那么你就洞悉了索罗斯的赚钱秘诀。这个秘诀你当然可以在特维德的思想中找到，在他的《逃不开的经济周期》中找到。

再来化繁为简一下，利用信贷周期与房地产周期迭加，其实就是李嘉诚、索罗斯、保尔森的致富秘诀！重要的话，也没必要说三遍，大家只需要将上面这句话再听三遍即可。

信贷周期与库存周期也有迭加，库存周期是金融交易者最喜欢去研究琢磨的周期，因为 3~4 年的长度不是太长，不会让心急如焚的交易者们对大机会望眼欲穿。那些模仿索罗斯和杰西·利弗莫尔大趋势的交易者，在分析经济周期时应该以库存周期为主，因为这里面有大机会，而且不用等得太久。

信贷宽松时，通胀上升，价格水平是普遍上升的，使增加存货成了一种有利可图的行为，这就是积极补库存阶段。信贷紧缩时，通胀下降，价格水平的普遍下跌，使存货成了累赘，因为需要减值入账，这就是积极去库存阶段。

信贷周期当然也会对产能周期产生深远的影响。比如，克林顿上台后，美联储货币逐渐宽松，信贷高涨，伴随着科技革命的出现，大量资金涌入新兴行业。高科技行业的产能大为增加，这就是信贷对产能周期影响的一个实例。

2008 年后，我国的光伏等产业在"4 万亿元"刺激下迅猛扩展，产能不断增加，全国各个行业都在拼命扩展产能，这就是信贷宽松对产能扩展的影响。

　　无论具体的大类资产行情如何展开，都离不开经济周期，离不开个人的兴衰浮沉。而后者永远离不开前者的影响，这就是风口一词的根基所在。

　　经济周期是所有风口的归宿，而风口是所有财富的归宿。我们要努力，但是也要知道周期，走在曲线前面的人永远比只知埋头苦干的人离财富更近！